U0450404

外国思想理论与学术的中国阐释丛书

张政文◎主　编
袁宝龙　陈　龙◎副主编

当代俄罗斯媒体运作机制研究

杨可　等　著

中国社会科学出版社

图书在版编目（CIP）数据

当代俄罗斯媒体运作机制研究/杨可等著. —北京：中国社会科学出版社，2023.11

（外国思想理论与学术的中国阐释丛书/张政文主编）

ISBN 978-7-5203-9649-3

Ⅰ.①当… Ⅱ.①杨… Ⅲ.①媒体（新闻）—研究—俄罗斯　Ⅳ.①G219.512

中国版本图书馆 CIP 数据核字（2022）第 021000 号

出 版 人	赵剑英
责任编辑	张　潜
责任校对	贾森茸
责任印制	王　超

出　　版	中国社会科学出版社
社　　址	北京鼓楼西大街甲 158 号
邮　　编	100720
网　　址	http://www.csspw.cn
发 行 部	010-84083685
门 市 部	010-84029450
经　　销	新华书店及其他书店
印　　刷	北京明恒达印务有限公司
装　　订	廊坊市广阳区广增装订厂
版　　次	2023 年 11 月第 1 版
印　　次	2023 年 11 月第 1 次印刷
开　　本	710×1000　1/16
印　　张	24
插　　页	2
字　　数	346 千字
定　　价	128.00 元

凡购买中国社会科学出版社图书，如有质量问题请与本社营销中心联系调换

电话：010-84083683

版权所有　侵权必究

外国思想理论与学术的中国阐释丛书

总　序

　　19世纪中期后,"西学东渐"逐渐成为中国思想文化的涌流。用西方治学理念、研究方法和学术话语重构中国学术体系、改良中国传统学术成为时代之风气,中国学术亦开始了从传统向现代的转换。不过,由于中西社会文化的历史性差异,在转换过程中出现了背景反差、语境异态、问题错位、观念对峙、方法不适、话语离散等严重状况,致使出现了西方思想理论与学术对中国的"强制阐释"和中国学术对西方思想理论与学术的"阐释失真"。因此在纠正西方思想理论与学术对中国"强制阐释"的同时,中国学术也亟须对西方思想理论与学术进行返真的中国阐释。

　　当代中国学术要成为中国特色的哲学社会科学,就必须在马克思主义指导下,立足中国、借鉴国外,挖掘历史、把握当代,关怀人类、面向未来,在中国特色、中国风格、中国气派的学科、学术、话语中深刻理解和深度阐释西方思想理论与学术,这样才能真正实现外国思想理论与学术在中国的有效转场。为此我们组织出版了这套"外国思想理论与学术的中国阐释丛书"。

　　"外国思想理论与学术的中国阐释丛书"基于中国视角,运用中国的理论、方法对外国思想理论与学术进行剖析、领悟与阐释,注重对历史的还原。丛书的每一部著作,都着力于重返外国思想理论与学术的历史生活场域、文化语境和思想逻辑的现场中,都尝试以真诚的态度、合理的方法和求真的标准来展示史实的真实性与思想的真理性，高度关注谱系追踪，澄明思想的演进谱系，回归历史的本真和理论的本义，实现宏观与微观的融合，达成文本、文献、文化的统一。同时自觉追求中国化的阐释，拒绝虚无主义和主观主义，以积极的态度来回应和阐释外国思想理论与学术。在对外国思想理论与学术的中国阐释中还特别关注思想史与学术史的回顾、反思、总结，以期达成中西的互鉴与互补。

今时今日，中华民族正站在"两个一百年"奋斗目标的历史交汇点上，以无比豪迈的身姿走在实现伟大复兴的道路上。科学合理的阐释是思想演进的关键方法，也是思想持续拓展、深化、超越的重要路径。如何在中国的文化语境下，博采人类思想之精华，集揽东西方智慧之长，运用中国智慧、借助中国话语、整合中国资源来建构、完善和发展阐释学理论，并付诸实践，是当代中国学人责无旁贷的历史使命，这部丛书的出版就是我们为实现这个宏大梦想而迈出的第一步。

代　　序

　　近 30 年来，俄罗斯大众媒体及其运作机制经历了重大转型，报刊、广播、电视等大众媒体的运作出现了新模式，以手机、互联网等为核心技术的新媒体亦有其独特的运作机制，对此我们迫切需要介绍了解。张政文教授主持的国家社科基金重大项目"当代俄罗斯文艺形势与未来发展研究"为我们提供了回应这一现实需求的机会和可能。"当代俄罗斯媒体运作机制研究"是该重大项目的子课题之一，主要探讨俄罗斯报刊、广播、电视的生产机制，与大众传媒有关的法律法规，俄罗斯媒体的产业伦理和文化认同，以及分析俄罗斯新媒体受众，观察俄罗斯新媒体的发展趋势，以期通过对俄罗斯大众媒体运作机制调整和重构的全球化竞争背景、产业逻辑动因、产业内各主体之间的制衡关系进行剖析，说明当代俄罗斯大众媒体运作新模式是如何从"苏联报刊（新闻）理论"支配下的旧模式中脱胎而来的，如何积极有效地发挥其功能，同时考察当代俄罗斯大众媒体发展对中国媒体产业的影响和启示。本书便是在该子课题研究基础上整理而成的。

　　开展本课题的研究有必要分析近代俄罗斯和苏联时期媒体的历史沿革及其运行机制，因此，在本书的第一章"俄罗斯媒体发展的历史沿革"中，我们在国内外学者研究的基础上回溯了俄罗斯媒体发展的历史，重点描述了 1991 年至今俄罗斯媒体的转型与发展。俄罗斯大众媒体运作机制的调整和改革受到以美国为代表的西方国家传媒集团集中化发展及其管制政策的影响，所以第二章我们集中分析俄罗斯媒体市场化转型与集中化发展的产业动因与矛盾，探究俄罗斯媒体市场化转型的法律环境动因，分析媒体市场化转型与集中化发展的产业逻辑矛盾，揭示资本、权力扶持与新闻独立、言论自由的矛盾，以及媒介产品公共属性要求的广泛性与经济属性要求的最大利润之间的冲突。《大众传媒法》的颁布与实施是俄罗斯媒体市场化转型的基点，因此我们在第三章聚焦俄罗斯媒体运作机制的法律规范问题，对沙皇俄国和苏联时期与大众传媒相关的立法追根溯源，重点评介当代俄罗斯与大众传媒相关的立法，在此基础上考察俄罗斯媒体立法的新规范及成效，总结俄罗斯大众传媒相关立法的新动向。20世纪90年代社会的急剧转型，导致人们价值观念和思维方式发生巨变，伦理道德问题随之而来。当代俄罗斯在推动媒体领域法制进程的同时，也积极探索媒体伦理道德规范之路。因此，与第三章紧密衔接，"俄罗斯媒体产业伦理与文化认同"作为本书第四章的讨论主题。随着科技的迅猛发展，新媒体成为不可避免的话题。在俄罗斯大众媒体及其运作机制出现新模式的同时，以手机、互联网等为核心的新媒体亦出现了其独特的运作模式。该问题在本书的第五章"俄罗斯新媒体的基本特点与发展趋势"中会进行探讨。通过梳理俄罗斯互联网发展简史，描述互联网环境下俄罗斯媒体市场的转型趋势，论述网络媒体在俄罗斯立法中的地位；多方考察俄罗斯大众传媒系统中的新媒体，并借助三个具有代表性的调研材料解析俄罗斯新媒体的受众特征。苏联曾经是世界上最大的社会主义国家，中国曾以苏联为师，两国在政治、经济、文化上曾有高度的相似之处。20世纪七八十年代两国都有政治、经济、文化上的转型，但两国走上了不同的发展道路。比较中俄媒体转型，其经验和教训对中国媒体发展具有很好的启示作用，这便是第六章"当代中俄媒体转型比较及俄罗斯媒体转型对中国的启示"关注的重点。

苏联解体后，中国有一些学者开始关注转型期的俄罗斯媒体，成绩有目共睹，但尚无对当代俄罗斯媒体运作机制的专门研究，因此本书可以说是该方向上的一次有益尝试。但由于主客观条件的限制，本书存在诸多有待改进之处，我们将在今后的研究中努力完善。

本书是子课题组全体成员通力合作和共同努力的结果。具体分工如下，杨可负责全书的整体设计和统稿，并完成引言、第一章、第五章和第六章的撰写；王海负责撰写第二章；刘春杰负责撰写第三章；陈爱香负责撰写第四章。

最后，本书全体作者谨向张政文教授的极大信任、精心指导和全力支持表示最诚挚的谢意；对中国社会科学院大学袁宝龙老师、陈龙老师，中国社会科学出版社张潜老师的大力支持，以及中国社会科学出版社的大力支持表示由衷的感谢！本书写作中，参阅了大量中外文献，书中虽附有参考书目，仍不免挂一漏万，不当之处，谨诸专家及读者指正。

杨　可
2021 年春节于广州

引　言

在当今以综合国力和软实力为主要竞争力的世界格局中，任何国家和民族都十分重视某种意义上代表着国家形象和利益的大众媒体及其文化产品在国际市场上的传播。俄罗斯在20世纪90年代进入社会转型期，在欧美国家放松媒体管制政策和媒体并购浪潮的直接影响下，俄罗斯政府对媒体产业进行了重大改革。近30年来，俄罗斯大众媒体及其运作机制经历了重大调整，报纸、广播、电视等大众媒体的运作机制出现了新模式，以手机、互联网等为核心的新媒体亦出现了其独特的运作模式，苏联时期所谓的"苏联报刊（新闻）理论"支配下的大众媒体运作机制已不复存在。

本书主要对俄罗斯的报刊、广播节目、电视节目的生产机制、相关法律法规、俄罗斯媒体的受众群体、国内外文化认同，以及俄罗斯新媒体进行探讨，旨在通过对俄罗斯大众媒体运作机制调整和重构的全球化竞争背景、产业逻辑动因、产业内各主体之间的制衡关系进行剖析，说明当代俄罗斯大众媒体运作新模式是如何从"苏联报刊（新闻）理论"支配下的旧模式中脱胎而来的，以及如何发挥积极有效之功能；通过对俄罗斯大众媒体运作机制的研究，说明无论在何种社会制度和政治制度下，唯有尊重媒介经济和媒介产业的基本属性，制定符合时代市场要求和国际环境要求的媒体管制政策，适时调整大众媒体运作机制，该国家和地区的媒体才能发挥其应有的作用，并赢得良好的经济效益和社会效益；本书同时考察当代俄罗斯大众媒体发展对中国媒体产业的影响和启示。

研究当代俄罗斯媒体的运作机制，必须分析近代俄罗斯和苏联时期媒体发展的历史沿革及其运行机制。为世界新闻界所认可的"报刊的四种理论"之所以把苏联报刊的运作模式单独作为现代世界上流行的新闻理念来讲述，就是因为与英美国家基于自由主义的报刊理论和建立于社会责任论基础上的媒体运作机制相比较而言，苏联媒体的运行机制有其独特之处；一个国家大众媒体的运行机制或者特定社会制度和媒介生态环境下的大众媒体运行机制的形成有历史因素，而且与该社会制度和国家的法律法规、媒体管制政策、行业规范、职业操守、媒介伦理、媒介文化等政治、经济和文化层面的要素有机融合并互动发展，所谓的运行机制就是大众媒体赖以生存和发展的盈利模式（经济基础）、行业规范，以及与这些要素有机联系的外部环境。基于此，我们必须首先对俄罗斯大众媒体的历史沿革进行梳理，然后展开对当代俄罗斯大众媒体运行机制的论证。

由于任何国家的大众媒体运行机制都与其政治、经济、文化等涉及媒介生态环境的要素有着密切关系，为此我们的研究不但要强调俄罗斯媒体运行机制下各个时期"信息传播流"的把关人、传播渠道、媒体内容、受传者和传播效果及其反馈等环节的动态性规律，而且要重视社会大背景下媒体运行机制的几个主体，即媒体（把关）人、政府相关部门、受众在其中所发挥的作用及他们之间的制衡关系和影响。

在全球化、信息化和知识化成为时代表征的今天，各国媒体的管制政策和运行机制与世界媒体市场和国际形势发生着更加频繁的互动并产生更加深远的影响。美国的新闻集团（News Corporation）、迪士尼公司（Disney Company）、维亚康姆公司（Viacom Company）、法国维旺迪环球公司（Vivendi Universal）、德国贝特斯曼公司（Bertelsmann AG）等寡头媒体集团掌握着全球的媒体市场，俄罗斯的媒体运行机制势必受到国际形势和寡头媒体集团发展战略的影响。在以媒体运作及其文化产品为主要参照的国家软实力竞争日盛的今天，俄罗斯的媒体运行机制如何架构并更好地适应国内外的形势，进而推动其政治、经济和文化事业的发展，必然成为其构筑和调整自身机制需要考虑的重要问题。

以美国为代表的西方资本主义传媒运行体制建立在私有制和商业化运作的基础之上，对商业利润的追逐是其传媒产业的本质属性和产业发展的根本驱动力。在以技术变革为主导的传媒格局调整过程中，超大规模的跨国传媒集团逐步显现并成为市场主宰，且日益将美国文化传播至全球。美国传媒业趋向高度集中化有其深层的产业逻辑动因。剖析反垄断背景下美国传媒的集中化，离不开美国对整个传媒产业宏观环境变迁的总体把握。技术、市场、传媒集团、受众、政府是影响和制约传媒产业集中化变迁的五大要素，美国传媒业的每一次兼并与收购浪潮都伴随着传媒集团与美国联邦通信委员会（FCC）的博弈，但是在"政策性规定"与"对策性博弈"的表象之下，技术的变革及其深层影响才是真正的主导和决定力量。

作为一个集"经济基础"与"上层建筑"特点于一身的特殊领域，传媒产品内在的两大属性——公共产品属性与商品属性之间的矛盾是政府进行传媒管制的逻辑起点。现代传媒日益成为社会文化的传播者、社会认同的塑造者、社会冲突的调解者和社会结构的整合者，从而在社会生活中扮演着重要角色。因其广泛的公共影响，传媒产品先天具有"公共产品"的特征；频谱资源的稀缺性也决定了传播业所使用的资源具有"公共资源"特征；与此同时，在美国，传媒"公共职能"的履行是"产权私有"的传媒企业经由"产业化竞争"路线而实现的，商业利益对于公共利益的排挤不可避免地产生了由政府进行管制以校正市场失灵并确保传媒企业履行公共职能的客观需求。但在政府管制的指导思想上，有四个方面的理念转换最终促成了管制逻辑的转换，即反垄断法由法律进路（垄断定价的财富再分配效应）转移到经济学进路（强调资源的配置效用）上来；由于垄断所具有的种种负面效应，它从来都是美国政府严厉监管的对象。而产业集中与垄断的天然联系，使政府在很长一段时间里把关注的重点放在对市场结构和市场集中度的调控上面。但是，伴随美国联邦通信委员会管制的放松与"解法"，一个核心问题逐渐得到澄清，那就是传媒集中不等于传媒垄断；传统经济学家认为，垄断行为属于市场失灵的范围，作为优化社会资源配置者及社会福利的维护者，政府必须强化对垄断行业的管制。20世纪30年代至70年代，这种看法一直占据主流；伴随美国传媒业的全球扩张，"国家利益"压倒"公众利益"，成为影响决策的重要力量。

随着全球化浪潮愈发汹涌，资本在整个世界追逐利润与市场，传媒集团的跨国扩张成为不可遏制的趋势，世界传媒业的竞争日益衍化为世界几大传媒集团"和纵联盟"的较量。在国际传播中，从某种意义上说，传媒的声音就象征着国家的形象，代表着国家的综合国力。美国传媒集团代表美国政府传播美国文化，实施"文化扩张"战略，这与美国政府争夺全球霸权的整体扩张战略是高度一致的，恰恰代表了美国的国家利益，因此这种扩张也就得到了美国政府的鼎力支持。美国政府不惜牺牲某些公众利益，甚至冒着与体现自由和民主的立国之本的"第一修正案"相抵触的危险，放松管制，修正法律，使美国迪士尼、维亚康姆等传媒集团在相对宽松的管制环境中进一步实施传媒集中战略，借其规模经济与范围经济优势强化国际竞争力。上述理念转换使斯宾塞提出的"物竞天择，适者生存"的社会达尔文主义成为主导管制的思想，反垄断政策也有了新的标准，其目的在于提高竞争效率，从而实现消费者福利最大化。因此兼并整合、集中市场结构的行为越来越被推崇，法律意在保护竞争，而不是干预竞争。美国联邦通信委员会开始管制思想转型，其强调的传媒业具有独特的社会和政治影响力的思维逐渐被经济影响力思维所取代。

美国及其他西方资本主义传媒运行体制的思路和方法对我们研究俄罗斯大众媒体运作机制有一定的参考意义，从技术、市场、传媒集团、受众、政府这影响和制约传媒产业集中化变迁的五大要素入手，考察当代俄罗斯媒体运作机制是合理的，但自始至终必须考虑和强调俄罗斯媒体赖以生存的社会政治背景的特点和俄罗斯媒体运作的条件。俄罗斯大众媒体运作机制的调整和改革受到以美国为代表的西方国家传媒集团集中化发展及其管制政策的影响,通过梳理俄罗斯大众媒体运作机制改革和转型的历史沿革,进而剖析其转型的全球化背景、转型的媒体产业逻辑、媒体运作主体间的制衡关系、产业伦理和国内外文化认同、新媒体运作等层面的状况,我们有可能比较全面地洞察和掌握当代俄罗斯大众媒体的运作机制,并期望能为中国大众媒体的发展和改革提供启示和借鉴。

目 录
CONTENTS

第一章　俄罗斯媒体发展的历史沿革 …………………………………… 1
　第一节　20世纪之前的俄罗斯媒体 ………………………………… 1
　第二节　俄罗斯媒体发展的分期概述 ……………………………… 4
　第三节　俄罗斯媒体特征与国际影响 ……………………………… 26
　第四节　转型期俄罗斯媒体管制政策 ……………………………… 39
　本章小结 …………………………………………………………… 44

第二章　俄罗斯媒体市场化转型与集中化发展的产业动因与矛盾 …… 46
　第一节　俄罗斯媒体市场化转型的法律环境动因 ………………… 49
　第二节　俄罗斯媒体集中化发展的产业逻辑动因 ………………… 72
　第三节　媒体市场化转型与集中化发展的产业逻辑矛盾 ………… 79
　本章小结 …………………………………………………………… 89

第三章　俄罗斯媒体运作机制的法律规范 …………………………… 91
　第一节　俄罗斯法律体系概述 ……………………………………… 91
　第二节　俄罗斯媒体立法溯源 ……………………………………… 98
　第三节　俄罗斯媒体立法的新规范及成效 ………………………… 120
　本章小结 …………………………………………………………… 159

第四章　俄罗斯媒体产业伦理与文化认同 ……………… 160
　第一节　俄罗斯媒体产业的伦理规范变迁 ……………… 161
　第二节　俄罗斯媒体与大众文化的融合发展 …………… 178
　第三节　俄罗斯媒体文化的认同调查 …………………… 196
　本章小结 …………………………………………………… 224

第五章　俄罗斯新媒体的基本特点与发展趋势 ………… 225
　第一节　新媒体概述 ……………………………………… 225
　第二节　俄罗斯社会生活中的新媒体 …………………… 250
　第三节　俄罗斯新媒体受众分析 ………………………… 269
　本章小结 …………………………………………………… 344

**第六章　当代中俄媒体转型比较及俄罗斯媒体转型对
　　　　　中国的启示** …………………………………… 346
　第一节　中俄媒体转型背景 ……………………………… 347
　第二节　中俄媒体转型比较 ……………………………… 354
　第三节　俄罗斯媒体转型对中国的启示 ………………… 361
　本章小结 …………………………………………………… 365

主要参考书目 ……………………………………………… 367

第一章　俄罗斯媒体发展的历史沿革

第一节　20世纪之前的俄罗斯媒体

从人类历史发展进程来看，俄罗斯立国时间是较晚的，直到9世纪中叶东斯拉夫人才在基辅建立起早期的封建制国家。沙皇俄国则起源于13世纪中叶形成的莫斯科公国。1480年在俄罗斯形成封建的中央集权制度，1547年莫斯科大公始称"沙皇"。在1917年"二月革命"以前，历史上俄国只经历了两个封建王朝，一个是留里克王朝（862—1598年），另一个是罗曼诺夫王朝（1613—1917年）。862年留里克王朝创立，其中一位继承人奥列格征服了基辅，控制了从诺夫哥罗德沿第聂伯河到黑海的商路，创建了基辅大公国。1283年莫斯科大公国建立，1613年罗曼诺夫王朝建立，罗曼诺夫王朝是统治俄罗斯的第二个也是最后一个王朝，它在俄罗斯历史上是最强盛的王朝。在将近300年的罗曼诺夫王朝统治时期，俄罗斯帝国开疆拓土，从东欧一个闭塞的小国扩展为北起波罗的海，南至小亚细亚和地中海，西缘波兰、德国、捷克、斯洛伐克、匈牙利、南斯拉夫的西部边境，东至乌拉尔山脉一线广大地区的大帝国，在历史上，是各种民族、语言、宗教长期冲突、融合、消长、重组的一个地区，[1] 成为欧洲乃至世界

---

[1] 冯绍雷：《20世纪的俄罗斯》，生活·读书·新知三联书店2007年版，第5—6页。

范围内的强国之一。

从10世纪基辅罗斯接受基督教洗礼开始，俄罗斯作为文明国家距今已有一千多年的历史。文化主干是斯拉夫原始文化，同时吸收欧洲文明、伊斯兰文明、犹太文明乃至中华文明。在俄罗斯历史上有几个重要的节点，一是10世纪基辅罗斯接受基督教洗礼；二是12世纪至15世纪蒙古鞑靼入侵；三是17世纪开始彼得大帝时代和叶卡捷琳娜二世实施改革与欧化措施；四是19世纪至20世纪初与东西方文化的交融；五是1917年3月（俄历2月）发生资产阶级二月革命，特别是同年11月（俄历10月）爆发十月革命，由此建立俄罗斯苏维埃联邦社会主义共和国；六是苏联解体。俄罗斯媒体历史发展与俄罗斯文明发展有着密切联系。由于俄罗斯没有发生西方那样真正意义上的资产阶级革命，所以发展一直滞后于西方国家，俄罗斯媒体发展历史也同样起步较晚，直到1612年才出现首份手抄的官报，其服务对象是沙皇和其政府官员，没有在民间发行，因此没有经历从民间新闻报纸转向官方报刊的新闻传播发展过程。据历史记载，1612年出现了为沙皇和其政府要员手抄的官报《钟声报》，1702年沙皇彼得一世下令出版官方的铅字报纸，第二年开始以铅印报纸《新闻报》替代手抄的《钟声报》。《新闻报》在莫斯科、圣彼得堡轮流不定期出版，最初发行200份，发行量最高时达4000份。

1815年出版的《圣彼得堡新闻》是俄罗斯最早的日报，同时其新闻传媒史开始了。《圣彼得堡新闻》直到1917年才停刊。18世纪中后期，俄罗斯帝国陆续出现了一些民办的小型刊物，比如《勤劳的蜜蜂》（1759年）、《雄蜂》（1769—1770年）、《精灵邮报》（1789年）等；19世纪初，俄罗斯帝国一些政府部门出版自己的报纸，如内务部出版了《北方邮报》，陆军部出版了《俄国残废者》等；一些研究机构，如莫斯科大学出版了《莫斯科新闻》和《莫斯科杂志》；俄罗斯帝国地方省政府部门也出版了自己的机关报，这些报纸主要刊登政府法令、新闻及地方民族志，通常每周2—3期，也有日报，阅读对象是政府行政机构人员，并没有向社会发行。① 1796年女沙皇叶卡捷琳娜二世正式建立了书报检查制度。1880年由比哈尔士林和奥勃诺尔创办的《工人曙光报》出版，这是俄罗斯帝国最早的工人报纸。1883年布拉格耶夫在圣彼得堡建立了第一个马克思主义小组，并出版了第一份宣传马克思主义的报纸《工人报》。1895年列宁领导的彼得堡工人阶级解放斗争协会准备出版协会的机关报《工人事业报》，因遭破坏未能出版，第二年改为油印报纸《彼得堡工人小报》秘密出版，但发行量很小。从1612年手抄的官报到20世纪初，俄罗斯帝国报刊的主要特点有四个，一是发行量小，流通范围有限；二是阅读者基本为政府机构官员和一些文化人；三是大多数报刊存续的时间不长；四是出现了一些触动统治阶级利益的报刊，或是在国外出版，或是以文学作品的形式隐晦表达出来。

　　1861年俄罗斯帝国沙皇亚历山大二世推行社会改革，俄罗斯帝国最终废除了农奴制，为资本主义的发展提供了条件。1861年改革是俄罗斯帝国历史上的一个重大转折点，俄罗斯帝国走上了资本主义发展的道路。农奴的解放意味着生产力的解放，农奴获得了人身自由，进而主张符合自身要求的各种权利，这给媒体的发展提供了契机。1865年俄罗斯帝国颁布了比较宽松的出版法，并且放宽了报刊不得讨论政治的限制。这一时期一些民营的报刊得以出版，较著名的报纸有《俄罗斯新闻》（1863—1918年）、《呼声报》（1863—1884年）、《新时报》（1868—1917年），较著名的杂志有《祖国言论》（1859—1886年）等。1866年在圣彼得堡创办了俄罗斯帝国通讯社，1872年和1882年又分别创立了国际通讯社和北方通讯社，三个通讯社均属民营，存在的时间都不长。1861年的社会改革并没有动摇沙皇的统治根基，新闻业所获得的自由是相当有限的。当言论自由、出版自由触动了沙皇的统治利益时，政府必然会采取整顿新闻媒体和收紧政策等措施，一些新闻工作者被捕，报

---

① 陈力丹：《世界新闻传播史》，上海交通大学出版社2002年版，第132—134页。

刊停刊。如1866车尔尼雪夫斯基被捕，其《同时代人》停刊，随后与《俄国言论》《祖国纪事》一起被查封。恩格斯在评价这一时期的俄罗斯帝国新闻媒体状况时指出："在亚历山大统治的头几年，旧的皇帝专制制度稍微缓和了一些，出版得到了较多的自由，……但是，舆论对政府的善良意愿估计错了。报刊变得太直率了……于是政府又开始后转了。残酷的镇压重新提上日程。报刊的嘴被堵住。"① 虽然涉及时政敏感内容的报刊暂时收声或转向，但商业性的或纯科学性的报刊仍缓慢发展，如《新闻与交易报》《实业记者报》《财政与工商业通报》《俄罗斯言论报》等。《俄罗斯言论报》发展为莫斯科最大的日报，该报社成为第一家向国内外派驻记者的报社。1894年和1902年俄罗斯帝国分别创立了两家官方通讯社，即俄国通讯社与商业通讯社，1904年两家通讯社合并，1914年更名为彼得格勒通讯社。

第二节 俄罗斯媒体发展的分期概述

一 19世纪与20世纪之交的俄罗斯媒体

20世纪初的俄罗斯帝国风云涌动。1904年爆发了日俄战争，俄罗斯帝国战败。战争的失败加速了沙皇统治的崩溃，人民对新闻出版自由的呼声愈来愈高。1905年圣彼得堡发生了示威游行、工人罢工、军队起义事件。沙皇被迫承诺建立国家杜马（议会），有限开放新闻自由，但这次开放新闻自由的时间短暂，随着1907年沙皇政府首脑斯托雷平发动政变而结束。1911年斯托雷平被社会革命党人刺杀，社会矛盾进一步加剧，沙皇的统治摇摇欲坠，同时对媒体的控制也开始减弱。此时由社会民主工党布尔什维克创办的《真理报》和孟什维克创办的《光线报》出版发行。虽然两报有争论，持不同观点，但均遭查封和更名。

---

① 《马克思恩格斯全集》第19卷，人民出版社1963年版，第156—157页。

然而这毕竟是爆发资产阶级民主革命的舆论先声,民主革命依然是俄罗斯帝国社会发展所面临的历史命运。

1914年第一次世界大战爆发,这是一场重新瓜分殖民地的非正义战争。大战历时4年,给参与战争的各方带来巨大的灾难和严重的经济损失。作为参战方的俄罗斯帝国,战争对国力的巨大消耗使国内矛盾愈发尖锐,沙皇政府对国内局势愈加难以掌控,俄罗斯帝国各党派纷纷出版自己的报刊,虽屡遭查封,但仍有新的期刊报纸不断出版。

19世纪与20世纪之交的俄罗斯帝国战争频发,沙皇专制统治下的俄罗斯帝国民不聊生,人民要求民主自由的呼声愈加高涨。1898年俄国社会民主工党成立,1903年俄国社会民主工党第二次代表大会上,选举中央领导机关成员时,以列宁为首的马克思主义者获得多数选票,得名布尔什维克。布尔什维克俄语意为多数派,是俄国社会民主工党中的革命派(左派)。大会批准《工人报》为党的机关报。大会以后,中央委员会遭沙俄政府属下的内务部警察抓捕,《工人报》被迫停刊。1900年,列宁在德国莱比锡创办《火星报》,为进一步建党做了理论上和思想上的准备,然而后来编辑部发生分裂,《火星报》成为孟什维克的喉舌。① 列宁领导的布尔什维克之后也陆续出版了《无产者报》《新生活报》《浪潮版》《回声报》《工人报》等报纸。仅以列宁为例,1900—1917年,列宁秘密或公开参与创办出版的报刊就达四十余种。

1917年3月,俄罗斯帝国发生了第二次资产阶级民主革命,因发生于俄历2月(公历3月),史称"二月革命"。3月13日,起义工人和士兵占领了沙皇政府的统治中心——冬宫,末代沙皇尼古拉二世于3月15日宣布退位,专制体制崩溃。这次革命推翻了将近300百年的罗曼诺夫封建王朝,结束了封建王朝的统治。

1917年的二月革命,导致了俄罗斯帝国专制体制的崩溃,同时沙

---

① 张昆:《中外新闻传播史》,高等教育出版社2008年版,第138—139页。

皇掌控下的媒体停止出版。临时政府成立伊始就颁布各种法令，其中就要求俄罗斯帝国君主制主导的报刊全部停止出版，宣布言论自由和新闻自由，取消书报检查制度，撤销出版事务委员会。可以说，二月革命的最大成果是全国实现了自由民主，以及公民获得了自由民主的权利。在二月革命发生后仅仅8个月，1917年11月7日（俄历10月）又爆发了十月革命，由此建立起了世界上第一个社会主义国家，旧有的新闻体制发生了本质的、革命性的改变，社会主义新闻体制随之建立起来。

二　苏联时期（1917—1991年）媒体事业的发展

布尔什维克政权的建立为一党制在该国的确立奠定了基础。苏维埃新闻业继承了布尔什维克新闻的主要原则、功能和传统，成为苏维埃最重要的意识形态和组织机构。从20世纪20年代开始，作为一种按照统一思想组织构建的信息传播手段，苏维埃新闻的多民族层级系统已经形成。它参与苏维埃国家建设的各种活动，参与确立领导的权威原则，参与积极落实党的各项决定。

（一）苏维埃俄国新闻体制的确立（1917—1925年）

苏维埃俄国的诞生是20世纪最重大的事件之一。随着封建沙皇专制制度的消亡，新闻媒体也告别了旧时代。建立和巩固新生的苏维埃政权，就必须建立与社会主义相一致的新闻体制。刚刚建立的政权，面临着出版自由与多党报刊并存的局面，大多数报纸仍被控制在资产阶级手中，这对新生的政权是不利的。夺回媒体的主导权，将其收归国家所有，这是建立社会主义新闻体制的前提。

1. 多党条件下（1917年至1918年7月）的苏维埃俄国新闻业

1917年爆发的二月革命结束了沙皇的专制统治。资产阶级临时政府于4月通过了出版法，规定各种政治派别都可以自由出版报刊并在市场出售，被沙皇政府压制的各社会主义政党纷纷恢复自己的报刊，当时三十多个党派都有自己的报刊，封闭的报刊只有少量官报和黑帮的报刊。1917年3月18日《真理报》重新出版，并被确定为布尔什维克党的机关报。孟什维克出版的机关报是《前进报》（1917—1919 年），社会革命党的机关报是《人民事业报》（1917—1918 年），无政府主义者出版的机关报是《无政府报》（1917—1918 年）。1918 年 3 月 18 日俄罗斯苏维埃联邦社会主义共和国人民执行委员会通过了旨在制止资本主义新闻报刊的决议。这个决议在多党并存的条件下，对巩固新生的苏维埃政权具有重大意义。

2. 国内战争和国外战争（1918 年 7 月至 1920 年）

俄国内战（一般指苏俄内战），又称苏俄国内战争或称对苏干涉战争，是 1918 年 5 月 31 日到 1922 年发生的一场战争，被称为"1917 年到 1922 年的内战和武装干涉"。主要战役在 1920 年基本结束，但直到 1922 年才彻底停止。

当白军叛乱时，许多资产阶级的报刊支持叛乱分子，孟什维克甚至勾结南部的叛乱分子。他们利用自己手中掌握的报刊，进行大量的反革命宣传，进一步造成了国内局势的混乱，对俄国共产党领导的内外战争极其不利。为了巩固新生的苏维埃政权，资产阶级掌握的大量报刊被查封，到 1919 年已全部被查封，苏维埃俄国只剩下俄国共产党的报刊。苏维埃政权在建立之初的内外战争期间迅速地消灭了除俄国共产党报刊之外的一切政党的报刊。

3. 列宁的新闻政策和苏联体制下的自由化时期（1921—1925 年）

"苏联国家新闻业在其前十年的一系列政策措施从根本上改变了其性质，确立了新闻机构国家所有制，并运用法律法规将其有机地导入行政—指挥系统之中。此时新生的苏维埃社会主义共和国联盟政权已经不再需要资产阶级的新闻报刊。"[①] 1901 年 5 月列宁在《火星报》上撰写的社论《从何着手？》就报纸的功能和作用提出了"报纸的作用并不限于传播思想，进行教育和吸引政治同盟军。报纸不仅是集体的宣传员和

---

① Овсепян Р. П., История новейшей отечественной журналистики, https://studfiles.net/preview/2688612/page:6/.

集体的鼓动员，而且是集体的组织者"①的论断。这一论断为苏维埃俄国新闻体制的确立提供了指导思想和政策路径。

在苏维埃俄国政权建立的第10天，列宁就起草了《关于出版自由的决议法案》，谈道："工农政府认为出版自由就是报刊摆脱资本的控制，把造纸厂和印刷厂变成国家的财产。"②列宁十分明确地指出，新闻出版机构必须收归国家所有，摆脱资产阶级对新闻媒体的资本控制，这是苏维埃政权建立自己的新闻体制的前提。随即在1917年9月28日，列宁在《工人之路报》（即后来的《真理报》）第11号发表了《怎样保证立宪会议的成功——关于出版自由》。列宁认为现在大多数报纸被控制在资产阶级手中，因此要剥夺资产阶级对新闻报刊的所有权，将其控制的资产变为国家所有。"这就是赋予所有的人而不是赋予富人的真正的出版自由。"③将新闻媒体收归国家所有和服务于苏维埃政权，这是苏维埃俄国新闻体制建立的起点与发展路径。

1918年3月18日，俄罗斯苏维埃联邦社会主义共和国人民执行委员会通过了旨在制止资本主义新闻报刊的决议。中央、地方和各民族的苏维埃新闻报刊对大会关于战争与和平的决议，加强红军建设，苏维埃俄国革命社会民主计划的修改，党的新名称，最大限度调动人民的一切力量，利用和平间隙复苏国家经济等做了广泛的报道。第一次展现了党领导下的新闻报刊所发挥的积极有效的宣传作用。新闻机构收归国家所有和俄国共产党对舆论的控制有效地统一了全党思想，极大地调动了人民的积极性，对稳固新生的苏维埃政权起到了积极的作用，真正实现了列宁提出的"报纸是集体的宣传员、集体的鼓动员、集体的组织者"的观点。之后，列宁还签署了一系列关于新闻出版的法令，用革命手段剥夺了资产阶级的新闻出版权，至1919年年底，取缔了一切反动报刊，

---

① 《列宁全集》第5卷，人民出版社1987年版，第7—8页。
② 《列宁全集》第26卷，人民出版社1959年版，第264页。
③ 《列宁全集》第25卷，人民出版社1958年版，第370页。

除俄国共产党的报刊外，反革命报刊和其他政治派别的报刊全部停刊或被查封。对资产阶级新闻出版权利的剥夺和资产的没收，对一切反动报刊的查封，使苏俄开始着手建立执政党领导的新闻体系。在这个体系里，所有新闻机构都归国家所有，从党中央到各级地方党组织、政府、社会团体都有属于自己的机关报，苏俄政权搭建的就是这样一个金字塔式的媒体管理体系。列宁对新闻事业论述的重点是对党报建设提出一系列指导思想和政策主张。列宁认为，党报主要是党的纲领、指导思想和马克思主义的宣传工具，面向人民的鼓动工具和党的建设的组织工具。列宁的工具论与其之前提出的"报纸是集体的宣传员、集体的鼓动员、集体的组织者"论是一脉相承的。列宁还提出了对党报的基本工作原则的建议。一是党报工作者的创作自由必须服从于党的基本利益；二是宣传报道必须绝对真实，成为党的一面镜子；三是党报应该是坚持原则，并且充满战斗性的机关报。列宁的这些论断，成为后来苏联共产党新闻政策的重要内容。

从1921年起，除了已有的处在金字塔尖的党中央机关报《真理报》、苏维埃政权的机关报《消息报》、经济工作指导性报纸《经济生活报》和农民日报《贫农报》外，其他方面的中央级报刊陆续创办。至1925年基本确立了所有新闻机构为国家所有，并接受党的领导和工作指导。

到1919年年底，苏维埃政权取缔了除布尔什维克的报纸外的其他所有政党的报纸。但在这一时期，苏维埃仍然允许私人和商业报刊广播的存在，这是当时国内政治经济的形势所需，这也就形成了苏维埃政权建立初期的自由化时期。其发生的背景是在国内平叛结束以后，战时实行的取消商品交换的共产主义措施失败了。1921年，苏维埃俄国实行新经济政策，恢复经济核算制，报刊也停止了分配制而恢复了订阅制。在苏共十一大会议上确定文化事业单位作为经营实体，允许其保持商业上和经济上的独立性，并规定私人经营的报纸按商业方法处理。这一时期，出现了143家私人出版社和数百家民营报纸。

苏联人民委员会于1924年7月28日发布了关于允许私人或集体"建造、使用和经营广播电台"的法律。① 在新经济政策下，苏联的广播体制也带有市场经济经营性质，然而对于党报能否刊登广告，也就是按照市场经济原则进行管理，曾发生过激烈的争论。列宁赞同党报刊登广告，认为这是党报经济来源的一部分。但在党的十一大会议上，做出了禁止《真理报》刊登广告的决议，列宁并未参加这次会议。

(二) 苏联新闻事业的发展（1925—1986年）

随着内战的结束，国内局势逐渐稳定，苏联将工作重点转移到了经济建设领域。社会主义新闻事业也在政权统治范围内迅速建立起来。报刊广播既发挥了党的宣传员、鼓动员、组织者的作用，也极大地丰富了人民的政治生活、经济生活和文化生活。

1. 斯大林新闻体制的确立（1925—1940年）

列宁去世后，斯大林领导的苏联以中央集权的方式迅速建立起了覆盖全国的大众传播网络，逐步建立起党政军、工商农、青年、妇女、人民团体、知识文化界等领域从中央到基层的报刊体系，所有报刊广播电台均属官方的一个机构，由各级党委直接领导，新闻机构归国家所有。

在新的政治体制下，苏联的新闻事业发展迅速。至1928年，全国有报纸1197种，到1940年报纸增加到8806种，总发行量3849万份，是苏联史上报纸种数最多的年份。苏联的广播事业也迅速发展，至1928年，全国已有广播电台20座，收音机7万台；到1940年，广播电台超过100座，收音机110万台，同时还有1.1万个有线广播站和600万只广播喇叭。苏联还是世界上最早创办对外广播电台的国家之一。1929年10月，首次播出德语节目，至1940年第二次世界大战爆发前，共用13种语言对外广播。1940年7月开始用汉语对中国广播。1939年在莫斯科和列宁格勒（现圣彼得堡）开始播出电视节目。

---

① 马庆平：《外国广播电视史》，北京广播学院出版社1997年版，第4页。

1925年7月10日，根据苏联部长会议的决定，成立苏维埃社会主义共和国联盟通讯社（以下简称"塔斯社"），塔斯社是在原罗斯塔社基础上扩建而成的。塔斯社社长由部长会议决定任命，各加盟共和国的分社社长由总社社长任命。塔斯社负责为所有媒体提供新闻，占据垄断地位，是世界著名的通讯社之一。斯大林还提议在苏联开展"工农通讯员运动"，由编辑部在业务上直接领导通讯员（通讯员所属单位不变），到1932年全国已有通讯员300万人。

在斯大林的领导下，苏联社会主义取得了巨大成就，苏联斯大林式新闻体制模式也逐渐形成。斯大林新闻模式不能理解为斯大林一个人发明创造出来的，而是一种历史的产物，以斯大林命名，是因为这种模式在斯大林执政时期得到完善并走向极端，其主要有五个方面特征。第一，新闻媒体是集体的宣传者、集体的鼓动者、集体的组织者；第二，新闻媒体是党的重要工具；第三，新闻自由不是绝对的、超阶级的；第四，由新闻媒体自上而下地向读者宣传"正确"的观念、意识；第五，新闻活动是党和政府活动的组成部分。

2. 苏德战争中的新闻业（1941—1946年）

德国对苏联的入侵使苏联新闻体制进入战时状态，是苏联媒体发展过程中的一个特殊时期。苏德战争中苏联调整了媒体的结构。首先是对报刊的调整。中央级报纸《真理报》《消息报》由6版减为4版，地方性报纸从4版减为2版。同时大力发展军事报刊，除原有的军事报刊外，新增《斯大林之鹰》《红色战鹰》两个中央级军报，各军区和各军种出版的"前线报"有19种，兵团以下师以上出版的军报就有128种，师级报纸最多，高达400—600种。整个战争期间，苏联共出版821种军事报刊，其发行量超过300万份。其次是广播电台进入战时状态。战争期间，电台被严重破坏，苏联将中央电台和地方电台迁往东部。1944年，苏联建成了世界上最大功率的电台。战争期间，电台用29种语言对外广播。塔斯社还实行半军事化管理，许多记者转为军事记者。苏德战争中，新闻工作者为战胜法西斯做出了巨大牺牲，仅《消息报》报社就有44位记者牺牲，占报社总人数的四分之一。战争中也涌现出许多著名记者，如肖洛霍夫、西蒙洛夫、波列伏依等。①

3. 战后恢复和发展的新闻业（1946—1986年）

苏德战争结束后，苏联新闻业迅速得到恢复，并在恢复中发展。党和政府对新闻媒体的管控进一步得到加强，当年列宁提出报纸不仅是集体的宣传员和鼓动员，而且是集体的组织者，随着时间的推移，不仅报纸和记者做到了这一点，所有的大众传媒及其工作人员也做到了这一点。

1947年，报纸恢复到7163种，到1983年报纸发展到8273种，一次发行量高达1.7亿份。杂志的种数和发行量也有较大增长。广播电视也获得了长足的发展，到20世纪80年代中期，无线电已覆盖苏联全境。1945年，莫斯科电视中心第一个在欧洲恢复电视播出。1951年，苏联正式建立中央电视台。1961年2月，苏联建立了第二个通讯社——新闻通讯社，该社是以社会团体名义建立的社会性通讯社，主要负责对外宣传。1965年4月，苏联开始采用电视卫星转播，20世纪70年代中期苏联开始采用卫星直播。1967年10月，苏联开办彩色电视节目，5年后全部播出彩色电视节目。20世纪70年代以后，苏联建成世界上最大的电视网。1971年，塔斯社升为政府一级机关，享有参与部长会议国家委员会的权利。②

战后苏联的新闻业获得了巨大的成就，在世界新闻界的影响力巨大。但随着苏联政治体制的逐渐僵化，苏联新闻媒体也开始出现"假大空"的现象，报道不真实的问题愈来愈引起人民群众的不满。政治、经济、文化等领域的改革迫在眉睫，改革成为摆在苏联新一届领导人面前的艰巨的任务，然而谁都没有料到，戈尔巴乔夫推动的改革，竟动摇了苏联统治的根基，最终使苏联走向解体。

---

① 张昆：《中外新闻传播史》，高等教育出版社2008年版，第202页。
② 陈力丹：《世界新闻传播史》，上海交通大学出版社2002年版，第149—151页。

4. 民主化与公开性条件下的新闻业（1986—1991年）

20世纪80年代中期，以戈尔巴乔夫为总书记的苏联共产党中央开始推行"民主化""公开性"政策，解除了对苏联新闻传媒的限制。大众媒体由宣传意识形态的工具向提供全面信息并使民众有机会参与社会管理的中介转变，触及苏联政治改革的核心，扮演了旧体制的"掘墓者"的角色。① 戈尔巴乔夫提出民主化，原本针对的是苏联日益僵化的政治体制，其目的是对经济进行改革。然而戈尔巴乔夫的民主化既没有使政治体制机制不再僵化，也没有让经济焕发活力。戈尔巴乔夫将西方的民主模式生搬硬套过来的结果是，在政治上使苏联共产党失去了核心领导地位，使苏联在经济上陷入衰退和停滞。1990年3月修改了只承认苏联共产党有权领导苏联社会的苏联宪法的条文，苏联共产党对媒体的控制也随之消失。

1990年6月，苏联颁布了第一部《新闻法》，标志着苏联新闻体制和性质发生了根本变化。《新闻法》废除了审查制度，赋予人民建立新闻出版机构和其他大众传媒的广泛的权利，体现了民主社会新闻业建设的新原则。根据苏联国家新闻（出版）委员会的数据，至1991年3月15日，全国注册了近1800份针对全苏联受众的报纸和杂志，近850份报纸是第一次出版，其中233份由编辑部和出版单位出版发行，291份由社会机构出版发行，124份由协会出版发行，99份由合作社出版发行，55份由合资企业出版发行，24份由党派组织出版发行，25份由股份公司出版发行，19份由宗教组织出版发行，几乎三分之一的定期出版物是私人（民营）出版物。截至1991年3月，俄罗斯苏维埃联邦社会主义共和国新闻与大众信息部注册了600多种出版物，而莫斯科市苏维埃政府注册了近300种出版物；截至1991年8月，在莫斯科出版了

---

① 张俊翔：《当代俄罗斯媒体发展的过程关照（代译序）》，载扎苏尔斯基主编《俄罗斯大众传媒》，张俊翔、贾乐蓉译，南京大学出版社2015年版，第1页。

2600份报纸和杂志，其中一半是新的。①

戈尔巴乔夫提出的公开性加剧了苏联政局和人民思想的混乱。戈尔巴乔夫认为，公开性是社会主义民主不可分割的一部分，"扩大公开性就是把国家和社会发生的一切告诉人民，使党和苏维埃工作置于人民的监督和注视之下"②。在公开性原则的指导下，国家政治社会生活方面彻底改变，导致许多社会机构（体制），包括大众传媒也发生了极大的变化。苏联从行政命令模式下的经济管理体制转向市场经济体制，从极权制度转向法治制度，从优先一种阶级意识形态的价值转向民主价值理念。改革、民主化、公开性政策导致了对传统的一党制的抛弃和向民主和多党制的转变。

随着民主化和公开性政策的推行，在经过了70年的限制后，大众传媒终于可以发出自己的声音，成为改革的一个强大的杠杆，促进了大众民主的发展，同时也深刻影响了大众心理。民主化和公开性的要求迫使苏联共产党承认斯大林的罪行，承认赫鲁晓夫和勃列日涅夫领导方法的错误，乃至苏联共产党本身的个别负面行为。此外，还谴责苏联时期的党和国家领导人，揭露恐怖时期、唯意志论时期和停滞时期的错误，如1988年《俄罗斯报》第9号刊登了斯别克多尔斯基《权力的起源》一书的片段。作者通过揭露执政党寡头所推行的行政命令体制，揭示了恐怖和暴力政治的认识论根源，对列宁人格的绝对正确性提出质疑。书中列举了列宁所签署的文件，这些文件赋予苏维埃政府地方机构以权力，使之对未接受无产阶级专政中人性的本质、人文主义概念的人进行无情的批判。"对斯大林主义说不"是当时所有非正式出版物的一个共同的栏目，该栏目的材料揭示了列宁的极权专制，以及苏联共产党在其

---

① Овсепян Р. П., История новейшей отечественной журналистики, https://studfiles.net/preview/2688612/page：21/.

② 许新、陈联璧：《超级大国的崩溃——苏联解体原因探析》，社会科学文献出版社2001年版，第197页。

发展过程中所造成的不良影响。对于媒体而言，这是很平常的事情。①而作为苏联共产党总书记的戈尔巴乔夫，对此并未进行干预，这无疑加快了苏联解体的步伐。

1990年是苏联国家电视广播委员会存在的最后一年，1991年2月它变成了全苏国家电视广播公司。在这一年，苏联统一信息空间走向毁灭。苏联各加盟共和国相继宣布独立，从中央的绝对命令中解放出来。其新闻业也发生了改变，完全抛弃了几十年来自上而下的直播时间分配方式，以及对各共和国广播委员会和电视演播室节目量的分配方式，自行安排从莫斯科转播电视和广播节目的时间。1989年9月，苏联组建了国家"国际文传电讯"新闻通讯社，但这时苏联已经出现了几个非国有通讯社，其中包括"事后""新闻工作室"等。1988—1989年，新建党派和社会组织出版物的数量几乎增长了10倍，仅俄语杂志就超过了500种。1989年年初新出版的报纸、杂志和简报数量最多，这一年的上半年出现了160种出版物，截至该年年底不受审查的出版物总数接近800种。1990年，非正式和在内容、制作或传播方面区别于现有主流报刊的另类报刊完成其转向。苏联最高苏维埃委员会通过了两个法案，即新闻（出版）和其他大众传媒法，以及公共组织法。前者规定，新闻（出版）是自由的，即可不受审查，取消审查制度，任何一种出版物都获得了存在的权利，需要注册；后者宣布任何社会组织都是自由的，有存在的权利，但应合法化，也就是要在苏联权力机关注册，而其活动不应违背国家宪法规定。这两个法律从根本上消除了非正式出版物和在内容、制作或传播方面区别于现有主流出版物的另类出版物——从此这种出版物只要不宣传法律禁止的暴力、武装斗争、种族冲突等内容，均可自由出版。② 合法化注册之后，不再区分正式、非正式与另

---

① Овсепян Р. П., История новейшей отечественной журналистики, https://studfiles.net/preview/3994749/page：22/.

② Овсепян Р. П., История новейшей отечественной журналистики, https：//studfiles.net/preview/3994749/page：22/.

类出版物。

多党派媒体的复兴，推动了苏联政治多元化的发展。新的政治组织的形成便是社会民主化的结果，随着党派的增加，产生了大量的民主党派的报纸和中心机构。许多新的政治组织很快就创建起自己的新闻机构，如《孟什维克》《立宪民主党》就是立宪民主党的机关报。越来越多的党派使出版物数量迅速增加，1990年年初该进程处于起步阶段，但在这时，就已经可以界定新建立的各党派的社会—政治出版物的主体范围。俄罗斯联邦共和党（ОПРСР）出版了报纸《社会民主党人》和独立的政治周刊《新生活》，这两份出版物都具有鲜明的政治性。民主党（ДП）建立了自己的新闻机构"民主党出版社"，该出版社主要出版一些政策性文件和宣传民主党的目的和任务的书籍。俄罗斯自由民主党（СБДПР）出版了《俄罗斯自由民主党刊》。俄罗斯民主党（ДПР）出版了《民主报》和周刊《民主俄罗斯》。俄罗斯基督教民主党（РХДП）出版了《基督教政治》和《基督教民主报》。立宪民主党和另一个立宪党——立宪民主联盟出版了报纸《立宪民主党人》和周刊《公民尊严》。苏联自由民主党出版了报纸《自由派》和《言论》。君主主义方面的报纸有《君主派》《帝国公民》。神学界反对派机构出版了报纸《日子》。俄罗斯基督教民主联盟出版了《一周记事》和《基督教民主报》。俄罗斯基督教民主运动出版了杂志《选择》。1990年出现的各种党派和社会组织的报纸、杂志和简报达1173份。

社会生活的民主化使十月革命前的新闻业传统得以恢复。教会报刊获得了正式的出版权利。自1991年7月31日起，从属于苏联/俄罗斯联邦欧洲部分天主教大主教区的通讯社"真理与生活"也获得了出版的权利，该通讯社出版俄语月刊《真理与生活》。东正教教会的出版事业也得到显著发展，1991年东正教教会管理机构和大主教出版了10种以上的报纸、杂志和简报，其中包括《教区公报》《俄罗斯东正教教会》等。

1990年12月末，苏联广播电台第一次播放忏悔节目《我相信》。这一节目与东正教广播电台的节目《拉多涅日》相似，但与《拉多涅日》不同的是，《我相信》这一节目的内容是忏悔性的。1991年10月16日起，广播节目里出现了福音派基督徒的节目《俄罗斯觉醒》，除此之外，还为天主教教徒和伊斯兰教教徒准备了专门的节目。从1991年11月开始在广播里读诵福音书和《可兰经》。

曾在莫斯科大学新闻系担任了四十多年主任的 Я. Н. 扎苏尔斯基（Я. Н. Засурский）教授在其主编的《俄罗斯大众传媒》一书中，将民主化与公开性条件下的大众传媒新出现的新闻业模式概括为以下两种："第一种为改革模式，它与苏联第一位也是唯一的一位总统戈尔巴乔夫密切相关。在改革过程中，苏联的大众传媒成了批评官僚和行政体制的工具。记者可以自由地思考和写稿。与此同时，党的领导作用得以保留，媒体推动民主化自上而下地实现。这是新闻业的工具模式；它与苏联模式的不同之处在于，在戈尔巴乔夫及其支持者手中，新闻业是民主化的工具，但它仍然处于党和国家强权的管理之下。""1990年6月12日通过了《苏联新闻法》，此后，'八月政变'失败，共产党被禁，共产党的媒体跟其他社会组织的媒体一样，转归记者之手。出现了一种新的新闻业模式：媒体开始把自己视为'第四种权利'。新闻业把自身与国家对立起来；它不懈争取，获得了相对于国家的独立性。"① 尽管"公开性"最初是被作为推进民主化和政治改革等的工具而使用的，并且按照戈尔巴乔夫的设想，它应当成为巩固苏联社会主义制度的手段，但是随着时间的推移，由"公开性"和"民主化"所营造的社会氛围使得党对报刊的监督变得越来越艰难。到了1990年年初，苏联共产党对苏联政治生活和新闻媒体的控制基本不存在了。② 1991年12月25日，戈尔巴乔夫宣布辞去苏联总统职务，1991年12月26日，苏联解

---

① ［俄］扎苏尔斯基主编：《俄罗斯大众传媒》，张俊翔、贾乐蓉译，南京大学出版社2015年版，第4—5页。
② 贾乐蓉：《当代俄罗斯大众传媒研究》，中国广播电视出版社2008年版，第172页。

体，苏联在海外的一切财产、存款、外交机构、使领馆等由俄罗斯接收。

苏联解体和禁止苏联共产党执政是20世纪末发生的世界范围内的重大事件，这一事件不仅震惊了世界，而且使世界格局发生了改变。俄罗斯大众传媒在此背景下，被动地重构，同时也使俄罗斯大众传媒走上了艰难的转型之路。

三 俄罗斯媒体的转型与发展（1991年至今）

1991年12月27日，俄罗斯联邦颁布《俄罗斯联邦大众传媒法》（以下简称《大众传媒法》），为俄罗斯大众传媒新体系的建立提供了保障。大量出版机构关闭或转型，以及成百上千的新出版机构及出版物的涌现，调整了俄罗斯大众媒体的结构，深刻地改变了俄罗斯大众媒体的性质。当代俄罗斯媒体走上了市场化的道路。经济不独立与新闻不自由一直是俄罗斯传媒面临的困境，也使当代俄罗斯媒体秉持独立自由原则的发展之路走得异常艰辛。

（一）叶利钦执政时期的俄罗斯大众媒体（1991—2000年）

1991年年底，苏联解体，俄罗斯在叶利钦的带领下走上了资本主义民主之路。在俄罗斯政体发生改变之后，俄罗斯的民主发展在大众传媒领域体现得尤为明显。

（二）"黄金时期"（1991—1993年）

1991—1993年，俄罗斯新闻业经历了自由的"黄金时期"，苏联实行的金字塔式的垂直管理体系已不复存在。原本处于这座金字塔顶端的是苏共中央的机关报《真理报》，最底层的则是市辖区的各级报纸。而在这一时期情况发生了改变，各家报刊都认为自己是独立自由的，不再接受也不必服从任何的行政命令。所谓的"黄金时期"，就是苏联解体后，媒体摆脱了政府的控制，相对自由的一个时期。莫斯科大学新闻系主任 Я. Н. 扎苏尔斯基认为："最初三年，媒体都忙于从传统和旧的形式当中解脱出来。它们曾经都是党的工具，在苏联瓦解和苏联共产党被禁以后，它们不再承受外部的压力。这一时期的标志是：基于多元化原则并且独立于国家的新型新闻业开始形成。""在这个过程中，记者和大众传媒——首先是电视——扮演了极其重要的角色。他们不断演化，作为'第四权力'的代表自愿或在某些政治力量及政客的倡导下参与国家政治生活，奠定了新俄罗斯的基础。"①

1991年12月27日由俄罗斯议会通过，1992年2月8日生效的《大众传媒法》规定禁止报刊检查。新闻自由被视为找寻、获取、生产和传播大众新闻的活动；法律还允许私营大众媒体的存在。俄罗斯记者、政治学家В. Т. 特列季亚科夫（В. Т. Третьяков）将解体前后的俄罗斯大众媒体划分为3个阶段，即戈尔巴乔夫时代（民主化与公开性）、叶利钦时代（言论自由）、普京时代（言论自由受到限制）。他还认为，1991年8月22日至1993年10月是所有人的言论自由时期。② 这一时期，可用"百花齐放"来形容，各党派政治力量相互竞争，独立的政治观点得以表达，商业化的报刊大量上市，一些低俗甚至色情的报刊大行其道。俄罗斯媒体从没有过这样的繁荣和自由，将这段时间称为"黄金时期"一点也不为过。但是俄罗斯媒体在获得"独立自由"并迎来"春天"的同时，也失去了政府的财政支持。本来就没有经济基础的媒体，在俄罗斯激进的经济改革转型的浪潮下，强行被推向市场。"与俄罗斯经济一样，俄罗斯大众传媒所需要的是企业的经营自由。谈及近年的成就，必然会提到新闻自由、言论自由、迁徙自由和经营自由。但眼下俄罗斯面临的最大困难就在于经营自由。""经济上的困难使得报纸、杂志和其他媒体需要吸纳新的投资。国家尝试向传媒业和造纸业提供补助，可这并不足以解决问题。记者们不得不求助于当时出现的实力强大的经济组织——银行和大公司，这导致对大部分报纸和杂志的控制权都

---

① ［俄］扎苏尔斯基主编：《俄罗斯大众传媒》，张俊翔、贾乐蓉译，南京大学出版社2015年版，第4、61页。

② Третьяков В. Т., Как стать знаменитым журналистом. Курс лекций по теории и практике современной русской жунралистики. – М.：Ладомир，2004. C. 127 – 146.

转移到了后者的手中。"① 坚持新闻自由又没有独立的经济基础，俄罗斯大众传媒很快迎来了"黄金时期"的终结。

(三)《沿着下行的扶梯往上走》(1994—1996年)

《沿着下行的扶梯往上走》是肖洛姆-阿莱汉姆②的外孙女贝尔·考夫曼③的名作。这个标题很好地反映了苏联解体后到20世纪初俄罗斯大众媒体的真实状况，媒体从国家所有和由国家财政拨款资助，变成市场条件下自负盈亏、自给自足的企业，俄罗斯媒体在市场的大潮中挣扎。以"第四权力"自诩的俄罗斯媒体，以批评政府为己任、充满主人翁自豪感和责任感的新闻记者，在经济陷入危机的状况下，在一定程度上失去了法律赋予他们的新闻自由的保障。其实俄罗斯一直缺乏西方新闻体制的基础，不具备西方自洛克、孟德斯鸠以来长期政治分权的传统，以及由此延伸出来的"第四权力"思想；不具备启蒙时代以来西方政治自由主义的发展引发的言论自由理论与实践，以及新闻传媒专业精神。④ 俄罗斯对大众传媒进行大规模的私有化和非国有化改革，其目的是将媒体由国家手里转移到私人、企业和新闻工作者的手里，使媒体能够经济独立和思想自由，摆脱国家控制，不再作为党的工具。然而俄罗斯媒体没有独立的经济基础，当它摆脱国家的控制，不再作为党的工具，却要沦为寡头、财阀、集团等新主人的工具。新闻工作者所期望的独立与新闻自由，注定如"沿着下行的扶梯往上走"一样艰难。

特列季亚科夫创办的《独立报》就是一个典型。特列季亚科夫对《独立报》的定位是，第一，自筹资金使它保持可信的中立；第二，强劲的记者队伍创造出极端全面的信息覆盖；第三，高水平的、令人信服的观点评析既有助于精英们的政治判断，又能引导大众的价值取向，可

---

① [俄]扎苏尔斯基主编：《俄罗斯大众传媒》，张俊翔、贾乐蓉译，南京大学出版社2015年版，第145页。
② 出生于乌克兰的犹太文学大师(1859—1916年)。
③ 美国作家(1911—2014年)。
④ 李兆丰：《转轨模式的选择与俄罗斯传媒发展》，《新闻大学》2003年秋季号。

谓男女老少皆可受益。1991年《独立报》发行量达到20万份，这是对新闻独立和自由的最好诠释，西方式的媒体独立仿佛一夜之间也在俄罗斯出现了。然而这样的"神话"很快就被现实打碎，经济危机很快给《独立报》以重创，《独立报》发行量下降，《独立报》的增刊《独立报会议》取消了，一些通讯社财务也开始出现赤字，出版社与其他传媒机构一样面临倒闭。《独立报》后被寡头别列佐夫斯基收编，沦为寡头的工具。当时，《真理报》《劳动报》等大报也因经费短缺而停刊。2000年当选俄罗斯总统的普京就一针见血地指出："传媒应该是自由的，但只有当它有了自己的经济基础，自由才是可能的。"①

"黄金时期"结束后，媒体所希望的扮演"第四权力"角色并且坚持不受国家控制，在残酷的经济困难面前，并不那么容易实现。1994年，商业集团开始涉足媒体，被称为"圈地运动"，俄罗斯传媒开始向集团化和产业化方向发展。其中著名的有俄罗斯古辛斯基的桥媒介集团、商人兼官僚别列佐夫斯基的洛戈瓦斯公司、阿尔法电视台集团、波塔宁的职业传媒集团、天然气工业公司的媒体集团、卢克石油公司掌握的媒体。此外，还有由地方政治利益集团创办的媒介集团，比如卢日科夫控制的媒介集团。财团的介入，改变了俄罗斯媒体的结构，形成了新的经济关系。利益集团投资媒体，其目的是利用"媒体在社会制度转换和经济转轨过程中实际可以发挥的政治资本的作用"②。"大型公司开始按照苏联新闻业的原则或者说是按照工具模式的原则行事。不过，新闻业现在不是被掌握在党和政府手里，而是被掌握在富裕的所有者和强大的金融集团手里。"③ 俄罗斯媒体出现第三种模式——公司集权模式。1995年，俄罗斯大多数印刷传媒落入工业或金融财团手中。俄罗斯三大电视台——公共电视台OPT、俄罗斯电视台PTP和独立电视台HTB，

---

① 李玮：《转型时期的俄罗斯大众传媒》，上海外语教育出版社2005年版，第64—66页。
② 董晓阳：《俄罗斯利益集团》，当代世界出版社1999年版，第102页。
③ [俄]扎苏尔斯基主编：《俄罗斯大众传媒》，张俊翔、贾乐蓉译，南京大学出版社2015年版，第11页。

分别被工业寡头别列佐夫斯基、俄罗斯联邦政府和金融寡头古辛斯基掌握。到1997年,俄罗斯媒体基本被瓜分完毕。

"沿着下行的扶梯往上走",形象地描述了俄罗斯传媒面临的形势,虽然任务艰巨,但传媒界仍抱着极大的希望,它们不愿回到原来的模式。Я. Н. 扎苏尔斯基在《俄罗斯大众传媒》一书中的一段阐述,很好地表现了对俄罗斯媒体过去、现在与将来的看法。"乍一看,大众传媒正在沿着新的方向前进,而实际上这条道路已经铺设得相当好了。希望这条路不会把它们引到曾经待过的地下去。我们希望,就像莫斯科地铁里的小男孩们能够沿着下行的扶梯往上跑一样,大众传媒能够抵挡与新闻自由相悖的趋势。尽管它们面临的任务非常艰巨,但是完全可以完成。"①

(四)选举工具(1996—2000年)

1996年俄罗斯大选对俄罗斯大众媒体来说具有重要的意义,选举彻底改变了媒体的结构,决定了俄罗斯大众媒体今后的发展和走向。苏联的解体后,俄罗斯新闻业获得了历史上最大限度的政治自由,第一次摆脱了国家的控制,然而由于没有经济基础,媒体又被寡头所控制。

叶利钦经济改革的失败带给俄罗斯的是经济萧条和人民的不满。1995年,久加诺夫领导的共产党在杜马选举中夺得第一席位,成为总统的有力竞争者。在总统选举前,久加诺夫在民意调查中大幅领先叶利钦,叶利钦有可能失去总统宝座。

1996年3月,叶利钦秘密召见七大银行家,分别是联合银行的别列佐夫斯基、"桥"银行的古辛斯基、国际商业银行的维诺格拉多夫、首都储蓄银行的摩棱斯基、阿尔法银行的弗里德曼、梅纳捷普银行的霍多尔科夫斯基、俄罗斯信贷商业银行的马尔金。银行家们同意出钱出力支持叶利钦,叶利钦当选后的回报就是维护他们的经济利益。寡头们利

---

① [俄]扎苏尔斯基主编:《俄罗斯大众传媒》,张俊翔、贾乐蓉译,南京大学出版社2015年版,第8页。

用他们手中掌握的媒体资源，全方位地为叶利钦造势，叶利钦也利用政府手中掌握的媒体进行宣传。他们采取的主要方法就是丑化竞争对手形象，揭露丑闻，扭曲事实，甚至威胁选民。如在大选前，电视台每天滚动播出苏联肃反时期的影片，让人民不断回忆那段不愉快的经历，成功地将候选人久加诺夫塑造成极权制度的代表，将叶利钦塑造成俄罗斯的希望，彻底扭转了叶利钦的不利局面。1996年6月第一轮选举结果表明，叶利钦的支持率从半年前的8%上升到43%；在7月的第二轮选举中继续上升，到了53.82%。确切地说，叶利钦的连任并非人民的选择，而是寡头的选择，是寡头利用媒体"缔造"了俄罗斯第二任总统。① 连任后的叶利钦，立即兑现了他的承诺，将全国电视台第四频道给予古辛斯基的独立电视台，其他人也获得了他们想要的媒体控制权，有的还进入叶利钦政府领导层担任要职，如职业传媒集团总裁波塔宁就被任命为俄罗斯第一副总理。媒体与政治的"联姻"，让俄罗斯金融和工业寡头看到了传媒的作用，于是对传媒领域投入大量资金，将其看作他们追逐政治利益和经济利益的极佳工具。政治资本注入传媒领域改变了俄罗斯媒体市场格局，也为俄罗斯金融和工业寡头提供了干预政治的机会，这些媒介集团也被称为政治化媒介集团。当大众传媒沦为寡头的工具，新闻自由受到限制。

叶利钦的胜选，媒体的宣传功不可没，他们彼此互惠互利，传媒大亨们有了干预政治的机会，有的人甚至想通过集团控制的媒体，将自己送上总统宝座。叶利钦明白媒体在选举中发挥的巨大作用，同时也清楚地认识到寡头操控舆论对国家的危害。为了即将到来的杜马选举和2000年总统选举，1998年俄罗斯政府组建了国家电子媒介集团，集团整合了广播电视机构和技术传播系统等全部资源，形成了一个庞大的国家传媒体系。政府还着手清理寡头对政府的影响。但由于1998年的经济危机，以及政府总理频繁换人，导致清理行动不了了之，国家媒介集

---

① 李玮：《转型时期的俄罗斯大众传媒》，上海外语教育出版社2005年版，第24页。

团也没有合力达到预想的结果。

1999年普京接掌俄罗斯总统权力,并在几个月后的大选中以压倒性优势当选总统。不为选民所熟悉的普京,在短短几个月就让选民接受,媒体的宣传起了重要的作用。寡头们就像当年支持叶利钦一样支持普京,他们想当然地认为,普京也会像叶利钦一样回报他们。然而等待他们的并不是美好的明天。普京掀开了俄罗斯新闻业的新篇章。

(五) 普京执政时期的俄罗斯大众媒体(2000年至今)

2000年,俄罗斯迎来了新总统普京。普京在车臣战争中展现的"硬汉"形象为他当选总统起了很大作用。之后,普京开始在各个领域展现他的"硬汉"形象。在政治上,普京加强了总统权力和国家集权,对媒体提出了"可控的民主"的观点。

第一,打击寡头。普京当选总统前,俄罗斯70%的传媒掌握在别列佐夫斯基和古辛斯基两大传媒巨头手中。[1] 普京上任总统第三天就开始了对传媒寡头的整顿。第一个被普京"开刀"的是古辛斯基。国家税务警察以偷税为名,对古辛斯基拥有的俄罗斯最大媒体垄断集团之一的桥媒介集团总部的四个机构进行搜查,并于2000年5月13日逮捕了担任总裁的古辛斯基。[2]

2002年,属于别列佐夫斯基的莫斯科电视六台的播映权被取消。整顿后,古辛斯基的桥媒介集团和其所属的独立电视台,别列佐夫斯基控制的俄罗斯公共电视台及其旗下大量的报纸期刊,实际上被纳入国家的控制范围。俄罗斯两大传媒巨头轰然倒下,别列佐夫斯基和古辛斯基流亡海外。俄罗斯媒体结构发生改变。

第二,调整国家成分。通过普京强有力的整顿,俄罗斯传媒大部分又被控制在国家手中。据统计,俄罗斯70%的电子传媒,20%的全国报刊传媒,以及80%的地方报刊传媒属于国家所有。政府控制传媒

---

[1] 程曼丽:《转型期俄罗斯新闻业透视》,《国际新闻界》2002年第1期。
[2] 吴非、胡逢英:《俄罗斯选民体制创新》,南方日报出版社2006年版,第192页。

的政治属性和舆论导向，而不再插手传媒企业的经营管理活动。普京认为，媒体只要不触动政治安全和国家安全，在追逐经济利益的同时为国家提供服务，充当好社会舆论的引导者，基本上就是自由的。如今俄罗斯媒体对待政府的态度是对话、合作和循规蹈矩，① 也就是普京想要的"可控的民主"。普京建立了俄罗斯媒体的新模式，"国家将在其中发挥重要作用。这种模式指的是发展大众传媒中的国家成分。这在某种层面上是向戈尔巴乔夫改革时期的工具模式回归，尽管这个模式还在发展之中，但国有传媒得以巩固成了2000年大众传媒领域的重要现象"②。全俄国家电视广播公司、俄罗斯公共电视台和俄罗斯广播电视台的地位得到进一步巩固，俄罗斯大众传媒"去寡头化"任务基本完成。

第三，地方化与商业化。在普京的治理下，俄罗斯出现了一个独特的现象，即出现了两个平行发展的体系，"一方面是全俄层面的国有传媒，另一方面是受当地政权影响的地方传媒"。而且还"区分出了市长和州长的媒体。当年赫鲁晓夫想要建立两个党——农村党和城市党，如今它们似乎在传媒领域出现了：农村党即州长的媒体，城市党即市长的媒体。它们互相竞争，有时甚至互相敌对，这无疑有助于媒体多元化的发展，不过同时也反映出国家政权机关对大众传媒施加了过度的影响，尽管其中或许体现了不同阶层的人们的利益"③。

俄罗斯媒体的另一种模式——商业模式。主要是一些商业化、娱乐化及低俗（或色情）化的报刊，它们发展强劲。这些报刊主要由私人或企业拥有，满足了大众的另一种需求，而且利润丰厚。

---

① 张养志：《俄罗斯传媒经济改革与发展》，北京艺术与科学电子出版社2010年版，第64页。
② ［俄］扎苏尔斯基主编：《俄罗斯大众传媒》，张俊翔、贾乐蓉译，南京大学出版社2015年版，第11页。
③ ［俄］扎苏尔斯基主编：《俄罗斯大众传媒》，张俊翔、贾乐蓉译，南京大学出版社2015年版，第12页。

第三节　俄罗斯媒体特征与国际影响

当代俄罗斯大众传媒和新闻业继承了苏联的媒体系统。苏联时期曾建立起具有鲜明特色的社会主义媒体系统，取得了辉煌的成就，在国际上发挥了重要影响。苏联解体，使俄罗斯形成了新的媒体秩序，其政治结构、经济结构、法律基础等方面都发生了根本性改变。

苏联时期的媒体系统具有高度的集权特征和由国家机关掌控的特征。在政治上，国家机关通过媒体来体现党和国家意志，宣传社会主义意识形态，基本体现了列宁所提出的"报纸是集体的宣传员、集体鼓动员、集体组织者"的作用。在经济上，媒体为国家所有制。苏联时期的大众传媒是一个金字塔结构，居于金字塔顶端的是中央报纸，首先是党报，其次是苏联部长会议、国家广播和电视委员会、塔斯社、新闻报刊社；然后依次是各加盟共和国、边疆区、州、自治共和国、自治州的报纸；最后是城市、小区、基层的报纸。中央党报实际上决定着全国各级媒体的报道方向，具有指导思想的作用，确立了各级传媒意识形态的基调。苏联大众传媒的典型特征，就是在政治上服从党的领导，在组织上各级媒体负责人由党和政府任命，在经济上完全为国家所有。

苏联时期，所有的大众传媒活动都是通过苏共中央机关报《真理报》编辑部的文章来实施，这些文章完全符合党在每个具体阶段的思想立场。这种自上而下的意志统治，不仅针对报纸和新闻工作者，还针对媒体企业所有工作人员，以及所有的大众传媒。在计划经济时代，不赋予编辑部门任何经济任务，媒体由国家财政资助，大众传媒执行宣传任务需要多少资金就会获得多少资金。因此，苏联媒体没有"市场关系"这一概念，有关利润、生产规模的效果、价格政策或者商业战略等方面的问题，许多国家的大众传媒在市场条件下已经考虑、发展了二百多年，而苏联新闻业并没有考虑过这些或无须考虑。经济活动对于媒体来说没有任何意义。苏联解体后，从苏联承继过来的俄罗斯大众传媒在向市场经济转型的过程中，不可能不产生巨大的矛盾和冲突。

苏联大众媒体在生产、传播、调整和监控大众信息上曾投入大量资金，而媒体企业却不用关心经济方面的问题，新闻工作者也不用考虑生计问题，因为他们有较高的工资保障。只要他们在意识形态上奉公守法，他们的工作就是稳定的。主要特征表现在三个方面。一是在经济方面，不考虑经济效益（尽管很多受欢迎的出版物、书籍的销售给国家财政带来了不少资金），在中央集权的（非市场）媒体经济中，商业广告几乎为零，但是在以国家计划为基础的出版活动中，媒体的资金投入全部由国家拨款，媒体所获得的利润也全部上缴国家；二是在政治方面，媒体受到中央、党和国家意识形态的监督，这种监督是复杂而少见的，是中央、地方的新闻检察及编辑部内部自行检察的结合；三是在职业方面，不同层次的大众传媒和宣传部门执行统一的标准，新闻传播速度很慢，原因在于对信息的检查（从报刊保密检查总局到自检）极为严格。①

戈尔巴乔夫执政后，在1985年4月提出了"民主化""公开性"的口号，苏联媒体开始发生改变。主要表现为政治上出现松动，多党报刊开始出现；经济上开始允许私人资本介入媒体；法律上政府通过颁布传媒法，开始保障媒体在政治和经济上的多元化。然而这仅仅是个开始，总体上，苏联传媒仍然置于党的统一领导之下，这一点没有改变。

苏联解体，俄罗斯大众媒体才开始真正意义上的转型，主要体现在媒体机制、经济结构和法律保障（详见第三章的论述）等方面，当代俄罗斯大众传媒具有了与以往完全不同的特征。

一　俄罗斯媒体的体制结构

苏联解体为当代俄罗斯大众媒体建立新秩序奠定了基础。"在这个

---

① Вартанова Е. Л., Постсоветские трансформации российских СМИ и журналистики. – М.：Изд – во МедиаМир. 2013. С. 52.

过程当中，记者和大众传媒，首先是电视，扮演了极其重要的角色。他们不断演化，作为'第四权利'的代表自愿或在某些政治力量及政客的倡导下参与国家政治生活，奠定了新俄罗斯基础。"①

Д. Л. 斯特罗夫斯基（Д. Л. Стровский）将俄罗斯大众传媒体制转变置于社会政治更新背景下，从1985年开始的戈尔巴乔夫改革到新时期俄罗斯大众传媒转型，勾勒出了俄罗斯大众传媒体制转型的历史脉络。Д. Л. 斯特罗夫斯基将其划分为以下几个阶段。

1985—1991年：改革和公开性。

20世纪90年代：市场关系的形成。

21世纪初期：现代政治的转型。②

另一种观点，也是俄罗斯学界普遍接受的观点，就是将俄罗斯媒体体制转型分为三个阶段，分别是戈尔巴乔夫时代、叶利钦时代及普京时代，具体如下。

1987—1991年：公开性。

1991—1996年：言论自由，自由媒体与政权的合作。

1996—2000年：言论自由，自由媒体与政权的对立。

2000年以后：限制性的言论自由。③

特列季亚科夫以言论自由的水平、媒体与中央政权相互关系的特点、媒体的经济独立性或附属性这三种理论为基础，更加细致和准确地描绘出俄罗斯媒体体制机制转型期的政治特征，具体如下。

1987—1990年：公开性（颁布《苏联报刊及其他大众新闻媒介法》之前）。

1990年至1991年8月19日：新闻审查制度瓦解，对那些准备好利

---

① [俄] 扎苏尔斯基主编：《俄罗斯大众传媒》，张俊翔、贾乐蓉译，南京大学出版社2015年版，第61页。

② Вартанова Е. Л., Постсоветские трансформации российских СМИ и журналистики. – М.：Изд – во МедиаМир. 2013. С. 59 – 60.

③ Вартанова Е. Л., Постсоветские трансформации российских СМИ и журналистики. – М.：Изд – во МедиаМир. 2013. С. 62.

用言论自由的人而言的言论自由。

1991年8月19—21日：国家紧急状态委员会，政治选举。

1991年8月22日至1993年10月：所有人的言论自由。

1993年9—10月：政治选举。

1993年至1996年夏天：有钱人的言论自由。

1997—2000年：寡头手中的言论自由，信息战争。

2000年春天至今：国家主导的言论自由。①

俄罗斯政治体制的转型必然带来俄罗斯媒体体制机制的转型。在经历戈尔巴乔夫时代的"公开性"，叶利钦时代的"言论自由"和普京时代的"可控的民主"，即言论自由的限制后，俄罗斯大众媒体形成了具有俄罗斯民族特色的体制机制结构。

当代俄罗斯媒体体制机制结构分为三级。第一级由构建俄罗斯信息空间的全俄电子传媒组成，属于国家控制的最重要的一级传媒组织。这一级主要包括中央电视台及莫斯科报刊。其特点是覆盖面广、质量高、信息具有权威性。第二级由全俄、地区间和地区的印刷及电子传媒组成，主要是商业报刊、电视和广播公司，包括商业报刊，以及面向各个地区，但就受众范围而言不属于全俄的商业电视台和广播电台。第三级由地区电子和印刷传媒组成，包括通常受控于地方行政部门，偶尔也受控于地区的大型集团公司。②

在全球化背景下，互联网的发展是当代俄罗斯媒体体制结构的一部分，它完全是在市场经济条件下发展起来的。互联网与作为政治宣传工具的传统媒体不同，在休闲领域互联网构建了一种新型的个性化行为模式，这是一种极其丰富多彩的行为模式，它对理解后现代网络群体的交流起着重要作用。在俄罗斯人对政治失望加剧、个体对社会疏离的背景

---

① Третьяков В. Т., Как стать знаменитым журналистом. Курс лекций по теории и практике современной русской журналистики. – М.：Ладомир，2004. C. 129 – 141.

② Вартанова Е. Л., Постсоветские трансформации российских СМИ и журналистики. – М.：Изд – во МедиаМир. 2013. C. 81.

下，互联网迅速发展的原因还在于它将人们从老式的大众媒体的发号施令中解放出来，从政治家或者新闻记者所强加的每日新闻议程中解放出来，从官方观点的意识统治中解放出来。俄罗斯因此满怀热情地接受了互联网，而这提高了个人自由的程度，增加了个人选择的可能性。俄罗斯网络成为俄罗斯人重要的交流途径和信息渠道，并越来越专业化和大众化。互联网在俄罗斯的发展可以分成四个阶段。

第一阶段（1988—1993 年），网络使用者仅限于一些先进科研中心，如莫斯科、圣彼得堡和新西伯利亚科学院的科研人员。

第二阶段（1994—1996 年），特点是俄罗斯商业网络和学术网络得以完全接入世界互联网。互联网开始应用于商业领域，主要是在莫斯科和圣彼得堡的商业公司普及。使用者主要是政府官员、商人、记者和大型传媒企业工作者。

第三阶段（1996—2000 年年初）互联网的发展从首都转向大型经济知识中心——新西伯利亚、萨马拉、叶卡捷琳堡、下诺夫哥罗德、伊尔库斯克和哈巴罗夫斯克。

第四阶段始于 2000 年，用户数量的快速增长是这一阶段的特征之一，人们积极地将互联网应用于自己的信息交流实践中。另一特征是政府在制定政策时对信息交流技术大环境的关注度高，出现了信息社会、信息安全、电子政府和教育信息化等概念。①

1999 年资本进入互联网，互联网成为俄罗斯媒体体制的一部分，并作为民主传播的途径迅速发展起来。

二 俄罗斯媒体的经济结构

当代俄罗斯大众媒体体制的经济结构从苏联时期的国家所有制转变为多元经济结构。经历了近 30 年的转型后，当代俄罗斯大众媒体已建

---

① Вартанова Е. Л., Постсоветские трансформации российских СМИ и журналистики. - М.：Изд - во МедиаМир. 2013. C. 81.

立起国有、混合所有与私有三种经济结构体制。"在俄罗斯,至今存在完全属于国家所有的企业,以及混合所有制形式的企业。后者当中,私有资本和国有资本可以控制不同的份额,由此产生财政上的各种可能性,以及对决策过程施加影响的各种可能性。""俄罗斯大众传媒市场的经济结构比许多发达国家更加多样。原因在于,俄罗斯的传媒市场至今仍然能够感觉到国家的存在——它是许多媒体企业的完全或者部分的所有者。"①

В. Л. 伊万尼茨基按照现代俄罗斯经济转型特征,将俄罗斯媒体经济结构演变分为三个阶段。第一阶段:1985—1990 年,改革时期。媒体权力基础开始形成,《关于印刷和其他大众传媒手段》的苏联法律出台。第二阶段:1991—1998 年,媒体公司出现。俄罗斯联邦《大众传媒法》通过,投机性商业策略媒体公司形成,以信息工业组为基础的行业结构形成。第三阶段:1999—2010 年,为经济客体建立总的"游戏规则"(税法)。俄罗斯权力部门为监控信息的日常发布进行斗争,俄罗斯联邦政府使大众传媒领域合法化,国家在处理与大众传媒的关系时开始采取保护主义和家长作风。②

从苏联计划经济解脱出来的俄罗斯大众媒体,在媒体经济转型时与苏联经济模式发生了尖锐碰撞,其结果就是大部分媒体处于经济破产的边缘。按照《大众传媒法》,媒体属于传媒性企业,即经营主体,而俄罗斯媒体机构并没有经济基础,因此俄罗斯政府不得不创建走向市场的传媒系统运作机制。俄罗斯政府制定了一系列法律,用来保障媒体在市场经济条件下能够生存和发展。俄罗斯政府发布的《大众传媒法》中第 19 项规定,取消所有形式的税款和纸张进口关税。1995 年 11 月颁布了《关于给予区域性(市级)报刊经济支持》的联邦法,这确立了所

---

① [俄]扎苏尔斯基主编:《俄罗斯大众传媒》,张俊翔、贾乐蓉译,南京大学出版社 2015 年版,第 127 页。
② Иваницкий В. Л., Модернизация журналистики: методологический этюд. – М.: Изд – во Моск. ун – та. 2010. С. 118 – 303.

指出版物补贴金的制度。1995年12月立案，1998年实施的联邦法律《关于政府支持俄罗斯联邦大众传媒和书籍出版的法令》给媒体企业提供了实质性优惠政策——完全解除了增值税，部分解除了利润所得税，以及完全解除了与使用进口纸张有关的关税。

最近30年，俄罗斯大众传媒业迅猛发展，主要表现在以下几个方面。

第一，大众传媒法律的出现使国家检察消失，使传媒业获得了部分自主权，媒体业中的个人自由得到解放，为国有公司的私有化提供了条件，并为私人资金涌入大众传媒创造了条件。

第二，消费经济形成。随着俄罗斯人民生活水平不断提高，家庭对传媒设备，比如收音机、电视、电脑、手机的需求不断扩大，这是俄罗斯经济快速发展的时期。这也刺激了广告市场的迅速发展（1990—1998年，2000年年初到2008年，2010—2012年），促进了俄罗斯媒体业的资金流入，以及国际品牌涌入俄罗斯消费市场及这些品牌广告的涌入。

第三，1990年年底到2000年上半年的经济增长引发了俄罗斯人对时尚、休闲、财经类报刊需求的增长。比如对财经类报刊、时尚杂志——尤其是女性杂志和男性杂志，以及烹饪杂志、装饰杂志、旅游杂志等需求的增长；还有对小众电视频道——尤其是娱乐性质的，以及音乐广播、卫星和有线电视、互联网等新型媒体需求的出现和增长。

第四，俄罗斯媒体业进入全球媒体环境中，将国外媒体业资本引入俄罗斯市场，导致全球媒体行业的子公司或分公司或合资企业等在俄罗斯出现。

毫无疑问，当代俄罗斯媒体系统经济开始转型有两个决定性因素，一是新法律的出现和确立；二是俄罗斯广告业的迅猛发展。

俄罗斯传媒体系中，广告市场的出现是改变俄罗斯媒体经济结构的重要事件。俄罗斯传媒体系向新经济条件的转变始于1993年，从俄罗斯传媒公司大范围（大规模）私有化开始。正是在这一时期，俄罗斯国内出现了许多新的私营报纸、杂志和新闻社，紧随其后还出现了私营的无线电台、电视台和有线电视网络。其业务规模的扩大主要依靠吸引广告投资来完成。

如果说传媒法是针对专业新闻活动的基本文件，它规定了言论自由法则及在传媒领域创业的自由法则，那么传媒公司的经济活动所要求的最重要的则是广告市场上的协调关系。1996年6月通过的联邦《广告法》确定了其参与者的行为规范、关系协调准则、广告安置和传播条件，以及对某些种类产品和服务的广告限制。2006年新的《广告法》，以及2011年通过的对该法的附加条款，促进了俄罗斯媒体广告业的发展。到21世纪，广告成为传媒公司收入的主要来源，在推动传媒体系经济发展的同时，也为传媒企业奠定了商业模式的新基础，从而不再受其所有权结构限制。俄罗斯传媒编辑部开始参与经济活动，开拓新的资金渠道。这便是俄罗斯传媒市场和传媒经济的起点。该过程使层次化和集中化的媒体市场发生改变。

区域或地方市场以其横向结构取代了多年来作为苏联媒体层次存在的纵向的俄罗斯报业市场。地方刊物的状况也发生了变化。由于读者对地方新闻的兴趣大增，以及地方广告的出现，各市和各区域的报纸备受欢迎。这给独立于中央媒体系统的地方报业市场的形成奠定了基础。可以说，广告市场的发展在某种程度上促使俄罗斯大众传媒摆脱了政治性商业结构的影响，在自己的领域创建了新的商业模式。

纵观俄罗斯媒体经济转型之路，当代俄罗斯大众传媒经济结构与苏联时期相比出现了新的特征。

第一个特征是媒体市场结构发生改变。在苏联报纸、杂志市场中占主要地位的纵向结构被区域或地方市场的横向结构所取代。或者说，苏联时期占主导地位的报刊市场的垂直等级结构让位给了地区或地方市场平行的、几乎是网状的结构。[1] 在这种背景下，读者兴趣的转变也起着一定的作用。地方性报刊因此受到读者和地方广告商的青睐。

---

[1] [俄]扎苏尔斯基主编：《俄罗斯大众传媒》，张俊翔、贾乐蓉译，南京大学出版社2015年版，第117—118页。

第二个特征是媒体中开始出现广告投放。大众传媒领域广告的出现带来了明显的结果。传媒市场主体重组后，出现了一些针对特定群体的、依靠广告盈利的专业刊物和广播节目。在苏联解体后，尽管市场的发展是扭曲的，但是已经显示了它的力量，即用新闻和娱乐满足观众，为大众传媒业带来收入，为广告商提供挖掘潜在消费者的路径。2012年俄罗斯广告市场总额达到近三千亿卢布。近几年来，广告市场年增长率为2%。其中，电视广告占广告市场总额的48.1%，户外广告占12.7%，刊物广告占13.8%，广播广告占4.9%，网络广告占18.9%，其他广告占1.6%。①

第三个特点是传媒企业新受众对传媒结构的影响加剧。"阅读的民族"，这是苏联人民的传统性格特点，但是"电视的民族"将这一特点提升了一个高度。如今，俄罗斯人购买期刊报纸所使用的钱越来越少。大多数俄罗斯家庭订阅报纸和杂志的比例由过去的10%下降到1%—2%，电视成为俄罗斯人获取信息的主要途径。"今天，对于大多数俄罗斯人来说，电视是最重要的获取国际、全国甚至地区信息的来源。大约40%的俄罗斯人每天收看由莫斯科中央电视台播出的新闻，同时，全国报纸的读者总人数不超过20%。对受众的社会调查证实，对于约40%的居民来说，地方电视是获得地方信息的最重要的来源，与此同时，仅仅对于19%的俄罗斯人来说，地方报纸才是地方信息最重要的来源。"②

三 国际影响

俄罗斯作为世界大国之一，对世界格局曾产生重大影响。俄罗斯媒体对世界也有其独特的影响。

（一）通讯社

俄罗斯帝国最早的通讯社——俄罗斯电讯社，成立于1866年，

---

① http://www.akarussia.ru/knowledge/market_size/id2990.
② [俄]扎苏尔斯基主编：《俄罗斯大众传媒》，张俊翔、贾乐蓉译，南京大学出版社2015年版，第117页。

主要通过德国沃尔夫电讯社向国外传播其国内信息。国际通讯社和北方通讯社分别成立于1872年和1882年。1904年成立了第一家独立的通讯社——圣彼得堡电极电讯社。十月革命胜利后，苏维埃政权建立了统一的新闻机构——俄罗斯电讯社，缩写简称"罗斯塔社"。1925年改为苏联电讯社，缩写简称"塔斯社"（改换过四次名称）。塔斯社的职责是传播即时的新闻信息。当时，塔斯社是世界上最大的通讯社，在国际上产生了巨大的影响，世界上的各大通讯社主要通过它来获取苏联信息。

1. 俄通社—塔斯社

塔斯社的前身是1904年由末代沙皇尼古拉二世创立的，1917年十月革命后更名为塔斯社，是国家通讯社。苏联解体后，从1992年起改名为俄罗斯通讯社—塔斯社，简称俄塔社。2012年9月，普京任命谢尔盖·米哈伊洛夫为俄塔社社长。2014年9月1日，俄塔社在成立110周年之际宣布恢复其历史名称，即塔斯社。

俄通社—塔斯社目前是俄罗斯最大的世界级通讯社，代表俄罗斯政府的立场和观点，发布即时的事件信息。该社主要分为以下几部分。

第一，通稿新闻线路1。该线路24小时实时播报俄罗斯国内外发生的所有值得注意的事件。面向全国及大型的地区报纸和电视公司、通讯社、外国驻俄罗斯使领馆。

第二，通稿新闻线路2。该线路只发布俄罗斯的重要事件及国外对这些事件的反应。面向州、共和国、边疆区、城市报纸和电视广播公司，以及独联体和波罗的海国家的大众传媒。

第三，塔斯社—信号。面向电子传媒和大型报纸。

第四，塔斯社—特快。提供最"热"的俄罗斯和外国新闻，它是通稿新闻线路1的"浓缩版"。

第五，塔斯社—预告。它负责播报关于未来一天事件的简短预告。

第六，塔斯社—信使。它是知识信息单元，主要包括"万花筒"

"医学""星座""名人新闻""军队与侦察"等栏目。

对俄通社—塔斯社的信息产品和服务而言,它作为通讯社,尤其是大型综合通讯社,其活动的范围远远超出了即时通报事件的范围,尽管这是其活动的主要领域。

2. 国际文传电讯社

成立于1989年的国际文传电讯社是一家封闭式股份公司。收入来源为民众对信息产品的订阅,主要包括国际文传电讯社—新闻、国际文传电讯社—商业。其子企业有国际文传电讯社—美洲、国际文传电讯社—欧洲、国际文传电讯社—德国。它们在国外直接(不通过中间商)传播俄罗斯生活信息。国际文传电讯社还在独联体国家建立了国际文传电讯社—乌克兰、国际文传电讯社—西部(白俄罗斯)。

3. 俄新社

俄新社(俄罗斯新闻通讯社)是1992年建立的国有新闻—分析通讯社,每天用俄语、欧洲主要语言和阿拉伯语播报具有现实意义的社会政治、经济、科学、金融信息。

4. 今日俄罗斯国际新闻通讯社

为了保持俄罗斯在国际舞台的影响力,2013年12月9日,俄罗斯总统普京签署总统令,撤销俄罗斯新闻通讯社与俄罗斯之声广播电台,将以上两家新闻单位与今日俄罗斯电视台(Russian Today)重组,成立今日俄罗斯国际新闻通讯社,任命俄罗斯著名记者、俄罗斯Vest电视台主持人德米特里·基谢廖夫担任今日俄罗斯通讯社总裁。根据俄罗斯联邦总统令,今日俄罗斯通讯社为俄罗斯联邦国有企业,其主要工作方向为对外宣传俄罗斯的国家政策和国内社会生活。对于此次俄罗斯国家新闻媒体的重组,时任俄罗斯副总理谢尔盖·伊万诺夫强调,俄罗斯奉行独立自主的政策,坚决维护国家利益,需要向世界解释这一点不容易,但能做,同时也需要这样做。

被任命为今日俄罗斯通讯社总裁的德米特里·基谢廖夫表示,他面临的任务是恢复世界对俄罗斯作为世界大国的公正态度。①

2014年9月,今日俄罗斯国际通讯社已开设俄语、英语、西班牙语、阿拉伯语、汉语等新闻专线。

今日俄罗斯国际通讯社2014年获得拨款26.7亿卢布;在2014—2016年的年度预算计划中,2015年的拨款为23.5亿卢布,比2014年减少12%。而在2015—2017年的年度预算草案中,计划给2015年的拨款为64.8亿卢布,比2014年增加142.3%。

(二)广播电视

1922年9月17日,苏俄第一家广播电台莫斯科中央无线电话台正式开始播音,这是建立苏维埃政权以后的第一家广播电台。同年11月7日曾改名为共产国际广播电台,后来发展为全苏广播电台。1929年首次播出德语节目,1940年首次用汉语对中国广播。通过对外广播,一条条关于苏联社会主义建设新成就的新闻传向世界,极大地鼓舞了欧洲、亚洲、拉丁美洲掀起无产阶级革命。1944年,第二次世界大战期间,苏联建成世界上最大功率的广播电台,对外广播增加到29种语言,极大地鼓舞了世界人民反法西斯斗争的决心,对结成国际反法西斯统一战线起到了极大的促进作用。

苏联解体后,俄罗斯对外广播规模大幅缩小,现在使用31种语言对外广播,每周播出910小时,其使用的语言和播出的时间都不能与苏联时期相比,其播出的内容已淡化了政治色彩,更多地报道俄罗斯的经济、文化、科技、军事等信息。

在广播逐渐式微的情况下,为了重振俄罗斯的国际影响力,2005年12月成立了今日俄罗斯电视台,强调在世界上宣传俄罗斯国家形象,同西方主流媒体争夺话语权。今日俄罗斯电视台是俄罗斯唯一以多个语种全天候报道本国和全球新闻的国家电视台,包括英语、西班牙语、法语、德语和阿拉伯语等外语频道、纪录片频道,以及面向美国受众、在

---

① 中新网:http://www.chinanews.com/gj/2013/12-10/5598616.shtml。

华盛顿工作室独立制作的美国频道。

2014年10月9日,今日俄罗斯电视台开始在阿根廷全天播出。普京通过视频连线发表讲话说,随着电子媒体的加速发展,信息传播越来越重要,成为一种具有威胁力的武器,被需要者用来操纵社会意识。一些国家发动残酷的信息战,试图垄断真相,追求私利。在此条件下,对可供选择的信息来源的需求越来越迫切。今日俄罗斯电视台就是这样的一个选择。这一频道不把自己的观点强加于民众,为人们提供能够做出自己的判断、得出自己的结论的可能性。

新组建的今日俄罗斯国际通讯社与今日俄罗斯电视台没有关联,各自独立运作。

今日俄罗斯电视台在全球19个国家和地区设立22个分支机构,全球雇员超过1000人,节目覆盖超100个国家超6.44亿人口,拥有全球28%的有线电视订阅用户。目前在美国大约有8500万用户,是继BBC新闻频道之后收视率第二高的外国新闻频道,在英国用户数量超过200万。

今日俄罗斯电视台2014年获得拨款118.7亿卢布(俄罗斯中央银行10月27日规定的人民币对俄罗斯卢布汇率为10元人民币=68.3339卢布),2013年编制的2014—2016年年度预算计划中,2015年的拨款为109亿卢布,比2014年减少7.8%。而在2015—2017年年度预算草案中,2015年的拨款为153.8亿卢布,比2014年增加29.5%。

重新塑造俄罗斯正面形象和提升软实力,重振俄罗斯的国际影响力,是普京执政以来对外宣传的目标。早在2012年2月,普京在《俄罗斯与不断变化的世界》中承认,政府在提升国家形象方面作为不大,俄罗斯媒体的国际影响力相对有限。他认为,传媒作为文化的表现形式,是软实力的组成部分。输出文化有助于推介俄罗斯的商品、服务、思想,而输出武器或将自身意志强加于其他政权,则可能收效甚微。普京几次提及提升国家形象的重要性。他说,传统外交方式或不复存在,或发生实质变化,如今的重点是"运用软实力,强化俄语地位,努力改善俄罗斯的积极国际形象,灵巧汇入全球信息流"。

俄罗斯国家杜马(议会下院)2014年10月24日通过了俄罗斯政府提交的未来三年(2015—2017年)国家预算,根据这份文件,俄罗斯计划在2015年大幅增加对三家主要外宣机构的拨款。俄罗斯专家认为,这一举措表明了俄罗斯当局抵制西方抹黑行为、塑造国家形象、争夺国际话语权的坚定决心。

俄罗斯政治行情中心主任谢尔盖·米赫耶夫在接受记者采访时说,俄罗斯近期遭到史无前例的信息攻击,世界媒体,其中最主要的是西方媒体(欧洲的和美国的),常常进行没有任何事实依据的报道,试图把俄罗斯丑化为"邪恶帝国",甚至不惜公然撒谎和污蔑。俄罗斯为了将自己的立场、观点和看法传递给国际社会,决定增加外宣开支。

莫斯科大学新闻系教授伊万·潘克耶夫在接受记者采访时说,世界形成了一种被许多人称为宣传战的形势,必须把真实的信息而非官方意识形态送到受众那里,这就必须投入大量资源。树立国家形象也需要花销。现在西方及其他国家对俄罗斯形成不完全正确的印象甚至存在偏见。为了传达真实的信息,有必要扩大信息空间。①

第四节 转型期俄罗斯媒体管制政策

苏联解体后,俄罗斯政治经济发生巨大转变,苏联时期从中央到地方的金字塔式的垂直管理模式随之瓦解,代之以分散的、横向的管理模式。随着政治体制的改变,经济体制也由原来的计划经济变为市场经济。走向市场的俄罗斯大众媒体几经沉浮。本节主要从行政、经济、管理、法律(详见第三章)层面对俄罗斯媒体管制政策进行论述。

---

① 中国社会科学网:http://www.cssn.cn/sjs/sjs_lsjd/201411/t20141105_1390977.shtml,2014年11月5日。

一　行政层面

苏联解体后,俄罗斯为了加强新闻管理,设立了俄罗斯联邦新闻中心,重点监管从国家财政预算中得到补贴的新闻机构。1992年叶利钦总统颁布《关于俄罗斯联邦新闻中心的命令》。新闻中心的主要职责是协调国家新闻机构实现各项职能;帮助总统、政府与社会、党派实现沟通;帮助国际传媒机构对俄罗斯进行宣传报道;与国外建立信息与文化联系。俄通社—塔斯社和俄罗斯新闻社就属于俄罗斯联邦新闻中心管辖的官方新闻机构。1993年,叶利钦发布命令,把俄通社—塔斯社作为国家通讯社,由政府直接领导。俄通社—塔斯社章程规定,俄罗斯政府是通讯社的创建者,通讯社的正副社长由政府任命。同年,叶利钦总统又发布了《关于对信息稳定性的保障和对广播电视的要求》。1996年发布了《关于加强国家公务系统纪律的措施》,措施规定,对于大众传媒报道的官员违反联邦法律和俄罗斯总统命令的消息,以及已生效的法院判决,联邦部委、机关的领导人和俄罗斯联邦主体权力执行机关的领导人必须在三天内进行调查,该命令至今有效。

苏联新闻检查制度被废止,替代它的是另一种行政管理方式。一是行政干涉。利用行政主管部门的职权对持不合作态度的媒体进行检查,一旦查出哪怕是极小的问题,媒体都将面临法律的审判及时间、金钱的消耗。二是法律管制。利用广播电视许可证制度和竞争上岗制度,吊销不合作媒体的执照,或剥夺其播出权。三是政府补贴。通过政府资金补贴巩固国家媒体。四是利用国家垄断的传媒基础产业进行施压。正如俄罗斯公民社会组织"捍卫公开性基金会"会长阿列克谢·西蒙诺夫所言:"今天你绝不会知道为什么某件事被禁止,根据谁的命令。这些模糊的暗示有威慑之嫌。自我新闻检查制度比国家新闻检查制度更有抑制性的效果。"[①]

[①] 张养志:《俄罗斯传媒经济改革与发展》,北京艺术与科学电子出版社2010年版,第134—135页。

二 管理层面

2000年普京当选俄罗斯总统，普京的执政理念是复兴俄罗斯。让俄罗斯重新强大起来的基础，就是强化国家权力，民主必须是"可控的民主"。普京认为传媒要为国家服务，而且要在国家的可控范围之内。具体措施如下。

一是加强政府的宏观管理力度。1999年7月5日，将俄罗斯联邦出版委员会和俄罗斯联邦广播电视局合并，成立俄罗斯联邦新闻出版、广播电视和大众传媒部。其职能是制定并实施关于大众传媒、广播电视、新闻、电脑网络，以及图书和期刊出版、印刷、发行的政策；制定传媒技术的发展、运作、标准、认证的规划；统一管理大众传媒机构的经营许可证等。2000—2002年，普京基本封停由俄罗斯金融、工业寡头控制的传媒企业，大部分传媒企业重新控制在国家手中。2002年8月，普京签署总统令，批准创建国家独资企业俄罗斯广播电视网，目的是加强国家对全俄广播电视的控制。2013年12月9日，普京签署总统令，合并享有盛誉的俄新社和俄罗斯之声电台，在其基础上组建今日俄罗斯国际通讯社。普京的用意很明显，就是要运用国家的力量加强俄罗斯形象的对外正面宣传，同西方主流媒体争夺话语权。

二是运用法律手段对媒体进行监管。苏联时期的新闻检查制度不复存在，但如今的俄罗斯仍有许多手段来制约传媒，比如对电视频道、广播频点的控制。而且俄罗斯传媒法规定，联邦广播电视委员会和地方广播电视委员会全权负责对广播电视许可证的发放。如果政府认为其存在违规行为，在换发许可证时，就有可能对其进行警告或者吊销许可证。2000年俄罗斯政府利用许可证制度成功地整治了卢日科夫手中的中心电视台。2000年俄罗斯联邦政府又颁布了俄罗斯联邦广播电视竞争上岗制度，并成立了专门的联邦竞赛委员会。一年之内，委员会举办了23次竞赛，对313个电视频道进行了"竞争上岗"选拔，参加竞赛的申请者高达 780 个。这些规定将当代最具影响力的电子传媒领域牢牢控制在国家手中。①

三 经济层面

如今俄罗斯媒体市场主要有三种经济所有制形式,即国家所有制、私人所有制和混合所有制,其资金来源主要包括直接或间接国家补贴、赞助、广告收入。在这样的背景下,私有制企业获得了发展空间,国家所有制和混合所有制企业发展迅速。这有利于媒体公司生存下去,而且远离政治的影响,但记者的活动明显依赖于市场需求。

(一) 国有企业

全俄国家电视广播公司是唯一的国有超大型媒体集团,主要包括全国电视频道"俄罗斯"、电视频道"俄罗斯—全球"、新闻节目"消息"、具有全国地位的"文化"电视频道、电视频道"体育"、广播公司"俄国广播电台"、广播公司"灯塔"(包括"灯塔"广播电台、"灯塔—24"广播电台、"青春"广播电台),以及国有互联网频道"俄罗斯"。从 1998 年开始,全俄国家电视广播公司被并入国家电子传媒统一的生产技术集团,该集团还包括所有联邦主体的国家电视广播公司、通信业的电视广播企业(从 2001 年起组成了俄罗斯电视广播网)、新闻通讯社"俄新社",以及广播电台"俄耳普斯"。国有传媒业进行如此大规模的联合,其目的在于巩固俄罗斯统一的信息空间。国家所有的另一重要媒体是《俄罗斯报》,它是隶属于俄罗斯联邦政府的日报。

(二) 混合所有制企业

俄罗斯大众传媒市场第二种较为普遍的所有制形式是由国家和私营

---

① 李玮:《转型时期的俄罗斯大众传媒》,上海外语教育出版社 2005 年版,第 117—118 页。

机构共同控制媒体企业，最典型的例子是电视"第一频道"（俄罗斯98.8%的居民能够接收该频道），它45%的股份归国家财产委员会所有，3%属于俄通社—塔斯社，3%属于电视技术中心。这样一来，51%的股份掌握在国家手中。"第一频道"开放式股份公司是影响社会舆论的重要工具，国家政策的实施表面上是依靠经济手段，实际上更多的是依靠管理手段。

地区媒体，无论是印刷传媒，还是视听传媒，采用的都是与"第一频道"相同的模式。混合所有制形式的媒体企业依靠混合资金来源生存，即一部分依靠广告，一部分依靠政府补贴。

（三）私营传媒公司

对于俄罗斯的私营媒体，可以划分出三种类型。

第一种类型是从属于大型工业或能源组织并受其控制的媒体，从工业或能源部门的活动中获取资金。这个类型中最具代表性的传媒集团是职业传媒公司与俄罗斯天然气工业公司—传媒公司，简称"俄气传媒公司"。

职业传媒公司是英特尔罗斯工业集团于1997年创办的，目的是对其传媒资产的股票进行战略规划和管理。公司经营活动主要涉及三个方面，印刷媒体（《共青团真理报》《苏维埃体育报》《快报》、专业杂志、印刷和发行公司）、广播业（交通广播电台、能源广播电台、迪斯科广播电台，以及数家分布在各地的广播电台）、电影业（电影公园多功能影城网络）。

俄气传媒公司是欧洲最大的传媒集团之一，俄罗斯天然气工业股份公司拥有其86%的股份。创办俄气传媒公司的目的是管理母公司在传媒领域的股票和股份。公司包括3家电视台（独立电视台、独立电视台加密电视、THT电视台）、5家广播电台（莫斯科回声、三套车、第一流行广播电台、器乐广播电台、NEXT广播电台）、出版业（七日出版集团、《论坛》）、电影业（"独立电视台—电影"电影制作公司、电影院），以及广告公司。

近年来，非国有媒体发展迅速，目前有两家俄罗斯私营媒体企业在纽约和伦敦证券交易所上市，这两个企业是俄罗斯商业咨询企业和漫步者传媒集团。

第二种类型是综合性传媒公司，在传媒业的各个领域都有收益。这一类的出版集团有莫斯科共青团报出版集团、论据与事实出版集团、独立媒体出版集团。它们最初都是报纸出版公司，之后进军杂志、广告和相关传媒领域。

第三种类型是专门在传媒业的某个领域活动的媒体企业，是纯粹的报纸、期刊、电视或广播公司。在这一类型中，除了在州和地区中心出版的规模不大的私营报纸外，还有广播网（俄罗斯广播电台）、电视网（Ren－TB）等专门制作、发行时尚出版物的期刊公司。对广告商来说，此类期刊是最具吸引力的广告载体。

Я. Н. 扎苏尔斯基认为，俄罗斯传媒产业所有制形式的多样性代表着俄罗斯社会经济发展的不同阶段。国家所有制被保留下来，它是计划行政指令式经济的典型形式；混合所有制，即私营—国有的形式是转型期经济所特有的；还有正在形成的私营媒体公司，这是最典型的企业。俄罗斯正在形成的新的媒介经济对于当代俄罗斯大众媒体体制的转型具有重大意义。俄罗斯传媒不得不在市场上运作，而在这个市场中，国家所有制和国家垄断的力量依然强大。印刷业、发行体系、广播电视转播系统尚未对私人开放。[①] 俄罗斯大众媒体转型之路仍在继续。

本章小结

作为人类文明的组成部分，媒体的发展与人类文明进程紧密相连，俄罗斯媒体的发展同样与该民族文明的发展密切相关。在人类历史发展

[①] ［俄］扎苏尔斯基主编：《俄罗斯大众传媒》，张俊翔、贾乐蓉译，南京大学出版社2015年版，第127—134页。

进程中，俄罗斯帝国的建立较晚，其媒体发展历史同样起步较晚。以1815年出版的第一份俄罗斯帝国日报为标志开启的新闻传媒史至今已经历了两个多世纪的风风雨雨。随着苏维埃俄国的建立，社会主义新闻体制也建立起来。从20世纪20年代开始，作为一种按照统一思想组织构建的信息手段，新闻的多民族层级系统得以形成。20世纪90年代，随着民主化和公开性的推进，俄罗斯大众媒体由宣传意识形态的工具向提供全面信息并使民众有机会参与社会管理的中介过渡，在经过了70年的限制后，大众传媒终于可以发出自己的声音，成为改革的强力杠杆。苏联的解体开启了俄罗斯媒体艰难而曲折的转型之路。当代俄罗斯大众传媒和新闻业继承了苏联媒体系统。苏联曾经建立了具有鲜明特色的社会主义媒体体系，在其国内，乃至在国际上产生了重大的影响。苏联解体后，俄罗斯开始转型，形成崭新的媒体秩序，在媒体机制、经济结构和法律保障等方面发生了一系列变化，具有与以往完全不同的特征。我们在国内外学者，主要是俄罗斯学者研究的基础上梳理了俄罗斯媒体发展的历史沿革，重点描述了1991年至今俄罗斯媒体的转型与发展，以便为更好地了解当代俄罗斯媒体运作机制做铺垫。

第二章 俄罗斯媒体市场化转型与集中化发展的产业动因与矛盾

在苏联解体至今的俄罗斯媒体市场化转型及集中化发展过程中，媒体行业及媒介产品的基本经济属性在政府规制导向及媒介法律体系的外部环境促进下得以彰显，俄罗斯媒体完成了由舆论工具向现代化传媒集团的转变，而且充分利用了集中化发展优势。同时，媒介产品公共性与媒体所有权私有化的基本矛盾及衍生的诸多矛盾伴随市场化发展而越加明显。分析俄罗斯媒体市场化转型及集中化发展的社会和法律环境，行业集中化发展属性在媒体市场化条件下的内在要求和传媒企业的市场行为，政府规制导向变化等产业逻辑动因，有助于厘清媒体市场化过程中产业的基本矛盾、发生原因，以及解决方法。

1985年4月，戈尔巴乔夫提出加速改革，伴随后苏联时代政治、经济和文化等社会制度的革新及政府对媒体产业所采取的改革措施，苏联媒体担负推动社会改革的责任并开始市场化转型。经历30年转型期，俄罗斯媒体自身实现了由舆论工具到现代传媒集团的转变，苏联时期"苏联报刊（新闻）理论"① 支配下的媒体运作机制不复存在。崛起的寡头传媒实现了自身的集中化发展，不仅掌控了国内的传媒市场，而且在国际传播领域与西方国家的其他跨国传媒集团展开角逐并掌握了俄罗斯国际话语权。

苏联新闻业强调传媒的宣传功能，其媒体系统的主要作用并非传递

---

① ［美］韦尔伯·施拉姆：《报刊的四种理论》，新华出版社1980年版，第125页。

信息以满足受众需求，而是重在宣扬意识形态和教育大众。列宁曾说报纸应该是一个"集体的宣传员、集体的鼓动员……集体的组织者"①。此论断描述了苏联新闻学的内涵。传媒业的经济属性具有普适性的实践指导意义，在俄罗斯媒体转型过程中，影响和制约传媒产业集中化发展的市场、传媒集团、受众、政府与技术等要素及其之间的互动博弈就像美国传媒业的集中化变迁一样发挥了主导和决定作用。②

传媒产业作为一个集"经济基础"与"上层建筑"特点于一身的特殊领域，像其他产业一样，要遵循一般企业的发展规律，同时也具有独特的经济属性和盈利模式。从宏观角度讲，传媒经济的本质属性是兼具"经济基础"和"上层建筑"特点的公共产品。③

传媒产品内在的公共产品属性与商品属性之间的矛盾是政府进行传媒规制的逻辑起点。因其广泛的公共影响，传媒产品先天具有"公共产品"的特征，频谱资源的稀缺性也决定了传播业所使用的资源具有"公共资源"特征；传媒公共职能的实现和履行是产权私有的传媒企业经由产业化竞争路线而实现的，商业利益对于公共利益的排挤不可避免地促使政府确定规制，以校正市场失灵并确保传媒履行公共职能。④

俄罗斯媒体市场化转型与集中化发展遵循媒介经济学的普适性规律与媒介产品的基本属性，同时有其自身的产业逻辑动因、产业矛盾，以及解决办法。俄罗斯媒体经济转型的两个决定性因素是新法律体系的确立与俄罗斯广告业的迅猛发展，⑤ 1991年《大众传媒法》的颁布与实施成为俄罗斯媒体市场化转型的逻辑基点，为俄罗斯传媒与社会、政府、

---

① [美]韦尔伯·施拉姆：《报刊的四种理论》，中国人民大学新闻系译，新华出版社1980年版，第140页。
② 王海：《博弈：反垄断与传媒集中》，暨南大学出版社2009年版，第14页。
③ Gillian Doyle, *Understanding Media Economics*, SAGE Publications Ltd., 2002, p.64.
④ 王海：《博弈：反垄断与传媒集中》，暨南大学出版社2009年版，第2—3页。
⑤ Вартанова Е. Л., Факторы трансформации российских СМИ//Постсоветские трансформфции российских СМИ и журналистики. – М.：Изд–во МедиаМир. 2013. С. 3.

商业之间的新型关系奠定了法律基础。该法出台后,俄罗斯新闻检察机关被废除,媒体编辑部在内容选择上获得了相当大的独立权,媒体自身成为经济活动的独立体。

　　媒介经济属性及其规律成为俄罗斯媒体集中化发展的逻辑动因,而媒介产品公共性与媒体转型诉求的所有权私有化的基本矛盾及其衍生的诸多矛盾伴随其市场化发展越加明显。20 世纪 90 年代初,俄罗斯媒体从国家事业单位转为独立经营、自负盈亏、参与市场竞争的商业主体,各种资本涌入传媒领域,其媒体系统形成国家所有制、党派所有制、组织所有制、股份所有制、私人所有制等多种形式;20 世纪 90 年代中后期,传媒行业呈现集团化发展态势,而其经济状况严峻,仅靠自身力量无法生存。大量媒体被经济寡头接管,成为其与政治势力合作谈判、获取利益的工具。2000 年以来,随着政局稳定、经济好转与政府宏观调控的力度加强,俄罗斯传媒市场化程度下降。媒业在追逐经济利益的同时服务于国家利益,产品风格理性化。

　　20 世纪 90 年代初,俄罗斯学者开始对转型期大众传媒进行系统研究。Я. Н. 扎苏尔斯基主持《莫斯科大学学报·新闻学》杂志的"转型期俄罗斯传媒专题"讨论(2011 年),主编《俄罗斯大众传媒体系》《后苏联时期俄罗斯大众传媒》等高等院校教材;О. 布里诺娃(О. Буринова)在《俄罗斯传媒帝国》(2000 年)中分析了 20 世纪 90 年代末控制俄罗斯传媒市场的几大集团的组织构成;И. 库兹涅佐夫(И. Кузнецов)出版了《祖国新闻史:1917—2000》(2003 年);С. 古列维奇(С. Гуревич)出版了《俄罗斯传媒经济》(2004 年);Е. 瓦尔达诺娃(Е. Вартанова)在《后苏联时期俄罗斯大众传媒和新闻媒体的转型》(2013 年)中系统介绍了俄罗斯学者关于俄罗斯媒体市场化转型及其历史分期的论述;Я. Н. 扎苏尔斯基认为,在后苏联时期,俄罗斯媒体转型过程中俄罗斯媒体系统存在两套平行的模式。①

---

① [俄]扎苏尔斯基:《俄罗斯大众媒体的工具》,新闻纵横出版社 2011 年版,第 5 页。

第二章 俄罗斯媒体市场化转型与集中化发展的产业动因与矛盾

20世纪90年代初,俄罗斯媒体变革引起中国学者关注。中国学者对俄罗斯传媒的研究集中在转型期传媒业改革与发展上。余敏主编的《苏联俄罗斯出版管理研究》[①] 罗列了20世纪90年代俄罗斯传媒变革的数据;吴非等在《转型中的俄罗斯传媒》[②] 中对《俄罗斯联邦大众传媒法》等传媒法律进行了介绍,并对俄罗斯宪法对言论自由、政治体制、人民权利和自由的规定加以分析;李玮在《转型时期的俄罗斯大众传媒》[③] 中对1985年戈尔巴乔夫推行"民主改革"以来及苏联解体后的媒体现状、媒体转型过程及其对中国媒体的启示进行了探讨;贾乐蓉在《当代俄罗斯大众传媒研究》[④] 中分析了俄罗斯大众传媒立法的历史和存在的问题。

俄罗斯传媒业宏观产业环境变迁和产业内在发展动因是影响其媒体市场化转型与集中化发展的关键因素。我们力图通过分析俄罗斯媒体市场化转型及集中化发展的社会和法律环境,行业集中化发展属性在媒体市场化条件下的内在要求和传媒企业的市场行为,政府规制导向变化等产业逻辑动因及矛盾,梳理出俄罗斯媒体市场化过程中产业基本矛盾及其衍生矛盾的产生原因、状况及解决方法,旨在为中国传媒经济集中化发展提供借鉴。

第一节 俄罗斯媒体市场化转型的法律环境动因

传媒产业与其他企业一样,是在既定的法律法规、行业规范和伦理等常量因素的影响下生存与发展的。俄罗斯传媒市场化转型必然是由与企业经营相关的外部因素与内部因素共同造成的。

---

① 余敏:《苏联俄罗斯出版管理研究》,中国书籍出版社2002年版。
② 吴非、胡逢瑛:《转型中的俄罗斯传媒》,南方日报出版社2005年版。
③ 李玮:《转型时期的俄罗斯大众传媒》,上海外语教育出版社2005年版,第194页。
④ 贾乐蓉:《当代俄罗斯大众传媒研究》,中国广播电视出版社2008年版,第160—161页。

一 《大众传媒法》颁布与实施——俄罗斯媒体市场化转型的基点

俄罗斯学者认为，俄罗斯媒体市场化转型大致以 1991 年《大众传媒法》的颁布与实施为开端。① Р. П. 奥夫谢比扬（Р. П. Овсепян）研究了俄罗斯媒体过渡期的结构性转变与系统本身的变化及其各部分之间的平衡，他认为关于新媒体系统的俄罗斯联邦法律的通过，导致近百家出版社关闭，而在媒体中广告的大量出现标志着俄罗斯媒体由舆论工具向市场主体的过渡，媒体在权力结构中开始加强新闻报道的作用。②

20 世纪 90 年代初，俄罗斯经济的自由化发展推动了新闻界自由化趋势，传媒与报刊界摆脱政府控制并转向市场化。随着后苏联经济模式濒临崩溃，俄罗斯大部分媒体处于破产的边缘，后苏联的各个国家不得不创造走向市场的传媒系统运作的新机制。《大众传媒法》中允许媒体重新注册和登记，保证媒体的自由活动权利，除了事先约定，否则创办人无权干涉媒体的新闻活动，国家为媒体提供税收优惠以鼓励创办新媒体，出版发行色情出版物合法化等旨在撤销新闻检查的系列条款的出台与实施，使媒体第一次摆脱国家的全面控制，自由主义新闻理念从此进入公共空间。

（一）国家和政府控制的媒体所有制形式转变为多种所有制形式共存

1991 年，俄罗斯联邦政府颁布《大众传媒法》，传媒领域的国家垄断局面被打破，原国有媒体纷纷脱离政府，重新登记，成为独立媒体，同时大量新媒体出现。俄罗斯媒体所有制从苏联时期的国家所有制转变为国家所有制、党派所有制、组织所有制、股份所有制、私人所有制等

---

① ［俄］扎苏尔斯基：《俄罗斯大众媒体的工具》，新闻纵横出版社 2011 年版，第 13 页。
② Овсепян Р. П., История новейшей отечественной журналистики. – М.：Изд – во МГУ. 2005. С. 250 – 332.

多种所有制共存。据统计，20世纪90年代初，15%的俄罗斯报刊属于各种新兴的派别和社会组织，约20%的报刊属于各种商业合作机构，8%的报刊为个人所有。①

在20世纪90年代初，俄罗斯大众媒体多种所有制形式的确立过程与经济结构的多元化并行。对此，Р.П. 奥夫谢比扬做了较详细的描述，向市场关系的过渡在俄罗斯已成现实。期刊、出版社、通讯社、电子大众媒体不再是国有制和国营合作制，它们为股份公司和私人所有。② 所以在20世纪90年代初，仅在莫斯科就有23个私人广播电台，其中包括3个宗教电台。私人广播电台日均播放量为9—24小时。与此同时还出现了租赁形式的媒体，它们属于社会公共组织或者外资参与的混合型公司。总之，经济困难迫使新闻工作者们积极寻找机会来克服在新闻媒体中出现的危机，其中播放广告、与企业合资、拉赞助等是主要途径。政治力量经常扮演信息结构创始人和所有者的角色。金融资本和金融工业集团在新闻信息市场中做出了巨大的努力。20世纪90年代中期，在俄罗斯出现了古辛斯基、博伊科和别列佐夫斯基领导的金融工业集团和大型联合公司桥、阿尔比（OLBI）和汽车贸易公司LOGOVAZ，它们为创建新的印刷和电子大众传媒投入大量资金，创立了报纸《今日》、俄罗斯独立电视台和俄罗斯公共电视台，并对《星火》杂志进行现代化改革等。③

俄罗斯现代媒体市场的一个关键特征是其经济的不均匀性。这不仅因为首都和地方经济发展不平衡，而且还与媒体市场不同的所有制结构有关。Е.Л. 瓦尔达诺娃和С.С. 斯米尔诺夫认为，从所有权角度来看，

---

① 李玮：《转型时期的俄罗斯大众传媒》，上海外语教育出版社2005年版，第90页。

② https：//studfiles.net/preview/2688612/page：31/Овсепян Р.П. История новейшей отечественной журналистики (февраль 1917 - начало 90 - х годов). - М.: Изд - во МГУ. 1999. C. 304.

③ https：//studfiles.net/preview/2688612/page：31/Овсепян Р.П. История новейшей отечественной журналистики (февраль 1917 - начало 90 - х годов). - М.: Изд - во МГУ. 1999. C. 304.

1990—2000年俄罗斯媒体市场的形成，应该讨论两个主要组成部分，即国家资本中预算资本的存在和商业资本的存在，后者又分为两种，一种是俄罗斯金融和工业集团的资本，通常被称为"寡头集团资本"，而另一种是外国资本。[①] 实践证明，就俄罗斯媒体体制而言，非常有前途和可长远发展的，并不仅仅是国家和商业性质的媒体资本，还有它们两者相组合产生的一种特殊形式。因此，俄罗斯已经建立了三种主要类型的媒体公司，即国有的、商业型的和混合型的。可以说，正是俄罗斯金融、工业和金融工业集团资本出现在媒体市场时的这种多样性促进了俄罗斯整个媒体行业的建立和发展。金融工业集团的业务是俄罗斯媒体企业建立的基础。

2000—2009年，俄罗斯媒体所有制体系演变的主要特征是商业资本份额的减少及国家资本和混合资本份额的增加。媒体所有权并不总是直接地，而往往是间接地集中在政府和半政府机构手中。此时俄罗斯媒体市场的领头羊是三个大型全球媒体公司：俄罗斯国家电视广播公司，它可以说是国有媒体企业的典范；俄气传媒公司，它是一个混合所有制公司；还有职业传媒集团，它是对角线集团的一家商业公司。

俄罗斯国家电视广播公司控制"俄罗斯""文化""体育""新闻"等电视广播公司，88个区域性电视广播公司，"俄罗斯广播""灯塔""文化"等广播公司，以及互联网频道"俄罗斯"。俄罗斯天然气工业媒体公司控制"独立电视台""THT""独立电视台—世界""独立电视台＋"等电视广播公司；出版社"七天"；报纸《论坛》《高峰》；"莫斯科回声""城市TM""流行音乐""下一个""儿童广播"等广播公司；电影公司"独立电视台—电影"；广告公司"独立电视台—媒体"；电影院"十月"和"水晶宫"。职业传媒集团控制出版社"海

---

① Вартанова Е. Л., Смирнов С. С., Структуры собственности в российской медиаиндустрии, https://ozlib.com/812449/zhurnalistika/struktury_ sobstvennosti_ rossiyskoy_ mediaindustrii.

报"和"B2B—媒体";"汽车电台""圣彼得堡汽车电台""幽默 TM""N10""阿拉"等广播公司;"ТВ-3""2X2""МТУ—俄罗斯""УН1—俄罗斯"等电视广播公司;电影公司"中央合作伙伴";连锁电影院"电影公园";互联网站点"Яатыler"。

俄罗斯媒体市场的"第二梯队"由以下这些媒体公司构成：Axel Springer SE 俄罗斯（杂志），Arnold Prize Group（杂志、广播、电视），Hearst Shkulev Media Group（报纸、杂志），Bauer—俄罗斯（报纸、杂志），Burda—俄罗斯（杂志），欧洲媒体集团（广播），罗迪奥诺夫出版社（杂志），独立媒体（杂志），生意人（报纸、杂志、电视），共青团真理报社（报纸），Conde Nast（杂志），莫斯科共青团员报社（报纸），国家媒体集团（电视、报纸），新闻媒体（报纸），联合媒休（报纸、广播），第一频道（电视），媒体三（报纸），Pronto—莫斯科（报纸），RBC—信息系统（报纸、杂志、电视、互联网），Renova 媒体（电视），俄罗斯媒体集团（广播），C 资讯（报纸），大众传媒系统（电视、互联网），CTC 传媒（电视），专家（杂志、电视），号外 M 媒体（报纸），俄狄浦斯—Konliga Media（杂志、书籍）。所有这些机构的活动主要在首都莫斯科举行，但是这些机构在俄罗斯其他地区也拥有自己的阵地，因此它们希望得到全国性媒体公司的身份。它们中的大多数是纯商业性的，但是也有混合和国有资本。

在俄罗斯各地区，只有少数大型媒体企业在规模上可以与莫斯科的大企业相抗衡。其中经营较好的有阿尔泰地区的算盘—媒体公司，圣彼得堡的波罗的海传媒集团和 Bonnier Group 俄罗斯，萨马拉州的费奥多罗夫公司，40 个地区的"外省"公司，托木斯克州的托木斯克传媒集团公司，斯维尔德洛夫斯克州的"第四频道"，罗斯托夫州的"南方地区"。

与其他国家的媒体行业一样，俄罗斯媒体有几种收入来源，发行的收入、电视频道订购的收入、政府的直接或间接补贴、赞助，以及直接或隐性的广告收入，此外还出现了新的盈利来源——视听媒体和书籍的植入式广告，企业通过新媒体出售客户数据。俄罗斯媒体市场发展的最重要方向毫无疑问还是将广告转化为媒体企业的主要融资来源，无论媒体企业属于哪种所有制形式。在这方面，俄罗斯媒体不仅绝对符合现代媒体经济的特征，而且还符合市场规律。如今，即使是俄罗斯国有媒体企业，在广告市场中对自己的行为做商业考虑也变得至关重要，这当然有助于许多媒体公司的生存，甚至摆脱政界的直接影响，但同时也使新闻记者们的活动高度依赖市场的需求。

在俄罗斯形成的媒体新经济对现代媒体系统的转型产生了重大影响。俄罗斯媒体不得不在一个国家所有权和国家垄断地位仍然稳固的市场中运行。印刷业、新闻邮政发行和信号转播系统仍不对私营媒体活动开放，因此需要国家投资。俄罗斯媒体市场的经济悖论在于竞争，"盎格鲁-撒克逊"新闻学固有的现代化价值并不能保证俄罗斯媒体的经济自由；相反，区域市场经济资源的分散，报纸和电视公司之间的激烈竞争有利于政府和商界将媒体继续作为工具来使用，有利于它们对媒体进行更有效的控制，而不是对媒体公司本身、它们的受众和整个社会有利。因此，在经济增长速度减缓的情况下，市场激烈竞争应被视为现代俄罗斯媒体体系的一大缺陷。专家们看到了近年来俄罗斯媒体现代化发展进程中的局限和倒退现象，认为这种"有限的现代化"产生的主要原因之一是，现代化进程中经济和政治方面执行率不一致。这本身也与俄罗斯政治、文化，以及精英、媒体和社会之间相互协作时传统的纵向特征变化缓慢直接相关。

如今很明显，决定现代俄罗斯整个媒体产业发展的关键因素之一就是商业的集中。统计数据显示，商业集中有助于俄罗斯媒体产业的整体扩张，能促进其每个行业的发展。第一，建立新的大型媒体协会符合对实施投资项目所需的大量资金进行积累和优化的目标；第二，更广泛的受众范围能增加媒体对广告商的吸引力；第三，可以通过信息和广告产品的生产和分配来实现协同效应。2006年，媒体行业的并购花费了大约20亿美元。① 市场专家认为，这一趋势将持续相当一段时间。目前，俄罗斯有十多家实力雄厚、实际总资本额超过5亿美元的多元媒体公司。② 2007年俄罗斯报纸平均单期读者数量最多的十大出版社见表2-1。据俄罗斯联邦新闻出版与大众传媒署称，在不久的将来，俄罗斯可能会出现几家拥有亿万资产的媒体公司。行业领导者收购和创建的新媒体公司数量每年都在增加。因此，现在完全可以说俄罗斯媒体的集中水平在提高。

表2-1　　2007年俄罗斯报纸单期读者数量排名前十的出版社

（以拥有10万以上人口的城市为例）

出版社	单期读者数（人）	16岁以上城市居民的百分比（%）
Hearst Shkulev Media Group	10121.7	17.8
共青团真理报社	8435.0	14.8
论据与事实	7042.3	12.4
Bauer—俄罗斯	4615.1	8.1
Pronto—莫斯科	2855.1	5.0
莫斯科共青团员报社	2733.2	4.8
C资讯	2245.1	3.9
新闻媒体—罗斯	2219.1	3.9
媒体世界	1950.9	3.4
生意人	237.5	0.4

资料来源：Российский рынок периодической печати. Состояние, тенденции и перспективы развития. Доклад. 2008. М.：ФАПМК. С. 32.

---

① Вартанова Е. Л., Смирнов С. С., Структуры собственности в российской медиаиндустрии, https://ozlib.com/812449/zhurnalistika/struktury_sobstvennosti_rossiyskoy_mediaindustrii.

② Вартанова Е. Л., Смирнов С. С., Структуры собственности в российской медиаиндустрии, https://ozlib.com/812449/zhurnalistika/struktury_sobstvennosti_rossiyskoy_mediaindustrii.

总体而言，俄罗斯媒体集中模式的首要特征是明显地趋向中央。在媒体地理市场上，将资产和管理组织安排在莫斯科的联邦媒体公司占明显的优势。莫斯科凭借其特殊的地位和巨大潜力，在大多数经济指标中稳居俄罗斯联邦各主体之首。因此，俄罗斯企业家最初主要将他们的业务选在首都发展。一些媒体公司也将业务扩展到俄罗斯各地区的信息市场，但这是俄罗斯媒体集中模式的次要特征。俄罗斯媒体行业，特别是网络广播公司的领导者越来越多地关注区域媒体，主要原因是区域媒体更亲近当地受众，更熟悉针对当地消费者的本地内容，以及刚刚兴起的广告商逐渐开始与受众合作。在媒体系统本身的区域层面，也能看到集中化趋势，但总的来说它还处于起步阶段。

集中化过程的各个阶段与俄罗斯媒体商业化的各个阶段完全吻合，因为集聚是真实资本流入国家媒体体系的合理结果。该过程的第一阶段是1991—1996年。这一时期可以被描述为初级商业化时期，也是后苏联时期俄罗斯媒体资产初步集中的时期。第二阶段是1996—2000年，这应该被视为媒体集中过程达到高潮的时期。在20世纪90年代后半期，俄罗斯媒体行业形成了几个主要经济集团，它们之间分配媒体所有权的基本份额。第三阶段是2000年至今，其标志是在当前政治和经济机制的影响及媒体业务规则的变化下媒体资产的重新分配。因此，俄罗斯媒体集中化的整个过程不应被视为线性渐进的，而应被视为由不同的发展载体组成的过程，其变化发生在20世纪与21世纪之交。① 同时，俄罗斯媒体集中模式的一些特征没有实质性的变化，其中最重要的也许是交叉增长策略占据主导地位，交叉型媒体，特别是大型媒体机构层面的集中过程在俄罗斯广泛普及，其主要原因是20世纪90年代初在俄罗

---

① Вартанова Е. Л., Смирнов С. С., Структуры собственности в российской медиаиндустрии, https://ozlib.com/812449/zhurnalistika/struktury_ sobstvennosti_ rossiyskoy_ mediaindustrii.

斯信息市场上建立起了特殊的"游戏规则"。企业家们利用时机，疯狂地占据媒体市场的所有领域。所有重要的国家媒体产业部门无一不受到兴起的媒体大亨们的关注，大规模的扩张涉及报纸、期刊、电视和无线电广播，以及电影、视频和互联网领域。与此同时，还可以看到这样一个特征，当时一些大型媒体的所有者试图控制现有媒体，但其他的媒体所有者则主要由自己来创造新的媒体。在二线媒体公司中，媒体的横向集中更为常见。

俄罗斯媒体市场与全球媒体系统的一体化需要开拓媒体事业的新方法，而且媒体市场也逐渐具有透明度。2000年以后，关于大型媒体机构收入的官方消息都来源于公开的渠道，主要是在各公司网站上发布的年度报告等。例如，俄罗斯天然气工业媒体公司2007年的年度收入为12.75亿美元，职业传媒公司2007年的年度收入为4.8亿美元，俄罗斯国家电视广播公司2007年的年度收入为9亿美元。[①]

与此同时，只有少数俄罗斯媒体控股公司选择了公开股份上市的转型道路，并希望进入国际市场。第一个在外汇交易所上市的机构是漫步者传媒集团，2005年它就出现在伦敦证券市场。2006年，CTC媒体的股份在纽约证券交易所的纳斯达克上市。正如预期的那样，公开的国际市场估值为两家公司带来了可观的"廉价资金"。得益于首次公开募股，漫步者传媒收到5000万美元，CTC媒体则收到3.46亿美元。[②] RBC信息系统控股公司持有的股份同样进入国际市场，此外也在莫斯科银行间交易所和PTC证券交易所上市。金融分析师称，计划进入交易所的下一批俄罗斯媒体公司是俄罗斯天然气工业媒体公司

[①] Вартанова Е. Л., Смирнов С. С., Структуры собственности в российской медиаиндустрии, https://ozlib.com/812449/zhurnalistika/struktury_sobstvennosti_rossiyskoy_mediaindustrii.

[②] Вартанова Е. Л., Смирнов С. С., Структуры собственности в российской медиаиндустрии, https://ozlib.com/812449/zhurnalistika/struktury_sobstvennosti_rossiyskoy_mediaindustrii.

和职业传媒集团。还有消息称，俄罗斯联邦政府打算将俄罗斯国家电视广播公司的股份上市。然而，目前所有这些大型项目仍未实施，主要是因为2008年开始的全球经济危机导致俄罗斯广告和媒体市场下滑。[1]

就这些变化而言，俄罗斯信息市场开始形成"纯"媒体资本。在大型媒体行业领域，已经出现了从"旧"型的多元化公司（如俄罗斯天然气工业媒体公司）向"新"型公司（如CTC媒体公司）过渡的迹象，媒体市场上的流动资金成为其扩展和运作的基础。发展战略的变化、集中类型的形成、国家和商业方法在信息行业的相互渗透，导致了俄罗斯媒体资本一定程度的现代化、更新和去多元化。媒体公司之间可持续的文明协作模式得到发展，一批高效的媒体管理者逐渐成长起来。有价证券投资者看中俄罗斯大中型媒体行业的发展前景。对投资而言，在2000—2007年，俄罗斯媒体市场中最具吸引力的是CTC媒体、漫步者传媒、职业传媒和RBC信息系统。总体而言，2006—2007年CTC媒体的资本增长了72%，漫步者传媒的资本增长了70%，RBC信息系统的资本增长了66%。[2] 在这种情况下，俄罗斯投资者，包括那些不从事媒体行业的投资者，都对媒体市场表现出极大的兴趣。

由于已有的外国媒体资本涌入俄罗斯国家媒体体系，一些著名的俄罗斯媒体企业得以创建，2007年杂志受众数排名前十的出版社见表2-2。不过在整个20世纪90年代，特别是在俄罗斯国内媒体的初始资本化期间，这种现象并不普遍。

---

[1] Вартанова Е. Л., Смирнов С. С., Структуры собственности в российской медиаиндустрии, https://ozlib.com/812449/zhurnalistika/struktury_sobstvennosti_rossiyskoy_mediaindustrii.

[2] Вартанова Е. Л., Смирнов С. С., Структуры собственности в российской медиаиндустрии, https://ozlib.com/812449/zhurnalistika/struktury_sobstvennosti_rossiyskoy_mediaindustrii.

表2-2　　　　　2007年杂志受众数排名前十的出版社
（以拥有10万以上人口的城市为代表）

出版社	2007年10月俄罗斯总读者数（人）	16岁以上城市居民的百分比（%）
Burda—俄罗斯	10607.7	18.6
七天	5920.9	10.4
独立媒体Sanoma杂志社	5841.2	10.2
Bauer—俄罗斯	4225.1	7.4
驾驶	2881.7	5.1
Conde Nast	2176.1	3.8
Hearst Shkulev Media Group	2015.0	3.5
媒体公园	1653.0	2.9
OBA媒体	1296.1	2.3
健康杂志社	1046.8	1.8

资料来源：Российский рынок периодической печати. Состояние, тенденции и перспективы развития. Доклад. 2008. М.：ФАПМК. С. 50.

近年来，世界许多媒体市场的重要参与者已经成功地以其独特的形式在俄罗斯市场扎根，如德国公司 Aksel Springer Verlag（Axel Springer SE 俄罗斯）、Bauer Verlagsgruppe（Bauer—俄罗斯）、贝塔斯曼—康泽纳（PEH - TB 媒体控股）和 Hubert Burda Media（Burda—俄罗斯）；瑞典公司 Bonnier AB（Bonnier Group 俄罗斯）和 Modem Times Group（CTC 媒体）；法国公司 Hachette Filipacchi Medias（Hearst Shkulev Media Group）和 Lagardere Group（欧洲媒体集团）；美国公司 Coude Nast（Conde Nast）；瑞士公司 Edipresse Group（俄狄浦斯—Konliga Media）；芬兰公司 Sanoma WSO K（独立媒体 Sanoma）；荷兰公司 Trader Classified Media NV（Pronto—莫斯科）等。外国媒体企业在俄罗斯发展的关键策略是全球知名媒体品牌的本土化。俄罗斯快速发展的杂志市场就是这种调整最充分的表现。如今，世界上几乎所有最大的杂志品牌在俄罗斯都有其代表。在俄罗斯创建俄语版本的出版物时，最常使用的模式是签订特许经营（许可）协议、合作和联合品牌。与此同时，只有少数外国媒体组织决定在俄罗斯设立代表处，而大多数组织仅购买出版社的股份或担任联合创始人。

（二）俄罗斯传媒体系中广告市场形成

1993年俄罗斯传媒业的大规模私有化开始，新创办的有私有化报纸、杂志、通讯社及稍后出现的私营广播电台、电视台和有线电视网络，其财务主要依靠广告投资。

1996年6月通过的《广告法》确定了广告市场上协调关系参与者的行为规范、关系协调准则、广告插播条件，以及某些产品和服务的广告限制，不过在1995—1998年政府一直把广告市场监测权掌握在自己手里。2006年新《广告法》及在2011年通过的它的附加条款成为俄罗斯传媒在处理言行业务方面的准则。2009年国家杜马确定对《广告法》进行修改——限制广告销售领域的垄断，禁止俄罗斯联邦电视台与市场广告播放量超过35%的公司合作。

21世纪，广告成为俄罗斯传媒收入的主要来源。广告在推动传媒经济发展的同时也为传媒企业奠定了商业模式的新基础，不再像从前那样受限于其所有权结构。私人企业与传媒国企为争取广告收入进行特殊的竞争，这是俄罗斯传媒经济的一个重要特点。2000年，俄罗斯广告市场急剧扩大，其国内广告市场份额居世界第十三位，欧洲第六位。

20世纪90年代中期，新闻业作为一个商业部门，经历了新经济关系的所有转变，面临着私有化、公司化的问题。在新闻界和商界的市场关系中占主导地位的是广告，广告一直宣称是新社会政治和经济形势的一个因素。广告已经成为大众传媒体系中的独立部门。① 报纸和杂志都为广告划出专栏和页面。如报纸《生意人报》以每个版面 1.25 万美元的价格提供多达 20 页的广告。杂志《桥》的广告费为每版 1.5 万美元。广告不仅成为媒体的收入来源，它在社会经济、文化生活中的作用也越来越大，向读者、电视观众和广播听众的脑海中不断灌输广告商的经济和精神理念。有一些特殊的广告刊物因发布各种广告而获得巨额利润，巨额的收入使它们可以免费发行数百万份的周刊，如莫斯科的免费广告周刊 Extra M – South（Эксмра – МЮ）分两期发行，总发行量为 260 万份；《商业广告》在莫斯科发行量为 15 万份，在俄罗斯 73 个城市里平均发行 5 万份。在数量和流通方面，广告刊物优于其他出版物。它们完全依靠广告商和赞助商的资金而存在。许多广告刊物对于本城市或本区域的居民是免费的。在顿河畔罗斯托夫，有 Va – Bank（Ва – банк）、SKV（СКВ）；在克拉斯诺亚尔斯克有《城市与市民》；在下诺夫哥罗德有《生意》，在马哈奇卡拉有 TVN（ТВН）等。由银行、公司、大型联合公司、股份公司和商务贸易集团发行的报纸亦可归入广告刊物的类别。

广告已经成为电视和电台节目、电视文艺广播不可或缺的一部分，没有了它就无法播放影片、音乐会节目等。根据大众传媒法，电视广告不得超过节目总播放量的 25%。从 20 世纪 80 年代末起，备受广告商青睐的领头羊之一是奥斯坦金诺广播电视公司，与之合作的广告公司给出 50% 以上的广告费。在 20 世纪 90 年代初，奥斯坦金诺八成以上的收入不依靠国家拨款，而是依靠独立公司的商业活动和赞助投资所带来的项目和资金。在奥斯坦金诺频道产生的最高广告费是在 1995 年 3 月，每分钟广告费高达 1.2 万美元。在音乐会节目中广告的实际价格可能要大得多，例如在《梦想之地》（Поле чудес）节目中每分钟广告费就高达

---

① https://studfiles.net/preview/2688612/page:31/Овсепян Р. П. История новейшей отечественной журналистики（февраль 1917 – начало 90 – х годов）. – М.：Изд – во МГУ. 1999. С. 304.

3万美元。电视台收入的一半以上来自外国广告商。①

遗憾的是,印刷刊物、广播和电视中广告的竞争并没有促进其质量的提升。在广告中,往往存在很多违法的内容、糟糕的设计品位、让人厌烦的文本和"笨拙"的视听图片等。因此,广告的许多内容会导致阅读、收听和观看它的人对其感到困惑、烦躁和愤怒。报纸读者、电视观众和广播听众如此多的怒气正是由大量的广告引起的,这些广告在各个方面过分吹捧各种商业银行,而实际上这些商业银行很快就要宣布破产,无数人上当受骗、存款尽失。为追求利润,媒体并不遵守《国际广告业务守则》的首要条例:"任何广告信息必须在法律层面上完美、体面、诚实和真实。"②

如今有数十个代表处、银行和公司在俄罗斯联邦的商品市场上运作,它们之中有一部分与西方大资本有关。广告逐渐成为商业关系不可或缺的一部分。

近二十年,俄罗斯媒体产业发展较快。这既得益于经济增长所引发的广告市场的显著扩张,也得益于主张大众传媒自由的相关法律的存在,以及不同层次的俄罗斯人对各种媒体,比如联邦电视台、金融和经济新闻、光泽封面杂志、小众电视、音乐电台、互联网等的持久兴趣。

市场、市场关系构成现代化经济模式的基础,因此,包括媒体行业在内的现代化转型都是向市场、竞争和私有制的转型。俄罗斯经济在转向市场关系时需要一种新型的信息资源,那就是广告。在21世纪初经济增长的背景下,俄罗斯广告市场的发展对媒体产业产生了重大影响,因此在俄罗斯,媒体成为最重要的广告载体。研究人员指

---

① https://studfiles.net/preview/2688612/page:31/Овсепян Р. П. История новейшей отечественной журналистики (февраль 1917 – начало 90 – х годов). – М.:Изд – во МГУ. 1999. С. 304.

② https://studfiles.net/preview/2688612/page:31/Овсепян Р. П. История новейшей отечественной журналистики (февраль 1917 – начало 90 – х годов). – М.:Изд – во МГУ. 1999. С. 304.

出,国民经济状况与广告市场和媒体行业的发展水平之间存在着直接的联系。到2008年,俄罗斯广告业占其国内生产总值的比例为0.9%。此外,之后四年的增长率几乎达到300%,这再次证实了媒体行业发展的高速度。俄罗斯广告业占其国内生产总值的份额与奥地利同一指标(1%)相当。根据俄罗斯通信机构协会(AKAP)的数据,2007年广告业国内的生产总值达到了91.6亿美元(包括室外、室内和BTL部分的广告),年均增长率接近30%,就这一指标而言,俄罗斯已步入世界绝对领先者的行列。在2000—2010年,广告市场的总增长率达到了650%。在全球化背景下,这种增长给世人留下深刻的印象,广告量的增长情况见表2-3。当然,2008年开始的经济危机势必影响了俄罗斯广告市场的总体情况。

表2-3 主要广告媒体(报纸、杂志、电视、广播、电影、互联网、户外广告)广告量的增长情况

地区	年增长率(%)		
	2007年相比 2006年	2008年相比 2007年	2009年相比 2008年 (至2009年7月)
北美	-3.7	-10.3	-2.4
美国	-4.1	-10.6	-2.7
西欧	-1.1	-9.2	0.2
太平洋亚洲	3.2	-5.0	4.7
中东欧	12.5	-15.3	3.4
拉丁美洲	14.5	0.2	7.5
非洲/阿拉伯国家	22.4	-9.3	16.0
世界整体	1.3	-8.5	1.6

资料来源:http://www.zenithoptimedia.com。

尽管增长受阻，但俄罗斯消费市场对全球广告商仍然具有不小的吸引力。为那些对俄罗斯消费者感兴趣的外国公司消除投资壁垒，能促使外资进入媒体行业，在这一过程框架内，俄罗斯广告市场得到发展。2000年以来，很多外国媒体公司更加积极地收购俄罗斯媒体公司或在俄罗斯建立自己的子公司。与20世纪90年代上半期出现的"第一次进入"相比，外国媒体资本的"第二次进入"更具经济动机。这次外资进入的第一大显著成效是俄罗斯广告市场依靠全球广告商得到快速发展，第二大成效是全球垄断集团"立场上的准备"，在俄罗斯加入世界贸易组织后可能会给它们带来巨大的红利。当然，不得不再次承认，全球经济衰退，俄罗斯媒体经济发展的放缓，反映出俄罗斯媒体经济的疲软。2009年1—9月不同传播媒介的广告量见表2-4。但也正是这些过程再次证实了俄罗斯媒体市场在全球经济增长过程中的参与度，广告和媒体行业的密切联系，以及媒体中市场关系的不断形成。

表2-4　　　　　2009年1—9月不同传播媒介的广告量

媒体类型	1—9月（十亿卢布）		增长（%）
	2008年	2009年	
电视	93.5—94.5	73.5—74.5	-21
广播	9.8—9.9	6.4—6.5	-35
印刷媒体	40.2—40.4	22.6—22.8	-44
报纸	10.3—10.4	6.4—6.5	-37
杂志	18.7—18.8	11.0—11.2	-41
广告刊物	11.1—11.2	4.9—5.0	-55
户外广告	3.8—34.0	19.6—19.8	-42
互联网	5.1—5.2	5.2—5.3	+3
新媒体	3.2	2.5	-22
总计	186.0—187.0	130.0—131.0	-30

资料来源：俄罗斯通信机构协会（AKAP），2009年。

如今，俄罗斯的广告市场由全方位服务机构、专门机构、超大型机构等各种行为主体构成，在市场集中的普遍趋势中清晰可见。例如，超过75%的电视广告由 Video International 公司控制。全球媒体行业的其他典型特征也存在于俄罗斯广告市场，比如电视的领先地位，文字广告发展偏慢，以及对互联网日益增长的兴趣等。但总的来说，有一个大的趋势，广告市场与俄罗斯经济一起发展的同时，也为媒体带来了新的挑战，主要是需要更准确地了解受众的需求，以及对受众数量、结构和兴趣进行更合理的衡量。

（三）媒体市场结构的改变

计划经济终止后，俄罗斯传媒市场结构开始发生变化。广告商为满足社会需求而寻找各种营销办法，这在很大程度上促进了传媒结构的改变。

20世纪90年代，俄罗斯区域或地方市场的横向结构代替了计划经济条件下苏联媒体的纵向等级结构。苏联计划经济时代媒体系统的特点是国家机关掌控和媒介所有权高度集中，媒体的主要功能是反映官方意识形态。在金字塔状的等级结构中，处在塔尖的是苏联部长会议国家广播和电视委员会、塔斯社、中央级的党报。《真理报》决定全国各级媒体的报道议程，充当着传媒意识形态的标杆，所有的报道活动及苏共机关的活动都由该报刊登的符合苏共领导立场的文章来定调和实施。地方报刊与出版业构成其结构的基础，在组织上它们服从于国家行政机关。在俄罗斯媒体市场化转型期，由于全国性党报的发行成本高和广告投放不足，以及读者对地方新闻兴趣的增长和地方广告的出现，地方报刊和区域报刊变得备受欢迎，独立于中央媒体系统的地方报业市场逐渐形成。

在市场经济及广告商业模式在传媒产业中占据优势地位的条件下，传媒一体化成为媒体发展的趋势。其结果是，传媒由重要的政治机构转变为娱乐产业的关键部分。在这种背景下，电子传媒的节目战略在很大程度上依靠娱乐信息。20世纪90年代，俄罗斯电视业从新闻严密的监督中解放出来，不仅丰富了政治议题，而且由于引进国外电视剧及新的故事片，电视节目收视率得到提高。

市场是俄罗斯现代媒体和新闻体制变革的核心，也是俄罗斯现实中许多现象的核心。尽管媒体市场形成过程中有各种困难和局限，但市场给媒体的结构和类型、专业新闻实践、受众需求，以及媒体使用的方式带来了显著变化。我们探讨促进俄罗斯媒体市场关系形成的最迫切的发展趋势，这些趋势已成为现代俄罗斯媒体产业的最大特征。

由于众多的原因，即使只是对俄罗斯媒体结构做简单的描述也不是一件容易的事情。俄罗斯是世界上国土面积最大的国家，这对于媒体产业有几个重大影响。不同区域媒体和地方媒体市场的数量甚至远远超过了俄罗斯联邦主体数量，而84个联邦主体本来就不是个小数目。据俄罗斯联邦通信、信息技术和大众传媒监督局的统计，俄罗斯媒体市场的多样性是显而易见的。截至2009年1月1日，在俄罗斯注册了101000个媒体。[①] 不过并非所有已经正式注册的俄罗斯媒体如今都还在运营，因此在定期更新的国家媒体登记表中，只列出了73514个印刷和电子媒体，其中包括5254种电视节目、3769种广播节目、28449种报纸、21572种杂志、1378种汇编文集、610种其他媒体。[②] 无法对媒体进行详尽分析的最重要原因在于整体市场，尤其是媒体市场缺乏透明度。报纸和杂志虚高的发行量，为使广告商放心而编造出来的广播频道收视率的虚假指标是最明显的问题，例如20世纪90年代有关于寡头们的热门讨论，借此人们知道了一些寡头的名字，但对于他们与特定媒体公司所有权之间的关系知之甚少。今天在俄罗斯，没有一家政府

---

① Вартанова Е. Л., Смирнов С. С., Структуры собственности в российской медиаиндустрии, https://ozlib.com/812449/zhurnalistika/struktury_sobstvennosti_rossiyskoy_mediaindustrii.

② Вартанова Е. Л., Смирнов С. С., Структуры собственности в российской медиаиндустрии, https://ozlib.com/812449/zhurnalistika/struktury_sobstvennosti_rossiyskoy_mediaindustrii.

机构能够全面掌握国家媒体市场的发展状况和动态。①

根据现有数据可以确定，苏联时期及后苏联时期的俄罗斯媒体体系中占据重要地位的是电视。当今俄罗斯有三种主要类型的电视广播，分别是全国性集中频道、全国性网络频道和地区频道。在俄罗斯的 200 个城市中，有 10—12 个开放式电视频道。此外，有线和卫星电视也得到积极发展。专家们认为，俄罗斯总共有大约 1500 个节目在播放。② 如今，电视已经成为俄罗斯大多数居民最重要的获取信息和娱乐工具。大约 40% 的俄罗斯人每天观看从莫斯科播放的中央电视频道。对观众的研究还证实了对大致相同数量的观众（40% 的人口）而言，地方电视台是他们最重要的获取信息和娱乐工具。电视在国家媒体体制中日益重要，其原因在于俄罗斯人对不同媒体态度的转变，但这不是唯一的原因。消费者实际上不需要支付电视节目费用，这至今仍是许多家庭在选择媒体时考虑的重要因素之一。

俄罗斯媒体市场的报纸业分为三个几乎相等的部分——发行的 35% 量来自全国性报纸，33% 来自区域报纸，32% 来自地方报纸。2007 年报纸总发行量约为 78 亿册。市场专家认为，大约有 15000 份是以报纸和周刊的原始注册名称发行的。③ 全国性报纸的总读者人数不超过俄罗斯人口的 20%，但在此背景下，地方媒体保持着不错的状况。尽管如此，报业市场发展的主要趋势还是发行量在减少。这主要与人口因素有关，"传统"的报纸读者人数减少，与国家居民，尤其是青年人对报纸这个信息来源的兴趣减少有关，还有部分原因是网络媒体的快速发

---

① Вартанова Е. Л., Смирнов С. С., Структуры собственности в российской медиаиндустрии，https://ozlib.com/812449/zhurnalistika/struktury_sobstvennosti_rossiyskoy_mediaindustrii.

② Вартанова Е. Л., Смирнов С. С., Структуры собственности в российской медиаиндустрии，https://ozlib.com/812449/zhurnalistika/struktury_sobstvennosti_rossiyskoy_mediaindustrii.

③ Вартанова Е. Л., Смирнов С. С., Структуры собственности в российской медиаиндустрии，https://ozlib.com/812449/zhurnalistika/struktury_sobstvennosti_rossiyskoy_mediaindustrii.

展。出版商不得不使用额外资源来应对这种困境，推出免费报纸是解决这一问题的方案之一。

俄罗斯媒体市场的期刊业发展比报纸业更加迅速。2006—2008年期刊市场的年均增长率超过13%，仅次于印度和中国的发展速度。2007年俄罗斯期刊的总发行量达到19亿册。包括9亿册光泽封面杂志，其中约6亿册在外国印刷基地印刷。首都的期刊比区域期刊更强大——中央出版物的发行量大约占全国期刊总发行量的60%。[①]但与报纸的情况一样，俄罗斯的期刊注册总数实际上只有1.2万种。该行业最严重的问题之一是发行传播系统不完善，尤其是期刊订阅部分交付系统不完善。有百万人口的超大城市的居民是期刊的主要消费者。

无线电广播市场的发展同样快速。该市场由国家网络和地方性广播电台共享。无线电广播市场的形成始于20世纪90年代中期无线电广播电台HY1波段的出现。由于大城市竞争加剧，以及偏远地区网络和传输设备的磨损老化，有线广播失去了其市场地位。无线电市场的主要参与者是数十个中央广播电台，俄罗斯有31个无线电网络在运营。[②]区域性无线广播的发展主要依靠地方广播公司与现有网络的连接。

俄罗斯媒体系统中增长最快的部分是互联网。互联网的俄语分部Runet在2007年注册了超过70万个域名。值得注意的是，俄罗斯互联网的很多网站都宣称自己是媒体，2008年其数量达到了2018个。如今俄罗斯的网络受众总计2800万—3000万人。俄语互联网受众最多的是莫斯科，每月有超过500万人使用互联网。与此同时，6%的

---

① Вартанова Е. Л., Смирнов С. С., Структуры собственности в российской медиаиндустрии, https：//ozlib.com/812449/zhurnalistika/struktury_ sobstvennosti_ rossiyskoy_ mediaindustrii.

② Вартанова Е. Л., Смирнов С. С., Структуры собственности в российской медиаиндустрии, https：//ozlib.com/812449/zhurnalistika/struktury_ sobstvennosti_ rossiyskoy_ mediaindustrii.

俄罗斯人对互联网的存在一无所知，73%的人没有机会定期使用互联网。①

二 《大众传媒法》在俄罗斯全境法律效力的确立

当代俄罗斯并没有形成法律体系中独立的传媒法，而传媒产业跨领域的特征决定了与其相关的法律体系涵盖宪法、行政法、民法、刑法、生态法、金融法等所有部门法的规范。② 1993年12月12日俄罗斯举行全民公投并通过《俄罗斯联邦宪法》，2014年7月21日对其进行修订，其中第29条从宪法高度确定了大众信息自由和禁止新闻审查的原则。《大众传媒法》若干内容继承苏联《出版和其他大众传媒法》的思想与原则，③ 但它弥补了后者的不足，而且对信息关系主体的权利范围确立了"没有禁止的一切都被允许"的原则。④

俄罗斯《大众传媒法》第1章第5条第1款对俄罗斯大众传媒立法的组成和《大众传媒法》的地位做出了说明和规定："俄罗斯联邦的大众传媒立法由本法律及与其相符合的其他俄罗斯联邦规范性法律文件组成。"这款规定确定联邦和各联邦主体的任何有关大众传媒的法律文件必须与《大众媒体法》相符合，第5条第1款确立《大众传媒法》在出版领域具有"小宪法"的性质。⑤ 在俄罗斯联邦20部法典中，涉及传媒的法典有15部，而俄罗斯联邦很多法律都与传媒立法有着直接或间接的关系。俄罗斯联邦总统令、俄罗斯联邦政府与各部委的法律文

---

① Вартанова Е. Л., Смирнов С. С., Структуры собственности в российской медиаиндустрии, https：//ozlib.com/812449/zhurnalistika/struktury_sobstvennosti_rossiyskoy_mediaindustrii.

② Бендюрина С. В., Правовые основы деятельности СМИ. Учебно - методический комплекс. Екатеринбург. 2006. С. 4.

③ Рихтер А. Г., Правовые основы журналистики, - М.: Изд - во МГУ. 2002. С. 26.

④ Комаровский В. С., Государственная Служба и СМИ. Воронеж: Изд - во ВГУ. 2003. С. 53.

⑤ Заика Н. К., Правовые основы средств массовой информации. СПб.: ИВЭСЭП. Знание. 2005. С. 14.

件，以及联邦主体执行机关文件中也有大量与传媒相关的内容。

从俄罗斯联邦成立以来，俄罗斯大部分联邦主体先后制定了涉及大众信息传媒的法律和法规，其法律条款基本上重复1991年的《大众传媒法》，而有些条款中存在不少错误和限制新闻自由的内容，如巴什科尔托斯坦共和国和阿迪格共和国规定，未经地方当局的许可，禁止在本地区以外注册的组织在其领土范围内成立或扩展任何大众传媒机构。①

2000年后，普京推行了一系列中央集权政策，打破了"俄罗斯地区化"模式，地方法案与联邦宪法相适应，特殊的条约被废除。② 2004年8月22日颁布的第122号联邦法律对超过150部涉及划分各级权力机关权限及财务保障的联邦立法进行修订，同时宣布《经济扶持地区（市）报纸法》和《国家支持俄罗斯联邦大众传媒与图书出版法》失效。

2006年2月6日，伏尔加格勒州法院判决认定伏尔加格勒州2002年2月5日颁布的第666号法律《国家支持伏尔加格勒州大众传媒和图书出版法》违反联邦法律《大众传媒法》第5条第1款，判决该法自判决之时起失效。③ 俄罗斯联邦最高法院民事审判庭维持以上判决，《国家支持伏尔加格勒州大众传媒和图书出版法》于2006年8月2日由伏尔加格勒州第1272号法律宣布失效。④

三 新媒介技术和外部环境条件下《大众传媒法》的完善

俄罗斯修订大众传媒法、刑法典和信息法，旨在逐步加强对网络信息的监管力度。1993年12月12日出台的联邦宪法规定了俄罗斯意识形

---

① Рихтер А. Г., Правовые основы журналистики, http：//evartist. narod. ru/text17/0001. htm, 2015 – 08 – 16.

② ［俄］特列宁：《帝国之后：21世纪俄罗斯的国家发展与转型》，韩凝译，新华出版社2015年版，第227—229页。

③ http：//volgograd. news – city. info/docs/sistemsc/dok_ oeghhb. htm.

④ http：//zakon – region. ru/volgogradskaya – oblast/49265.

态多元化的合理性，保障新闻报道的政治自由，同时限制传媒滥用信息权，维护公民的私人信息保密权等。《俄罗斯联邦劳动法》《刑事诉讼法》《税法》《仲裁法》等法律在保持宪法和传媒法一致的前提下，从不同角度对传媒信息提出限制和约定。

俄罗斯社会舆论基金的调查资料显示，从2011年起，俄罗斯的互联网用户已经超过人口半数；俄罗斯社会舆论基金的民意调查数据显示，每日至少使用1次网络的民众占全国总人口的51%（5990万人），而每月至少使用1次网络的民众占全国总人口的62%（7230万人）。[①]

为此，俄罗斯在2011年6月14日对《大众传媒法》做出原则性修订，确认按该法律程序自愿注册为网络出版物的网站为大众媒体，未注册为大众媒体的网站不属于大众媒体。[②] 此次修订不仅确立了网络大众媒体的法律地位，而且规定了网络大众媒体必须遵守《大众传媒法》。

2011年10月7日颁布的第420号联邦法律对俄罗斯《刑法典》做出修订，修订后的第137条"侵犯个人隐私"增加了对通过大众传媒等途径侵犯个人隐私的惩罚力度；俄罗斯在2014年5月5日对2006年7月27日第149号联邦法律《信息、信息技术和信息保护法》进行修订，包括补充10.1条"互联网信息传播组织者的责任"、10.2条"博客主传播公众信息的特点"和15.4条"限制互联网信息传播组织者访问信息资源的规定"等。

随着俄罗斯社会和政治生活逐步走上正轨，立法部门开始全面修订不符合社会现实的法律条款，包括对大众传媒传播信息的进一步规范，即禁止传播对未成年人有害的信息；禁止传播恐怖主义和极端主义信息；保障传播爱国主义和民族团结的信息；加强对传媒广告的管理；等等。

除了对大众媒体传播的信息进行规范管理，俄罗斯还加强了对大众

---

① http://fom.ru/SMI-i-internet/11889. 29 Декабря 2014.
② Титов А.С., Обзор изменений законодательства в сфере средств массовой коммуникации, 2011, http://www.lawcabinet.ru/5195.html.

媒体经营业务的管理，其中以对广告的治理为重点。俄罗斯 2006 年 3 月 13 日颁布的第 38 号联邦法律《广告法》确定了对广告的总体要求，规范了广告传播的方式特点和具体产品广告的特点，也对广告领域的自我调节和国家监管做出了相应的规定。

第二节 俄罗斯媒体集中化发展的产业逻辑动因

在俄罗斯媒体市场化转型过程中，《大众传媒法》等有关媒介经济的法律体系的确立奠定、塑造了传媒私有制和商业化运行体制的法律基础和外部环境，同世界其他国家市场化运行的传媒体制一样，对商业利润的追求成为传媒产业的本质属性和产业发展的根本驱动力；在俄罗斯社会转型期经济大环境的直接影响下，俄罗斯传媒集团为了自身生存并发挥其在规模经济和范围经济基础上的"注意力经济"或"影响力产品"功能，被迫接受政府资助和财团并购来实现其集中化发展优势。同时，俄罗斯政府日益看重现代传媒"社会文化的传播者""社会认同的塑造者""社会冲突的调节者"和"社会结构的整合者"之角色，更加重视对先天具有"公共产品"特征与国家软实力表征的传媒产品的限制；普京所领导的政府在俄罗斯媒体集中化发展过程中及时调整政府的媒介规制导向，强化国有传媒集团的规模经济优势，使得俄罗斯媒体市场化转型和集中化发展过程中政府规制导向发生了变化。

一 俄罗斯传媒集团及其集中化发展

20 世纪 90 年代中后期，俄罗斯传媒业出现传媒集团化趋势，但是传媒集中化发展在某种意义上是此前政府资助或者财团并购的结果。面对 1992 年的经济危机，大部分媒体仅靠自身力量无法生存，有些媒体接受了政府的援助。根据《关于对大众传媒活动的经济支持和法律保障》的决议，政府优先补助针对儿童、青年、社会弱势群体的刊物，不补助关于政党、宗教的刊物以及纯商业性的刊物，不补助违法的刊物，结果就是 511 家报刊有资格接受援助。① 而俄罗斯政府援助对于全国的刊物来说不过是杯水车薪，大多数媒体被迫将自己的股份卖给政治势力或者大财团而变为股份制公司。1992 年，希腊传媒公司（Steelite Holdings Ltd.）与《真理报》联合组建真理报国际股份公司，希腊公司持有 55% 的股份，报社持有 45% 的股份；俄罗斯最大的石油公司卢科伊尔公司买下《消息报》41% 的股份，成为最大的股东；② 1994 年 11 月 29 日叶利钦签署第 2133 号总统令《关于改善第一频道的精英和分配网络》，将奥斯坦基诺电视台改组为俄罗斯公共电视台股份公司，其中国家控股 51%，别列佐夫斯基的股份公司洛戈沃兹控股 16%，剩下的 33% 股份较为分散。③

为了拯救失业的新闻工作者，俄罗斯立法者在法案中制定各种补贴和福利政策。《大众传媒法》第 19 条规定，取消所有的税款和纸张进口关税。1995 年 11 月，俄罗斯联邦法《经济支持地区（市）报纸》法案确立出版物补贴金制度；《国家支持大众传媒和书籍出版法》（1995 年 12 月立案，1998 年实施）给媒体提供了优惠政策——完全取消增值税，部分取消利润所得税，完全取消与使用进口纸张有关的关税，降低电报通信、电话通信及其他通信方式的服务成本。

1996—1999 年俄罗斯传媒集团的集中化发展趋势明显，媒体遵循现代产业组织经济学的普适性规律来运行，逐步走上现代化传媒集团的集中化发展道路。很多媒体归属于政治势力或者经济寡头，传媒企业借助集团资源的独占权，占据市场的有利地位，并采用科学化的企业管理方式等来实现其规模经济和范围经济优势。在集团利益引导下，传媒业的发展资金成正比上涨，渠道优势大增，产品出现差异优势，消费者忠诚度提高。总的来说，该时期的行业壁垒是比较坚固的，别列佐夫斯

---

① 李洋：《权力在场：中俄媒体转型比较研究（1978—2008）》，博士学位论文，武汉大学，2010 年。
② 郑超然、程曼丽、王泰玄：《外国新闻传播史》，中国人民大学出版社 2000 年版，第 266 页。
③ 吴泽霖：《苏联解体后俄国报刊业的发展态势》，《新闻与传播研究》2002 年第 2 期。

基、古辛斯基和波塔宁等控制的大型传媒集团处于支配地位，行业市场集中度比较高，用户的转换成本有所提高。

2000年至今，政府对传媒行业逐渐加强管制力度。在国家政策限制下，资金难以进入传媒领域，壁垒坚固；传媒集团所有权更换频繁，但是政府和集团所带来的优势依然存在，产品的差异优势逐渐明显，转换成本有所提高，该产业吸收新进者的能力有限，加上现有企业的资源条件比较充足，新进者受到现有企业的强烈反击。

2000年至今，俄罗斯传媒市场的企业数量处于较为稳定的状态，行业市场集中度高。到2002年年末，俄罗斯传媒市场形成以国家传媒为主，社会组织传媒和私有商业传媒（包括外国传媒）为辅的格局，① 市场机制逐渐完善，市场领导者和政府力量在传媒行业中遵守行业秩序，产品的差异化程度较高，行业竞争相对缓和。

二 俄罗斯寡头传媒与政治势力的"联姻"

在媒体市场化转型与集中化发展过程中，政府或利益集团不断对媒体进行资助或干预。长期以来，俄罗斯传媒集团的盈利属性居于政治属性之下，传媒成为经济集团与政治势力谈判和合作的筹码。

在俄罗斯政治选举活动中，大众媒体是政治势力获取选民支持的重要工具之一。在社会转型过程中，媒体的社会影响力越来越大，成为政治团体之间为获取势力、经济主体之间为获取利益的角逐对象。俄罗斯总统大选事件刺激了政治集团和经济势力追逐传媒力量，它们创办和收购传媒公司，组建传媒集团。1996年总统大选之际，叶利钦政府面临的竞争对手是久加诺夫领导的共产党，当时俄罗斯传媒分为三个阵营，即政府派传媒（《消息报》《莫斯科共青团报》、俄罗斯电视台РТР、灯塔电台等）、反对党派传媒（《苏维埃俄罗斯报》《真理报》等）和掌握在财团手中的传媒（《独立报》《生意人报》、独立电视台НТВ、广播

---

① 李玮：《转型时期的俄罗斯大众传媒》，上海外语教育出版社2005年版，第107页。

电台莫斯科回声等)。财团掌握的传媒及商业巨头站在叶利钦政府一边,传媒的力量帮助叶利钦连任。到20世纪90年代末,金融财团或有财团背景的政治组织瓜分俄罗斯80%的传媒,别列佐夫斯基、古辛斯基、波塔宁与卢日科夫掌握了雄厚的传媒资源,卢克石油联合集团通过贷款给媒体公司的方式获得传媒资源。

政治大选活动激发了经济寡头对传媒领域的热情,这些财团开始大规模收购传媒企业。俄罗斯媒体虽然是独立经营的商业主体,但是它们存在的主要目的不再是盈利,而是成为经济寡头与政治势力谈判合作、获取利益的筹码与工具。面临政治话题,媒体的立场由高层人员决定,而非客观中立,追求政治势力的支持成为其最高原则。

叶利钦总统的亲信别列佐夫斯基在大选后被委任为国家安全委员会秘书。他在20世纪90年代后期斥巨资购买了《独立报》《新闻报》《商人报》等媒体的股份,参与瓜分和控制俄罗斯广播电台"乌里特拉""我们的广播""马克西姆"等,掌握的传媒资源让他的政治利益和经济利益双"丰收"。古辛斯基在大选后获得国家电视第四频道的全部播出权,其旗下的独立电视台占有苏联时期遗留的教育频道,成为全国主流电视台。

1997年,波塔宁的俄罗斯进出口银行在与卢克石油公司的斗争中胜出,获得消息报出版公司的控制权,拥有《法律》杂志、《消息报》《星期报》《金融消息报》的控制权;1998年与英杰罗斯投资咨询公司成立职业传媒集团,旗下有《共青团真理报》编辑出版中心、消息报出版社、《天线报》、专家杂志社、今日—新闻传播公司、阿尔法传媒服务广告通讯社、脉搏广播电视公司、塔斯社信息通讯社、自动广播电台等。

卢克石油联合集团旗下拥有31频道电视公司、Рен-TV、消息报出版社47%的股份,莫斯科出版综合机构"报刊"60%的股份等。[①] 莫斯科市政府于1997年组建中心电视台并获得"莫斯科之声""体育"

---

① 李玮:《转型时期的俄罗斯大众传媒》,上海外语教育出版社2005年版,第74页。

和《莫斯科真理报》等广播电台的控制权。

俄罗斯社会在20世纪90年代中期并不缺乏政治自由。然而，媒体的自由不断受到议会和许多政党的限制。尽管俄罗斯联邦《大众传媒法》于1991年12月通过，但它仍未成为有效的法律文件。这绝非偶然，任何法律都不是孤立运作的，而是与许多法规、权力法、公共组织法、刑法、民法和诉讼法的相关条款相结合的，必须明确违反《大众传媒法》的罪行大小。新闻与个人社会结构关系的法律规范尚未完善，在某些情况下甚至完全不存在。

俄罗斯立法中的法律真空导致因政治而谋杀记者的情况出现。俄罗斯公共电视台主任弗拉基斯拉夫·利斯基耶夫、《莫斯科共青团员报》员工德米特里·霍洛多夫、《今日苏联卡尔梅克报》编辑拉莉莎·尤金娜、《卡卢加晚报》主编列夫·博戈莫洛夫就是被雇佣杀手所害，《共青团真理报》中央切尔诺泽地区记者瓦列里·克里沃舍耶夫是该地区第三位遇难的记者。①

地方权力机构与传媒的关系中出现了很多行政命令操控媒体的现象。尽管缺乏实权，但它们试图征服当地媒体，使其对自己的活动加以赞赏。为此，它们使用经济操控等手段，巧妙而隐秘，难以察觉。许多城市报纸和广播几乎没有对市长的批评，市长们没有为他们造成的许多问题承担责任。

新的合作创始人——城市和地区行政机关的到来改变了大多数地区的媒体政策。城市和地区行政机关向报纸提供经济援助，以换取共同创始人的权利。比如，在克麦罗沃地区，1993—1994年地方权力机构成为四个州报纸中的两个共同创始人，35个城市和地区的社会政治报纸中的31个有政府机构作为共同创始人。1994年，在地方政府制定的新闻支持计划框架内，向《库兹巴斯报》拨款1.3亿卢布，向《同乡报》拨款1500万卢布。城市和地区的主管部门承担了其出版物编辑费用的

---

① Русская мысль. 1998. 18 – 24 июня.

15%—25%。① 此前积极支持该地区代表权力的《库兹巴斯报》不再发布与行政机构有关的重要材料。克麦罗沃地区城市和地方性的媒体都出现了类似的现象，这只是其中一个例子。地方媒体对行政部门的依赖越来越明显。地方媒体刚刚摆脱苏联共产党的严密控制，又很快被另一个执行权力机构控制。

为了对媒体进行控制，执行权力机构不仅使用经济手段，而且广泛使用行政命令手段。主要是根据政治忠实原则选拔媒体领导人，比如在克麦罗沃地区，俄罗斯国家电视和广播公司负责人格·米佳宁被解雇是因为在其当地电视节目中出现了批评政府和行政机关的片段。库兹巴斯国家电视和广播公司的负责人是该地区的一个行政主管，但他对媒体工作，尤其是电子媒体的性质、特点一窍不通。

地区电视广播事业的发展受法律因素的影响。如果没有保证各个区域电视媒体独立性的法律条文，那么将会限制地区媒体对创造性发展的追求。俄罗斯联邦《大众传媒法》赋予编辑部门独立权利，但要求其拥有特定执照，因此目前法律保障效果并不明显。获取执照通常是一个主观因素占主导地位的程序，很多许可证评审委员会没有固定的工作时间，有的还会提出一些"特殊"要求，例如在马格尼托哥尔斯克，许可证评审委员会一年半都没有召开过会议，但它照样审查申请，要求申请者对其所提交的申报材料进行更新。由于申请许可证过程中的各种延误，导致检察官不得不按地区和市政的指示关闭一些没有营业执照的编辑部，如由于长时间拖延不发放许可证，导致俄罗斯国内第一批城市独立广播电台之一的马格尼托哥尔斯克之声被关闭。1995年年初，大多数城市的广播电台编辑部都没有许可证。

三 俄罗斯政府对寡头传媒的控制

2000年以来，随着政局的稳定和经济的好转，俄罗斯传媒开始依

---

① Журналистика в 1994 году. Тезисы научно - практической конференции. М. 1995. Ч. 1. С. 41.

赖广告和发行收入独立生存。但普京政府对俄罗斯传媒市场进行调整，传媒领域中国有资本比例极速上升。国家不仅是传媒的控制者，还是其最大的拥有者，宏观调控的力度非常大，传媒在追逐经济利益的同时服务于国家，产品转向理性化风格。市场中的竞争者数量基本稳定，广告的经营状况随着俄罗斯经济复苏而普遍好转。

普京提出旨在弘扬俄罗斯思想的强国意识、国家作用和社会团结的治国主张，传媒行业成为普京收复的第一块"领地"，其间形成以国家传媒为主，社会组织传媒和私有商业传媒（包括外国传媒）为辅的行业格局。普京政府对传媒行业制定新规则的目的在于削弱寡头传媒的力量。2000年6月，俄罗斯最高检察院以合谋侵吞俄罗斯视频公司1000万美元的罪名逮捕俄罗斯传媒寡头古辛斯基，9月被保释后的古辛斯基举家逃亡西班牙，成为俄罗斯检察院通缉的逃犯；2000年9月，总统办公厅说服俄罗斯传媒寡头别列佐夫斯基"为了国家利益"放弃对国家电视台——公共电视公司OPT的控制权。2001年2月，别列佐夫斯基把股份卖给国家的消息被证实。传媒寡头波塔宁将兴趣转移至艺术和宗教领域，逐渐淡出传媒界。莫斯科市市长卢日科夫主动解散自己的传媒帝国，站到普京一边。除了尤科斯石油集团和独立传媒集团是独立于政府的私有公司外，其余传媒集团及其"后台"财团俄罗斯联邦政府、俄罗斯天然气公司、俄罗斯进出口银行、圣彼得堡强力部门、莫斯科市政府、俄罗斯信息部等都是政府所属机构或亲政府机构。①

为了维护民众利益和促进国民经济的发展，普京政府在各个经济领域强化国有化政策，"克里姆林宫试图建立一个威权主义国家，它不仅要控制大众传媒和大众政治，还有大公司。普京动用国家力量查抄大公司，并创建了一批国家垄断企业"②。近年来，俄罗斯推进传媒国有化进程，独立媒体的比例逐渐下降，很多主流媒体全部或部分归属于国

---

① 李玮：《转型时期的俄罗斯大众传媒》，上海外语教育出版社2005年版，第107—110页。
② 李玮：《转型时期的俄罗斯大众传媒》，上海外语教育出版社2005年版，第9页。

家、国有企业和政府。

在国有传媒业持续发展的基础上，俄罗斯开始制定提高国有媒体效率，增强媒体对内、对外宣传力度等方面的法律法规。2013年12月9日，普京签发第894号总统令《提高国有大众传媒效率的措施》，对国有媒体进行合并重组，成立俄罗斯联邦国家单一制企业国际通讯社"今日俄罗斯"，其主要活动为在国外报道俄罗斯联邦国家政治和社会生活，通讯社总经理的任免由总统负责；撤销俄罗斯国家广播公司"俄罗斯之声"和俄罗斯国际新闻通讯社，并将其所有资产并入今日俄罗斯通讯社；撤销俄罗斯国家电视广播基金会，其资产并入俄罗斯联邦国家单一制企业"全俄国家电视和广播公司"；撤销国家图书局，其资产并入俄通社—塔斯社；《俄罗斯报》报社兼并《祖国》杂志社。

俄罗斯官方通过对国有通讯社、广播电视公司和报社、杂志社的兼并重组，加强了媒体宣传力度，维护了国家、社会、政府和领导人的正面形象。2014年11月10日，今日俄罗斯通讯社设立面对外国受众的卫星（Sputnik）多媒体集团，在34个国家用30种语言进行网站和广播报道，成为俄罗斯对抗美国及其追随者的主要舆论阵地，"一些国家将自己的意志强加于他国，他们所到之处，流血、内战、颜色革命甚至国家解体。而俄罗斯提倡建立有利于人类进步的世界交往模式，俄罗斯支持建立一个丰富多彩的多样化世界"[①]。

近年来，俄罗斯的政治和经济格局逐渐平稳，社会价值观向理性和实用主义转变，政府对传媒领域采取一系列改革措施，媒体在追逐经济利益的同时服务于国家，做好国家政策的拥戴者，当好社会舆论的引导者，逐渐理性化。

第三节　媒体市场化转型与集中化发展的产业逻辑矛盾

俄罗斯媒体不可能转型为竞争市场条件下的独立媒体，它面临着媒

---

① http://sputniknews.cn/docs/about/index.html，2015-08-18。

体市场化进程中产业固有的矛盾。苏联解体后,俄罗斯政治、经济、文化制度在过渡期的结构性调整与其实践之间的脱节仍是主要问题之一。1991年《大众传媒法》颁布,国家在政策上鼓励官方资本、民间资本和外资传媒,大部分传媒企业重新注册,传媒集团的资产构成也因国家政体改变而受到影响。但是,俄罗斯传媒业尚未形成规模经济效应,新进者的阻力较小,造成传媒产业国家和私人所有等多种所有制形式并存的局面,最终必然导致作为社会文化机构的媒体和新闻业之社会属性与大部分为私有财产、追求利润的媒体之经济属性的主要产业矛盾突出。

在俄罗斯社会转型期,其媒体系统之新经济基础形成的过程中遇到了各种经济危机。第一,社会转型导致上层社会人物与不同社会群体公开或非公开地对抗,进而造成社会极端化,非正式法令和不成文规定对传媒产生影响。第二,俄罗斯媒体缺乏足够的投资,这导致媒体集中化发展过程中特殊形式的出现,包括对金融和开采企业的吸收,同时,资金缺乏导致行业不透明;俄罗斯传媒业虽然形成所谓的市场化运行体系,但是它在经济上并非有效,亦不能满足大众的需求。第三,新的金融精英将私人资本和企业逻辑借用到传媒业中,利用大众传媒充当俄罗斯新闻业道德准则下降过程中经济利益的信息保障,进而发表了大量有关媒体向市场经济转型的成果。第四,国家参与确定俄罗斯传媒业的合法性并调整国家机构,特别是各区域和地方层面对媒体经济影响的限度,这依然是整个社会面临的难题。

基于此,作为社会文化机构的媒体和新闻业之社会属性与大部分为私有财产、追求利润的媒体之经济属性的主要矛盾衍生出的问题将在本节详细介绍、分析。

一 资本、权力扶持与新闻独立、言论自由的矛盾

在俄罗斯媒体市场化初期,媒体如雨后春笋般涌出,可是创业容易,守业难。当经济危机冲击全国时,媒体面临艰难选择,是悄声消失

还是委曲求全？政府财政援助、财团收购热潮成功抓住了媒体的生命线——规模经济和范围经济及其公共产品等属性需要大量资金投入。屈服于政权的媒体，为政治候选人及其势力集团摇旗呐喊，政治倾向性明显；屈服于财团的媒体，为集团成员谋取利益，宣扬己方的正面信息，抵制关于自己的负面信息。

传媒集团追求以最少资源获得最大利益，在激烈的行业竞争中，其媒介产品必须有针对性地选择可获利的目标受众，形成自己独有的竞争优势。这就意味着媒介产品市场必须细分化，传媒自然会选择有利可图的市场，市场盈利潜力甚小的内容有可能被排斥。所以新生的俄罗斯媒体为求生存仍然难以完全独立。

俄罗斯权力机构用传统的方式支持俄罗斯传媒经济，旨在对新闻工作者及其掌握的媒体、出版社等示好，以便得到政治上的支持。在实施这些法令的过程中有着内部的矛盾，一方面，政府出于高尚的意愿划拨财政预算来支持即将消亡的地区出版物；另一方面，其官僚主义的办事效率使得本应该快速和有效给予媒体的财政帮助难以落到实处，因此这种经济支援实际上变成对媒体及新闻工作者的亵渎。

在国家给予媒体财政补贴的政策产生之初，俄罗斯舆论界就出现了关于国家财政是否应该支持非国有媒体及支持力度的争论。其实，俄罗斯媒体甚至整个俄罗斯都未做好在传媒领域实施不偏不倚的市场化媒介经济政策的准备。政府为了将媒体吸引到自己这边才采取缓解措施并贿赂媒体，而未创造巩固其民主机构发展的足够条件。

诸多矛盾在俄罗斯媒体市场化转型早期还不明显，但现代传媒业的主要矛盾，实际上是无法完全消除的。俄罗斯媒体像欧洲国家的媒体一样，只能弱化矛盾，通过国家、经济和社会三方面努力来共同解决这个问题。

二 信息供需矛盾

依据马斯洛需求层次理论，在个人不同的发展阶段，其对于媒介产品有不同的需求。一般情况下，市场化的企业根据自身条件、市场信息和营销目标，以及受众需求的某些特征和变量来划分不同的目标市场，销售不同媒介产品，从而获得经济效益。在完成其教育和文化作用时，苏联新闻业与大众的信息和社会需求之间经常出现很大的矛盾，这是计划经济时代市场机制不能发挥其调节作用所致。供需概念是相互作用的，不是需求产生供应，而是供应产生需求。

在俄罗斯媒体向市场经济转型期间，传媒市场信息供需矛盾自然会引发冲突，"虽然后苏联时代的媒体和宣传系统还没有亏损，但有很多内在问题，具有典型的苏联经济特色，国家部门的总体经济形势是其保障国家所有的新闻团体完成职业融资的必要条件"[①]。

由于经济危机，政治势力和财团在俄罗斯媒体自身形成良好市场机制之前便渗入其中，而媒体背后的财团为追求政治利益，必然将市场信息置于第二位，但是财团所带来的企业化运营模式在一定程度上促进了媒体的市场化进程。而在追求最大利润的理念驱使下，大多数媒体选择利润最大的市场，形成了媒体追求娱乐化、低俗化的趋势，媒体应有的教化大众的正面功能逐渐消减。在这种情况下，媒体满足了大众的娱乐需求却忽略了个人和社会发展的信息需求。

（一）寻找娱乐内容中的大众传媒

今天的俄罗斯大众媒体渐渐成为一种娱乐观众的工具。俄罗斯报业便是将内容模式向娱乐方向转变的一个生动的例子。统计数据证实，低俗小报和电视指南，本质上完全是娱乐性的，它们是市场上日刊和周刊的绝对领导者。由俄罗斯联邦新闻出版与大众传媒署提供的数据显示，2007年最受俄罗斯读者欢迎的报纸是《论据与事实》（其读者占16岁以上人口的14%）、《共青团真理报》（其读者占16岁以上人口的13%）、《我的家庭》（其读者占16岁以上人口的6%）、《生活》（其读者占16

---

① Иваницкий В. Л., Модернизация журналистики: методологический этюд. – М.: Изд – во МГУ. 2010. С. 66.

岁以上人口的6%）、《莫斯科共青团员报》（其读者占16岁以上人口的5%）等。社会政治类报纸在受欢迎程度上排名比较靠后，比如《消息报》读者占16岁以上人口的2%，其他社会政治类报纸仅占1%。①

从供需的多样性角度来看，杂志市场更加平衡。据俄罗斯联邦新闻出版与大众传媒署提供的数据，2007年女性杂志和时尚杂志读者占16岁以上居民的19%，汽车杂志占8.3%，一般性政治杂志占8.1%，商业杂志占受众总数的3.3%。② 在杂志市场的主流趋势中，名人杂志的市场蓬勃发展，女性时尚和生活方式领域的风潮仍在继续，消费主题也在广泛应用。③ 如今所有主要杂志出版社都有自己的关于明星生活的杂志。例如，业界领先的 Hearst Shkulev Media Group 出版社在2007年年底发行了这个领域的出版物，邀请流行节目主持人和电视明星 A. 马拉霍夫担任主编，出版社没有想到第一期杂志在不到三天的时间内发行量就达到了30万册。杂志市场无法改变的整体趋势是，"光面杂志"的主要领导者占据着领先地位。近年来许多商业和社会政治出版物停止出版，例如《每周杂志》《新目击者》《俄罗斯焦点》等，而这一领域的长期不盈利也表明了这种类型的杂志发展困难，说明它们不太被读者需要。

俄罗斯电视业的发展状况也大致如此。特恩斯（TNS）的统计数据表明，2007年"第一频道"的观众占16岁以上人口的21%，"俄罗斯"频道的占17%，"HTB"的占13.5%，"CTC"的占8.8%，"THT"的占6.7%。按照官方的概念，"CTC"和"THT"两个频道属于纯娱乐性质频道，并且仅通过电影、连续剧、情景喜剧、流行节目、喜剧节目、

---

① Иваницкий В. Л., Модернизация журналистики: методологический этюд. – М.: Изд – во МГУ. 2010. С. 66.
② Иваницкий В. Л., Модернизация журналистики: методологический этюд. – М.: Изд – во МГУ. 2010. С. 66.
③ Иваницкий В. Л., Модернизация журналистики: методологический этюд. – М.: Изд – во МГУ. 2010. С. 66.

游戏、真人秀等形成它们的播出网络。紧随其后的是六个二级频道，"PEH-TB"的观众占16岁以上人口的4.4%，"TBЦ"的占2.9%，"TB-3"的占2.2%，"家园"的占1.9%；"体育"的占1.9%，"ДTB"的占1.8%。① "TB-3""家园"和"ДTB"三个频道被定位为娱乐性频道。大多数较新的专业大众与小众的直播和非直播发行频道都是娱乐性质的，如"Муз-TB""MTV—俄罗斯""TV-1000. 俄罗斯电影""俄罗斯幻觉""A-One TV""VH-1""Style TV""2×2"等全国领先的通用频道（覆盖50%以上的人口），"第一频道""俄罗斯""HTB"和"PEH-TB"等节目也向娱乐形式转变。2007年，关于俄罗斯社会政治的节目播出总量仅占17%。电视领导者的播出网络一直充满着轻松（游戏、娱乐、幽默、休闲）的内容，缺乏社会意义。此外，传统的社会政治节目类型，如新闻、分析、纪录片等经常表现出新闻娱乐化，失去了高质量的特点，染上"黄色"，这也是大势所趋。

俄罗斯广播电台也有类似的趋势。根据2007年的数据，市场上信息谈话电台的比例仅为18%，其他全是音乐广播电台，主要有四种，分别是"CHR"（受众年龄14—21岁），"HotAC"（受众年龄2—28岁），"5o/MC"（受众年龄28—42岁）和"Oldies"（受众年龄42—49岁）。无线广播市场上的大多数新项目都是从音乐广播市场中细分出来的，例如电影FM广播电台播放流行电影的配乐。

不仅在信息饱和的莫斯科，在国家地方市场中也能观察到电子大众媒体节目的变化。在俄罗斯各地区，这些变化是由媒体格局的结构变化，即最大的中央电视和广播网络的积极扩张所引起的。通常，由于网络伙伴关系的苛刻条件，最初以社会政治为主要内容的本地节目正在减少，有利于主要广播站统一广播标准。大多数是专业娱乐电视（"CTC""THT""家园""TB-3""ДTB"）和音乐电台（"俄罗斯广

---

① Под ред. Е. Л., Вартановой, СМИ в меняющейся России. Изд-во Аспект Пресс. 2010. С. 119.

播""欧洲+""汽车广播""能源")。从经济角度来看,地方广播转型这一选择似乎是合理的,因为在与首都网络广播公司合作的条件下,当地电视和广播公司发展成功的机会大大增加。

(二)娱乐内容成为广告市场的推动力

广告总收入稳步增长是俄罗斯大众传媒娱乐业务积极发展的经济基础。大众传媒排名已成为当今俄罗斯主要媒体系统最重要的,且实际上是唯一的成功指标。在2008年金融危机之前,俄罗斯的广告市场总量在世界上排名第13位,欧洲国家中排名第6位。根据俄罗斯通讯机构协会的数据,2007年俄罗斯广告市场总量达到了95亿美元(包括户外、室内和线下部分),年均增长率为26%。① 在此方面俄罗斯在世界处于领先地位。

值得注意的是,在2000—2010年,俄罗斯媒体广告市场的结构发生了重大变化,主要趋势是俄罗斯媒体经济变得越来越"电视化"。2008年,电视的广告收入占总广告收入的49.2%,互联网保持其地位(2.5%),非电子(印刷)媒体广告收入的份额明显减少(22.7%)。应该强调的是,户外安置的比例仍然很高(17.7%),这表明俄罗斯的广告市场仍然属于发展中水平。② 但这一比例仍在慢慢改变,随着数字化基础设施的建成,俄罗斯电视业于2019年完成了向数字化的过渡。互联网的快速发展,互联网娱乐内容的丰富多样,给传统电视业带来了很大的冲击,导致电视广告收入增长放缓。2018年电视广告收入被互联网反超,"互联网首次成为俄罗斯最大的广告市场,而电视广告退居第二"③。产出越来越多的娱乐内容后,媒体市场的广告收入大量增长。

---

① Бюллетень АКАР. 2007. № 1.
② Российский рынок периодической печати. Состояние, тенденции и перспективы развития. Доклад. 2008. ФАПМК. С. 60.
③ 董瑞芳、李学岩:《机遇与挑战:数字化时代的俄罗斯电视业》,https://www.fx361.com/page/2020/1207/72ggg63.shtml。

俄罗斯在人均广告费用等指标上与世界经济发达国家还有很大差距。2007年在美国平均每人598美元的广告费（不含增值税），在西欧平均为279美元，在东欧平均为75美元，而在俄罗斯平均每人的广告费为53美元。俄罗斯广告业具有一定的发展前景，而在有利的市场环境中它将会被充分利用。①

三 媒介产品公共属性要求与经济属性要求的冲突

媒介产品的公共属性要求其内容和服务对象具有广泛性，而在媒体企业运营上，它们追求以最少资源获得最大利益，因此在激烈的行业竞争中，媒介产品必须有针对性地选择可获利的目标受众，形成自己独有的竞争优势。相对于苏联时期，处于转型期的俄罗斯媒体的产品种类更为丰富，但是当企业发现低俗、娱乐内容更能吸引受众眼球时，产品导向发生转变，在资源有限的情况下，导向高雅的媒介产品在整个市场中比例会降低，进而出现市场失灵的情况。

随着社会的发展，俄罗斯媒体和政府都逐渐意识到完全由市场调控的传媒行业之弊端，所以面对广泛化要求与细分化追求的矛盾，一般由媒介法律来明文规定媒介产品数量或产品内容类别划分比例，以保证媒介产品普遍满足大比例的信息广泛性要求，允许媒介产品专业化，如专业摄影知识、股市分析等。

除了经济属性与公共属性之间的矛盾，还有经济属性与政治属性的矛盾。在任何阶级社会中，媒介产品都是经济基础在"上层建筑"领域的反映，是政治与公众之间的纽带。为维护社会稳定而引导社会舆论，媒介产业在一定程度上被统治阶级控制和掌握。在俄罗斯媒体市场化转型期，政治属性与经济属性的矛盾表现为民众对政治偶像和报刊丧失信任。20世纪90年代末，俄罗斯人民对于社会变革时期政党、教会和媒体的所谓"偶像"越来越失望，读者对报纸的失望加剧了媒介经

---

① Индустрия рекламы. 2008. № 6. С. 13.

济问题的出现。

从 20 世纪 80 年代中期戈尔巴乔夫宣布实施公开性政策开始,俄罗斯媒体系统早期经历的转型体现出独一无二的性质,它几乎没有重复世界大众传媒发展的主要趋势,如内容商业化、新媒体快速增长、行业整合、大众传媒专业人士与受众互动等。20 世纪 90 年代上半期俄罗斯国家大众传媒融资系统在国际市场条件下持续存在的危机,即它们充当精英实现其狭隘的企业目标的工具,长期形成的广告业务模式,媒体中寡头资本的发展,以及俄罗斯新闻专制传统的保护,所有这些都阻止了俄罗斯新闻业最终转向市场经济中固有的经济和专业活动原则。

当然,从俄罗斯的社会政治变革大背景中特别划分出俄罗斯媒体系统的发展是错误的。大众媒体的现实变化应与俄罗斯整体经济和政治中出现的新现象相吻合。积极的市场环境下的经济增长必然会对媒体产业的经济结构、生活方式和俄罗斯人的休闲需求产生影响。

重要的是考虑影响俄罗斯人信息行为变化的几种趋势。第一,20 世纪 90 年代俄罗斯人的社会职业地位发生变化,这种地位显著下降并且大部分人对此表示不满,"……大多数受访的俄罗斯人……表示他们的社会状况恶化……俄罗斯社会满意度的下降程度是各国(东欧)中最大的"[1]。在此背景下,公共规划研究所《专家》杂志中的研究是对症的,该研究指出,临近 2000 年时,俄罗斯人的期望导向发生了变化,他们开始重视企业的品质而非道德价值观,表现出对实用主义的渴望,并专注于消费。"人们对主要政党、现实政治和体制结构越来越失望,但同时又对大众传媒本身保持积极态度。全俄社会舆论研究中心针对 2006 年俄罗斯人对俄罗斯主要社会机构活动的态度进行了民意调查,数据显示,比起军队、政党、工会和执法机构,他们更信任媒体。54%

---

[1] Шкаратан О. И., Ильин В. И., Социальная стратификация России и Восточной Европы. Сравнительный анализ. М. 2006. С. 130.

的俄罗斯人给予公共机构中的大众传媒正面评价,而33.5%的俄罗斯人给出负面评价。"① 第二,从21世纪起,经济复苏取代了之前持续10年的悲观主义和社会冷漠,对俄罗斯人的生活基准和价值观做了一些调整。在经济增长的影响下,俄罗斯的消费者行为在2000—2005年发生改变。全俄社会舆论研究中心的数据表明,到2008年,基本商品的消费市场高度饱和,94%的俄罗斯人拥有冰箱,91%的俄罗斯人有彩色电视,85%的俄罗斯人有公寓,67%的俄罗斯人有手机,56%的俄罗斯人有全套家具,54%的俄罗斯人有组合音响和一个DVD播放器,36%的俄罗斯人拥有一辆车。2007年购买量最多的商品是汽车(2007年销售额增长31%)、电脑(2007年销售额增长30.6%)和彩电(2007年销售额增长28%)。② 由此可见,最受欢迎的商品中有电脑和电视,即获取信息和娱乐的工具,这些是现代媒体消费必不可少的一部分。社会学家强调,经济增长刺激了俄罗斯消费者的自由选择,"通货膨胀率较低,税收最低,在每年工资增长率达到15%—20%的情况下,大多数俄罗斯人获得了享受消费并迅速提高生活水平的机会"③。

在分析现代俄罗斯社会时必须考虑的一个因素是其在20世纪90年代后半期政治发展的特殊性。由权力精英直接控制的新信息空间的形成,特别是在地方一级,导致国内实际上没有第二个信息议程建立中心。无论是哪种所有权形式和商业模式,对执政体制的忠诚已成为所有社会政治媒体平稳存在的先决条件,在权力精英的非正式压力下自我审查已成为新闻界活动的规范,特别是在地区或地方层面。

因此,20世纪90年代俄罗斯媒体固有的浓厚政治色彩演变为非政治性,大多数媒体公司选择经过验证的、成熟的娱乐形式作为其主要经营内容,这些通常是从全球媒体内容市场借用的。因此,媒体的

---

① Вартанова Е. Л., Смирнов С. С., Российское ТВ на рынке СМИ: События и тенденции 2006 года//Медиаальманах. 2 (19). 2007. C. 13.
② Коммерсант. 2008. 12 марта.
③ Индустрия рекламы. 2008. № 6.

所有者和管理者试图保护他们的业务免受非经济因素的影响。但是，专注于满足大众的消费需求反过来会导致"思想市场"的严重危机，并因此导致内容市场的危机。毫无疑问，这表明一般大众传媒系统中出现了功能障碍，这些障碍今天无法有效为社会提供客观信息。媒体在这方面的实质性战略的变化尚未引起俄罗斯大众传媒界人士的担忧。对大众传媒不断增长的投资和新媒体项目的出现更有可能证明该行业的商业活动似乎富有前景。然而，随着市场的发展，有一个问题变得越发迫切，那就是在广告媒体内容供应过剩条件下，娱乐媒体的概念是否会消失。

对俄罗斯国内传媒市场的批判性分析证实了媒体的"多样性悖论"——内容产品质量随着数量增长而提高，这已经成为俄罗斯的客观现实。不过，这种趋势在期刊领域不太明显。普通消费者很难在各种报纸和杂志的内容中找到共性，因为主动消费的大众传媒期刊的消费量不可能与电子大众传媒相同，但被动消费的大众传媒，特别是电视，渐渐充斥着单调的娱乐内容。媒体评论家认为，俄罗斯的电视内容质量要么下降，要么保持不变。电视空间的主要弊端是公开复制竞争对手的模式并反复使用。观众的行为模型，被称为"за－пинг"（来自英文单词，意思是遥控器随机切换频道），这是电视观众对全国频道的标准化产生的自然反应。

本章小结

从 20 世纪 40 年代到 80 年代末，中国传媒制度沿袭和借鉴苏联模式。今天俄罗斯媒体的转型经验，对中国媒体变革具有研究价值和借鉴意义。俄罗斯媒体市场化转型与集中化发展是在国家政治体制发生改变和社会环境动荡的情况下进行的，直接打破了国有制的基本属性，传媒在没有资本积累的情况下就进入市场竞争；俄罗斯政府在社会变革伊始就放开对传媒的管控，任其在市场中发展，其产业基本矛盾及其衍生矛盾越发明显，普京上台后逐渐把媒体控制权收回，期望在媒体产业运行的经济属性与政府调控的"钟摆运动"之间找到平衡点；旨在发现俄罗斯媒体市场化转型与集中化发展过程中媒体产业与媒介产品之公共属性与媒体所有权私有化的基本矛盾及其衍生矛盾，并寻找解决途径。俄罗斯媒体市场化过程中政府与媒体、民众之间的关系处理等经验或者教训值得处于转型期的中国媒体与政府规制部门加以研究和借鉴。

第三章 俄罗斯媒体运作机制的法律规范

第一节 俄罗斯法律体系概述

一 俄罗斯法系归属

法系（правовая система）有多种分类方法，最流行的是法国著名学者达维德做出的，这一分类方法结合了包括宗教、哲学、经济和社会结构在内的思想标准和将法律渊源作为体系主要构成部分的法律技术因素标准。达维德提出了划分三大法系的三分法思想，即罗马—日耳曼法系、盎格鲁－撒克逊法系和社会主义法系。①

对于俄罗斯法系的归属，达维德指出，俄罗斯法系历来都属于罗马—日耳曼法系（又称大陆法系）。② 部分俄罗斯学者并不认同达维德的观点，他们认为俄罗斯法律体系具有自己的特点，但与罗马—日耳曼法系以外的其他法系也有联系。俄罗斯著名的法理学专家米·尼·马尔琴科（М. Н. Марченко）认为，俄罗斯作为前社会主义法系中最强大和最有影响力的成员，目前正处于与其他法系开放交流思想和经验并积极互动的过渡状态，没有必要人为地把俄罗斯法律划归于罗

---

① ［俄］B. B. 拉扎列夫：《法与国家的一般理论》，王哲等译，法律出版社1999年版，第237页。
② Марченко М. Н. , Проблемы теории государства и права. – М. : ЮРИСТЪ. 2001. С. 472.

马—日耳曼法系或其他法系。① 不过俄罗斯大多数学者同意达维德的观点,认为从法律体系的总体特点上看,俄罗斯法律属于罗马—日耳曼法系。

罗马—日耳曼法系继承了罗马法,于12—16世纪形成并在欧洲大陆得到推广。柳·阿·玛洛扎娃(Л. А. Морозова)归纳了该法系的主要特点。

第一,法的基本渊源是规范性法律文件(法律)。

第二,存在着统一的法律渊源等级系统。

第三,承认公法和私法的划分,以及法律部门的划分。

第四,立法具有编纂法典的特性。

第五,具有共同的概念资源,即基本概念和范畴相似,特别是法律规范被理解为源于国家的行为规则。

第六,存在相对统一的法律原则系统。

第七,立法中起主导作用的是具有最高法律权威的宪法。②

弗·苏·涅尔谢相茨(В. С. Нерсесянц)指出,俄罗斯立法体系传统上建立在由国家立法和最高执行权力机关颁布的规范性法律文件的调整原则和形式之上,该传统是大陆法系国家与盎格鲁-撒克逊法系国家现行的判例法体系的区别所在。③

二 俄罗斯的法律体系

(一)俄罗斯法律体系包含的要素

俄罗斯法学界对法律体系(система права)有多种定义。柳·阿·玛洛扎娃将法律体系定义为历史形成并客观存在的,用来调整社会

---

① Марченко М. Н., Проблемы теории государства и права. – М.: ЮРИСТЪ. 2001. С. 485 – 486.

② Морозова Л. А., Теория государства и права. – М.: Российское юридическое образование. 2010. С. 211.

③ Нерсесянц В. С., Проблемы общей теории права и государства. – М.: Норма. 2004. С. 339.

关系的法的内部结构。法律体系包含几个要素，分别是法律规范、次法律制度、法律制度、法律分部门、法律部门、法律部门的结构性大组合（实体法和程序法、私法和公法等）。① 这些要素由法律规范开始，逐级向上层集合构成更大的体系单位，法律规范集合构成次法律制度和法律制度，次法律制度和法律制度则集合构成法律分部门和法律部门，这些部门和分部门按类别集合成为更大的法律部门组合，从而构建成内部统一而完整的法律体系。

（二）俄罗斯的法律部门及其分类

2000年3月15日，根据俄罗斯联邦第511号总统令，《俄罗斯联邦的法律文件分类表》② 取代《俄罗斯立法部门分类表》，并于2002年和2005年进行了修订。《俄罗斯联邦的法律文件分类表》将法律文件划分为三级结构，将法律体系的构成由原来以立法部门为区分原则的50个一级类别，精简为以法律部门为区分原则的21个一级类别，见表3-1，三个级别共有近2000个法律文件类别。

表3-1 《俄罗斯联邦的法律文件分类表》中的21个一级类别

分类号	名　称
010.000.000	宪法制度
020.000.000	国家管理基础
030.000.000	民法
040.000.000	家庭
050.000.000	住房
060.000.000	居民劳动和就业

---

① Морозова Л. А., Теория государства и права. – М.: Российское юридическое образование. 2010. С. 201.
② Указ Президента Российской Федерации О классификаторе правовых актов, http://base.consultant.ru/cons/cgi/online.cgi? req = doc；base = LAW；n = 54306；frame = 1300 #1，2019 – 08 – 05.

续表

分类号	名　称
070.000.000	社会保障和社会保险
080.000.000	金融
090.000.000	经济活动
100.000.000	外贸活动、海关事务
110.000.000	自然资源和保护自然环境
120.000.000	信息与信息化
130.000.000	教育、科学、文化
140.000.000	卫生保健、体育和运动、旅游
150.000.000	国防
160.000.000	安全和维护法制
170.000.000	刑法、执行判决
180.000.000	司法审判
190.000.000	检察机关、司法机关、律师、公证机关
200.000.000	国家关系、国际法
210.000.000	有关人事、奖励、赦免、国籍、授予荣誉或其他称号问题的个别法律文件

资料来源：Указ Президента Российской Федерации, О классификаторе правовых актов.

根据不同的分类方法，俄罗斯法学界将俄罗斯法律部门分为不同类别。柳·阿·玛洛扎娃指出，人们有时按照初始部门划分法律部门，即所谓的传统部门，包含国家法、刑法、民法、刑事程序法和民事程序法；有时按照衍生部门划分法律部分，即从传统部门分离出来的二级部门，比如从国家法中分离出行政法、金融法，从民法中分离出家庭法、劳动法。谢·谢·阿列克谢耶夫（С.С. Алексеев）将法律体系内的法律部门根据调整对象和调整方式的不同分为三种：第一，基础法律或经典法律部门，它们之间的区别在于法律调整方式不同，包括宪法、民法、刑法和行政法；第二，定位于特定关系领域的专门法律部门，包括劳动法、土地法、金融法、社会保障法；第三，定位于调整特定对象活动领域关系的综合法律部门，包括环境保护法、企业法、贸易法、海洋法、大气法。①

（三）俄罗斯的法律类别

俄罗斯从立法体系上分为联邦立法体系和联邦主体立法体系。联邦与联邦主体在行使立法权时各有管辖对象范围，其中有归属于联邦的，有归属于联邦主体的，也有归二者共同管辖的。② 俄罗斯联邦的最高立法机关是联邦会议，它由联邦委员会和国家杜马两院组成。

柳·阿·玛洛扎娃指出，俄罗斯法律文件组成一个分级系统，呈现为金字塔的形式，它的顶端是宪法；之后是各个类别的法律；包括宪法性法律，再下一级别是法令，包括总统令、政府决议、部委法律文件。在俄罗斯，也存在联邦主体宪法和章程、主体法律、政府首脑法律文件等。国家也会授权地方自治机关制定用于解决地方问题的规范性法律文件，这种法律文件属于法令，只在特定的自治市镇范围内有效，俄罗斯法律文件具体分类如下。

第一，《俄罗斯联邦宪法》。《俄罗斯联邦宪法》位于立法体系层级的顶端，国家所有法律文件不得同宪法相抵触。

第二，联邦宪法性法律。只有在《俄罗斯联邦宪法》文本中直接列出的法律才是宪法性法律，它们调解的是达到一定成熟度的、稳定的、基本的社会关系，在规范性法律文件层级中的位置仅次于《俄罗斯联邦宪法》。联邦宪法性法律是宪法规范和原则效力的延伸，同时又可避免对《俄罗斯联邦宪法》文本的频繁修正，比其他法律具有更高的

---

① Бачило И. Л., Информационное право. Основы практической информатики. – М.: Юринформцентр. 2003. С. 54.
② 王志华：《中俄法律体系"特色"比较》，《法治》2011 年第 10 期。

稳定性和更宽广的效力范围，以及更高的法律效力。联邦宪法性法律需要国家杜马议员不少于三分之二，联邦委员会议员不少于四分之三的票数才能通过。

第三，《俄罗斯联邦宪法》修正案。这类法律是由宪法法院于 1995 年 10 月 31 日确定独立出来的，具有特殊法律效力。例如，2008 年对宪法第 81 条和第 96 条的修正案将总统任期延长到 6 年，将国家杜马的任期延长到 5 年。

第四，法典。法典是最常见的法律形式，联邦主体在制定法律时经常会采用法典的形式。法典是以系统化的方式包含全部或大部分调整同类社会关系的法律规范。法典不具有超出同级别其他法律的法律效力。

第五，立法纲要。立法纲要是 1993 年以前俄罗斯联邦在与其主体共同管辖的某些社会关系框架范围内进行立法而采用的一种联邦法律形式，为联邦主体制定具体的法律奠定规范性基础，如 1992 年的《文化立法纲要》、1993 年的《森林立法纲要》。现在俄罗斯对联邦和主体共同管辖的问题采用普通的联邦法律，该种法律在名称上会体现出"框架"的特征，如《俄罗斯联邦旅游活动纲要》等。①

第六，关于批准和废止国际条约的法律。

第七，独联体成立后出现的示范法。这些法律文件的目的是保障独联体国家在法律范围内的一致性，示范法是建议性的。

第八，授权的立法。这是俄罗斯的一种新的立法形式，在联邦的层面尚未使用过，但在地方立法中预设了这种法律形式。

第九，以全民投票的方式制定的法律。这些法律具有最高法律效力，只能通过全民投票取消。②

我们认为，以上第五至第九类法律作为特殊的立法形式，应处于法

---

① Энциклопедия юриста, http：//enc‑dic.com/enc_lawyer/Osnov‑zakonodatelstva‑495.html，2015‑06‑06.

② Морозова Л. А., Теория государства и права. – М.：Российское юридическое образование. 2010. С. 196–200.

律分级系统之外。而普通联邦法律在柳·阿·玛洛扎娃的法律分级分类系统中和法典处于同一级别（法典本身属于联邦法律的范畴）。米·尼·马尔琴科对普通联邦法律和联邦宪法性法律的关系做了更规范的说明，他指出，在联邦法律中，联邦宪法性法律和《俄罗斯联邦宪法》修正案具有特殊的地位，联邦法律不能与联邦宪法性法律相抵触，并从属于后者。①

法律的下一级是法令。法令主要是指由执行权力机关制定的规范性法律文件，它们不得同法律相抵触。法令包括俄罗斯联邦总统令，俄罗斯联邦政府、各部的法律文件，以及联邦主体执行机关的法律文件，具体如下。

第一，俄罗斯联邦总统令由《俄罗斯联邦宪法》（第90条）设定，在俄罗斯全境执行。总统令不应该与《俄罗斯联邦宪法》和联邦法律冲突。除规范性命令外，总统有权制定非规范性命令，以及有关国家治理的特定业务问题的指令。

第二，俄罗斯联邦政府决议是为执行《俄罗斯联邦宪法》、联邦法律和俄罗斯联邦规范性总统令，并以之为基础而颁布的，即俄罗斯联邦政府决议制定法律和总统令的执行规则，并对其内容进行详解。

第三，部门法律文件是由联邦政府各部和其他执行权力机关在其权限范围内颁布的，用以调整部门内部关系。在某些情况下，一些部门有权制定跨部门性质的法律文件，这会涉及不归该部门管辖的公民和组织的权利和义务，比如内务部、金融部、交通部、税务局、卫生—流行病学监督局等部门。这种法律文件的形式通常是命令（Приказ）、指令（Инструкция）、条例（Положение）、指示（Инструктивное письмо）等。

第四，联邦主体执行权力机关的法律文件是联邦主体国家权力主管机关在工作过程中，在其被授予的权限范围内颁布的，只在具体的联邦

---

① Марченко М. Н., Проблемы теории государства и права. – М.: ЮРИСТЪ. 2001. С. 575.

主体境内有效。主要包括联邦主体首脑的规范性命令（决定）、各部和其他执行权力机关的规范性法律文件、地方自治机关的法令、企业和机构领导的决定。以上法令不能与联邦法律、联邦主体的宪法（章程）和法律相冲突。①

第二节　俄罗斯媒体立法溯源

现行的俄罗斯《大众传媒法》的前身是苏联解体前制定的《大众传媒法》，在此之前，在苏联的70年历史中，并没有专门的媒体法，媒体由政府的行政部门管理。而在苏联之前的时期，媒体相关立法经历了漫长而曲折的过程。

一　沙皇俄国时期与大众传媒相关的立法②

俄罗斯帝国的新闻业是在彼得一世的命令下开始发展的，目的是宣传和解释君主的创新式改革。③

19世纪前，为满足读者的需求形成了灵活的出版业体系。因不希望在报纸和杂志上看到对自己的批评，政府便通过对大众传媒的立法来限制言论的自由。因此，俄罗斯帝国的大众传媒立法最初是作为审查法发展起来的。

1804年，亚历山大一世通过了审查法规，虽然保持了之前的审查制度，但允许对有争议的问题做出有利于作者的解释。

1826年，尼古拉一世制定了新的审查法规，禁止刊登有双重解释的文章。

---

① Морозова Л. А., Теория государства и права. – М.: Российское юридическое образование. 2010. С. 200.
② 此部分主要根据 Комаровский В. С., Государственная Служба и СМИ. Воронеж: Изд – во ВГУ. 2003. С. 50 – 52 内容整理。
③ Козлова М. М., История отечественных средств массовой информации. Ульяновск: УлГТУ. 2000. С. 6.

从 1832 年开始，只有沙皇可以下发出版新刊物的许可。

1865 年，俄罗斯帝国通过了第一部关于出版业的法律，因是临时性的，所以被称为《出版业临时法规》。该规则取消了对圣彼得堡和莫斯科的杂志、报纸及超过 10 个印张篇幅的书籍的预先审查制度。

1882 年制定了新的《出版业临时法规》，确定了对新闻的全方位行政监管。

1905 年，为缓解革命情绪，沙俄政府于 10 月 17 日发表了《宣言》，宣告政治自由。11 月 24 日的《特别法令》宣布取消对新闻事务的行政干预，恢复对出版业中违规行为追究司法责任的规定。同时，主要负责管理出版业事务的内务部和警察局有权没收出版物，停止出版不合适的刊物，关闭印刷厂。对出版业工作人员的处罚有罚款、拘役 3 个月以下、监禁 2 个月到 1 年半、流放等形式。

纵观沙俄时期的大众传媒立法进程，可以发现，对新闻媒体主要采用禁止性和限制性的立法。

二 苏俄和苏联时期与大众传媒相关的立法[①]

苏维埃政权成立后，由人民委员会制定的第一批法令中包括了 1917 年 11 月 9 日（俄历 10 月 27 日）颁布的《出版业法令》。该法令的"总则"中明确了关闭那些号召公开抵抗和不服从工人和农民政府、造谣歪曲事实引起混乱、号召发动刑事犯罪行为的新闻机构的规定。禁止出版所有反革命的报纸，其印刷厂被征用并转交给布尔什维克的出版机构。

1917 年 11 月 21 日（俄历 11 月 8 日），人民委员会主席列宁和教育人民委员卢那恰尔斯基签署了大众传媒领域的第一个重要文件《实行国家垄断广告的法令》。这意味着所有非国家类型的出版物失去了收入

---

① 此部分主要根据 Комаровский В. С., Государственная Служба и СМИ. Воронеж: Изд-во ВГУ. 2003. С. 52 – 53 内容整理。

来源，因而也就失去了存在的可能性。

1918年2月10日（俄历1月28日）确立的《出版业革命法庭的法令》规定，利用出版物进行反人民的犯罪，由三人组成的出版业革命法庭审理。判决结果包括罚款或公开谴责、没收财产和并用印刷厂、驱逐出境、剥夺所有政治权利，且对判决不得上诉。

1918年4月3日通过了《全俄中央执行委员会主席团关于报纸刊印所有全俄中央执行委员会和人民委员会的法令和指令，以及地方委员会的指令和命令的决议》。

俄罗斯苏维埃联邦社会主义共和国1918年宪法通过后，在其法律体系中形成了完全从阶级立场审查出版业活动的传统。

苏联时期没有关于大众传媒的专门立法。对传媒的调控从立法的角度来说只有劳动法和刑法典，其他的一切都通过苏共中央委员会的决议来制定规则。苏联在履行国际公约的义务时，曾涉及传媒方面的立法。第一次是1976年3月23日《公民权利和政治权利国际公约》生效，它保障每个人"不受国界的限制，通过口头、书面或者以印刷品或艺术表达形式及其他自己选择的方式，寻找、获得和传播各种信息和思想的自由"。第二次是20世纪80年代改革前，苏联签署了欧洲安全与合作会议成员国维也纳会晤总结性文件，"允许个人、机构和组织在尊重知识产权，包括著作权的情况下，获取、拥有、复制和传播各种信息资料"[1]。

苏联改革前的1977年宪法虽然保障出版自由，但没有对"出版自由"这个概念的法律内容进行界定。

1990年6月12日通过的苏联《出版和其他大众传媒法》中的第1条对"出版自由"这个概念进行了立法界定："出版和其他大众传媒自由。苏联宪法保障公民言论和出版自由，意味着有权发表意见和信仰自

---

[1] Заика Н. К., Правовые основы средств массовой информации. СПб.: ИВЭСЭП. Знание. 2005. С. 10 – 11.

由，可以任何形式寻找、选择、获取和传播信息和思想，包括出版和其他大众传媒。不允许对大众传媒进行审查。"

三　当代俄罗斯与大众传媒相关的立法

当代俄罗斯大众传媒立法并没有形成一个单独的法律部门，媒体法律制度具有跨部门的特征，它几乎涵盖了俄罗斯所有法律部门的规范，如宪法、行政法、民法、刑法、生态法、金融法等部门。[①]

俄罗斯大众传媒立法从法律类别方面分为宪法、联邦宪法性法律、法典、联邦法律、总统令、政府决议、部门法律文件，以及联邦主体地方法。截至2018年10月，与大众传媒有关的立法有15部法典、4部联邦宪法性法律，以及大量的联邦法律、总统令、政府决议、部门法律文件、联邦主体法律文件。

除俄罗斯国内立法以外，《俄罗斯联邦宪法》规定，俄罗斯签署的国际条约是俄罗斯联邦法律体系的组成部分，同样具有法律效力。俄罗斯签署的有关大众传媒的国际条约包括欧盟与欧洲委员会文件及联合国文件。

（一）《俄罗斯联邦宪法》[②]

1993年12月12日俄罗斯举行全民公投，通过了《俄罗斯联邦宪法》，现行的《俄罗斯联邦宪法》是2020年7月4日生效的修订版。现行的《俄罗斯联邦宪法》共9章137条。其中的第29条为大众传媒立法奠定了重要基础，从宪法的高度确定了大众信息自由和禁止新闻审查的原则。第29条共有5款。

第1款：保障每个人的思想和言论自由。

第2款：禁止从事煽动社会、种族、民族或宗教仇视与敌对的宣传

[①] Бендюрина С. В., Правовые основы деятельности СМИ. Учебно - методический комплекс. Екатеринбург. 2006. С. 4.

[②] Конституция Российской Федерации，http：//docs.pravo.ru/konstitutsiya - rf/，2019 - 08 - 05.

或鼓动行为，禁止宣传社会、种族、民族、宗教或语言的优越论。

第3款：任何人不得被迫表达或放弃自己的意见和信仰。

第4款：每个人都有利用任何合法方式自由搜集、获取、转交、生产和传播信息的权利。属于国家秘密的信息清单由联邦法律规定。

第5款：保障大众信息自由。禁止新闻审查。

第1款、第2款、第4款、第5款确定了涉及大众信息的个人和组织的权利，而第2款则对大众信息活动进行了禁止性规范。

《俄罗斯联邦宪法》第24条第1款也涉及对大众传媒活动的规范："未经本人同意不得收集、保存、利用和传播有关其个人隐私的信息。"

（二）俄罗斯联邦宪法性法律

涉及大众传媒活动的联邦宪法性法律主要有2001年5月30日的第3号联邦宪法性法律《紧急状态法》、2002年1月30日的第1号联邦宪法性法律《军事状态法》、2008年6月28日的第5号联邦宪法性法律《俄罗斯联邦全民投票法》和2014年2月5日的第3号联邦宪法性法律《俄罗斯联邦最高法院法》。

第一，《紧急状态法》第6条对大众传媒公布紧急状态总统令做了规定："关于进入紧急状态的俄罗斯联邦总统令应当立即通过广播和电视发布，并应立即正式颁布。"

第二，《军事状态法》第4条第3款对大众传媒公布军事状态总统令做了规定："关于进入军事状态的俄罗斯联邦总统令应当立即通过广播和电视发布，并应立即正式颁布。"

涉及大众传媒的条款还有该法中的第7条第14款："对保障运输和通信的项目运作进行监管，并对印刷厂、计算中心和自动化系统，及大众传媒的运作进行监管，利用这些项目的运转实现国防需要；禁止个人用的无线电收发电台工作。"第15款："对利用电信系统传递的邮件和消息实行战时审查，并监测电话交谈，组建直接从事上述问题的审查机关。"

该法中还有一些条款也涉及大众传媒，如第15条第4款："（俄罗斯联邦各主体执行权力机关）通过大众传媒，向实行军事状态地区的居民通告本联邦宪法性法律规定的采取措施的程序。"

第三，《俄罗斯联邦全民投票法》第 38 条、第 55—56 条、第 58—60 条、第 65—68 条分别在大众传媒的权利和限制、向全民投票参加者提供信息、公布舆论调查结果、保障全民投票委员会参加全民投票信息、全民投票信息保障使用的广播电视组织和刊物、宣传全民投票问题、在广播电视和期刊中进行全民投票问题宣传的一般规则、电视广播进行全民投票问题宣传的规则、通过期刊进行全民投票问题宣传的规则、禁止恶意使用宣传全民投票问题的权利等方面涉及对大众传媒的立法，这些法律条款对大众传媒在宣传全民投票问题时的权利和义务做了规范。

第四，《俄罗斯联邦最高法院法》第 2 条第 4 款"俄罗斯联邦最高法院作为一审法院审理的行政案件"第 7 段中涉及对大众传媒的立法："6）停止产品用于两个和两个以上俄罗斯联邦主体境内传播的大众传媒的活动。"

（三）俄罗斯联邦大众传媒专门法

俄罗斯联邦以大众传媒为调控对象的专门法是 1991 年颁布的《大众传媒法》[①]，该法于 1992 年 2 月 14 日开始生效，但俄罗斯的法律传统上按照颁布之日确定日期，所以这部法律被称为 1991 年《大众传媒法》。这部法律在很多方面重复了《苏联报刊与其他大众传媒法》的思想和主要原则，需要指出的是，这两部法律的作者是同一批人员。[②]

俄罗斯《大众传媒法》处在《俄罗斯联邦的法律文件分类表》的三级结构中的第二级，位于信息与信息化法律部门和教育、科学、文化

[①] Закон Российской Федерации от 27 декабря 1991 года № 2124 – 1 О средствах массовой информации，2015 – 01 – 03，http：//www.consultant.ru/document/cons_doc_LAW_1511/，2018 – 09 – 30.

[②] Рихтер А. Г.，Правовые основы журналистики. – М.：Изд – во МГУ. 2002. С. 60.

法律部门之下，分类号为 120.050.000 和 130.040.000，后者则被划分为 5 个三级类别，分别是一般问题、通讯社、电视和广播、印刷刊物和其他大众传媒。

俄罗斯《大众传媒法》基本上克服了《苏联报刊与其他大众传媒法》的不足，而且该法对信息关系主体的权利范围确立了"没有禁止的一切都被允许"的原则。①

《大众传媒法》共有 8 章（其中 2.1 章由 2016 年 7 月 3 日第 281 号联邦法增补），分布如下。

第 1 章 "总则"（第 1—6.1 条）。该章确定了新闻自由、禁止审查和禁止恶意使用大众信息自由的法律规范，明确了大众传媒的术语概念、大众传媒立法的构成和法律的适用范围。

第 2 章 "大众传媒活动的组织"（第 7—24 条）。

第 2.1 章 "电视频道（电视节目、电视播放）收视率调查"（第 24.1—24.2 条）。

第 3 章 "大众信息的传播"（第 25—37 条）。

第 4 章 "大众传媒与公民和组织的关系"（第 38—46 条）。

第 5 章 "新闻工作者的权利和义务"（第 47—52 条）。

第 6 章 "大众信息领域的国际合作"（第 53—55 条）。

第 7 章 "违反大众传媒法的责任"（第 56—62 条）。

俄罗斯除了《大众传媒法》外，其他一系列有关大众传媒的立法分散在其他各类法律文件中。俄罗斯《大众传媒法》第 1 章第 5 条第 1 款对俄罗斯大众传媒立法的组成和《大众传媒法》地位做出了说明和规定："俄罗斯联邦的大众传媒立法由本法律及与其相符合的其他俄罗斯联邦规范性法律文件组成。"

这款规定确定了联邦和各联邦主体的一切有关大众传媒的法律文件

---

① Комаровский В. С., Государственная Служба и СМИ. Воронеж: Изд - во ВГУ. 2003. С. 53.

必须与《大众传媒法》相符合,从而确定了《大众传媒法》在出版领域具有"小宪法"的性质。①

另一部以大众传媒为调控对象的联邦法律《在国有大众传媒中报道国家权力机关活动的规定》② 于 1995 年 1 月 13 日由时任俄罗斯联邦总统叶利钦签字确认,经过三次修订,现行版本是 2014 年 3 月 12 日的修订版。该法共有 19 条,但第 7 条、第 9 条、第 10 条、第 13 条已经失去法律效力。第 1 条规定,该法用以调整因国有大众传媒传播有关俄罗斯联邦和联邦主体国家权力机关的资料和消息所产生的关系。第 2 条明确《在国有大众传媒中报道国家权力机关活动的规定》立法是俄罗斯联邦《大众传媒法》立法的一部分,这确立了该法对《大众传媒法》的从属地位。

《在国有大众传媒中报道国家权力机关活动的规定》在六个方面对国有大众传媒报道国家权力机关的活动做了规范。

第一,对国家权力机关工作的录音和录像(第 4 条)。

第二,必须播放的电视、广播节目(第 5 条)。

第三,信息类节目的范围及播放要求(第 6 条)。

第四,对信息和信息—启蒙类节目的要求(第 8 条)。

第五,关于联邦国家权力机关活动的其他电视和广播节目(第 11 条)。

第六,为发言者提供专业帮助(第 12 条)。

该法第 14—17 条分别在执行该法的监管、违法行动的申诉、责任和争端的解决等几个方面做了规定。

(四)俄罗斯联邦与大众传媒立法相关的法典

截至 2018 年 9 月,俄罗斯联邦现行有效的法典共 20 部,③ 其中涉

---

① Заика Н. К., Правовые основы средств массовой информации. СПб.: ИВЭСЭП. Знание. 2005. С. 14.
② О порядке освещения деятельности органов государственной власти в государственных средствах массовой информации, http://docs.pravo.ru/document/view/3480/, 2018-09-30.
③ Кодексы РФ в действующей редакции, http://legalacts.ru/kodeksy/, 2018-09-30.

及大众传媒的法典有 15 部,可以将它们分为两类。

1. 第一类法典

第一类法典中大众传媒是被规范的对象,包括以下几部。

(1)《俄罗斯联邦刑法典》①

1996 年 6 月 13 日颁布的《俄罗斯联邦刑法典》中涉及对利用大众传媒从事违法活动实施处罚的有以下条款。

第 128.1 条:诽谤。其中第 2 款规定:"在公众演讲、公开展示的作品或者大众传媒中进行诽谤,判处一百万卢布以下或者相当于被判刑人员一年内工资或其他收入的罚金,或处以期限为 240 小时以内的强制性劳动。"

第 137 条:违反个人隐私不受侵犯权。

第 140 条:拒绝向公民提供信息。

第 144 条:阻挠新闻工作者合法的职业活动。

第 146 条:违反著作权和邻接权。

第 183 条:非法获取和泄露构成商业、税务或者银行机密的消息。

第 205.2 条:公开号召实施恐怖活动或者公开为恐怖主义辩解。

第 237 条:隐瞒对人们生命和健康造成危险的情况的信息。

第 242 条:非法传播色情材料或物品。

第 242.1 条:制作和传播带有未成年人色情图像的材料或物品。

第 280 条:公开号召实施极端主义活动。

第 282 条:激起仇恨或敌视,以及贬低人格。

第 319 条:侮辱权力代表。

第 354 条:公开号召发动侵略战争。

---

① Уголовный кодекс Российской Федерации, http://docs.pravo.ru/kodeks-ugolovniy/75223344/?line_id=2091, 2015-01-01.

(2)《俄罗斯联邦刑事诉讼法典》①

2001年12月18日颁布的《俄罗斯联邦刑事诉讼法典》中涉及大众传媒的条款如下。

第136条：精神损害赔偿。

第161条：禁止泄露预先侦查资料。

第298条：法官会议机密。

第341条：陪审员会议机密。

(3)《俄罗斯联邦刑事执行法典》②

1997年1月8日颁布的《俄罗斯联邦刑事执行法典》中第24条第3—5款涉及大众传媒："3)大众传媒的代表和其他人员在获得刑罚执行机构和机关的行政部门或者上级机关的专门许可下，有权探访这些机构和机关。4)对被判刑人员进行电影、照片和视频摄制、采访，须经被判刑人员本人书面同意。5)对保障被判刑人员安全和守卫的物体进行电影、照片和视频摄制，须经刑罚执行机构或机关行政部门书面许可。"

(4)《俄罗斯联邦民法典》

《俄罗斯联邦民法典》分为四个部分，第一部分③于1994年11月30日颁布，第二部分④于1996年1月26日颁布，第三部分⑤于2001年11月26日颁布，第四部分⑥于2006年12月18日颁布。

---

① Уголовно‐процессуальный кодекс Российской Федерации，http：//docs. pravo. ru/kodeks‐ugolovno‐protsessualniy/，2015‐01‐03.

② Уголовно‐исполнительный кодекс Российской Федерации，http：//docs. pravo. ru/kodeks‐ugolovno‐ispolnitelnyi/，2015‐01‐03.

③ Гражданский кодекс Российской Федерации（часть первая），http：//docs. pravo. ru/kodeks‐grazhdanskiy/，2015‐01‐10.

④ Гражданский кодекс Российской Федерации（часть вторая），http：//docs. pravo. ru/kodeks‐grazhdanskiy_2/，2015‐01‐10.

⑤ Гражданский кодекс Российской Федерации（часть третья），http：//docs. pravo. ru/kodeks‐grazhdanskiy_3/，2015‐01‐10.

⑥ Гражданский кодекс Российской Федерации（часть четвертая），http：//docs. pravo. ru/kodeks‐grazhdanskiy_4/，2015‐01‐10.

《俄罗斯联邦民法典》第一部分涉及大众传媒的立法主要是第8章"非物质财富和对它们的保护",包括以下五条。

第150条:非物质财富。

第151条:精神损害赔偿。

第152条:保护名誉、尊严和商业信誉。

第152.1条:保护公民的肖像权。

第152.2条:保护公民的个人隐私。

《俄罗斯联邦民法典》第二部分涉及大众传媒的立法主要有两条。

第1100条:精神损害赔偿的根据。

第1101条:精神损害赔偿的方式和额度。

《俄罗斯联邦民法典》第四部分涉及大众传媒的立法主要有以下内容。

第1253.1条:信息中介的责任特点。

第1274条:自由使用作品出于信息、科学、教学或文化的目的。

第1276条:自由使用一直位于向公众开放的地方的作品。

第1277条:自由公开表演被合法公布的音乐作品。

第1279条:无线广播组织自由录制短期使用的作品。

第1287条:出版许可协议的特殊条件。

第71章第4节:无线和有线广播组织的权利。

第71章第6节:出版商对科学、文学或艺术作品出版、发行等的权利。

(5)《俄罗斯联邦民事诉讼法典》①

2002年11月14日颁布的《俄罗斯联邦民事诉讼法典》中涉及大众传媒的主要条款如下。

第10条"法庭公开审理"的第7款:"在公开庭审中涉案人员和

---

① Гражданский процессуальный кодекс Российской Федерации,http://docs.pravo.ru/kodeks - grazhdanskiy - protsessualniy/,2016 - 03 - 16.

出席的公民有权书面及借助录音设备记录法庭审理过程。在法庭的允许下可以对庭审过程进行拍照、录像、广播和电视实况转播。"第8款："法院判决公开宣布，除非公开宣判会触及未成年人的合法权益。"

第26条第3款：莫斯科市法院作为一审法院审理保护著作权和（或）邻接权的民事案件。

第144.1条：互联网等通信网络上保护著作权和（或）邻接权的措施。

第320.1条第5款：莫斯科市法院上诉庭审理互联网等通信网络上除照片作品和以类似照片方式获得的作品以外的，并由该法院根据本法典第144.1条采取初步保全措施的著作权和（或）邻接权的民事上诉案件。

（6）《俄罗斯联邦仲裁诉讼法典》①

2002年7月24日颁布的《俄罗斯联邦仲裁诉讼法典》中涉及大众传媒的条款主要有第11条第7款："出席公开庭审的人员有权在庭审过程中做记录，借助录音记录庭审过程。在庭审主审法官允许下可以进行电影和图片摄制、录像，以及通过广播和电视实况转播仲裁法庭庭审。"与第196条："刊登知识产权法院对规范性法律文件争议案件的判决。"

（7）《俄罗斯联邦行政违法法典》②

2001年12月30日颁布的《俄罗斯联邦行政违法法典》中涉及大众传媒的主要条款如下。

第5.5条：违反大众传媒参加选举、全民公投信息保障的规定。

第5.8条：违反选举和全民投票立法所规定的在电视和（或）广播节目，以及印刷媒体进行选前宣传、全民投票问题宣传的程序

---

① Арбитражный процессуальный кодекс Российской Федерации, http：//docs. pravo. ru/kodeks－arbitrazhnij－protsessualniy/，2015－01－12.

② Кодекс Российской Федерации об административных правонарушениях, http：//docs. pravo. ru/kodeks－koap/，2015－01－12.

和规则。

第5.9条：在竞选活动中违反企业活动和其他活动的广告规则。

第5.12条：侵犯选举和全民公投立法的要求，制作、传播或投放宣传资料。

第5.13条：未提供为维护名誉、人格尊严或商业信誉而公开反驳或其他澄清的机会。

第5.25条：提供关于投票结果或选举结果的信息。

第7.12条：违反著作权和邻接权、发明权和专利权。

第13.11条：违反法律规定收集、保存、使用或传播有关公民（个人资料）的信息。

第13.11.1条：传播含有歧视性限制的工作岗位或者职位空缺的信息。

第13.15条：恶意使用大众信息自由权。

第13.16条：妨碍大众传媒产品的传播。

第13.17条：违反强制性报道的规定。

第13.18条：妨碍稳定地接收广播和电视节目及互联网网站的工作。

第13.19条：违反提供统计信息的规定。

第13.21条：违反制作和传播大众传媒产品的规定。

第13.22条：违反版权记录说明的规定。

第13.23条：违反提供必需的文件、书面通知书、章程和条约的规定。

第13.27条：违反对组织机构获取关于国家机关和地方自治机关活动信息及将其投放到互联网上的要求。

第13.28条：违反提供关于国家机关和地方自治机关活动信息的规定。

第14.3条：违反广告法。

第20.27条：违反反恐行动的法律制度。

第23.44条：在通信、信息技术和大众传媒领域履行检查和监督职能的机关。

（8）《俄罗斯联邦劳动法典》①

2001年12月30日颁布的《俄罗斯联邦劳动法典》中涉及大众传媒的主要条款如下。

第59条：固定期限劳动合同。

第94条：每日工作（轮班）时长。

第96条：夜间工作。

第113条：禁止在休息日和公众假期工作。安排员工在休息日和公众假期工作的例外情况。

第153条：在休息日和公众假期工作的劳动报酬。

第268条：禁止派遣未满18周岁员工公务出差，及安排其加班、值夜班、在休息日和公众假期工作。

第351条：协调大众传媒、电影业组织、电视和视频摄制集体、剧院、戏剧和演奏组织、马戏团和其他参加创作和（或）演出（展示）作品的创作型员工，以及专业运动员的劳动。

（9）《俄罗斯联邦税收法典》

《俄罗斯联邦税收法典》分为两部分，第一部分②于1998年7月31日颁布，第二部分③于2000年8月5日颁布。《俄罗斯联邦税收法典》中涉及大众传媒的主要条款如下。

第111条：违反税收法行为的个人免除罪责的情况。

第164条：税率。

第250条：营业外收入。

第264条：与生产和（或）销售相关的其他支出。

---

① Трудовой кодекс Российской Федерации，http：//docs. pravo. ru/kodeks - trudovoy/，2015 - 01 - 15.

② Налоговый кодекс Российской Федерации（часть первая），http：//docs. pravo. ru/kodeks - nalogoviy/.

③ Налоговый кодекс Российской Федерации（часть вторая），http：//docs. pravo. ru/kodeks - nalogoviy_ 2/.

第270条：课税目的中不被计算的支出。

第280条：确定有价证券交易课税基础的特点。

第333.33条：国家登记，以及其他法律意义行为的国税额。

第333.34条：为发行有价证券和出版大众传媒进行的国家登记，为取得运出（临时运出）文物的权利、为在法人名称中使用"俄罗斯""俄罗斯联邦"和以它们为基础组成的词和词组的权利、为取得编码资源而缴纳国税的特点。

第333.35条：对某些类别的自然人和组织的优惠。

（10）《俄罗斯联邦预算法典》①

1998年7月31日颁布的《俄罗斯联邦预算法典》中涉及大众传媒的条款主要如下。

第21条：预算支出的分类。

第36条：透明（公开）的原则。

第56条：俄罗斯联邦主体预算的税务收入。

2. 第二类法典

第二类法典中大众传媒只是信息传播的工具，包括1997年3月19日颁布的《俄罗斯联邦航空法典》②，1999年4月30日颁布的《俄罗斯联邦海商法典》③，2001年3月7日颁布的《俄罗斯联邦境内水路运输法典》④，2004年12月29日颁布的《俄罗斯联邦城建法典》⑤，以及2006

---

① Бюджетный кодекс Российской Федерации, http：//docs. pravo. ru/kodeks – byudzhetniy/，2015 – 01 – 30.
② Воздушный кодекс Российской Федерации, http：//docs. pravo. ru/kodeks – vozdushniy/，Кодекс внутреннего водного транспорта Российской Федерации, http：//docs. pravo. ru/kodeks – vnutrennego – vodnogo – transporta/，2015 – 01 – 30.
③ Кодекс внутреннего водного транспорта Российской Федерации, http：//docs. pravo. ru/kodeks – vnutrennego – vodnogo – transporta/.
④ Кодекс торгового мореплавания Российской Федерации, http：//docs. pravo. ru/kodeks – torgovogo – moreplavaniya/.
⑤ Градостроительный кодекс Российской Федерации, http：//docs. pravo. ru/kodeks – gradostroitelni.

年6月3日颁布的《俄罗斯联邦水法典》①。

(五) 俄罗斯联邦与大众传媒立法相关的法律②

俄罗斯联邦与大众传媒立法直接或间接相关的法律有很多,根据规范内容的不同,可以将它们分为三类③。

第一类,规范信息关系和通信、广告和著作权等方面的法律。主要有以下联邦法律。

第一,1993年7月21日的第5485—1号联邦法律《国家秘密法》。

第二,1994年12月29日的第77号联邦法律《文献样本义务呈缴法》。

第三,1995年5月19日的第82号联邦法律《社团法》。

第四,1996年11月26日的第138号联邦法律《俄罗斯联邦公民选举和被选举进入地方自治机关的宪法性权利保障法》。

第五,1997年9月26日的第125号联邦法律《良心自由和宗教团体法》。

第六,2001年7月11日的第95号联邦法律《政党法》。

第七,2002年6月12日的第67号联邦法律《俄罗斯联邦公民选举权和参加全民投票权的基本保障法》。

第八,2003年1月10日的第19号联邦法律《俄罗斯联邦总统选举法》。

第九,2003年7月7日的第126号联邦法律《通信法》。

第十,2003年10月6日的第131号联邦法律《俄罗斯联邦地方自治组织的总原则法》。

第十一,2004年7月27日的第79号联邦法律《俄罗斯联邦国家公务法》。

---

① Водный кодекс Российской Федерации, http://docs.pravo.ru/kodeks-vodniy/.
② 限于篇幅,本部分只列出了法律名称,有兴趣的读者可以查找相应的法律原文或者中译本。
③ 法律文件原文详见网站: http://docs.pravo.ru/。

第十二，2004年7月29日的第98号联邦法律《商业秘密法》。

第十三，2004年10月22日的第125号联邦法律《俄罗斯联邦档案事业法》。

第十四，2005年6月1日的第53号联邦法律《俄罗斯联邦国家语言法》。

第十五，2006年3月13日的第38号联邦法律《广告法》。

第十六，2006年7月27日的第149号联邦法律《信息、信息技术和信息保护法》。

第十七，2006年7月27日的第152号联邦法律《个人资料法》。

第十八，2006年11月3日的第174号联邦法律《自治机构法》。

第十九，2008年12月22日的第262号联邦法律《保障获取俄罗斯联邦法院活动信息的法律》。

第二十，2009年5月12日的第95号联邦法律《保障议会政党平等使用国家公共电视和广播频道报道其活动的法律》。

第二十一，2010年12月29日的第436号联邦法律《保护青少年免受对其健康和发展有害的信息干扰法》。

第二十二，2013年4月5日的第41号联邦法律《俄罗斯联邦审计院法》。

第二十三，2014年2月22日的第20号联邦法律《俄罗斯联邦联邦会议国家杜马代表选举法》（取代2005年5月18日第51号联邦法律《俄罗斯联邦联邦会议国家杜马代表选举法》）。

第二十四，2014年7月21日的第212号联邦法律《俄罗斯联邦社会监督纲要》。

第二类，在军事状态和紧急状况条件下有效力的法律，以及打击极端主义和恐怖主义的联邦法律。主要的相关联邦法律如下。

第一，1994年12月21日的第68号联邦法律《保护居民和领土避免自然和工业性紧急情况法》。

第二，1995年5月19日的第80号联邦法律《永久纪念苏联人民

1941—1945年伟大卫国战争的胜利法》。

第三，1997年2月6日的第27号联邦法律《俄罗斯联邦内务部内卫部队法》。

第四，2002年7月25日的第114号联邦法律《反极端主义活动法》。

第五，2006年3月6日的第35号联邦法律《反恐怖主义法》。

第三类，规范对象不是信息关系，大众传媒在一些法律中只是信息传播工具。主要法律如下。

第一，1993年2月11日的第4462—1号联邦法律《俄罗斯联邦公证立法纲要》。

第二，1995年12月10日的第196号联邦法律《道路交通安全法》。

第三，1996年6月17日的第74号联邦法律《民族文化自治法》。

第四，1996年11月24日的第132号联邦法律《俄罗斯联邦旅游活动纲要》。

第五，1998年7月24日的第124号联邦法律《俄罗斯联邦儿童权利基本保障法》。

第六，1999年5月24日的第99号联邦法律《俄罗斯联邦对国外同胞国家政策法》。

第七，2002年1月10日的第7号联邦法律《环境保护法》。

第八，2002年5月31日的第63号联邦法律《俄罗斯联邦律师活动和律师法》。

第九，2005年4月4日的第32号联邦法律《俄罗斯联邦公众院法》。

第十，2007年12月4日的第329号联邦法律《俄罗斯联邦体育运动法》（取代1999年4月29日的第80号联邦法律《俄罗斯联邦体育运动法》）。

第十一，2010年4月12日的第61号联邦法律《药品流通法》（取代1998年6月22日的第86号联邦法律《药品法》）。

第十二，2011年11月21日的第323号联邦法律《俄罗斯联邦公民健康保护纲要》（取代1993年7月22日的第5487—1号联邦法律《俄罗斯联邦公民健康保护立法纲要》)。

第十三，2012年12月3日的第230号联邦法律《国家公职人员和其他人员的消费与收入相符情况监督法》。

第十四，2013年2月23日的第15号联邦法律《关于保护公民健康不受烟草烟雾及烟草消费后果影响的联邦法》。

第十五，2013年5月7日的第77号联邦法律《议会监督法》。

第十六，2013年12月28日的第442号联邦法律《俄罗斯联邦公民社会服务纲要》。

第十七，2014年4月2日的第37号联邦法律《克里米亚共和国和联邦直辖市塞瓦斯托波尔过渡时期金融系统的特殊运作法》。

第十八，2014年7月21日的第206号联邦法律《植物检疫法》。

除以上俄罗斯联邦法律外，各联邦主体也有大量与大众传媒相关的法律，这些法律只在通过该法律的联邦主体内有法律效力。如以下法律。

第一，马里埃尔共和国由国会通过的2010年6月10日第27—3号《保障共和国大众传媒均等报道马里埃尔共和国国会政党活动法》①。

第二，普斯科夫州2005年11月8日第480号《普斯科夫州国家支持大众传媒法》（由普斯科夫州代表议会于2005年10月27日通过）。②

第三，伊尔库茨克州2011年11月3日第105号《保障获取伊尔库茨克州国家机关和伊尔库茨克州州长活动信息法》③（由伊尔库茨克州立法会第36/6—3C号决议于2011年10月19日通过）。

第四，诺夫哥罗德州2010年12月23日的第900号《保障获取诺

---

① О гарантиях равного освещения в республиканских средствах массовой информации деятельности политических партий, представленных в Государственном Собрании Республики Марий Эл.
② О государственной поддержке средств массовой информации в Псковской области.
③ Об обеспечении доступа к информации о деятельности государственных органов Иркутской области и Губернатора Иркутской области.

夫哥罗德州国家机关活动信息法》①（由诺夫哥罗德州杜马第1635号决议于2010年12月21日通过）。

（六）俄罗斯联邦与大众传媒相关的法令②

俄罗斯联邦法令包括俄罗斯联邦总统令、俄罗斯联邦政府及各部委的法律文件和联邦主体执行机关的法律文件，其中有大量与大众传媒相关的法令，法令名称如下。

第一，俄罗斯联邦1997年8月4日第823号《完善俄罗斯联邦国家广播结构》总统令③。

第二，俄罗斯联邦2008年2月7日第212号《俄罗斯联邦信息社会发展战略》总统令④。

第三，俄罗斯联邦2009年6月24日第715号《全俄罗斯义务公共电视频道和广播频道》总统令⑤。

第四，俄罗斯联邦2014年12月24日第808号《确认国家文化政策纲要》总统令⑥。

第五，俄罗斯联邦2014年8月11日第561号《保障电视和广播在俄罗斯联邦领土上的传播》总统令⑦。

第六，俄罗斯联邦2013年8月26日第732号《成立俄罗斯联邦政府大众传媒领域奖项委员会》决议⑧。

---

① Об обеспечении доступа к информации о деятельности государственных органов Новгородской области.
② 限于篇幅，本部分只列出了法令名称，有兴趣的读者可以查找相应的法令原文或者中译本。
③ О совершенствовании структуры государственного радиовещания в Российской Федерации.
④ Стратегия развития информационного общества в Российской Федерации.
⑤ Об общероссийских обязательных общедоступных телеканалах и радиоканалах.
⑥ Об утверждении Основ государственной культурной политики.
⑦ О гарантиях распространения телеканалов и радиоканалов на территории Российской Федерации.
⑧ О Совете по присуждению премий Правительства Российской Федерации в области средств массовой информации.

第七，俄罗斯联邦 2014 年 5 月 14 日第 434 号《无线电频率服务》决议①。

第八，俄罗斯联邦通信和大众传媒部 2014 年 9 月 5 日第 280 号《俄罗斯联邦通信和大众传媒部服务规则》命令②。

第九，俄罗斯联邦劳动部 2014 年 5 月 21 日第 339 号《关于通过〈大众传媒记者〉职业标准的命令》③。

第十，俄罗斯联邦劳动部 2014 年 9 月 8 日第 626 号《关于通过〈大众传媒导演〉职业标准的命令》④。

第十一，俄罗斯联邦劳动部 2014 年 10 月 28 日第 811 号《关于通过〈大众传媒广播电视产品制作专家〉职业标准的命令》⑤。

第十二，俄罗斯联邦通信和大众传媒监督局 2014 年 7 月 9 日第 99 号《关于通过测算互联网网站或网页日用户量方法的命令》⑥。

（七）俄罗斯联邦签署的与大众传媒立法相关的国际条约

《俄罗斯联邦宪法》第 15 条第 4 款确认了国际条约在俄罗斯的法律地位："国际法普遍承认的原则和规范及俄罗斯联邦的国际条约是俄罗斯联邦法系的组成部分。如果俄罗斯联邦的国际条约确立了不同于本法的其他规则，则适用国际条约的规则。"

《大众传媒法》第 5 条第 2 款同样确定了俄罗斯联邦签署的国际条约法律效力优于《大众传媒法》和其他国内相关立法："如果俄罗斯联

---

① О радиочастотной службе.
② О служебном распорядке Министерства связи и массовых коммуникаций Российской Федерации.
③ Об утверждении профессионального стандарта Корреспондент средств массовой информации.
④ Об утверждении профессионального стандарта Режиссёр средств массовой информации.
⑤ Об утверждении профессионального стандарта Специалист по производству продукции телерадиовещательных средств массовой информации.
⑥ Об утверждении Методики определения количества пользователей сайта или страницы сайта в сети Интернет в сутки.

邦签订的国际条约中用于大众传媒组织和活动的规则不同于本法律，则适用国际条约的规则。"

俄罗斯签署的有关大众传媒的国际条约包括欧盟与欧洲委员会文件及联合国文件。

欧盟与欧洲委员会有关大众传媒的文件主要包括以下几个。

第一，《保护人权与基本自由公约》及其各项议定书。

第二，《跨境电视节目欧洲公约》。

第三，《欧洲人权法院章程》。

第四，《欧洲委员会议会全体会议对〈大众传媒和人权宣言〉的428号决议》。

第五，《欧洲委员会议会全体会议关于国家广播及其管理作用的748号建议》。

第六，《欧盟国家部长委员会〈关于采取措施保障大众传媒透明度〉的建议》。

第七，《欧盟国家部长委员会关于采取措施促进大众传媒多元化的R（99）1号建议》。

第八，《负责大众传媒政策部部长欧洲会议〈新的通信技术对人权和民主价值的影响〉的1号决议》。

第九，《负责大众传媒政策部部长欧洲会议〈反思大众传媒活动的规范性基础〉的2号决议》。

第十，《安全使用互联网行动计划》。

第十一，《欧洲委员会关于在大众传媒上进行政治辩论的自由宣言》。

联合国有关大众传媒的文件主要包括《世界人权宣言》《公民权利和政治权利国际公约》《保护文学和艺术作品的伯尔尼公约》。①

对俄罗斯大众传媒立法具有重要意义的是《保护人权与基本自由公

---

① База данных Российской судебной практики по информационному праву, http://media-pravo.info/law/.

约》(又称《欧洲人权公约》)。1950年11月4日通过的《欧洲人权公约》是欧洲委员会的基本文件之一。

俄罗斯联邦于1996年2月28日正式成为欧洲委员会的第39个成员国,之后,俄罗斯签署并批准了几十条委员会基本文件,内容涉及欧洲委员会活动的各个领域,包括人权和基本自由、大众传媒、社会问题、教育、青年问题和环境。① 俄罗斯于1998年3月30日通过第54号联邦法律,批准《欧洲人权公约》及其议定书。

欧洲根据《欧洲人权公约》于1959年设立人权法院,保障了公约条款的实施。凡是侵犯人权公约及其议定书所保护的权利的行为,都可以被诉至人权法院。1998年11月1日第11号议定书生效后,成员国公民、民间团体和非政府组织可以直接向人权法院起诉。②

《欧洲人权公约》中涉及大众传媒的立法主要包括第8条"尊重私人和家庭生活的权利"和第10条"表达意见的自由"。俄罗斯公民、民间团体和非政府组织向欧洲人权法院起诉俄罗斯违反这两个条款的案例有很多,例如2010年12月21日欧洲人权法院裁决沃罗涅日私营周报《新报》编辑部起诉俄罗斯联邦一案(投诉号27570/03),认定俄罗斯政府违反《欧洲人权公约》第10条,判决俄罗斯政府在3个月内支付上诉人866欧元作为物质损失赔偿。③

第三节 俄罗斯媒体立法的新规范及成效

俄罗斯作为一个新兴的联邦制大国,在立法方面经历了从照搬别国经验到有针对性地为解决本国问题而制定和修订法律条文的过程,大众

---

① Шесть лет назад Россия стала членом Совета Европы, http://www.1tv.ru/news/polit/121471.
② 尹雪梅:《欧洲人权法院——超国家的人权保护法律机构》,《中国司法》2006年第7期。
③ Дело Новая Газета в Воронеже против России, http://mmdc.ru/praktika_ evropejskogo_ suda/praktika_ po_ st10_ evropejskoj_ konvencii/europ_ practice3/, 2015-02-10.

传媒立法近十年来同样经历了新的发展历程。

在大众传媒立法机构设立方面，2012年9月，俄罗斯联邦会议成立新的独立立法部门——国家杜马信息政策、信息技术和通信委员会，负责之前由国家杜马文化委员会所做的信息技术和大众传媒领域立法规范工作。对俄罗斯大众传媒依法进行监管的政府机构也有所变更，2004年3月9日成立俄罗斯联邦新闻出版与大众传媒署（Роспечать）和俄罗斯联邦通信署（Россвязь），2008年6月2日成立俄罗斯联邦通信与大众传媒监督局（Роскомнадзор）（2009年3月16日改为俄罗斯联邦通信、信息技术和大众传媒监督局，Федеральная служба по надзору в сфере связи, информационных технологий и массовых коммуникаций），2008年5月12日成立由俄罗斯联邦政府管辖的俄罗斯通信和大众传媒部（Минкомсвязь России）（2018年5月15日更名为俄罗斯联邦数字发展、通信和大众传媒部，Минцифры России）。俄罗斯联邦通信、信息技术和大众传媒监督局，俄罗斯联邦通信署，俄罗斯联邦新闻出版与大众传媒署隶属于后者，负责对俄罗斯大众传媒领域进行全面监督，定期对相关活动和数据进行报告。2020年11月20日普京签署总统令，撤销俄罗斯联邦新闻出版与大众传媒署及俄罗斯联邦通信署，其职能移交给俄罗斯联邦数字发展、通信和大众传媒部。①

针对大众传媒及相关领域出现的新局面和新问题，俄罗斯立法机构及时制定和修订法律条文，以实现对俄罗斯大众传媒进行全面和有效的规范和监管。而立法行为则反映了俄罗斯政治精英的治国理念，2014年乌克兰危机后的一系列革新性立法，体现了俄罗斯权力阶层试图利用立法手段维护国家安全、对抗西方制裁和发展本国民族经济的治国方针。2000年以来俄罗斯大众传媒相关立法的新动向主要包括六个方面，将在本节具体分析说明。

---

① Путин передал функции Роспечати и Россвязи Минцифры, https://rg.ru/2020/11/20/putin-uprazdnil-rospechat-i-rossviaz-peredav-ih-funkcii-mincifry.html.

一　确立《大众传媒法》在俄罗斯全境的法律效力

在俄罗斯联邦成立后的十多年时间里，一些联邦主体颁布了自己的大众传媒法律，这些法律文件大多机械地重复 1991 年的俄罗斯《大众传媒法》，其中有很多公认的错误，也存在一系列的限制，例如巴什科尔托斯坦共和国和阿迪格共和国规定，未经地方当局的许可，禁止在本地区以外注册的组织在它们的领土范围内成立或扩展任何大众传媒机构。①

2000 年以后，普京推行了一系列中央集权政策，从而打破了"俄罗斯地区化"模式，地方的宪法和立法要与联邦宪法相适应，特殊的条约被废除。②

2003 年 7 月 4 日颁布的第 95 号联邦法律《对〈俄罗斯联邦主体立法（代表）和执行国家权力机关一般组织原则法〉的修改补充法》③ 是俄罗斯改革联邦与联邦主体关系的立法，它明确了由俄罗斯联邦主体国家权力机关独立使用联邦主体财政预算进行管理的 41 个权限（经多次修订的《俄罗斯联邦主体立法（代表）和执行国家权力机关一般组织原则法》④ 的现行版本包含一百多个权限），其中第 38 个权限为"联邦主体国家权力机关有权创办和财政支持印刷大众传媒（2013 年第 264

---

① Рихтер А. Г., Правовые основы журналистики, http：//evartist. narod. ru/text17/0001. htm.

② ［俄］特列宁：《帝国之后：21 世纪俄罗斯的国家发展与转型》，韩凝译，新华出版社 2015 年版，第 227—229 页。

③ Федеральный закон от 4 июля 2003 г. N 95 – ФЗ " О внесении изменений и дополнений в Федеральный закон" Об общих принципах организации законодательных （представительных） и исполнительных органов государственной власти субъектов Российской Федерац ии （с изменениями и дополнениями）, http：//base. garant. ru/186093/.

④ Федеральный закон от 6 октября 1999 г. N 184 – ФЗ " Об общих принципах организации законодательных （представительных）и исполнительных органов государственной власти субъектов Российской Федерации" （с изменениями и дополнениями）, http：// base. garant. ru/12117177/.

号联邦法律增订了'和网络出版物'),用以颁布(官方公布)联邦主体国家权力机关法律条文和其他官方信息"。

2003年10月6日颁布的第131号联邦法律《俄罗斯联邦地方自治一般组织原则法》[①]是俄罗斯对联邦地方自治进行改革的立法,极大地影响了地方自治机关创办的大众传媒的活动,其第17条第1款第7点规定:"地方自治机关有权创办印刷大众传媒,用以公布市镇法律条文,讨论有关地方问题的市镇法律条文草案,通知市镇居民关于市镇社会经济和文化发展,以及市镇公共基础设施发展和其他的官方消息。"

上述两部法律限定了联邦主体和地方自治机关只能创办及财政支持那些发布官方消息的印刷大众传媒,从而将这一类型之外的其他大众传媒纳入联邦管辖范围。其中第95号联邦法律对《俄罗斯联邦主体立法(代表)和执行国家权力机关一般组织原则法》第3条"保障俄罗斯联邦宪法和联邦法律的最高地位"的修订明确规定,俄罗斯联邦主体的法律和其他规范性法律条文不能与适用于俄罗斯联邦管辖对象及联邦与主体共同管辖对象的联邦法律相冲突;俄罗斯联邦主体在联邦法律通过之前有权对共同管辖对象进行法律监管,但相应的联邦法律通过之后,联邦主体的法律和其他规范性法律文件应在3个月内根据该联邦法律进行调整。

在上述第95号和第131号法律基础上,2004年8月22日颁布的第122号联邦法律[②]对超过150部涉及划分各级权力机关权限及其财务保障的联邦立法进行修订,同时宣布大量的法律和法律条款失效。大众传媒立法方面,《经济扶持地区(市)报纸法》和《国家支持俄罗斯联邦大众传媒与图书出版法》失效,《大众传媒法》第5条第1款做了重要

[①] Федеральный закон от 6 октября 2003 г. N 131 – ФЗ " Об общих принципах организации местного самоуправления в Российской Федерации", http://base.garant.ru/186367/.

[②] Федеральный закон от 22 августа 2004 г. N 122 – ФЗ, http://base.garant.ru/12136676/.

修订，删除了俄罗斯联邦大众传媒立法组成中包含俄罗斯联邦内各共和国大众传媒立法的句子，从而明确了俄罗斯《大众传媒法》在联邦共和国等各联邦主体的法律效力。

确定《大众传媒法》在俄罗斯全境法律效力的一个典型判例是2006年2月6日伏尔加格勒州法院判决认定伏尔加格勒州2002年2月5日的第666号法律《国家支持伏尔加格勒州大众传媒和图书出版法》违反联邦法律《大众传媒法》第5条第1款等联邦法律条款，判决第666号法律自判决之刻起失效。法庭通过分析联邦立法，证明颁布涉及大众传媒的规范性法律文件属于联邦层面的权限，联邦主体无权对相关问题进行法律规范。法庭认定，现行联邦立法消除了联邦主体通过规范性法律文件对大众传媒领域进行监管的可能性。① 俄罗斯联邦最高法院维持了以上判决。根据判决，《国家支持伏尔加格勒州大众传媒和图书出版法》于2006年8月2日由伏尔加格勒州第1272号法律宣布失效。②

《大众传媒法》在俄罗斯联邦全境法律效力的确立是俄罗斯大众传媒立法的一次革新性转变，它保障了俄罗斯中央权力机关对境内所有大众传媒法律的规范和监管，是俄罗斯政府实行统一的媒体政策的前提。除此之外，这次修订更为重要的意义在于，通过立法取消联邦主体对当地大众传媒的监管和控制，俄罗斯联邦中央掌握了社会舆论方向，遏制了地区分离的趋势，实现了对地方全面有效的领导。

---

① Решение Волгоградского областного суда от 06.02.2006 по делу N 3 – 14/2006 "О признании противоречащим федеральному законодательству и недействующим закона Волгоградской области от 5 февраля 2002 года N 666 – ОД" О государственной поддержке средств массовой информации и книгоиздания в Волгоградской области，http：//volgograd. news – city. info/docs/sistemsc/dok_ oegnnz. htm.

② Закон Волгоградской области от 02.08.2006 N 1272 – ОД "О признании утратившим силу закона Волгоградской области от 5 февраля 2002 г. N 666 – ОД" О государственной поддержке средств массовой информации и книгоиздания в Волгоградской области，http：// volgograd. news – city. info/docs/sistemsz/dok_ ieqzqi. htm.

二 提高国有大众传媒效率,加强对内和对外宣传力度

对于俄罗斯经济领域的国有化运动,美国学者祖博克认为,"克里姆林宫试图建立一个威权主义国家,它不仅要控制大众传媒和大众政治,还有大公司。普京动用国家力量查抄大公司,并创建了一批国家垄断企业"①。而对于普京早期对敌对政治寡头采取攻击,最终实现对媒体的控制,英国学者大卫·莱因解释其目的是实现对政治组织和意识形态的控制,因为"国家控制的媒体支持政府的政策","媒体中没有出现过的东西,公共意识里就不会出现"。②

虽然质疑不断,但俄罗斯在大众传媒领域的国有化进程并没有停止,独立媒体的比例逐渐下降。③ 截至2012年1月,俄罗斯许多大型大众传媒完全属于或部分属于国家、国有企业和莫斯科政府,具体情况见表3-2。

表3-2 俄罗斯完全属于或部分属于国家、国有企业和莫斯科政府的主要大众传媒

媒体类别	完全属于或部分属于国家	属于国有企业	属于莫斯科政府
新闻社	俄新社、俄塔社	—	—
印刷媒体	《俄罗斯报》《议会报》《莫斯科新闻报》	俄罗斯天然气工业股份公司媒体集团下属七天出版社,《总结》杂志和《7天报》	《特维尔大街13号报》《莫斯科晚报》

---

① [美]祖博克:《失败的帝国:从斯大林到戈尔巴乔夫》,李晓江译,社会科学文献出版社2014年版,"英文版序(一)"第9页。

② [英]大卫·莱因:《俄罗斯政治精英的分化》,褚明亮译,《俄罗斯东欧中亚研究》2013年第6期。

③ Доклад о состоянии гражданского общества в Российской Федерации за 2011 год, Москва, 2011. С. 48, https://www.oprf.ru/files/dok2012/dokladOPRF2011.pdf.

续表

媒体类别	完全属于或部分属于国家	属于国有企业	属于莫斯科政府
电视和广播	全俄国家电视广播公司所属：俄罗斯1台、俄罗斯2台、俄罗斯文化台和俄罗斯24频道；灯塔电台、俄罗斯广播电台、文化和消息FM广播电台；89个地方电视台和广播电台 星空媒体集团下属星空电视台和广播电台 第一频道电视台	俄罗斯天然气工业股份公司媒体集团下属NTV、TNT、NTV-plus和Comedy TV电视台；莫斯科回声、City FM、Relax FM、第一流行广播和儿童广播电台	中心电视台莫斯科24频道、广播中心康采恩的莫斯科说（2014年2月26日改为"莫斯科电台"）和体育广播电台

资料来源：俄新社网站，http://ria.ru/infografika/20120127/550041009.html，2012-01-27。

2014年俄罗斯大众传媒领域最引人注目的国有化事件是俄罗斯天然气工业股份公司媒体集团收购私人传媒集团ПрофМедиа全部股份。截至2015年9月，俄罗斯天然气工业股份公司媒体集团已经拥有7家电视公司和10家广播电台（包括1家网络电台），以及众多的出版社、媒体产品制作公司、网络公司和广告公司等，是俄罗斯拥有媒体品牌最多的一家大众传媒集团。

在国有大众传媒持续发展壮大的基础上，俄罗斯通过立法提高国有大众传媒的工作效率、增强国有媒体对国内外的宣传力度。2013年12月9日，普京签发第894号《提高国有大众传媒效率的一些措施》总统令，[1]对一系列国有媒体进行合并重组，其中包括以下几个措施。

第一，成立俄罗斯联邦国家单一制企业国际通讯社"今日俄罗斯"，规定其主要活动为在国外报道俄罗斯联邦国家政治和社会生活，

---

[1] Указ Президента Российской Федерации от 9 декабря 2013 г. N 894 "О некоторых мерах по повышению эффективности деятельности государственных средств массовой информации", http://www.rg.ru/2013/12/09/ykaz-dok.html.

由俄罗斯联邦总统亲自负责通讯社总经理的任免。

第二,撤销俄罗斯国家广播公司俄罗斯之声和俄罗斯国际新闻通讯社,所有资产并入今日俄罗斯通讯社。

第三,撤销俄罗斯国家电视广播基金会,其资产并入俄罗斯联邦国家单一制企业全俄国家电视和广播公司。

第四,撤销国家图书局,其资产并入俄罗斯联邦国家单一制企业俄通社—塔斯社。

第五,俄罗斯联邦官方俄罗斯报社兼并官方祖国杂志社,并进行重组。

《提高国有大众传媒效率的一些措施》总统令虽然是对国有大众传媒在经济领域的调整,但其在政治层面具有深远的意义。国有通讯社、广播电视公司和报社、杂志社的兼并重组不仅能够提高国有大众传媒的市场竞争力,而且有助于国家掌握社会舆论方向,对抗西方舆论宣传,对树立和宣传俄罗斯国家、社会、政府和领导人的正面形象具有重要意义。

乌克兰危机以来,西方对俄罗斯的制裁不断升级,俄罗斯利用国有大众传媒进行反宣传的趋势更加明显。2014年11月10日国有媒体今日俄罗斯通讯社创建面对外国受众的新品牌卫星新闻通讯社(Sputnik),包括电台、网站和新闻社,在34个国家用30种语言进行网站宣言和广播。① 今日俄罗斯通讯社总经理德米特里·基谢廖夫在新媒体发布会上将卫星新闻通讯社成立的原因解释为"一些国家将自己的意志强加于东西方,它们所到之处,流血事件频发、内战升级、爆发颜色革命甚至国家解体。而俄罗斯则提议建立有利于人类的世界模式,俄罗斯支持建立一个多彩和多样化的世界"②。新成立的卫星新闻通讯社成为俄罗斯在舆论上对抗美国及其追随者的主要阵地,是树立国家正面形象,提高国

---

① 卫星新闻通讯社(Sputnik)于11月10日登录世界媒体市场,http://sputniknews.cn/docs/about/index.html。

② "Россия сегодня" запустила новое международное медиа Sputnik, http://www.advertology.ru/article126880.htm.

际声誉的宣传窗口。

俄罗斯国有大众传媒实力和竞争力不断增强，其影响力得到了俄罗斯民众的广泛认可。俄罗斯社会舆论基金会2015年4月19日的民意调查数据显示，70%的民众更信任国有大众传媒，仅有11%的民众信任非国有大众传媒；而在上一年，即2014年3月23日，该项调查数据分别为62%和16%。① 俄罗斯电视收视份额数据也体现了俄罗斯民众对国有大众传媒的认可和支持。截至2014年11月15日，俄罗斯2014年日均收视份额排名前10位电视台的日均收视份额总和占总份额的70%，而这10家电视台中有6家为国家所有或国企持有股份，见表3-3。

表3-3　　2014年俄罗斯日均收视份额前10名的电视台

电视台(国家占股比)	收视份额(%)
第一频道(国家占51%股份)	14.4
俄罗斯1台(俄罗斯政府全资)	13.2
NTV(国企占35%股份)	11.3
TNT(国企全资)	6.8
CTC(外资)	5.9
第五频道(私企全资)	5.6
REN TV(私企全资)	4.2
俄罗斯24频道(俄罗斯政府全资)	3.3
中心电视台(莫斯科政府占99.2326%股份)	3.0
电视台3(外企合资)	2.5

收视份额数据来源：TNS俄罗斯公司（转引自adindex.ru）。②
股份配比数据来源：维基百科，日期截至2015年5月10日。

---

① Доверие российским СМИ, http://fom.ru/SMI-i-internet/12140.
② Россия 24 впервые вошла в Топ-10 телеканалов по доле аудитории, http://adindex.ru/news/media/2014/11/20/117586.phtml.

广大民众对国有大众传媒的认可是俄罗斯大众传媒领域国有化政策成功的标志。国有大众传媒在引导社会舆论和促进民族团结方面发挥了重要作用，提升了俄罗斯政府的威信和号召力，有利于俄罗斯政府有效实施内政和外交策略。

但针对大众传媒国有化这一举措，在俄罗斯也有反对的声音。有学者认为，21世纪初俄罗斯大众传媒国有化趋势明显，俄罗斯联邦主要的媒体在经济上依附于国家，大众传媒的活动受制于政权的利益，这会限制舆论的多元化，在大众意识中形成有利于政权的社会政治活动认知。① 俄罗斯联邦社会署2012年年度报告指出，地方媒体在经济上依赖地方政府，被迫丧失独立的编辑政策，国有大众传媒获得经济支持，造成了市场的不平衡，影响了竞争，因此，实施去国有化主张会促进俄罗斯大众传媒的积极变化，这是实现言论自由和支持政治竞争的现实体制基础。② 2014年3月，俄罗斯联邦总统发展公民社会和人权委员会（Совет при президенте РФ по развитию гражданского общества и правам человека）就俄罗斯新闻业出现的问题发表声明，声明中指出，大众传媒的进一步国有化会剥夺其社会使命所赋予的独立性和多样性，而独立性和多样性的缺乏会使大众传媒变成宣传武器，或变成攫取好处的工具。③ 但这些反对声音很少出现在国有大众传媒占优势的俄罗斯主流媒体中，因此并未引起足够的重视。

三 进一步限制大众传媒外资比例，制约西方舆论宣传

苏联解体以后，俄罗斯开放媒体，奉行言论自由政策，大量外资进

---

① Лиманский Е. А. Проблемы реформирования федеративного устройства России в общенациональных печатных сми, автореферат диссертации на соискание ученой степени кандидата политических наук, Екатеринбург. 2008. С. 15，http：//elar. urfu. ru/bitstream/10995/1306/1/urgu0549s. pdf.

② Общественная палата Российской Федерации：Доклад о состоянии гражданского общества в Российской Федерации за 2012 год Москва 2012. С. 40 - 41.

③ СПЧ："Огосударствление" СМИ превращает их либо в орудия пропаганды, либо в средства извлечения выгоды, Подробнее, http：//www. rosbalt. ru/main/2014/03/31/1250784. html.

入俄罗斯大众传媒产业，宣扬西方的价值观念，鼓吹"颜色革命"和批判俄罗斯的内政外交政策。

为限制西方舆论宣传，掌握舆论导向，普京执政以后，除了逐步增强国有大众传媒实力，还开始对外资控股媒体进行整治。2001年8月4日俄罗斯颁布第107号法律文件，[①] 对《大众传媒法》进行修订，增加第19.1条"对创办电视、视频节目和创办电视传播组织（法人）的限制"。新增加的条文规定如下。

第一，外国法人、有外资参与且外资比例（投入）占法定（储存）资本的50%或以上的俄罗斯法人，以及有双重国籍的俄罗斯公民，无权做电视、视频节目的创办人。

第二，外国公民、无国籍人士和具有双重国籍的俄罗斯联邦公民、外国法人，以及有外资参与且外资比例（投入）占法定（储存）资本的50%或以上的俄罗斯法人无权创办节目接收区域覆盖俄罗斯联邦主体的半数及以上，或者覆盖区域内居住的人口达到俄罗斯联邦人口数量的半数及以上的电视传播组织（法人）。

第三，电视、视频节目创办人（包括注册之后）、进行电视传播的组织（法人），如果其节目接收区域覆盖俄罗斯联邦主体的半数及以上，或者覆盖区域内居住的人口达到俄罗斯联邦人口数量的半数及以上，在进行股份（比例）划分时，不得使外资比例（投入）占其法定（储存）资本的50%及以上。

这是俄罗斯《大众传媒法》首次对大众传媒（只限电视传媒）的外资比例进行限制。该条款自公布之日起生效，要求之前注册的电视、视频节目创办人和电视传播组织（法人）在法律生效起一年内按新条款整理注册和创办的文件。

[①] Федеральный закон от 04 августа 2001 года № 107 – ФЗ, http://docs.pravo.ru/document/view/2230/.

2011年6月14日，第142号联邦法律①对《大众传媒法》第19.1条进行修订，将外资50%比例限制范围扩大到广播媒体，其标题被改为"对创办电视频道、广播频道、电视、广播和视频节目及传播组织（法人）的限制"，修订的内容从2011年11月10日开始生效。

2014年10月14日，俄罗斯颁布第305号法律②，对《大众传媒法》第19.1条做出革新性修订，其标题被改为"对创办大众传媒、传播组织（法人）的限制"，具体内容如下。

第一，如果俄罗斯签署的国际条约没有另外规定，则其他国家、国际组织及受他们支配的组织、外国法人、有外资投资的俄罗斯法人、外国公民、无国籍人士、拥有其他国籍的俄罗斯公民，同时或单独具有上述身份，则无权做大众传媒的创办人（参与人），以及大众传媒的编辑和进行传播的组织（法人）。

第二，如果俄罗斯签署的国际条约没有另外规定，则其他国家、国际组织及受它们支配的组织、外国法人、外资比例占法定资本20%以上的俄罗斯法人、外国公民、无国籍人士、有其他国籍的俄罗斯公民，同时或单独具有上述身份，则无权直接或间接（包括通过受支配人员或者通过任意人员掌握总数超过20%的比例或股份）对大众传媒创办人、大众传媒编辑部、进行传播的组织（法人）的参与者（成员、股东）持有的占法定资本20%以上的比例或股份实施占有、管理或者支配。

第三，禁止本条第1款中列出的人员设置任何其他形式支配大众传媒创办人、大众传媒编辑部、进行传播的组织（法人），以及大众传媒创办人的参与者（成员、股东），否则其结果可能直接或间接掌握、管理该创办人、该编辑部、该组织，支配他们，以及事实上制约他们采取的决定。

---

① Федеральный закон от 14 июня 2011 года № 142 – ФЗ, http：//docs.pravo.ru/document/view/16743454/.

② Федеральный закон от 14 октября 2014 года № 305 – ФЗ, http：//docs.pravo.ru/document/view/60336725/.

第四，大众传媒或者大众传媒编辑部，以及进行传播的组织（法人）创办人的参与者（创办人），在与本条要求不相符的情况下，无权行使俄罗斯联邦《民法典》第65.2条第1款第2—6段规定的权利。属于这些人的票数，在确定参与者（成员、股东）大会有效人数和计算票数时，不予计算。一切违反本条法律要求的交易予以取消。证明遵守本条法律要求的文件清单由俄罗斯联邦政府确定，并由本法律规定的人员提交。

本次修订从2016年1月1日开始生效，大众传媒的成立文件必须在2016年2月1日前按《大众传媒法》进行调整，证明遵守法律要求的文件须不迟于2016年2月15日提交。对外国法人和外资比例占法定资本20%以上的俄罗斯法人的规定从2017年1月1日开始执行，证明其遵守法律要求的文件须不迟于2017年2月15日提交。负责大众传媒注册的联邦执行权力机关如果没有收到上述文件，或者收到的文件显示该人员没有遵守《大众传媒法》，则会申请中止该大众传媒的活动。

修订《大众传媒法》，限制大众传媒外资比例20%的法律草案，是俄罗斯国家杜马议员、自由民主党人瓦季姆·坚京，公正俄罗斯党人弗拉基米尔·帕拉欣和俄罗斯联邦共产党人丹尼斯·沃罗年科夫共同提出的，并由俄罗斯国家杜马2014年9月26日在三读中以"340票同意，2票反对和1票弃权"的高票数通过。从9月23日的一读到9月26日的三读，代表们对草案内容只做了一点修改，即外资比例限制不涉及按国际条约组建的大众传媒公司，这实际上是使俄罗斯与白俄罗斯在"联合国家"框架下组建和将要组建的大众传媒公司不受此限制。①

虽然受此次修订影响的是含有外资成分的大众传媒公司，但该法律

---

① Госдума приняла законопроект об ограничении иностранного участия в СМИ, http://www.vedomosti.ru/politics/articles/2014/09/26/gosduma – prinyala – zakonoproekt – ob – inostrannom – vladenii – v – smi.

草案的提出者们所针对的不是经济领域，他们的立法完全出于政治目的。提案的作者之一，俄罗斯国家杜马信息政策委员会第一副主席瓦季姆·坚京表示，该提案不是试图对大众传媒业进行某种政治打压，而是为了保障国家安全，他指出，"'谁拥有信息谁就拥有世界'，如果外国人进入其他国家的媒体市场，他们就能够影响人们的思想和社会舆论。需要明确区分人们购买大众传媒的目的，是做生意还是推行其政策和改变该国局势"①。而俄罗斯国家杜马信息政策委员会委员罗曼·崔琴科表示，限制外资比例是与西方对等的保护措施，"针对我们国家在进行着的信息战，我们要注意，不管以前西方大众传媒说过它们有多么客观和公正，实际上它们是宣传的武器，是制造谎言的工厂"②。

对于为什么将外资比例设定在 20% 以内，该草案的另一位作者，俄罗斯国家杜马土地关系和建设委员会第一副主席弗拉基米尔·帕拉欣表示："如果比例再大一些的话，比如 25%，就是能够决定性地影响任何出版物信息政策的股权数量了。我们看到，在我们的媒体中很多有关乌克兰事件的报道并不完全可靠。"③ 而对于不符合新修订条款要求的公司，瓦季姆·坚京给出的建议是成立自己合法的公司组织形式，比如有限责任公司、非公众股份公司。他指出，很多外国银行，包括美国银行在俄罗斯联邦境内都是这样操作的。④

以保障国家信息安全为目的而限制外资比例不能超过 20% 的修订虽然在国家杜马几乎全票通过，并最终由俄罗斯联邦委员会批准，但对其依然存在反对声音。杜马议员德米特里·古德科夫认为，此项法律会损害俄罗斯传媒事业，将会出现人才、投资和技术外流，削减外国投资者迟早会使俄罗斯媒体失去竞争力。公共新闻组织"媒体联盟"主席

---

① Госдума ограничит долю иностранцев в российских СМИ до 20%, http://izvestia. ru/news/576792, 2014 – 09 – 17.
② Депутаты ограничили участие иностранного капитала в российских СМИ, http://www. ruj. ru/_ news/5936/#. Vfp7y8v9nIU, 2014 – 09 – 25.
③ Госдума ограничит долю иностранцев в российских СМИ до 20%.
④ Депутаты ограничили участие иностранного капитала в российских СМИ.

叶连娜·泽林斯卡娅认为，此次修订是个错误，会使市场恶化，出版物数量减少，发行市场遭受打击，最终使读者利益受损，因为他们会失去已经习惯了的多种出版物。而俄罗斯新闻记者联盟秘书帕维尔·古季翁托夫指出，法律草案的作者没有给出任何有关外资大众传媒违反法律的统计数据，某些西方资本家会破坏俄罗斯信息空间的论点完全是臆想出来蛊惑人心的，本次立法者们通过的法律不会有任何意义，只不过是在展示爱国旗帜而已，最终受伤害的会是民众。①

据估计，在俄罗斯有一半左右的大众传媒公司会受到本次 20% 外资比例限制的影响，大量的媒体集团需要更改创办人和股东结构，以符合新的外资比例限制。这是因为，在俄罗斯很多大众传媒公司为避缴 20% 的利润税而以离岸公司的形式注册，另外还有很多大众传媒公司实际为外资所有，例如俄罗斯最大的外资媒体公司 CTC 由瑞典公司 Modern Times Group 持有 37.9% 的股份，另外一部分股份属于塞浦路斯离岸公司 Telcrest Investments，其余的股票在美国纳斯达克证券市场自由流通。② 正是在这一背景下，2014 年俄罗斯大众传媒市场成交量活跃，交易金额同比增加了 4.8 倍，交易量增加了 20%，平均交易金额增加了 4 倍。③

这是俄罗斯《大众传媒法》首次对电视传媒的外资比例进行限制。该条款自公布之日起生效，要求之前注册的电视、视频节目创办人和创办电视传播的组织（法人）在法律生效之日起一年内按新条款整理注册和创办的文件。

2011 年 6 月 11 日颁布的第 142 号法律④对《大众传媒法》做了修订，扩大了第 19.1 条的限制范围，受到外资比例限制的媒体除电视和

---

① Депутаты ограничили участие иностранного капитала в российских СМИ.
② Госдума приняла законопроект об ограничении иностранного участия в СМИ.
③ Информационно – аналитический Бюллетень Рынок Слияний и поглощений, № 204 март 2015 года, http：//www.akm.ru/rus/ma/bull/archive.htm.
④ Федеральный закон от 14 июня 2011 года № 142 – ФЗ, http：//docs.pravo.ru/document/view/16743454/.

视频媒体以外，新增了广播媒体。第19.1条的标题改为"对创办电视频道、广播频道、电视广播和视频节目及从事传播的组织（法人）的限制"，修订的内容从2011年11月10日开始生效。

四 加大对网络信息传播的监管力度

当今俄罗斯民众的主要信息来源是电视和网络。① 根据俄罗斯全俄舆论调查中心的调查资料显示，从2011年起，俄罗斯的互联网用户已经超过人口半数。② 而俄罗斯社会舆论基金会的民意调查数据显示，至2014年年底，每日至少使用1次网络的民众占总人口的51%（5990万人），而每月至少使用1次网络的民众占总人口的62%（7230万人）。③

面对互联网的快速发展，俄罗斯权力和立法部门积极应对，2013年7月俄罗斯联邦总统普京签署《俄罗斯联邦国际信息安全领域至2020年前国家政策纲要》，④ 2013年11月俄罗斯联邦政府通过《俄罗斯联邦2014—2020年信息技术产业发展战略和2025年前景展望》。⑤ 在立法机构设置方面，2013年5月国家杜马信息政策、信息技术和通信委员会成立了互联网和电子民主发展分委会，负责讨论互联网和电子民主方面的问题，并提出相关意见。

2011年10月7日颁布的第420号联邦法律⑥对俄罗斯《刑法典》

---

① Доклад о состоянии гражданского общества в Российской Федерации за 2013 год. Москва. 2013. С. 67，http：//www. oprf. ru/files/2014dok/doklad_ grazhdanskoe_ obshestvo_ 2013_ itog. pdf.

② Просторы интернета: развлечения, общение, работа, http://wciom. ru/index. php? id =236&uid =115018.

③ Интернет в России: динамика проникновения. Осень 2014，http://fom. ru/SMI - i - internet/11889，2014 - 12 - 29.

④ Основы государственной политики Российской Федерации в области международной информационной безопасности на период до 2020 года（утв. Президентом РФ 24. 07. 2013 N Пр – 1753），http：//www. consultant. ru/document/cons_ doc_ LAW_ 178634/.

⑤ Распоряжение Правительства РФ от 1 ноября 2013 г. N 2036 – р Об утверждении Стратегии развития отрасли информационных технологий в РФ на 2014 – 2020 гг. и на перспективу до 2025 г，http：//base. garant. ru/70498122/#ixzz3md9PtSXB.

⑥ http：//ivo. garant. ru/SESSION/PILOT/main. htm.

做了修订，修订后的第 137 条"侵犯个人隐私"增加了对通过大众传媒等途径侵犯个人隐私的惩罚力度，由原来的判处义务劳动 120—180 小时、拘役 4 个月以下或剥夺自由 2 年以下，同时剥夺担任一定职务或从事一定活动的权利 3 年以下，改为判处义务劳动 360 小时以下，或矫正劳动 1 年以下，或强制劳动 2 年以下，同时剥夺担任一定职务或从事一定活动的权利 3 年以下或免于此处罚；或拘役 4 个月以下，或剥夺自由 2 年以下，同时剥夺担任一定职务或从事一定活动的权利 3 年以下。

在网络空间监管的立法方面，2011 年 6 月 14 日颁布的第 142 号联邦法律对《大众传媒法》进行修订，确认按该法律程序自愿注册为网络出版物的网站为大众传媒，没有注册为大众传媒的网站不是大众传媒，此项修订确立了网络大众传媒的法律地位，保障了其法定的权利，但同时也明确了大众媒体必须遵守法律对它的要求。

2014 年 5 月 5 日俄罗斯颁布第 97 号联邦法律《对联邦法律〈信息、信息技术和信息保护法〉及部分俄罗斯联邦法律条文就整顿利用通信网络进行信息交流问题进行修订法》，① 因其确定了互联网博客拥有者（博主）的法律地位，而被业界称为《博主法》。《博主法》增订 2006 年 7 月 27 日的第 149 号联邦法律《信息、信息技术和信息保护法》第 10.1、第 10.2 和第 15.4 条。

其中第 10.1 条第 1 款对互联网信息传播组织者的定义为"互联网信息传播组织者指实施活动以保障用于电子计算机——其用途为并且（或）被用于接收、转发、获取和（或）加工互联网用户电子消息——的信息系统和（或）程序运行的人员"。

第 3 款对互联网信息传播组织者的义务做了规定："互联网信息传播组织者必须在俄罗斯联邦境内保存有关互联网用户接收、转发、获取

---

① O внесении изменений в Федеральный закон‹Об информации, информационных технологиях и о защите информации› и отдельные законодательные акты Российской Федерации по вопросам упорядочения обмена информацией с использованием информационно‐телекоммуникационных сетей, http：//base. garant. ru/70648932/#help.

和（或）加工语音信息、书面文本、图像、声音或者其他电子通信的事实信息，以及这些用户的信息，保存期限为实施这些活动结束后起的6个月，以及在俄罗斯联邦法律规定的情况下，向进行追踪—侦查活动或者保障俄罗斯联邦安全的被授权的国家机关提供以上信息。"

规定对互联网信息传播组织者设置名册，进入名册的网站必须遵守《通信网络"互联网"的信息传播组织者与进行追踪侦查活动或保障俄罗斯联邦安全的国家授权机关的协作规则》，该规则由俄罗斯联邦政府于2014年7月31日通过743号决议①确认。

第10.1条第5款对不适用本条款的互联网信息传播组织者做了说明："本条所规定的义务不适用于国家信息系统和市镇信息系统经营者、持有牌照提供电信服务的电信运营商——在其牌照许可的经营部分，也不适用于为个人、家人和家庭需要所进行本条第1款中所指活动的公民（自然人）。"

第10.2条"博主传播公众信息的特点"，规定24小时内有3000个以上互联网用户访问的博主必须遵守俄罗斯联邦法律相关规定，并将其纳入博主名册。其第1款规定了博主的义务，即互联网中网站或者网页拥有者，如果在网页中发布公众信息并且24小时内有3000个以上互联网用户访问，在发布和使用以上信息时，包括在该网站或网页由其他互联网用户发布以上信息时，必须保证遵守俄罗斯联邦法律，包括以下内容。

第一，禁止利用互联网网站或者网页进行刑事犯罪活动，披露国家或者其他特别受法律保护的秘密，传播含有公开呼吁进行恐怖活动或者公开替恐怖主义辩护的材料，其他极端主义材料，以及宣传色情、暴力

---

① Постановление Правительства Российской Федерации от 31.07.2014 № 743 "Об утверждении Правил взаимодействия организаторов распространения информации в информационно - телекоммуникационной сети 'Интернет' с уполномоченными государственными органами, осуществляющими оперативно - разыскную деятельность или обеспечение безопасности Российской Федерации", http: //publication. pravo. gov. ru/Document/View/0001201408040006？index = 0&rangeSize = 1.

和残忍的资料、含有污言秽语的材料。

第二，在发布前检查所发布的公众信息的可靠性，并且立即删除已发布的不可靠信息。

第三，禁止违反民法传播公民的私生活信息。

第四，遵守俄罗斯联邦公民投票法和选举法所规定的禁止和限制。

第五，遵守俄罗斯联邦立法有关大众信息传播的准则。

第六，遵守公民和组织的权利和合法利益，包括公民的名誉、尊严和商业信誉、组织的商业信誉。

第15.4条"限制访问互联网信息传播组织者的信息资源的程序"，规定不按期执行相关义务的互联网信息传播组织者的信息资源系统将被通信运营商限制访问，直至其履行相关义务。

根据以上的修改和补充，2014年第97号联邦法律对《俄罗斯联邦行政违法法典》也做了相应的更改和增订，补充了违反相关法律条款的处罚措施。

《博主法》从2014年8月1日开始生效，据俄罗斯联邦通信、信息技术和大众传媒监督局网站资料显示，至2015年8月20日信息传播组织者名册中共有38条记录，24小时超过3000个以上用户访问的博主名册截至2015年9月22日登记了872个网站和网页。① 首个被登记到信息传播组织者名册的是大型社交网络平台VK有限责任公司，其注册网址为vk.com；紧随其后的是知名的Yandex有限责任公司，其注册社交平台网址为disk.yandex.ru。

另外一个引起广泛讨论的网络监管立法是2013年7月2日的第187号联邦法律《就保护通信网络著作权问题修订部分俄罗斯联邦法律条文法》，② 即所谓的《反盗版法》。《反盗版法》增订《俄罗斯联邦民事诉

---

① Открытые данные, http://rkn.gov.ru/opendata/, 2015-09-25.
② Федеральный закон от 02 июля 2013 года № 187-ФЗ О внесении изменений в отдельные законодательные акты Российской Федерации по вопросам защиты интеллектуальных прав в информационно-телекоммуникационных сетях, http://base.garant.ru/70405630/.

讼法典》第 144.1 条，规定法院在民事起诉前有权根据组织或公民的书面申请采取法律规定的预防措施，保障申请人在互联网等通信网络上的影片专有权；增订《信息、信息技术和信息保护法》第 15.2 条"限制访问违反电影和电视影片专有权信息的程序"，规定影片专有权所有者在发现被侵权后，有权根据法院判决，向监管大众传媒、大众通信、信息技术和通信领域的联邦执行权力机关申请采取措施限制访问侵权资源，联邦执行权力机关须在 3 个工作日内以电子方式通告网络运营商侵权行为的详细信息，网络运营商在收到通告后 1 个工作日内通知其服务对象或信息资源所有者立刻删除侵权信息并采取措施限制访问该信息，信息资源所有者在收到通知后必须在 1 个工作日内删除该信息，如果信息资源所有者拒绝或不采取行动删除该信息，则网络运营商应在收到上述联邦执行权力机关通告的 3 个工作日内删除相应的信息资源，如果网络运营商不采取相应行动，则侵权网站域名、网址、网页等信息将通过协作系统发往电信运营商，电信运营商必须在收到信息的 24 小时内采取措施限制访问该信息资源。

2013 年的《反盗版法》只对电影和电视剧的著作权予以保护，并未涉及音频、图书、图片和软件等的著作权保护问题，因此，这部法律只是俄罗斯保护知识产权立法和监管的一个开端，还需要继续补充和完善。

2014 年 11 月 24 日颁布的第 364 号联邦法律对《信息、信息技术和信息保护法》等法律和法典的反盗版内容进一步修订，修订内容从 2015 年 5 月 1 日开始生效。新版《反盗版法》有三个关键的革新性修订。第一个是扩大保护范围，将《信息、信息技术和信息保护法》第 15.2 条名称改为"限制访问违反著作权和（或）邻接权信息的程序"，将保护范围扩大到除图片外的一切内容，包括音乐、图书和软件等。第二个是引入版权所有人和互联网平台之间的审前协调机制，即增订《信息、信息技术和信息保护法》第 15.7 条，规定版权所有人向互联网网站发出删除侵权内容的要求，网站所有者或者按时删帖，或者向版权所有人提供已有的授权证明。第三个是规定网站重复侵权将被永久关闭，即增订《信息、信息技术和信息保护法》第15.6条和修订《民事诉讼法典》第26条第3款，规定莫斯科市法院如果第二次审理上一次获胜原告起诉同一网站同一网络资源重复侵权案件，则莫斯科市法院将决定永久关闭该侵权网站的事宜，被关闭的网站不可以被解除限制，其信息会被发布在俄罗斯联邦通信、信息技术和大众传媒监督局网站上。

两版《反盗版法》的出台都在社会上引起了强烈反响，受到互联网界的广泛质疑。大型搜索引擎 Яндекс 的代表认为，法律规定所采用的监管方式打击的不是盗版者，而是互联网企业。也有人担心政府会利用这部法律进行政治审查并打击其不满意的资源。2013年8月1日第一版《反盗版法》生效的当天，有超过1500个网站宣布罢工以示抗议。① 俄罗斯社会倡议网发起了取消《反盗版法》的网络请愿书，有10万个用户投票支持，于是该请愿被提交到俄罗斯国家杜马进行审议，但最终未获得政府专家工作小组的支持，请愿失败。②

虽然《反盗版法》引起了广泛的讨论和业界的不满，但这部法律还是取得了不错的效果。据通信和大众传媒部副部长阿列克谢·沃林介绍，自2013年8月1日《反盗版法》生效以来，互联网上电视剧和电影的销售量增加了2倍，而付费使用网上合法资源的人数也从2012年年底的600万，增加到2014年年底的1200万。③

除上述网络监管立法外，近年来，特别是受到西方制裁以来，俄罗斯在个人资料立法和维护网络空间安全立法，尤其是保护数字主权和保障信息技术免受西方制约等方面采取的措施都加强了力度。对网络空间

---

① В России вступил в силу скандальный "антипиратский закон". В интернете объявлена забастовка, http://www.vsesmi.ru/news/7211795/11470822/, 2013 – 08 – 01.
② Эксперты рекомендуют доработать, но не отменять антипиратский закон, http://www.rg.ru/2013/10/14/proekt – site.html, 2013 – 10 – 15.
③ Госдума внесет поправки в "антипиратский закон", http://www.rg.ru/2015/03/20/avtory – site.html, 2015 – 03 – 20.

实现全面的立法和监管成为俄罗斯政府治理社会、保护知识产权、促进网络健康发展、维护国家网络空间安全，以及对抗西方网络空间威胁的重要手段。

五　进一步规范大众传媒信息的传播

俄罗斯《大众传媒法》确立了新闻自由和没有被禁止的一切都被允许的原则。随着俄罗斯逐步摆脱20世纪90年代转轨时期的混乱状态，社会和政治生活逐步走上正轨，俄罗斯立法部门开始全方面修订不完善的、不符合现实情况的法律条款，其中包括对大众传媒传播信息的进一步规范。

（一）禁止传播对未成年人有害的信息

苏联解体之初，俄罗斯经历了不成功的政治和经济改革，社会动荡不安，犯罪率攀升，针对未成年人的犯罪，以及利用和组织未成年人进行犯罪的事件大幅增多，并且常年居高不下。2009年俄罗斯有10.8万名儿童受到不同类型犯罪的侵害，2010年有100227名儿童受到侵害。①

为保护儿童免受不良信息伤害，俄罗斯于2010年12月29日颁布第436号联邦法律《保护青少年免受对其健康和发展有害的信息干扰法》。② 该法律文件要求按照儿童的年龄对信息产品进行分级，包括6岁以下儿童的信息产品、6岁及以上儿童的信息产品、12岁及以上儿童的信息产品、16岁及以上儿童的信息产品、禁止儿童接触的信息产品。另外，该法律文件明确了除需要解码的收费频道之外，其他的电视和广播在4点到23点和7点到21点之间不能播放损害儿童健康的具体信息

---

① Число преступлений против детей в России за год выросло в шесть раз, http://www.infox.ru/authority/state/2011/04/08/CHislo_ pryestuplyeni.phtml.

② Федеральный закон от 29 декабря 2010 года № 436 - ФЗ О защите детей от информации, причиняющей вред их здоровью и развитию, http://docs.pravo.ru/document/view/10607096/.

内容，要求节目播出时在电视屏幕角落标明信息限制级别符号，在广播节目播出前提示信息的限制级别，未注册为大众传媒的网站须以符号或文字注明信息级别；规定在儿童可及的地方发行的报纸第一版和最后一版、印刷品，以及其他禁止儿童阅读的印刷产品的封面不能含有损害儿童健康和成长的信息。《保护青少年免受对其健康和发展有害的信息干扰法》于2012年9月1日开始生效。

为推动《保护青少年免受对其健康和发展有害的信息干扰法》的有效实施，俄罗斯联邦政府、文化部、通信和大众传媒部、通信、信息技术和大众传媒监督局等政府部门分别颁布了相关的决议和命令，如2011年3月16日俄罗斯联邦政府颁布第427号决议《执行联邦法律〈保护儿童避免对健康和成长有害信息法〉的行动计划》，[1] 对具体的行动措施、负责机构和完成时间做了规定；2012年9月27日通信和大众传媒部颁布第230号命令，确认《通过无线电广播的信息产品在广播节目播出的开头提示信息产品在儿童中的限制级别的规定》，要求在广播节目的开头语音提示儿童听众需要达到的年龄，或者提示节目禁止儿童收听。

以《保护青少年免受对其健康和发展有害的信息干扰法》为基础，2011年7月21日第252号联邦法律对《大众传媒法》做了相应的修订，[2] 增订第25条第6款："违反2010年12月29日的俄罗斯联邦第436号法律《保护青少年免受对其健康和发展有害的信息干扰法》的大众传媒产品的传播，可在负责对俄罗斯联邦保护儿童避免对健康和（或）成长有害信息立法遵守情况进行国家监督与监察的联邦执行权力

---

[1] План мероприятий по реализации Федерального закона "О защите детей от информации, причиняющей вред их здоровью и развитию", http://base.garant.ru/6749192/.

[2] Федеральный закон от 21 июля 2011 года № 252 – ФЗ О внесении изменений в отдельные законодательные акты Российской Федерации в связи с принятием Федерального закона О защите детей от информации, причиняющей вред их здоровью и развитию, http://docs.pravo.ru/document/view/18528163/.

机关声明的基础上，由法院终止。同时为保障本条法律规定的诉讼，上述产品的传播可以被法院暂停。"

俄罗斯《大众传媒法》由 2013 年 4 月 5 日颁布的第 34 号①和第 50 号②法律在保护未成年人方面做了修订。其中第 34 号法律对《大众传媒法》第 4 条第 1 款做了增补，禁止利用大众传媒传播含有污言秽语的内容。该项修订与儿童保护法中类似的内容有关，而在此之前，只是对在公共场合传播的污言秽语进行行政处罚。

而第 50 号法律在《大众传媒法》第 4 条中增加了第 6 款："禁止在大众传媒和通用电信网络中传播遭受违法行为（不作为）侵害的未成年人信息，包括该未成年人、其父母和其他法定代理人的照片和视频图像，该未成年人出生日期，其声音的录音，其居住地或者暂住地地址，其学习场所或工作地地址，以及其他可以直接或者间接确定该未成年人身份的信息，本法第 41 条第 4 款第 1—3 点规定的情况除外。"

对《大众传媒法》第 41 条第 4 款做的修订如下。

编辑部无权在传播的消息和材料中公布本法律第 4 条第 6 款所规定的信息，除非以保护遭受违法行为（不作为）侵害的未成年人的权利和合法利益为目的。这些信息可以在大众传媒和通用电信网络中传播的条件如下。

第一，获得年满 14 岁的遭受违法行为（不作为）侵害的未成年人及其法定代理人的同意。

第二，获得未满 14 岁的遭受违法行为（不作为）侵害的未成年人的法定代理人的同意。

第三，未获得年满 14 岁的遭受违法行为（不作为）侵害的未成年人和（或）其法定代理人的同意；如果其法定代理人是实施违法行为的嫌疑人或被告，则无须获得其同意。

---

① http://docs.pravo.ru/document/view/32805431/.
② http://docs.pravo.ru/document/view/32805440/.

2011年12月7日由第420号俄罗斯联邦法律①确定将对侵犯未成年人隐私进行处罚的条款写入《刑法典》的第137条"侵犯个人隐私"第3款,"在公众演说、公开展示的作品、大众传媒或通信网络中非法传播信息,指出刑事案件中未满16岁的未成年受害人身份,或描写他们因犯罪受到身体或精神伤害而引起对未成年人健康的危害,或对未成年人进行精神损害,或者引起其他严重后果,处以罚款15万—35万卢布,或者相当于被判刑人员18个月到3年的工资收入的罚金,或者剥夺担任一定职务或从事一定活动的权利3—5年;或者判处强制劳动5年以下,同时剥夺或不剥夺担任一定职务或从事一定活动的权利6年以下或者拘役6个月以下;或者剥夺自由5年以下;同时剥夺担任一定职务或从事一定活动的权利6年以下"。

俄罗斯加强对保护儿童免受有害信息伤害的立法,以及新增对侵犯未成年人个人隐私的处罚,对保护儿童身心健康成长,预防儿童沾染不良习惯从而走上犯罪道路起到了积极的作用,体现了俄罗斯对儿童精神层面的关爱,是俄罗斯社会进步和立法逐步完善的标志。2008—2014年俄罗斯未成年人犯罪人数和利用未成年人进行犯罪的案件有所减少,数据见表3-4。可以说,俄罗斯保护儿童立法效果明显。

表3-4 俄罗斯2008—2014年利用未成年人犯罪案件数量和未成年人犯罪人数统计

年份	利用未成年人犯罪		未成年人犯罪		
	案件数(件)	同比增长(%)	人数(人)	同比增长(%)	占同期犯罪总人数的比率(%)
2008	7229	-6.7	107890	-18.2	8.6
2009	5942	-17.8	85452	-20.8	7.0

---

① Федеральный закон от 07.12.2011 N 420-ФЗ, http://www.consultant.ru/document/cons_doc_law_156591/.

续表

年份	利用未成年人犯罪		未成年人犯罪		
	案件数(件)	同比增长(%)	人数(人)	同比增长(%)	占同期犯罪总人数的比率(%)
2010	4159	-30.0	72692	-14.9	6.5
2011	3471	-16.5	65963	-9.3	6.3
2012	2537	-26.9	59461	-9.9	5.9
2013	2231	12.1	60761	2.2	6.0
2014	1914	-14.2	54369	-10.5	5.4

资料来源：根据俄罗斯内务部网站资料整理，https://mvd.ru/。

(二) 禁止传播恐怖主义和极端主义信息

俄罗斯的恐怖主义分子曾多次策划恐怖暗杀事件。2002年10月23—26日莫斯科轴承厂文化宫车臣武装分子劫持人质事件造成超过120人遇难；2004年2月6日莫斯科地铁列车恐怖爆炸事件中42人遇难，约250人受伤；同年8月24日图拉州和罗斯托夫州因自杀式袭击导致飞机坠毁，造成90人遇难；同年9月1日别斯兰人质事件造成包括186名儿童在内的334人遇难。① 大量的恐怖活动严重威胁着俄罗斯的社会安全与稳定。

为严厉打击恐怖主义活动，消灭恐怖分子，俄罗斯于2006年3月6日颁布第35号联邦法律《反恐怖主义法》②，对反恐基本原则、国际反恐合作、反恐组织基础、反恐斗争中武装力量的使用、反恐行动的法律制度和实施条件等方面进行规范。

根据《反恐怖主义法》和《批准欧洲委员会防止恐怖主义公约

---

① Террористические акты, совершённые в России, https://ru.wikipedia.org/wiki/.
② О противодействии терроризму, http://docs.pravo.ru/zakon-o-terrorizme.

法》，2006年7月7日第153号联邦法律对《大众传媒法》第4条进行了以下修订。

第一，将第1款中"（禁止利用大众传媒）实施极端主义活动"改为"（禁止利用大众传媒）传播含有公开呼吁进行恐怖活动或者公开替恐怖主义辩护的材料和其他极端主义材料"。

第二，增订第4款："记者在进行反恐行动的地域（项目）内收集信息的方式由反恐行动领导确定。"第5款："在报道反恐行动时，如果有关此种行动的特殊工具、技术方法和战术消息的传播可能阻碍反恐行动的进行或危及人们的生命和健康，则禁止在大众传媒中对其进行传播。关于特种分队成员及协助进行此种行动、发现、预告、制止和揭露恐怖行为的人员信息，及上述人员家庭成员的信息可在符合俄罗斯联邦关于国家秘密和个人资料法律条文规定的情况下予以公开。"

为完善国家对打击极端主义的管理，根据2002年7月25日的第114号联邦法律《反极端主义活动法》，俄罗斯2007年7月24日颁布第211号联邦法律，对《大众传媒法》第4条第2款做了补充："在未指明相应社会团体或其他组织被取缔或者其活动被禁止的情况下，禁止传播因违反《反极端主义活动法》而被法院列入公开取缔或禁止活动名单的社会团体和其他组织的信息。"

2014年11月24日，俄罗斯联邦第370号联邦法律文件对《大众传媒法》第4条增补了第7款："禁止在大众传媒及信息通信网络中传播含有说明如何自制炸药和爆炸装置的信息。"

除了禁止大众传媒传播恐怖主义和极端主义的信息，2013年7月2日出台的第158号联邦法律对《大众传媒法》第35条第4款进行修订，明确了大众传媒在紧急情况下的义务，"大众传媒编辑部应按照被授权解决居民和领土紧急情况问题的联邦执行权力机关的要求，立即无偿发布紧急消息，告知可能发生或者已经发生的由自然和人为因素引起的紧急情况，以及由军事行动或这些行动所引起的危险"。

为限制在网络中传播极端主义信息，俄罗斯于2013年12月28日颁布第398号联邦法律，该法律文件因其倡议者为杜马议员卢戈沃伊（Луговой А. К.），所以又被称为《卢戈沃伊法》。《卢戈沃伊法》增订《信息、信息技术和信息保护法》第15.3条，对限制访问违法传播信息的互联网等通信网络的程序做了详细的规范。违法传播的信息指含有号召大众引起骚乱、进行极端主义活动、参加违反秩序的群体性（公众）事件的信息。《卢戈沃伊法》确定了不经法院审理便可以限制访问或关闭违法网站的原则；因此引起互联网界的强烈反响。限制访问违法网站的具体程序是俄罗斯联邦总检察长或其副手发现上述违法传播的消息后，向通信、信息技术和大众传媒监督局发出采取措施限制访问该资源的要求，而后者须立刻通知电信运营商采取措施限制访问该资源。在网站所有者删除违法传播的信息并通知通信、信息技术和大众传媒监督局，且后者核实无误后可通知电信运营商取消限制。

有法律界人士指责《卢戈沃伊法》违背宪法赋予的大众信息自由原则，认为其内部条款措辞模糊，违背宪法法院所要求的必须明确违法界限的原则；另外，《大众传媒法》规定关闭大众传媒网站资源的决定只能由创办人或者法官做出，但该条法律把法官的权限赋予了检察官，创造了关闭大众传媒的第三种途径。①

被限制访问的网站如果对总检察长的决定不满，可以向法院起诉申请撤销限制。除此之外，一些网站通过增设镜像网站，或将资源迁移到位于国外的主机等方式来应对被限制访问的情况，对此，通信、信息技术和大众传媒监督局表示，如果发现被限制访问网站的镜像网站，他们同样会予以封锁，而对于境外运营商，表示虽然无法限制，但他们能够限制信息在俄罗斯境内的传播。② 法律生效后，作为首批于2014年3月13日被封锁网站之一的大众传媒新闻网站（grani.ru），向莫斯科塔甘区法院起诉封锁网站的决定不合法，但区法院判决封锁该网站合法，网

---

① Блокада им. Лугового，http：//www.novayagazeta.ru/society/62736.html，2014-03-16.
② Блокада им. Лугового，http：//www.novayagazeta.ru/society/62736.html，2014-03-16.

站随后上诉至莫斯科市法院，市法院维持了区法院的判决。该网站代表表示会上诉到欧洲人权法院。①

《卢戈沃伊法》是在乌克兰危机的背景下颁布且快速生效的，其赋予了政府执行权力机关立即封锁违法传播信息网站的权力，有效地预防了俄罗斯发生乌克兰式的街头暴乱，显示了俄罗斯政治精英们反极端主义的坚定决心。虽然受到了限制言论自由的指责，但其设定的快速封锁煽动民众参加群体性事件信息的程序，对稳定社会治安、避免发生流血事件，以及维护国家的团结统一具有重要作用。

（三）保障传播爱国主义和民族团结的信息

苏联各加盟共和国纷纷独立以后，俄罗斯联邦内部存在着分离主义情绪，俄罗斯所有自治共和国都曾不同程度地要求联邦给予更多的主权，俄罗斯民众缺乏国家认同感和民族团结观念。普京执政以后加强了对俄罗斯民众的爱国主义教育，尤其近十年来俄罗斯联邦总统和政府颁布多个法律文件，制定公民爱国主义教育规划和政策，要求大众传媒参与爱国主义教育的宣传。

2005 年 7 月 11 日，俄罗斯联邦政府颁布 422 号关于通过《俄罗斯联邦公民爱国主义教育 2006—2010 年国家规划》的决议，② 规定大众传媒要对爱国主义教育提供信息保障，具体内容如下。

第一，创造条件以便大众传媒广泛参与爱国主义宣传，国家订购由文化、艺术组织和大众传媒生产的爱国主义方向产品。

第二，抵制在大众传媒和文学艺术作品中诋毁、贬低爱国思想的企图。

第三，支持和促进在电视节目、定期出版物、文学艺术作品中扩展

---

① Amnesty International призывает поддержать "Грани" и отменить "закон Лугового", http://vestnikcivitas.ru/news/3388, 2004 – 05 – 08.

② Постановление Правительства РФ от 11 июля 2005 г. N 422 "О государственной программе" Патриотическое воспитание граждан Российской Федерации на 2006 – 2010 годы" (с изменениями и дополнениями), http://base.garant.ru/188373/.

爱国的主题。

第四，促进记者、作家、电影制片人在爱国主义教育领域发展创造潜能。

第五，保障大众传媒工作人员使用档案馆、博物馆和图书馆的信息资料以制作爱国主义教育材料。

2010年10月5日，俄罗斯联邦政府颁布《关于俄罗斯联邦公民爱国主义教育2011—2015年国家规划》的第795号决议①，明确了在大众传媒等领域实施爱国主义教育和爱国主义宣传的国家政策："本项目的实施机制基于进一步完善国家权力机构、地方权力机关和社会组织的形式和工作方法，以实施在大众传媒和所有民间机构活动中进行公民爱国主义教育、爱国主义宣传的国家政策。"

2012年10月20日，俄罗斯联邦总统签署第1416号《完善国家爱国主义教育政策》②总统令，命令在俄罗斯联邦总统办公厅内部成立俄罗斯联邦总统社会项目管理局，其职能包括收集和汇总中央和地方大众传媒对国家爱国主义教育政策的态度及针对该政策展开的行动，准备并向俄罗斯联邦总统办公厅领导提交关于如何与大众传媒协作，如何在信息上支持俄罗斯联邦总统办公厅举办的活动的提议。

2013年8月20日，俄罗斯联邦政府颁布第718号决议《关于〈加强俄罗斯民族团结和俄罗斯各民族文化发展（2014—2020年）〉联邦目标规划》，③在第2部分"计划的主要目的和任务"中对大众传媒加强民族团结和推广各民族文化的任务做了规定："组织和举办大众传媒有

---

① Постановление Правительства РФ от 5 октября 2010 г. No 795 О государственной программе "Патриотическое воспитание граждан Российской Федерации на 2011 – 2015 годы"，http：//www. garant. ru/products/ipo/prime/doc/99183/.

② Указ Президента РФ от 20 октября 2012 г. N 1416 "О совершенствовании государственной политики в области патриотического воспитания"，http：//base. garant. ru/70244894/.

③ Постановление Правительства РФ от 20 августа 2013 г. No 718 О федеральной целевой программе " Укрепление единства российской нации и этнокультурное развитие народов России（2014 – 2020 годы"，http：//www. garant. ru/products/ipo/prime/doc/70339260/.

关民族（种族）间、宗教间和文化间互动问题的最佳报道竞赛，加强公民意识、爱国主义和对俄罗斯各民族的了解，支持生产并在电视广播转播中投放社会公益广告和其他视频产品，设立广播和电视主题节目、报纸和杂志专栏、互联网项目，出版和提供教科书、教辅材料、艺术类读物、科普和参考文献，以及多媒体出版物。"

2014年11月29日俄罗斯联邦政府发布第2403-p号指示①，确定《俄罗斯联邦至2025年国家青年政策纲要》，纲要确定国家青年政策的关键任务是用爱国主义培养青年的独立思考能力，掌握创造性的世界观和专业知识，展示包括国际交流和文化素养在内的高端文化水平，以及独立做出造福于国家、人民和家庭决定的责任和能力。根据2403-p号指示，要求在互联网等通信网络和大众传媒中发布有关实施国家青年政策的信息。

俄罗斯政府对爱国主义教育的极大关注，吸引了俄罗斯众多学者对爱国主义教育理论、方法、目标和存在问题的广泛研究。国家的爱国主义教育政策得到了学术界和教育界的大力支持，俄罗斯著名历史学家亚历山大·贝科夫指出，对公民、儿童和青年人的爱国主义教育是国家内政和意识形态活动的组成部分，因此，爱国主义教育的战略目标、任务和基本方向应由国家机关来确定。② 俄罗斯科斯特罗马国立大学普通教育学专业学生德米特里·维亚特列夫在自己的副博士学位论文中谈道："在当今的危机形势之下，在青年人中保持俄罗斯爱国主义所固有的对自己祖国实力和潜力的信念和希望，培养青年人对祖国命运和繁荣的责任感是非常重要的。"③

---

① Распряжение Правительства России от 29 ноября 2014 г. No 2403-p, http://www.garant.ru/products/ipo/prime/doc/70713498/.
② Быков А. В., Современные научные проблемы патриотического воспитания молодежи, Известия Волгоградского государственного педагогического университета, 2006. No 1. C. 103.
③ Вятлев Д. Н., Воспитание патриотизма у юношей в объединениях спортивной направленности, Диссертация на соискание ученой степени кандидата педагогических наук, Кострома, 2014. C. 27.

俄罗斯主流大众传媒在法律文件的规范下，担负起宣传爱国主义思想的责任。对于大众传媒中经常出现的爱国主义宣传，俄罗斯民众持有不同观点。2013年俄罗斯社会舆论基金会所做的问卷调查显示，对大众传媒中经常出现的"爱国主义"一词，57%的民众总是或经常产生正面情绪；22%的民众有时产生正面情绪，有时产生负面情绪；11%的人表示难以回答；只有10%的民众总是产生负面情绪。① 可见，大众传媒对爱国主义的宣传比较成功并被大多数民众接受。

对于国家是否有必要对居民进行爱国主义教育并实施相应的教育计划，俄罗斯列瓦达分析中心2015年4月的民意调查结果显示，49%的民众认为国家对居民进行爱国主义教育是必需的，因为目前面临外部和内部的威胁，国家应该培养保护国家利益的爱国主义者；19%的民众认同爱国主义教育的必要性，但担心会成为官僚捞好处的工具，不会带来实际结果；16%的受访民众认为不需要爱国主义教育，因为当下形势应解决比较重要的问题（腐败、生活水平低下等），这些问题解决了，人民的爱国主义思想自然就会得到加强；8%的民众认为爱国主义是私人问题，国家不应干涉；8%的民众则表示难以回答这个问题。②

俄罗斯爱国主义教育的成效也是显而易见的，全俄舆论调查中心2014年10月25—26日的民意调查结果显示，认同俄罗斯人民团结的民众占44%，而2012年该调查结果仅为23%。③ 俄罗斯民众国家认同感的提升，与俄罗斯政府对民众进行的爱国主义教育有着密切的关系，而大众传媒作为爱国主义教育的信息载体和宣传工具，对凝聚爱国精神、促进民族团结和国家统一起到了关键的作用。乌克兰危机以来，西方对俄罗斯的全面制裁不仅没有使俄罗斯政权倒台，反而使俄罗斯民众空前

---

① Как реагируют россияне, когда слышат в СМИ слово патриотизм?, http://fom.ru/TSennosti/10851.

② Патриотизм и государство, http://www.levada.ru/29-04-2015/patriotizm-i-gosudarstvo, 2015-04-29.

③ Народное единство: что это такое и как его достичь?, http://wciom.ru/index.php?id=236&uid=115040.

的团结。在卢布严重贬值,经济严重下滑,民生受到严重影响的形势下,俄罗斯民众选择了支持政府,与政府一起克服困难,渡过难关,这是俄罗斯政府多年来爱国主义教育和宣传成果的最好体现。

六 加强对大众传媒广告的管理

广告是大众传媒的主要收入来源,加强对大众传媒广告的治理,规范大众传媒业务经营,也是俄罗斯大众传媒立法的重点之一。俄罗斯2006年3月13日颁布的第38号联邦法律《广告法》,[①] 确定了对广告的总体要求,规范了广告的传播方式及具体产品的广告形式。

《广告法》第2章"不同广告传播方式的特点"对各种广告载体和方式进行规范,涉及大众传媒的有第14条"电视节目和电视转播中的广告"、第15条"广播节目和广播转播中的广告"、第16条"定期印刷出版物中的广告"和第17条"电影和视频服务时传播的广告"。

2006年《广告法》之前的版本虽然要求广告的总时长不能超过播出时间的20%,但未具体规定是什么时间段内的20%,这导致广告集中在晚间电视观众最多的时段播放。2006年《广告法》第39条第4款对电视广告的播放时长做了新的限制,规定在2006年7月1日至2008年1月1日这段时间,电视节目中播放的广告(包括电视购物类广告)、电视节目插播广告(包括赞助商广告)和在电视节目播放时以"移动字条"或其他方式置于电视节目画面之上的广告总时长1小时内不能超过播出时间的20%,同时24小时内不能超过播出时间的15%;而第14条第3款规定自2008年1月1日起,上述时长限制改为广告总时长1小时内不能超过播出时间的15%。

《广告法》第14条第7款对儿童类和教育类电视节目中的广告时段和时长做了详细规定,见表3-5。

---

① Федеральный закон "О рекламе", http://base.garant.ru/12145525/.

表3-5 俄罗斯儿童类和教育类电视节目中广告时段和时长规定

儿童类和教育类电视节目播放时长	节目开始和结尾处可以分别播放广告的时长
少于15分钟	禁播广告
不少于15分钟	1分钟
不少于25分钟	1.5分钟
不少于40分钟	2.5分钟
1小时及以上	3分钟

资料来源：根据俄罗斯2006年《广告法》整理。

《广告法》对在收费和需要解码的电视节目、体育赛事直播节目和故事片中插播广告的方式及广告的时长也做了详细的规定。除此之外，2014年11月4日颁布的第338号联邦法律对《广告法》第14条第12款和第15条第11款进行修订，规定电视和广播中的广告音量不能超过被中断节目的平均音量。

《广告法》规定在以下节目中和情况下禁止播放广告。

第一，在宗教节目和时长少于15分钟的电视节目中禁止以中断节目或者"移动字条"的方式播放广告（第14条第4款）、禁止在宗教节目和时长少于15分钟的广播节目中插播广告（第15条第3款）。

第二，根据俄罗斯联邦选举法和全民投票法，在电视和广播节目及电视和广播转播中播放选举和投票宣传材料时，禁止插播广告，包括赞助商广告（第14条第6款和第15条第5款）。

第三，根据1995年第7号联邦法律《在国有大众传媒中报道国家权力机关活动的规定》的要求，播放相关电视和广播节目时，禁止播放广告（第14条第13款和第15条第12款）。

第四，在俄罗斯联邦宣布的哀悼日内，禁止在电视和广播节目中播放广告（第14条第14款和第15条第13款）。

为规范广告商品内容，明确对刊登广告者、广告制作者或广告传播者违法行为的处罚措施，2013年7月23日颁布的第200号联邦法律对

《俄罗斯联邦行政违法法典》第 14.3 条 "违反广告法" 进行了修订,并增加第 5 款:"违反《广告法》对药品、医疗制品和包括治疗方案在内的医疗服务,以及生物活性添加剂广告规定,处以额度为公民 2000—2500 卢布、官员 1 万—2 万卢布、法人 20 万—50 万卢布的行政罚款。"

按照《俄罗斯联邦行政违法法典》的规定,作为广告传播者的大众传媒,需要遵守《广告法》对广告播出方式、广告内容和广告商品品质的要求,若违反相关规定,将会受到行政处罚。

但对生物活性添加剂的规定,俄罗斯大众传媒界存在着反对的声音,认为生物活性添加剂品质应由发出许可证的部门负责,而不应该由大众传媒负责,并担心由此导致大众传媒要为刊登的所有广告商品的品质承担责任。①

《广告法》对酒类、药品类、军事武器类和有价证券类等不同商品的广告进行规定,对媒体广告收入和居民生活产生巨大影响的是对酒类广告的限制。《广告法》第 21 条第 2 款第 1 点是对大众传媒刊登酒类广告的限制规定,在各种因素的推动下,这条规定自发布之日到 2014 年年底经历了 3 次修订。其 2006 年原始版本为"(酒类产品广告不能投放在)报纸的第一版和最后一版,以及杂志的第一页、最后一页和封面上"。

这一比较温和的禁令对印刷传媒广告收入影响不大,因此并未引起印刷传媒行业的不满和反对。但随着政府对国民素质和青少年健康成长关注度的提高,加强对酒类广告的监管成为政府的工作目标之一。俄罗斯联邦政府 2009 年 12 月 30 日第 2128 - p 号法令通过《到 2020 年减少俄罗斯联邦居民滥用酒类产品与预防嗜酒过度国家政策的实施构想》②,构

---

① Доклад о состоянии гражданского общества в Российской Федерации за 2013 год, Москва. 2013. С. 69, http://www.oprf.ru/files/2014dok/doklad_ grazhdanskoe_ obshestvo_ 2013_ itog.pdf.

② Распоряжение Правительства РФ от 30 декабря 2009 г. N 2128 - p О Концепции реализации государственной политики по снижению масштабов злоупотребления алкогольной продукцией и профилактике алкоголизма среди населения РФ на период до 2020 г., http://docs.pravo.ru/document/view/1398138.

想的任务之一是限制（直到完全禁止）吸引公众，尤其是儿童和青年注意力的酒类产品隐性广告。2012年7月20日俄罗斯颁布第119号联邦法律，修订《广告法》中关于酒类产品的禁令内容，禁止在定期印刷刊物的任何版面投放酒类产品广告，这是对第21条第2款第1点的第一次修订。

此次修订还将禁令扩大到互联网，全面禁止所有大众传媒、广告建筑和公共交通工具刊登和播放酒类广告。因印刷媒体和互联网的广告合约一般是一年，为方便它们履行已经签订的合约，法律规定对这两种大众传媒的禁令从2013年1月1日起生效。受此次禁令和其他一些因素的影响，俄罗斯印刷媒体2013 2014年广告总收入大幅下降，见表3-6，其中2014年前二十强出版社广告收入同比下降了11%，其余印刷刊物出版商广告收入下降了24%。[1] 印刷媒体经济受到严重打击。时任莫斯科新闻工作者联盟主席、《莫斯科共青团员报》主编帕维尔·古谢夫认为，对大众传媒广告活动的限制，使俄罗斯刊物从2013年开始失去超过一半的广告收入来源。[2]

表3-6　　俄罗斯中央报刊2012—2014年广告收入

单位：百万卢布（不含税）

刊物类型	2012年	2013年	2014年
日报	3486	3314	3126
周报	3193	2804	2329
月刊	12210	11702	10794
周刊	5700	4866	3892
广告刊物	3298	2463	1645
合计	27887	25149	21785

资料来源：АЦВИ，TNS Media Intelligence，转引自《俄罗斯联邦出版和大众传媒署2012—2014年度报告》。

---

[1] Российская периодическая печать，Отраслевой доклад 2015. С. 92，http://www.fapmc.ru/rospechat/activities/reports/2015/pechat.html.

[2] Российская периодическая печать，Отраслевой доклад 2015. С. 117.

为缓解印刷传媒广告业务的严峻形势，定期出版商联盟（ГИПП）2014年5月建议对广告立法全面自由化，解除现存的对刊物中烟草、烟草制品和烟具、酒精制品和啤酒、医疗处方药物广告的限制，明确区分广告传播商和广告商对广告内容，包括生物活性添加剂的责任。定期出版商联盟认为，按最基本的逻辑，广告信息的真实性主要应由广告商负责。① 但这些建议并未被立法者所采纳。

因俄罗斯举办2018年世界杯足球赛，俄罗斯立法者决定放宽对啤酒广告的限制，2014年7月21日第235号联邦法律对《广告法》第21条第2款第1点进行第二次修订，修订后的内容为"酒类产品广告（除啤酒和以啤酒为原料的饮料广告以外）不能投放在定期印刷出版物上，该类广告不能刊登在报纸的第一版和最后一版，以及杂志的第一页、最后一页和封面上"。

这次修订解除了报纸和杂志刊登啤酒和啤酒饮料广告的禁令，其他酒类广告的禁令依然保留。但俄罗斯媒体的广告收入并未因此次修订而有所增加，主要原因在于2014年以来俄罗斯经济因遭受西方制裁而深受打击，媒体经济同样深受其影响。

改变单一的能源出口经济结构，发展民族经济，扶持民族产业一直是俄罗斯政府的工作目标，但"现存的禁令与国家扩大葡萄园种植面积和增加本国葡萄酒生产商的政策相悖，取消广告限制会帮助葡萄园园主更积极地将高品质葡萄酒的信息推送给消费者，从而增加农民的利润"②。为推动本国葡萄种植业和葡萄酒产业发展，2014年12月31日俄罗斯颁布第490号联邦法律《对联邦法律〈国家调控酒精、酒类和含酒精产品生产和流通，以及限制消费（饮用）酒类产品法〉进行修订

---

① Российская периодическая печать，Отраслевой доклад 2015. C. 93.
② Депутаты согласились вернуть рекламу вина и шампанского в СМИ，http://www.km.ru/economics/2013/04/25/gosudarstvennaya – duma – rf/709701 – deputaty – soglasilis – vernut – reklamu – vina – i – shamp，2013 – 04 – 25.

并对部分俄罗斯联邦法律条款进行修订法》①，对包括《广告法》在内的一些法律条款进行修订。《广告法》第 21 条第 2 款第 1 点经历第三次修订，修订后的内容为"酒类产品广告不能投放在定期印刷出版物中，除啤酒和以啤酒为原料的饮料广告，用产自俄罗斯联邦境内的葡萄在俄罗斯联邦生产的葡萄酒和起泡酒（香槟）广告以外，该类广告不能刊登在报纸的第一版和最后一版，以及杂志的第一页、最后一页和封面上"。

根据第 490 号联邦法律第 4 条第 3 款规定，《广告法》第 21 条第 2 款第 1 点"在印刷出版物上刊登啤酒和啤酒饮料广告"这一部分从 2019 年 1 月 1 日起不再适用，这意味着因世界杯足球赛取消的啤酒广告禁令将在比赛结束后重新生效。

修订还包括新增第 21 条第 8 款，部分地解除了电视和广播节目中国产葡萄酒广告的禁令："允许在当地时间 23 点至 7 点的电视节目和广播节目中（除直播少儿体育比赛或播放少儿体育比赛录像以外）投放、播放用产自俄罗斯联邦境内的葡萄在俄罗斯联邦生产的葡萄酒和起泡酒（香槟）的广告。"

虽然大众传媒和酒类行业人士对解除酒类产品广告禁令的呼声很高，但在扩大广告收入以促进经济发展和降低公众饮酒量以维护国民身心健康之间，俄罗斯官方的态度依旧倾向于后者。俄罗斯联邦消费者权益保护和公益监督局 2015 年 5 月 18 日在官方网站刊登文章指出："嗜酒过度现象的大规模扩散严重限制社会保障实施公民生存和安全的权利、获得相应的培养、教育和体面生活所必需的职业的权利，以及保护公民免受来自酒精滥用者的犯罪、道德暴力和侮辱的能力。因此俄罗斯联邦消费者权益保护和公益监督局认为解除对任何类型酒精产品广告的限制都是不能接受的。"② 对以扶持国内葡萄种植业和葡萄酒产业为目

---

① Федеральный закон от 31 декабря 2014 г. N 490 – ФЗ "О внесении изменений в Федеральный закон" О государственном регулировании производства и оборота этилового спирта, алкогольной и спиртосодержащей продукции и об ограничении потребления（распития）алкогольной продукции "и внесении изменений в отдельные законодательные акты Российской Федерации".

② О рекламе алкогольной продукции，http：//rospotrebnadzor.ru/about/info/news/news_details.php? ELEMENT_ID = 3596，2015 – 05 – 18.

的而放宽国产葡萄酒广告禁令的立法行为，俄罗斯卫生部首席麻醉学专家叶夫根尼·布林同样持反对意见。他认为，所有酒类产品的销售和广告都应该只在大型专卖店中进行和投放，在没有出台严格的葡萄酒生产国家标准之前，任何的酒类广告都不应出现在大众传媒中。[①]

我们看到，正是一系列社会、经济、政治、外交甚至国际关系等因素推动了大众传媒酒类广告禁令的不断修订。对国产葡萄酒广告的解禁能否推动俄罗斯民族经济发展还不明朗，但俄罗斯政治精英利用立法手段维护本国利益、对抗西方制裁的意图是显而易见的。那么，多年来对酒类广告的限制是否产生了应有的效果呢？俄罗斯官方统计数据显示，自《广告法》酒类广告禁令生效后的2007年开始，俄罗斯人均伏特加和啤酒销售量出现下降的趋势，尤其从2013年最严格的酒类广告禁令生效起，俄罗斯人均伏特加和啤酒销售量下降趋势更加明显，如图3-1所示。这说明，俄罗斯通过立法限制酒类广告，对遏制民众酗酒起到了一定的作用；而通过立法保障本国葡萄酒产业发展是否会取得预期的效果，还需要时间的检验。

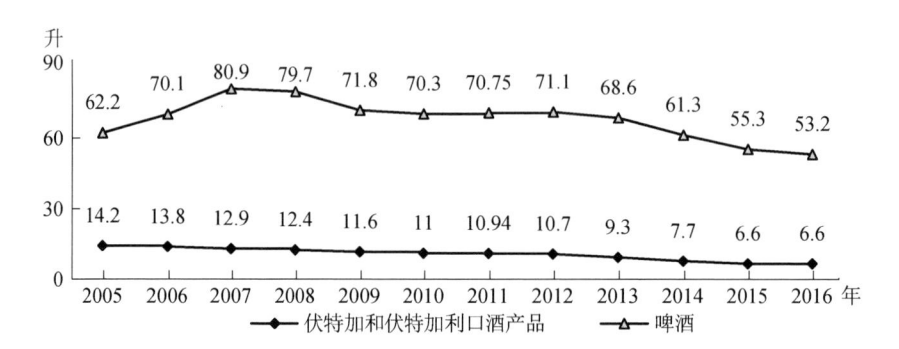

图3-1 俄罗斯2005—2016年人均伏特加和啤酒销售量

资料来源：俄罗斯联邦国家统计局网站资料。[②]

[①] Депутаты согласились вернуть рекламу вина и шампанского в СМИ, http://www.km.ru/economics/2013/04/25/gosudarstvennaya-duma-rf/709701-deputaty-soglasilis-vernut-reklamu-vina-i-shamp, 2013-04-25.

[②] Продажа алкогольных напитков в расчете на душу населения (в натуральном выражении), https://fedstat.ru/indicator/31432, 2020-11-30.

本章小结

本章我们考察了作为俄罗斯法律体系框架内重要组成部分的俄罗斯媒体法律规范。在简要回溯沙皇俄国时期与大众传媒相关的立法和苏联时期与大众传媒相关的立法基础上,重点描述当代俄罗斯与大众传媒相关的立法。当代俄罗斯大众传媒立法并没有形成一个独立的法律部门,而是具有跨部门的特征,几乎涵盖了俄罗斯所有法律部门的规范。

作为新兴的联邦制大国,俄罗斯在立法方面,包括在大众传媒立法方面,经历了从机械照搬别国经验到有针对性地为解决本国问题而制定和修订法律条文的过程。俄罗斯社会的转型导致大众传媒及相关领域出现了新形势、新问题,迫切需要全面和有效的规范与监管,为此,俄罗斯立法机构及时制定和修订法律条文。总体上,俄罗斯大众传媒的相关立法呈现出六种新动向,一是确立《大众传媒法》在俄罗斯全境的法律效力;二是提高国有大众传媒效率,加强对内和对外宣传力度;三是进一步限制大众传媒外资比例,制约西方舆论宣传;四是加大对网络信息传播的监管力度;五是进一步规范大众传媒信息的传播;六是加强对大众传媒广告的管理。

第四章　俄罗斯媒体产业伦理与文化认同

20世纪90年代苏俄社会的急剧转型,导致人们的价值观念和思维方式发生巨大变化,苏联解体这一历史性事件则使人们怀疑七十多年来所形成的主流文化标准。支持苏联社会存在、证明苏联制度存在合理性的"经典文化"及其标准,这些将被边缘化、改写、颠覆。[1] 伴随而来的是传统主流媒体被解构,社会充斥着色情、暴力等元素,媒体失范,媒体声音混杂。当代俄罗斯媒体分化严重,大多实行市场化经营。市场化有利有弊,一方面不依赖于政府的媒体有了自由表达的权利,这有利于媒体产业的形成与发展;另一方面市场化促使媒体产业追逐利润的最大化,这导致越来越多伦理道德问题的出现。媒体职业道德和伦理属于软性约束的范畴,有别于法律。在伦理共同体中,"统治人民的规则不是通过外在的强制,而是通过内在的对道德法则的尊重来实现的"[2]。伦理道德和法律相互促进、互为补充。一方面,它们在某些内容上相互重合、相互渗透,法律被称为最低限度的道德;另一方面,伦理道德的作用范围较广泛,有些范围法律没有涉及,而伦理道德可以弥补法律的不足。同时,伦理道德教育和伦理道德舆论,有助于提高法律的尊严和功效,而法律能够加强伦理道德的威力。当代俄罗斯在推动媒体领域的

---

[1] 林精华:《民族主义的意义与悖论——20—21世纪之交俄罗斯文化转型问题研究》,人民出版社2002年版,第248页。

[2] 靳凤林:《道德法则的守护神——伊曼努尔·康德传》,河北大学出版社2005年版,第114页。

法制进程的同时，也在积极探索媒体伦理道德规范之路，以便俄罗斯媒体在传播大众文化进程中发挥积极作用，更好地促进俄罗斯人的个体自我认同和民族文化认同。

第一节 俄罗斯媒体产业的伦理规范变迁

一 俄罗斯媒体产业伦理规范的国际语境

作为一门新兴学科，目前媒体伦理（Media Ethics）的一些基本概念尚无定论。除了"媒体伦理"之外，还有"传媒伦理""媒介伦理""新闻伦理"等叫法。而且多数情况下，同一学者也会在同一著作中出现几种不同的叫法。从词义上看，媒体、传媒、媒介都是英文"media"一词的汉译。"媒体"一词是音译，后二者是意译。所以，从英文词义上看，三者是可以互替的。

媒体的产业化必然会导致其盈利目的与服务目的之间的冲突，因而需要对媒体产业伦理道德予以规范。美国传播学家斯坦利·J. 巴伦（Stanley Baran）对媒体产业伦理道德规范进行了阐释，他认为，"产业内外受到的正式的和非正式的控制，针对的是媒介专业工作者是否以符合社会责任理论的方式进行工作。来自外界的正式控制包括法律和法规，说明什么可以做和什么不可以做、什么内容可以使用和什么内容不可以使用等的明文规定，以及产业实施法；而外界的非正式控制来自压力团体、消费者和广告主"[①]。对媒介内部的控制，即对道德伦理规范的检测。[②] 巴伦认为，一般来说，道德规范有三个级别。第一，道德规范反映了一种文化中关于对与错的观念，因此它存在于各级的文化实施

---

① ［美］斯坦利·J. 巴伦：《大众传播概论：媒介认知与文化》，刘鸿英译，中国人民大学出版社2005年版，第540页。
② ［美］斯坦利·J. 巴伦：《大众传播概论：媒介认知与文化》，刘鸿英译，中国人民大学出版社2005年版，第540—541页。

行为中。元伦理学是基本的文化价值。但是，作为对自我认知有价值的元伦理学只提供了人们在日常生活中做出道德规范决定的最广泛的基础，对道德原因的始发点进行了界定。第二，标准化道德或多或少是统一化了的理论、规则和道德原则或道德行为。各类媒介产业的道德法规或良好操作标准是标准化道德的范例，它为人们提供了一个真实世界的工作框架，人们在其中可以对选择性行为做出衡量。第三，媒介专业人员必须在非常特殊的情况下应用一般法规和普通条例。这就是应用伦理学，它的应用毫无例外地会涉及平衡利益冲突的问题。①

媒体道德规范的历史可以追溯到1910年国际期刊联合会（IFFP）在布鲁塞尔的成立，1925年国际期刊联合会在巴黎进行了重组。该联合会的任务是保护期刊出版商的利益，确保信息的自由交换和制定道德标准，保护媒体从业者的物质利益，制订期刊标准。1916年第一届世界报业大会通过的《记者守则》是第一个国际性的媒体职业道德规范。第一个媒体职业团体制定的道德规范是1923年的《报业信条》，由美国编辑人协会制定。1926年国际新闻工作者联合会（以下简称"国际记联"，IFJ）成立，1939年颁布该组织的守则。国际新闻工作者联合会的活动一度中断，后经过重建，到1952年确定的组织形式沿用至今。1954年在法国波尔多举行的"国际记联"第二次代表大会上通过了一项关于记者职业活动标准的文件，"记者要尊重事实，要客观、公正，不许剽窃、诽谤、中伤；记者有搜集和发布新闻的自由，有公正地发表评论和批评的权利；记者有保守消息来源的秘密的权利等"②。目前，国际新闻工作者联合会拥有一百四十多个国家或地区的约六十万名成员。1945年3月，国际新闻工作者协会（IOJ）在苏联的推动下成立，1946年6月于哥本哈根召开第一次大会，后将其本部迁往布拉格，该协会在1990年以前主要受苏联和东欧国家的影响，1990年在津巴布韦

---

① ［美］斯坦利·J. 巴伦：《大众传播概论：媒介认知与文化》，刘鸿英译，中国人民大学出版社2005年版，第541页。

② https://baike.baidu.com/item/国际新闻工作者联合会/5181867。

会议上发布了新的章程。该协会包括来自一百多个国家或地区的三十多万名成员。该协会的主旨是维护和平,通过自由、真实和诚实的公共信息加强各国人民之间的友谊与合作,并保护新闻自由和新闻工作者的权利。2002年俄罗斯联邦新闻工作者联盟脱离国际新闻工作者协会,加入国际新闻工作者联合会,这对国际新闻工作者协会造成了沉重打击;但伴随许多新成员的加入,该协会的实力得以增强。以前国际新闻工作者协会的主要活动是积极支持不结盟国家寻求建立新的国际信息和传播秩序,现在它已制定了与教科文组织路线协调的新战略。

1948年在瑞士举行的联合国新闻自由会议通过了《国际新闻自由公约草案》,该草案包括《国际新闻采访及传递公约草案》《国际新闻错误更正权公约草案》《国际新闻自由公约草案》。1954年第一部真正意义上的国际媒体职业道德公约,即《联合国际新闻道德公约》正式出台,该公约对新闻工作者的职业行为标准予以具体规定,而后通过的国际新闻记者联合会《记者行为原则宣言》,对记者的行为做了更为具体的规范,"1. 尊重真理和尊重公众获得真实的权利,是新闻记者的首要任务。2. 为履行这一责任,新闻记者要维护两项原则:重视收集和发表新闻的自由,以及公正评论与批评的权利"①。该宣言对记者的不道德行为也做了明确规定,"(1)抄袭、剽窃;(2)中伤、污蔑、诽谤和缺乏根据的指控;(3)因接受贿赂而发表消息或删除事实"②。2019年国际新闻工作者联合会通过了新的全球《记者新闻道德宪章》,该宪章的内容是基于国际法,特别是《世界人权宣言》,对1954年国际新闻记者联合会《记者行为原则宣言》予以修改完善。

国际新闻组织发展迅速,专业化是其发展的趋势之一。按媒体类型(报纸、杂志、年鉴、连续出版物、书籍、广播、电视、新闻媒体、视频产品等)建构的组织有国际期刊联合会(IFFP)、国际广播协会

---

① 李衍玲:《新闻伦理与规制》,社会科学文献出版社2008年版,第294页。
② 李衍玲:《新闻伦理与规制》,社会科学文献出版社2008年版,第294页。

（MAB）、国际广播电视组织（IBTO）、世界报纸联合会（WAN）、国际有线电视联盟（NCTA）、国际多媒体协会联盟（FIAM）等。区域化是国际新闻发展的另一趋势，目前有英联邦国家新闻联盟、全阿拉伯新闻工作者联盟、不结盟国家的新闻社、东盟新闻工作者联合会、美洲新闻协会、非洲新闻工作者联盟、拉丁美洲新闻工作者联合会、亚洲太平洋广播联盟等。同时各国际媒体组织之间也加强交流合作，召开各类协商会议。1973年，教科文组织召开了一次国际会议，主题为"新闻工作者和媒体的道德原则"。1978年，该组织通过了《有关大众传媒为加强和平与国际共识，为促进人权以及反对种族主义、种族隔离与战争煽动而做贡献的基本原则宣言》。在随后的几年中，在联合国教科文组织的主持下，举行了国际新闻工作者协会、国际新闻工作者联合会（IFJ）、国际天主教新闻联盟（UCIP）等许多国际和区域新闻组织参加的会议。1983年，在布拉格和巴黎举行的国际和地区新闻组织第四次协商会议上，通过了《新闻工作者职业道德国际准则》，其内容包括对普世价值和文化多样性的尊重、反战、促进国际关系民主化等。

可以说，国际媒体组织的发展和各组织的章程，以及对媒体职业道德的明确规定促进了国际媒体伦理体系的建构。当代俄罗斯媒体产业伦理道德规范也深受国际大环境的影响，一方面积极加入国际媒体组织，遵守国际媒体伦理规范，例如，2019年9月24日俄罗斯新闻工作者协会负责人宣布俄罗斯新闻工作者协会在全国范围内采用国际新闻工作者联合会《记者道德宪章》（2019）[①]；另一方面根据俄罗斯的媒体现状，制定相应的媒体职业道德规范守则。

二 俄罗斯媒体产业伦理规范的历史追溯

俄罗斯媒体行业历史可追溯到俄罗斯帝国时期。1905年3月3—4

---

① https：//jrnlst.ru/soyuz - zhurnalistov - rossii - planiruet - prinyat - na - forume - v - sochi - mezhdunarodnuyu - hartiyu - etiki.

日，在自愿前提下，在圣彼得堡举行了第一届全俄新闻工作者代表大会，有 150 名代表参加了会议。这次会议主要是在人民革命运动的影响下俄罗斯帝国新闻工作者争取自己权利的斗争方式。1913 年期刊界活动家协会成立，宣布要优先保护记者的职业利益。第一次世界大战之前，该协会有大约 250 人，1917 年十月革命发生后，期刊协会停止运作。1918 年 11 月 13 日，由当时的一些著名作家和政治家参与的第一届全俄新闻工作者代表大会在莫斯科召开，列宁和托洛茨基当选为大会名誉主席，106 名代表参加了会议。这次会议选举了中央委员会，通过了《全俄联合会宪章》。第二届苏联新闻工作者代表大会于 1919 年 5 月 5—9 日举行，有 58 名代表参会。1959 年 11 月 14—18 日在莫斯科举行了第一届苏联新闻工作者协会代表大会，这次大会的主要成果是成立了苏联新闻工作者协会，并通过了《苏联新闻工作者协会章程》。1977 年 3 月苏联新闻工作者协会第四次大会对《苏联新闻工作者协会章程》进行了部分修改，但依然强调苏联新闻工作者协会在其活动中受马克思列宁主义、苏联共产党和苏联国家政策的指导。

苏联及苏联之前是否存在媒体职业道德规范？这个问题颇有争议。有的学者认为，记者（媒体人）的职业道德伴随着新闻业的产生与发展，也就是说，只要出现了新闻业（媒体行业），就会同时出现相应的职业道德。俄罗斯学者 И. А. 库梅尔加诺娃（И. А. Кумылганова）便是这一观点的代表，她认为，"自新闻业出现以来，职业道德已成为其不可或缺的组成部分。也就是说，……在将新闻划分为独立的劳动活动领域的过程中，该领域从业者的道德意识得以形成"①。还有学者认为，只有媒体走向职业化的时候才会出现媒体职业道德，Д. С. 阿夫拉莫夫（Д. С. Авраамов）是这类观点的代表。他认为，"只有在职业共同体出现的情况下才形成职业道德"②。"由于苏联的新闻业已完全成为党的代

---

① Кумылганова И. А., Нравственные критерии в профессиональной журналистской деятельности: Автореф. канд. дисс. М.：1992. С. 10.
② Авраамов Д. С., Профессиональная этика журналиста. – М.：2003. С. 42.

言人，一些现代学者认为，新闻业及相应的新闻道德在当时并不存在。"① 1918 年，所有资产阶级报纸都停止生产了，此后，新闻业被视为执政党俄国共产党工作的一种形式，成为行政命令系统的组成部分。新闻记者不需要任何有关职业道德的观念，只需要执行国家和党的相关命令。1959 年 11 月 14 日赫鲁晓夫在克里姆林宫举行的苏联记者招待会上对苏联新闻业的功能做了专门讲话："新闻是我们的主要思想武器。它被要求粉碎工人阶级的敌人，粉碎人民的敌人。正如军队没有武器就无法战斗一样，没有新闻这种尖锐的'军事武器'，一个政党就无法成功地开展其思想工作。"② 俄罗斯学者 Г. В. 拉祖京娜（Г. В. Лазутина）认为，"《苏联新闻工作者联合会宪章》中新闻工作者的职业职责内容完全由苏联共产党规定的任务确定，几乎没有考虑新闻业的具体情况。20 世纪 80 年代末之前没有真正的关于苏联新闻工作者职业行为道德原则的守则"③。

1990 年 6 月 20 日通过了《苏联报刊及其他大众新闻媒介法》，取消了新闻审查制度，媒体获得自由发声的权利。1991 年 4 月 24 日在苏联新闻工作者协会第一次代表大会上，通过了《苏联新闻工作者职业道德守则》，守则的目的是确定新闻工作者在履行其职业职责时应遵循的主要道德准则。《苏联新闻工作者职业道德守则》主要分为三部分。第一部分是苏联新闻工作者的职业道德原则，强调新闻工作者的社会责任，即诚实与客观、尊重人的尊严、尊重普遍价值观、行业团结等。④第二部分是对违反职业道德行为的界定，如侵犯公民获得信息的权利，侵犯公民的言论自由权，违背个人荣誉和尊严的行为，违反新闻工作者

---

① Назаретян К. А., Журналистская этика: тенденции развития//Этическая мысль. 2010. No. 10. C. 224.

② О Союзе журналистов СССР, https://studfiles.net/preview/6858874/page: 2/.

③ Лазутина Г. В., Профессиональная этика журналиста, https://www.gumer.info/bibliotek_Buks/Gurn/Lazut/2_2.php.

④ https://vuzlit.ru/467852/kodeks_professionalnoy_etiki_zhurnalista.

的职业荣誉，违反官方道德和记者行业团结等。① 第三部分是关于新闻工作者协会责任的规定，如审议违反新闻道德原则和规范的案件；正式解释新闻道德原则和规范的权利等属于苏联新闻工作者协会的职业道德委员会的责任范围。② 这是苏联第一部也是最后一部新闻工作者职业道德规范守则。俄罗斯学者 В. И. 巴克什塔诺夫斯基（В. И. Бакштановский）认为，苏联媒体职业道德是一直存在的，苏联记者对职业义务有自己的见解，他们通过自己的传播活动向民众传播文化、教育，唤醒公民情感等。③

尽管在苏联媒体职业道德规范问题上存在争议，但这一时期媒体行业协会的发展对当代俄罗斯媒体产业伦理道德规范的推动意义是毋庸置疑的，俄罗斯新闻工作者协会的章程中明确写着："俄罗斯新闻工作者协会在保持俄罗斯新闻连续性的同时，是苏联新闻工作者协会的继任者，也是作为苏联新闻工作者协会成员的俄罗斯联邦公民的继任者。"④苏联时期甚至更早时期媒体行业协会的发展为俄罗斯媒体产业伦理的当代发展奠定了坚实的历史基础。

三　俄罗斯媒体产业伦理规范的当代发展

苏联解体后，俄罗斯媒体产业蓬勃发展，媒体信息传播空间扩大，媒体从业者的地位获得了极大的提升，观念意识也发生了极大的变化，由被动传达官方意识形态转变为主动疏导各类社会信息及监督社会舆论。以《大众传媒法》为代表的一系列传媒法律法规的制定从外部法律角度对媒体从业者的权利和义务及行为模式做了明确规定，改变了苏联时期无法可依的局面；而以《俄罗斯新闻工作者职业道德守则》为代表的一系列媒体职业道德准则的制定则是媒体的内部规范与管理。职业道德守则是媒体自律的最重要的工具，记录了媒体从业人员的自愿承

---

① https://vuzlit.ru/467853/narusheniya_norm_professionalnoy_etiki.
② https://vuzlit.ru/467854/vozlozhenie_otvetstvennosti.
③ Назаретян К. А., Журналистская этика: тенденции развития//Этическая мысль. 2010. № 10. С. 224.
④ Устав Союза журналистов России, https://sjak.ru/pages/17.

诺。俄罗斯的媒体职业道德准则包括媒体行业的声明、章程和惯例等。自1991年以来，俄罗斯各类媒体伦理职业道德规范经历了一系列变化，这反映了俄罗斯传媒业发展状况及整个媒体系统专业标准的变迁。

俄罗斯媒体职业道德规范文件可以追溯到1994年2月4日，由М. И. 斯洛尼姆（М. И. Слоним）、М. Л. 别尔格尔（М. Л. Бергер）等27人签署的《新闻工作者莫斯科宪章》。《新闻工作者莫斯科宪章》的独特之处在于，这是由媒体人自发组织并撰写的一份媒体职业道德规范文本。该文本共有十一条，具体如下。

第一，新闻工作者只传播、评论其认为可信并知道来源的消息，尽力避免用不完整、不准确的信息故意隐瞒重大社会信息，传播明知有误的信息而对任何人造成伤害。

第二，新闻工作者要保守职业秘密，无人有权强迫其透露信息来源。

第三，新闻工作者以其姓名和声誉对其文字的准确性负责，这些文字经其署真实姓名、笔名或经其认可后匿名发表，无人有权阻止其撤回消息或评论上的署名，即使这些报道只是部分违背其意愿。

第四，新闻工作者应充分意识到其活动可能引发的拘禁、迫害和暴力等危险情况。在履行职责时，应抵制在性别、种族、语言、宗教、政治或其他主张，以及社会或民族根源等基础上把公民权利极端化或对其进行限制。

第五，新闻工作者应认识到，他一旦拿起武器，其职业活动就会立刻停止。

第六，新闻工作者应认识到，他的职业地位与行政、立法或司法部门、政党，以及其他政治性组织的任职是不一致的。

第七，新闻工作者视恶意歪曲事实、诽谤、通过传播虚假信息或隐瞒真实信息获取报酬，以及抄袭（以任何方式使用他的同事的工作材料）为严重的职业犯罪行为。

第八，新闻工作者利用其声誉、权威、职业权力和机会传播广告或其他商业性质的信息是不正当的。新闻工作者不接受愿意公开或隐瞒信息来源的个人和组织的工作报酬。

第九，新闻工作者应尊重和捍卫同行的职业权利，遵守公平竞争的法律，并努力最大限度地实现国家结构的信息公开。新闻工作者通过同意在社会、物质或道德方面明显不利的条件下履行其职责，以避免可能损害同行个人的或职业的利益。

第十，新闻工作者拒绝执行违反以上任何原则的任务。

第十一，新闻工作者享有使用民事和刑事立法所提供的所有保障的权利，保护自己免受暴力或暴力威胁、伤害，精神损害或贬损。①

《新闻工作者莫斯科宪章》内容与国际新闻原则有很多共同之处，《新闻工作者莫斯科宪章》的参与者毫无隐瞒地说他们是根据国际新闻法编写这一声明的。② М. И. 斯洛尼姆在接受采访时说，编写《新闻工作者莫斯科宪章》的一个重要原因是体察到俄罗斯媒体行业的肆意妄为，虽然《新闻工作者莫斯科宪章》的发布并没有使俄罗斯媒体现状发生较大的改变，但至少让俄罗斯人逐渐明白了作为一种职业的新闻业是什么样的。③

1994年6月3日，俄罗斯新闻工作者代表大会通过《俄罗斯新闻工作者职业道德准则》，在俄罗斯新闻界引起了极大的反响。《俄罗斯新闻工作者职业道德准则》一共十条，以《新闻工作者莫斯科宪章》为基础，对俄罗斯新闻工作者的责任与义务做了更为明晰的规定。《俄罗斯新闻工作者职业道德准则》的第一条："新闻工作者应在本准则的职业道德基础上行事，对本准则的认同、接受和遵守是成为俄罗斯新闻工作者协会成员的必要条件。"第二条："新闻工作者遵守本国法律，

---

① Московская хартия журналистов. Декларация 1994 год, https://echo.msk.ru/blog/echomsk/827401 - echo/.

② Журналистика: ответственность общественной профессии//Круглый стол. Приложение к журналу, Досье на цензуру. 1998. № 1 (3). С. 57.

③ Слоним Е. К.: мы не стали союзом журналистов, https://ria.ru/20140121/990191436.html.

但在本职工作的执行上,只承认同行间的裁决,拒绝政府或其他方面的压制和干涉。"① 上述两条完全有别于《新闻工作者莫斯科宪章》的内容。

1994年12月27日,由 С. А. 穆拉托夫（С. А. Муратов）撰写了《电视新闻业道德准则》②。这是一位电视新闻界的权威研究人员向电视行业提出的关于职业道德的看法。该文件呈现了20世纪90年代该行业职业规范编纂的特点,即由一位电视新闻界的权威研究人员撰写,提供给整个电视行业从业者,进而对业界产生影响。1995年《俄罗斯全国电视协会备忘录》便是对穆拉托夫撰写的《电视新闻业道德准则》的回应,该备忘录致力于规范电视新闻工作者在竞选期间的行为,一共提出了五条原则,"全国电视协会认为,竞选期间电视的职责不是为了政治家和政党,而是为了选民的利益"③。《俄罗斯全国电视协会备忘录》要求电视新闻工作者提供候选人身份的完整可靠信息,以便选民做出负责任的、独立的选择;新闻工作者有权成为选举计划的积极参与者,保护受众免受蛊惑人心的宣传手段的操控;应该保留提出公正问题的权利;新闻工作者的作用不是支持某些人并使其他候选人失去信誉,而是对事实进行公正的分析,并寻找与受众有关的问题的答案;协会成员要意识到,在选举异常激烈的情况下,媒体的压力可能会急剧增加。④ 备忘录主要是针对竞选期间电视新闻工作者的行为规范。之后,人们逐渐认识到不仅在竞选期间需要对俄罗斯电视从业者采取某些限制与规范,而且对电视广播日常活动予以规范也很重要。1998年7月,在 М. В. 谢斯拉文斯基（М. В. Сеславинский）的发动下开始酝酿撰写《俄罗斯广

---

① Кодекс профессиональной этики российского журналиста, http：//www.mediasprut.ru/info/pravo/moral.shtml.
② Муратов С. А., Нравственные принципы телевизионной журналистики（опытэтического кодекса）. - М.：ф - т журн. МГУ, 1994. С. 56.
③ Меморандум Национальной ассоциации телевещателей России, https：//www.democracy.ru/library/articles/rus_ 1999 - 39/page20.html.
④ Меморандум Национальной ассоциации телевещателей России, https：//www.democracy.ru/library/articles/rus_ 1999 - 39/page20.html.

播电视业者宪章》。1999年4月俄罗斯主要电视广播公司的代表都签署了该宪章。《俄罗斯广播电视业者宪章》是电视和广播电台领域的一套特定的行为准则和规范。其主要内容包括确保信息的准确性；保护公民和组织的权利和合法利益、公共卫生和道德；尊重隐私；避免表现出过度残忍和暴力；不能以欺诈、恐吓或贿赂手段获取信息等。① 《俄罗斯广播电视业者宪章》还特别强调电视和电台广播语言运用的规范性："对电视和广播力求俄语的纯洁性、正确性和形象性，拒绝对外来词的不恰当的简单模仿借用，拒绝非规范词汇、俚语和黑话的使用。"② 可以说，《俄罗斯广播电视业者宪章》对广播电台、电视台从业者的职业道德做了较为翔实具体的规定。

1998年4月18—19日在圣彼得堡举行的"后共产主义时代的俄罗斯媒体理论与实践中的新闻伦理问题"国际会议上向新闻工作者发出信任声明。这份声明并没有提出规则，而是设定了受众可以信任新闻工作者的条件，包括"我愿意相信新闻工作者""如果在他的材料中我没有看到他提倡的利益集团""如果他无私地为社会利益服务""如果他遵守道德要求，不仅是在有利或无危险的情况下，而且是无条件的""如果他作为新闻工作者是真实和公正的"。③《信任新闻工作者声明》一共列举了民众信任新闻工作者的23个条件，用第一人称的"我愿意相信新闻工作者"，让受众与新闻工作者面对面，信任的条件实际上也是对新闻工作者职业道德的规范。同年出现的区域性文件《鞑靼斯坦新闻工作者职业道德准则》，基本上是对《俄罗斯新闻工作者职业道德准则》的重复。

---

① Хартия телерадиовещателей, https：//presscouncil. ru/index. php/teoriya – i – praktika/dokumenty/756.

② Хартия телерадиовещателей, https：//presscouncil. ru/index. php/teoriya – i – praktika/dokumenty/756.

③ Декларацияекларация доверия журналисту. Заключительный документ международнойконференции Проблемы журналистской этики в теории и практике СМИпосткоммунистической России, С – Петербург, 18 – 19 апреля 1998 г, http：/sibirp. ru//attachments/mod_ catalogue/11/file_ 80_ J03_ 04_ 01. doc.

2000年，俄罗斯媒体职业道德规范历程中一个非常重要的文本出现了，即《秋明州媒体公约》。该公约是秋明州新闻工作者多年工作的结果。《秋明州媒体公约》制定出媒体从业者职业行为规范的最低标准，如"只能用诚实的手段和方法收集信息""传播信息，其准确性由新闻工作者和媒体通过必要或可用的方式确认，并相应地予以核实；尽可能指出信息来源""尊重并保护在维护编辑秘密条款方面提供的信息来源的机密性""遵守版权规范，尊重与其观点不同的同事的权利""确定其专业活动与犯罪、恐怖主义、暴力、残忍的宣传不相容"。[1] 专业新闻工作者对最低标准规范的承认和遵守实际上有助于提高民众对媒体的信心，有助于保护和加强言论自由和媒体自由。同年5月，针对"定制新闻"对俄罗斯媒体和新闻行业构成威胁的现状，俄罗斯新闻工作者协会大评议会、宣传报道保护基金会、司法新闻工作者协会和地区报纸的主编联合发布了《最低新闻标准公约》，具体内容如下。

第一，信息性消息应与评论明确分开。

第二，任何经济的或政治的广告，都应在信息消费者可以理解的标题或图形元素的帮助下突出显示。

第三，只有在记者准确了解信息来源的情况下，才允许无参考来源的信息作为例外；并且当法律要求他这样做时，他可以凭参考文件或个人证明来确认信息。如果基于其他令人信服的证据，这些信息通常可以在更广泛的场景下采用。

第四，任何谈话，包括作为更广泛文本的片段，都必须与提供该谈话的人协调，除非该人恶意拒绝确认他的话，记者可以另外确认。

第五，调查性新闻类型的出版物不能基于单一的信息来源。

第六，在处理尖锐的批评类型工作时，必须呈现另一方的观点。作为一项规则，在不危及出版物出版的情况下，作为批评对象的政治家、

---

[1] Тюменская конвенция: ориентир самоопределения, способ собирания сооб-щества/Отв. ред. В. И. Бакштановский, https://www.tyuiu.ru/wp-content/uploads/2012/03/Tetra di -4. pdf.

商人和其他公众人物应该事先被告知该出版物的准备情况。①

2001年，出现了三个区域性的媒体职业道德准则，即《楚瓦什新闻工作者职业道德准则》《巴什科尔托斯坦新闻工作者职业道德准则》和《克拉斯诺亚尔斯克边疆区新闻工作者道德准则》。2001年1月19日在楚瓦什共和国新闻工作者协会第十五届大会上通过了《楚瓦什新闻工作者职业道德准则》。《楚瓦什新闻工作者职业道德准则》并没有重复《俄罗斯新闻工作者职业道德准则》的规定，而是分为四个方面的原则，即活动原则、关系原则、责任原则和团体原则。每个原则之下有一些具体的规定，如活动原则之下有九个具体的条目予以说明。第一，记者有义务忠实地遵守公众获得可靠信息的权利。第二，记者有义务报道真实可靠的信息，提供全方位的意见。第三，不应在媒体上故意传播虚假的谣言和猜测。第四，记者有义务仔细检查收到和收集的信息，完全确定其真实性。记者有义务尊重信息来源。其余五条在这里不予详细介绍。关系原则规定：第一，记者（编辑）有义务遵守公司团结的原则。第二，记者（编辑）有义务遵守公平竞争原则。第三，使用权力杠杆、创始人、赞助商破坏其他出版物的经济状况的行为是不可接受的。第四，如果媒体和记者发生冲突，鼓励记者寻求帮助，解决楚瓦什共和国记者联盟职业道德委员会的冲突局势。第五，如果用尽其他解决冲突的手段，记者有权到法院寻求帮助来保护他们的利益。其余条目不予详细介绍。责任原则包括记者无权利用其职位为第三方收集超出专业活动范围的信息；不建议记者接受他后来可能依赖的组织的礼物和服务；记者不应发布破坏社会道德基础的材料；如果是定制的商业宣传材料，记者必须告知读者其出版物的性质；等等。团体原则规定记者尊重并捍卫其同事的专业权利；遵守公平竞争法；记者应避免损害其同事的个人或职业利益的可能性和同意在社会、物质或道德方面明显不利的条

---

① Пакт о минимальных журналистских стандартах，http：//pochit.ru/jurnalistika/66494/index.html？page＝3.

件下履行其职责;记者应该考虑出版物的声望,支持其同事,并参与保护其新闻公司利益的行动;记者享有并可以捍卫其在法庭上以不同于暴力或暴力威胁、侮辱、精神损害和诽谤的方式使用民事和刑事立法所提供的所有保护保障的权利。同时,任何故意违反职业道德原则的行为都被视为可以获得纪律处分或被编辑委员会解雇的严重行为。① 可以看出,尽管《楚瓦什新闻工作者职业道德准则》在原则划分方面与《俄罗斯新闻工作者职业道德准则》不同,但在信息来源的真实性、权力捍卫等方面二者是一致的。2001 年秋天,巴什科尔托斯坦新闻工作者协会通过了《巴什科尔托斯坦新闻工作者职业道德准则》,该准则与《楚瓦什新闻工作者职业道德准则》具有相同的优点,即并没有机械重复《俄罗斯新闻工作者职业道德准则》,而是重新思考了俄罗斯新闻工作者的一般职业道德准则。《克拉斯诺亚尔斯克边疆区新闻工作者职业道德准则》于 2001 年秋天在克拉斯诺亚尔斯克边疆区紧张选举前夕通过,强调记者为真理服务,反对"黑公关"。

2002 年 6 月 28 日,斯维尔德洛夫斯克新闻工作者创作协会通过了《新闻工作者守则》,该守则与《鞑靼斯坦新闻工作者职业道德准则》一致,它几乎重复了《俄罗斯新闻工作者职业道德准则》的内容。

上述媒体职业道德规范文件有些是针对整个俄罗斯联邦的新闻工作者而言,有些是区域性的,这些文件大多是对媒体行业和媒体从业者行为规范的规定。除此之外,还有一些针对媒介传播具体问题制定的职业道德规范,如选举问题、恐怖主义与反恐行动、反对暴力和残忍等。

俄罗斯媒体在选举问题上应该扮演什么样的角色,发挥什么样的作用,这是俄罗斯媒体界需要探索的问题。早在 1995—1996 年的总统选举期间,俄罗斯大型媒体企业联合支持叶利钦,后来统一战线瓦

---

① Кодекс профессиональной этики журналистов Чувашии, http://chuvjour.ru/index.php/2012 - 01 - 19 - 13 - 05 - 51.

解，媒体集团之间掀起新闻大战，造成不良影响。1998—1999 年总统大选期间，新闻大战愈发激烈，导致俄罗斯媒体声誉下降。1999 年 9 月 8 日在伊热夫斯克举行的媒体大会上通过了《俄罗斯记者支持自由公正选举的声明》，声明共有十八条，其中包括禁止对媒体活动进行非法干预，尊重媒体部门的独立性；在竞选期间，媒体从业者必须严格遵守法律、职业道德标准和新闻工作者的行为准则要求；媒体在报道选举时必须公平和公正，不得歧视任何选举协会或候选人；新闻工作者不能也不应该对竞选期间候选人、选举协会和集团不符合法律规定的陈述负责，候选人、选举协会和集团须对选举材料的内容负责；州和市级大众媒体应对选举活动的时事提供最公正公平的报道等。① 该声明对俄罗斯媒体在从事与选举有关的传播活动时予以具体明确的规范。随后有一系列类似声明出现，如 2002 年《加里宁格勒记者支持自由公正选举的声明》、2003 年《库班记者支持自由公正选举的声明》、2004 年《阿尔泰新闻工作者宪章》等，这些声明主张媒体拒绝参与操控选民的意识和行为。

2001 年，恐怖主义主题出现在俄罗斯新闻工作者的职业道德中。根据俄语释义词典的定义，恐怖是指"消灭对手，具体表现为对身体实施暴力，直至毁灭"②。美国学者温卡特·艾伊尔（Venkat Iyer）认为，"恐怖行为和媒体之间经常具有相互提供支持的倾向。媒体因此承担了一定的特殊责任，除非媒体保持独立、公正地提供新闻，否则就很难避免成为恐怖行为的帮凶"③。媒体应不应该报道与恐怖主义相关的事件？如何评估媒体报道恐怖事件过程中产生的影响？学界对此有很大争论。俄罗斯为什么在 2002 年出现了关于新闻工作者报道恐怖主义标准的规

---

① Декларация российских журналистов в поддержку свободных и честных выборов, https://stage.democracy.ru/library/articles/rus_ 2000 - 8/page12.html.

② Ожегов С. И., Шведова Н. Ю., Толковый словарь русского языка. - М.: 2008. C. 798.

③ [印] S. 温卡塔拉曼主编：《媒体与恐怖主义》，赵雪波等译，中国传媒大学出版社 2006 年版，第 165 页。

定呢？在很大程度上，这是受到了外部语境的影响。2001年9月11日之后世界反恐斗争的形势日趋严峻，很多国际组织发布反恐声明。2001年10月31日，俄罗斯新闻工作者协会理事会通过了《关于恐怖主义和反恐行动新闻工作者专业行为的道德准则》，其构成依据是1999年12月9日联合国大会通过的《制止向恐怖主义提供资助的国际公约》。《关于恐怖主义和反恐行动新闻工作者专业行为的道德准则》主要包括以下内容。

第一，在收集信息时，记者应把人质和潜在受害者的生命放在第一位，这就要求新闻工作者不能采取任何可能直接使人质和潜在受害者的生命面临更大风险的行动，要避免与恐怖分子直接接触，收集、分析和比较所有可能来源的信息等。

第二，新闻工作者在应用恐怖袭击和反恐行动的材料时必须十分小心谨慎，不要成为表达恐怖主义思想和行动的喉舌；避免对恐怖分子进行直播采访。

第三，在反恐行动区工作时，记者必须采取必要措施确保自己的安全，记者应该向反恐怖主义行动的负责人通报其报道这些事件的意图，在交火期间尽量隐藏，不要在恐怖分子的可视区域四处走动；除非恐怖分子的行为真正直接威胁到记者的安全，否则不得拿起武器，不得穿着反恐行动参与者使用的伪装或其他制服。①

2003年4月8日又出现了一份关于反恐行动的媒体职业道德守则，即《反恐怖主义公约》，由媒体产业委员会制定与颁布。该公约强调，"为了向社会提供可靠的信息，媒体有权利和义务促进公开讨论恐怖主义问题，向社会通报反恐行动的进程，对其进行调查，告知人们真正的问题和冲突"②。该公约对反恐行动中媒体的行为准则做了明确规定：

---

① Этические принципы профессионального поведения журналистов, освещающих акты терроризма и контртеррористические операции, https://presscouncil.ru/index.php/teoriya-i-praktika/dokumenty/760-.

② Анти-террористическая конвенция, http://www.fapmc.ru/rospechat/docs/documents/docs/2003/04/antiterror.html.

"第一,媒体工作者必须了解,在恐怖袭击和反恐行动中,与其他任何权利和自由相比,最重要的是挽救人的生命。2. 如果收到有关即将发生恐怖袭击或在此消息发布之前开始的恐怖袭击的信息,记者有义务将其告知其管理人员。第三,新闻工作者必须随身携带,并应要求出示编辑证明或其他证明其身份和从属关系的文件。第四,媒体领导者必须立即将其知道的可用于挽救生命的信息移交给业务总部或官方机构。"[1]记者的职业道德水准在关涉恐怖主义的报道中起着重要的作用,记者须对受众以及整个社会抱有明确的责任意识,对其在恐怖主义和反恐行动报道过程中的行为予以规范,以保证其不会在不知情的情况下变成恐怖分子的共犯。

2005 年,俄罗斯广播公司通过了《反对残忍和暴力的广播电视从业者宪章》。该宪章的第一部分内容重复了法律的相关规定,例如不允许利用媒体开展极端主义活动,传播色情制品或毒品的生产和使用方法,以及购买毒品的渠道等信息。该宪章的第二部分涉及电子媒体对儿童的责任。[2]

2011 年媒体职业伦理道德规范出现了一个新主题,即互联网。巴什科尔托斯坦共和国新闻工作者成为俄罗斯互联网新闻伦理领域的先驱。《巴什科尔托斯坦共和国互联网新闻宪章》包含网络媒体特有的规范,指明与编辑有效沟通的方式,删除不道德的评论,使用与引用材料的有效链接等。该文件由巴什科尔托斯坦共和国的 22 个互联网公司签署。[3]

纵览俄罗斯媒体职业伦理道德规范的历程,我们可以看出,在俄罗斯建立新媒体传播模式期间,制定和颁布了许多职业伦理道德规范文

---

[1] Анти террористическая конвенция, http://www.fapmc.ru/rospechat/docs/documents/docs/2003/04/antiterror.html.

[2] Хартия телерадиовещателей "Против жестокости и насилия", https://presscouncil.ru/index.php/teoriya-i-praktika/dokumenty/636-khartiya-teleradioveshchatelej.

[3] http://bash-portal.ru/news/3410-veduschie-setevye-izdaniya-bashkirii-podpisali-hartiyu-internet-zhurnalistiki.html.

件，有些文件是针对整个俄罗斯联邦的新闻工作者而言的，有些是区域性的。有些职业伦理道德规范文件（如《鞑靼斯坦新闻工作者职业道德准则》《斯维尔德洛夫斯克新闻工作者准则》等）是机械重复的，也有针对具体问题（如选举、反恐行动等）而制定的职业道德规范。原创性的职业道德规范文件影响力最大，它们的制定没有受政府干预，新闻工作者为自己代言，如《新闻工作者莫斯科宪章》。有些文件只是针对特定时期的职业活动，如《俄罗斯记者支持自由公正选举的声明》《加里宁格勒记者支持自由公正选举的声明》等。有些是在国家的压力下通过的，如《俄罗斯广播电视业者宪章》。俄罗斯各类媒体的职业道德标准是该行业所期望和应有的观念体系的建构，是实现媒体产业伦理规范的先决条件。

专业伦理道德标准与媒体传播实践之间是存在一定距离的。一方面，需要媒体从业者不断提升自身的职业素养；另一方面，须建立相应的监督机制，这种监督机制不是指法律层面的监督，而是指媒体行业的内部监督。1999年出现的俄罗斯新闻工作者协会大评议会是俄罗斯影响力极大的媒体自律组织，主要针对协会成员的申诉要求，解决新闻工作者在媒体实践活动中产生的冲突与矛盾。2005年在俄罗斯还成立了新闻投诉公共委员会，它是一个独立的民间社会组织，在大众传媒领域进行自我调节和共同调节。公共委员会审议媒体受众对记者违反职业道德行为的投诉。该委员会的主要任务是在法庭外解决特定的信息纠纷。《公共委员会章程》规定了理事会所依据的原则、追求的目标，以及指导理事会成员参与信息争端的准则和规则。公共委员会的目标之一是形成诚实的新闻文化，并促进俄罗斯实现媒体自由。大众媒介传播时代媒体的商业性决定了媒体产业的逐利特性。当代俄罗斯如何实现媒体产业伦理道德的现实规范？这是一个值得长期探索的问题。

第二节 俄罗斯媒体与大众文化的融合发展

20世纪90年代的俄罗斯社会政治、经济和文化发生了极大的变化，肯德基、麦当劳、可口可乐等餐饮品牌，各种娱乐大众的报刊，以色情、暴力犯罪为主题的电视剧等充斥着人们的日常生活,可以毫不夸张地说,俄罗斯进入了大众文化时代。俄罗斯大众文化的蓬勃发展与俄罗斯媒体的发展息息相关。

大众文化是一个极为复杂的概念。英国文化批评家雷蒙·威廉斯(Raymond Williams)认为:"大众文化不是因为大众,而是因为其他人而得其身份认同的,它仍然带有两个旧有的含义,低等次的作品(如大众文学、大众出版商等区别于高品位的文学作品和出版机构)和刻意炮制出来以博取欢心的作品(如有别于民主新闻的大众新闻、大众娱乐)。它更现代的意义是为许多人所喜爱,而这一点,在许多方面,当然也是与前面的两个意义重叠的。近年来,事实上是大众为自身而定义了大众文化。作为文化,其含义与上面几种都不同,它经常取代过去民间文化的地位,但它亦有一种很重要的现代意识。"①

雷蒙·威廉斯从两个层面对大众文化予以界定。第一个层面呈现的是对大众文化的批判态度,第二个层面呈现的是大众文化在当代社会得到的更新确认,"替代过去民间文化占有的地位",这意味着大众文化不再是过去难登大雅之堂的文化,而是具有现代意识的文化。德国法兰克福学派从文化工业的角度指出,"大众文化"是借助大众传播媒介而流行于大众中的通俗文化,如通俗小说、流行音乐、艺术广告等。它融合了艺术、商业、政治、宗教和哲学,在空闲时间操控广大群众的思想和心理,培养支持统治和维护现状的顺从意识。② 中国学者孙春英提出"大众文化"的另一界定,"在当代大众社会中,以文化工业为盈利目的批量生产的,以大众传媒为手段,旨在使普通大众获得日常感性愉悦的文化商品"③。中国学者杭之将大众文化界定为"一种都市工业社会或大众消费社会的特殊产物,是大众消费社会中通过印刷媒介和电子媒

---

① Raymond Williams: *Keywords: A Vocabulary of Culture and Society*, Fontana, 1976, p.199.
② [德]霍克海默、阿道尔诺:《启蒙辩证法》,渠敬东、曹卫东译,上海人民出版社2003年版,第172页。
③ 孙春英:《大众文化:全球传播的范式》,中国传媒大学出版社2005年版,第31页。

介等大众传播媒介所承载、传递的文化产品,其明显的特征是它主要是为大众消费而制作出来的,因而它具有标准化和拟个性化的特色"[1]。另一位中国学者陈刚认为,"大众文化是在工业社会中产生,以都市大众为其消费对象,通过大众传播媒介传播的无深度的、模式化的、易复制的、按照市场规律批量生产的文化产品"[2]。

从中外学者对大众文化的概念界定与内涵阐释可以看出,大众文化从诞生之日起,就与大众传媒息息相关。中国学者林晖在《当代西方新闻媒体》一书中指出,大众传媒是大众文化的生产者,其原因在于,"第一,大众传媒和大众文化都以社会大众为对象;第二,大众传媒的特点符合大众文化的内容要求,大众文化的生命力表现在不断变换花样,快速更迭,而大众传媒的特点恰恰就是以最快的速度传播最新的变化,并且以通俗易懂的方式被最大多数人所接受;第三,大众文化的形式多追求感官刺激,这正是大众传媒的强项之一"[3]。在由中国学者许文郁等著的《大众文化批评》一书中,也对大众文化与传媒的关系做了较详细的论述。作者认为,无处不在的大众传媒是大众文化的培养基,"以一种迅疾的速度将人们需要和不需要的,通过宣传、视听等多方面的轰击,神话般地推向大众,塑造了许多表现为商品、偶像,以及流行生活方式等合乎大众口味并为大众崇拜的神灵"[4]。

一 俄罗斯媒体"大众化"与大众文化的勃兴

(一) 俄罗斯媒体"大众化"促进大众文化"普泛化"

大众媒体是大众文化传播的载体。苏联解体前,媒体传播渠道不够丰富,没有互联网,电视节目和广播频道比较少,主要信息来源是期刊

---

[1] 杭之:《一苇集》,生活·读书·新知三联书店1991年版,第141页。
[2] 陈刚:《大众文化与当代乌托邦》,作家出版社1996年版,第22—23页。
[3] 李良荣:《当代西方新闻媒体》,复旦大学出版社2003年版,第196页。
[4] 许文郁、朱元忠、许苗苗:《大众文化批评》,首都师范大学出版社2002年版,第23页。

报纸。其中报纸是人们使用最多的传播媒介，1986年，苏联每千人的日报拥有量为380份左右。①

俄罗斯媒体技术的新发展为媒体走向大众奠定了物质基础。新媒体技术运用于电视、广播等传统媒体，拓展了信息传播的空间。俄罗斯联邦政府大力推行电视广播数字化工程建设，于2009年发布《俄罗斯联邦2009—2018年电视广播发展联邦专项纲要》，拟在俄罗斯构建世界上最大的数字电视广播网络。《2018年俄罗斯电视现状、趋势与发展前景的行业报告》显示，该计划已完成，数字电视广播网络覆盖98%以上的俄罗斯人，98.4%的俄罗斯人可以免费收看20个公众电视频道和3个广播频道，而余下1.6%的俄罗斯人也可借助卫星转播免费收看20个数字电视频道。② 电视广播网络的全面覆盖，让电视成为俄罗斯人日常生活不可或缺的部分。

根据民意基金会的调查，俄罗斯人花在电视上的时间见表4-1。

表4-1　　　　　　　您多久观看一次电视节目？③

频率	2008.09.07	2012.01.22	2013.01.20	2014.05.25	2015.05.24	2016.06.12	2017.02.05	2017.06.04	2017.09.03	2018.04.29
几乎每天	72	78	75	74	73	61	67	62	58	63
一周3—5天	15	11	11	11	12	11	12	11	9	9
一周1—2天	7	5	8	7	7	13	11	12	14	11

---

① 徐耀魁主编：《世界传媒概览》，重庆出版社2000年版，第594页。
② Телевидение в России в 2018 году. Состояние, тенденции и перспективы развития, http：//www.fapmc.ru/rospechat/activities/reports/2019/teleradio.html.
③ Как часто и зачем люди смотрят телевизор, https：//fom.ru/SMI-i-internet/14029.

续表

频率	2008.09.07	2012.01.22	2013.01.20	2014.05.25	2015.05.24	2016.06.12	2017.02.05	2017.06.04	2017.09.03	2018.04.29
一周少于1次	3	2	2	2	3	4	3	4	6	5
不看	2	2	3	6	5	9	5	8	12	11
没有电视机	1	1	1	1	1	3	1	2	2	1
难以回答	1	1	1	1	1	1	1	1	1	1

由表4-1可以看出，超过半数的俄罗斯人几乎每天都会看电视。2008—2018年每天观看电视的人数呈下降趋势，这是受到了互联网的影响。1991年8月苏联人民第一次接触网络，但这一时期网络媒体只是少数人的专利，它并没有成为大众传播信息的日常模式。1991—2019年，俄罗斯互联网尽管只有28年历史，但发展十分迅速。1996—1997年，有60余万俄罗斯人使用互联网。1998年1月初，俄罗斯的互联网用户为84万人，一个月后用户超过100万，半年后用户数量达到140万，1999年9月初则达到170万。[①] 2019年，俄罗斯互联网受众高达9000万，占全国人口的74%。

报纸、杂志、电视、广播、互联网、电脑（桌面设备）、手机（移动设备）等成为俄罗斯人日常生活不可或缺的部分，承载与传播文化信息。Mediascope数据研究公司对俄罗斯平均媒体消耗量进行了调查研究，结果见表4-2。

---

① ［俄］扎苏尔斯基主编：《俄罗斯大众传媒》，张俊翔、贾乐蓉译，南京大学出版社2015年版，第305页。

表 4-2　　　　　俄罗斯平均每日媒体消费量①　　　　单位：分钟

年份	报纸	杂志	电视	广播	电影	互联网	桌面	移动	总量
2011	6.3	5.3	196.7	182.0	2.0	59.4	59.4	—	451.7
2012	5.6	4.6	215.4	179.0	2.2	68.0	68.0	—	474.8
2013	5.0	4.4	212.5	177.5	2.7	65.7	65.7	—	467.7
2014	4.6	4.1	214.3	175.5	2.0	74.0	74.0	—	474.4
2015	3.9	3.4	213.0	176.0	2.3	130.0	78.8	52.1	529.5
2016	3.2	2.8	213.7	179.5	2.3	130.0	67.9	62.2	531.6
2017	4.4	4.2	202.2	188.1	2.9	117.5	63.8	53.7	519.3
2018	4.1	3.9	202.2	184.3	2.9	119.7	60.6	59.1	517.1
2019	3.8	3.6	200.2	182.5	2.9	122.9	57.6	65.0	515.5
2020	3.6	3.4	198.2	180.7	2.9	126.2	54.7	71.5	514.8

调查结果显示，俄罗斯人每天花在电视上的时间最多，其次是广播，再次是互联网。消耗在台式电脑、手提电脑等桌面设备与手机、平板电脑等移动设备上的时间比较接近。从 2015 年开始，俄罗斯人每日媒体消耗量超过了 8 小时。Mediascope 数据研究公司还曾预测 2020 年俄罗斯人每日媒体消耗量，总量为 514.8 分钟，也远远超过了 8 小时。

由此观之，随着俄罗斯媒体技术的发展，媒体传播覆盖面扩大，社会辐射力变强，大众被无处不在的媒体所影响，由大众媒体承载的大众文化很快被大众熟悉、接受与消费。以前由于媒体技术的局限，边远地区信息闭塞，难以接触大众文化；而后苏联时期的媒体大众化为大众文化赢得了广泛的受众，大众文化融入当代俄罗斯人的日常生活并成为普

---

① Российская периодическая печать. Состояние, тенденции и перспективы развития в 2018 году, http://www.fapmc.ru/rospechat/activities/reports/2019/pechat1.html.

遍化的社会文化。

（二）大众文化推动俄罗斯媒体实现"大众化"

当代俄罗斯媒体能够迅速实现"大众化"，其中一个重要原因是大众文化的推动力。苏联时期媒体是意识形态色彩浓厚的舆论工具，媒体传播的内容要经受严格审查，媒体传递信息的自由度极其有限，没有真正实现大众传播。这一时期大众文化与主流意识形态不符，有时甚至是对主流意识形态的消解，因此其发展受到抑制。但在20世纪80年代末至90年代初，西方自由思潮对俄罗斯社会产生了极大影响，社会文化结构也发生了重要变化，西方大众文化与思潮逐渐占据显著的位置。

苏联解体后，《俄罗斯联邦宪法》和《大众传媒法》为西方大众文化进入俄罗斯打开了方便之门。《俄罗斯联邦宪法》第29条中有"保障每个人的思想和言论自由；每个人都有利用任何合法方式自由搜集、获取、转交、生产和传播信息的权利；保障大众信息自由；禁止新闻审查"等规定。①《大众传媒法》第1条"大众传播自由"明确规定只要不违反相关联邦法律，在俄罗斯联邦境内搜寻、获得、制造、传播信息，以及建立大众传播媒体不应受到限制。②《俄罗斯联邦宪法》和《大众传媒法》的规定，让当代俄罗斯人享有获得、生产和传播信息的自由，这为西方文化全面进入俄罗斯社会提供了法律保障。

这一时期，外国影片进口限额被取消，对个人和单位来说，获得影片发行许可证是一件比较容易的事。外国电影特别是美国影片如潮水般涌入俄罗斯。西方文化与产品的广告四处可见，西方大众文化进入俄罗斯人的日常生活，并对俄罗斯人的生活方式和价值理念产生了很大的影响。在西方大众文化的影响下，"俄罗斯以极快的速度进入了大众文化

---

① Конституция Российской Федерации，http：//docs.pravo.ru/konstitutsiya－rf/.
② https：//ru.wikisource.org/wiki/Закон_РФ_от_27.12.1991_№_2124－1.

时代"①。

随着俄罗斯大众文化价值取向的变化，受众的价值取向也发生了变化。媒体要赢得尽可能多的受众，就得迎合受众的品位。生活在当今充斥着大众文化的社会里的受众，其价值取向发生了实质性变化。媒体只有以不断变化的大众文化作为自己传播的内容，才能迎合大众的口味，赢得更多的受众。有研究者对第一频道和俄罗斯频道两个国家电视频道的节目构成进行比较，发现"普遍感兴趣"的节目比重远远超过专门性节目，具体见表4-3。

表4-3 "普遍感兴趣"的节目和专门性节目（占两个频道节目总播出量的百分比）② 单位:%

节目	1992 年	1996 年	2006 年
"普遍感兴趣"的	82.6	86.3	94.2
专门性的	17.4	19.7	5.2

由表4-3可以看出，1992—2006年，"普遍感兴趣"的节目比重呈上升趋势，到2006年，"普遍感兴趣"的节目比例高达94.2%，而专门性节目已降至5.2%。大众文化受众的品位影响着媒体传播内容的选择。

总之，俄罗斯媒体与大众文化互相影响，俄罗斯媒体是大众文化传播与发展的载体，大众文化是俄罗斯媒体壮大的重要推动力。当代俄罗斯媒体的传播转型与发展促使大众文化勃兴，大众文化融入俄罗斯人的日常生活，成为当代俄罗斯文化市场的主流。而俄罗斯媒体在承载、传递大众文化时也被大众化了。

---

① 严功军：《当代俄罗斯文化转型探析》，《四川外语学院学报》2005 年第3期。
② Телевидение общего интереса, https：//ozlib.com/812467/zhurnalistika/televidenie_obschego_interesa.

二 多元化：俄罗斯媒体与大众文化的同向发展

当代俄罗斯媒体具有鲜明的多元化特征，其媒介形态是多元的，不仅报纸、杂志等传统纸质媒介依然在社会中发挥着重要作用，电视、广播等电子媒介，以及新技术影响下的新媒体也对社会信息文化空间的构建有着举足轻重的影响力。不同的媒介技术催生多样的文化产品，俄罗斯媒体的多元化推动着大众文化的多元发展；不同的大众文化满足不同层次的受众需求，受众需求导引着俄罗斯媒体发展趋势，因而多元发展的大众文化也推动了俄罗斯媒体运作模式的多元化。

（一）俄罗斯多元媒介技术催生多元大众文化

传统印刷媒介是生产和传播大众文化的重要渠道。当代俄罗斯报纸发行量虽然没有苏联时期的发行量大，但报纸门类增多，其中出现了一种全新类型的报纸，即专门的大众文化类报纸。大众文化类报纸内容多种多样，有的关涉娱乐信息；有的刊登奇闻、丑闻；有的关涉情色；也有以星象占卜为主要内容；还有幽默内容等。这类报纸有《论据与事实》《万花筒》《休息日报》《快报》《说法报》等，主要面向普通大众。十年间，在新兴的俄罗斯报纸中，此类报纸的比例增长了一倍。[①]

杂志这一传统纸质媒介也是大众文化的重要载体，出现了娱乐杂志、时尚杂志、情色杂志、八卦和丑闻杂志、填字游戏杂志等大众化杂志，以满足大众兴趣、爱好。2019 年 7 月公布的俄罗斯最受欢迎杂志排行榜中，排名前十的杂志有财经杂志《福布斯》(Forbes)、明星娱乐杂志《流行星选》(Star Hit)、名人杂志《斯诺博》(Сноб)、介绍电视节目的杂志《七天》(7 дней)、成人娱乐杂志《花花公子》(Playboy)、男性时尚杂志《智族》(GQ)、女性时尚杂志《大都会》(Cosmopolitan)、女性杂

---

① Алексеев А. Н., Новая российская газетная пресса: Типологическая структура и ее изменения (1988 – 1997 гг. //«Телескоп»: наблюдения за повседневной жизнью петербуржцев. 1999. № 1. C. 11.

志《故事大篷车》(Караван историй)、名人杂志 *HELLO*、男性时尚杂志《时尚先生》(*Esquire Russia*)。① 除了《福布斯》为财经杂志外,其他9本都属于大众文化杂志。可以看出,以娱乐、时尚、文学为主要内容的大众杂志在俄罗斯最受欢迎。

俄罗斯图书出版业发展不是很稳定,出版物的种类和印数呈下降趋势。2018年俄罗斯出版了116915种图书和小册子,而2008年出版了123336种,减少了5.2%。但文艺作品的种类呈上升趋势,2008年文艺作品有20138种,而2018年有20380种,尽管在这期间才增长了242种,增幅不大,但2014—2018年增长了5506种,增幅高达37%。② 增长的图书种类主要是大众文学作品类,有侦探小说、言情小说、幻想小说、阴谋小说、打斗小说、情色小说等。可以说,这一时期大众文学是最受俄罗斯人欢迎的。根据《2018年俄罗斯图书市场现状、趋势与发展前景的行业报告》③,2018年最受欢迎的十大作家,大都是大众文学作家,如 Д. 顿佐娃(Д. Донцова)、А. 玛丽尼娜(А. Маринина)、Т. 乌斯季诺娃(Т. Устинова)、Б. 阿库宁(Б. Акунин)、Т. 波利亚科娃(Т. Полякова)等。后苏联时期,图书这一传统媒介承载的大众文学呈现出繁荣态势。

新媒体技术的广泛运用催生了大众文化的新样态。"媒体革命不仅仅是传播方式的变革,同时也带来了文化本体的革命,创造了崭新的现代文化。广播文化、电影文化、电视文化、音像文化发展至网络文化,成为新兴的主导文化形式,大众文化不断经历创新、扩容。以数字化、网络化和多媒体化为代表的当代信息革命,给大众文化传播带来了崭新的文化形态——数字文化和网络文化。"④ 根据《俄罗斯联邦2009—

---

① https://www.mlg.ru/ratings/.
② Книжный рынок России. Состояние, тенденции и перспективы развития в 2018 году, http://www.fapmc.ru/rospechat/activities/reports/2019/pechat2.html.
③ http://www.fapmc.ru/rospechat/activities/reports/2019/pechat2.html.
④ 张莉、谢娟、耿姝等:《新媒体视野下的大众文化传播》,四川大学出版社2016年版,第159页。

2018年电视广播发展联邦专项纲要》的规划，2018年是俄罗斯广播模拟时代的最后一年，之后俄罗斯将全面进入数字化技术打造的信息空间。俄罗斯商业广播和国有广播都转向了数字广播，人们不仅可以通过台式收音机收听广播，而且还可以通过互联网收听，俄罗斯广播电台灯塔广播电台、现代人广播电台，旋律广播电台等都在互联网上进行直播和录播。娱乐、游戏等节目类型深受听众喜爱。俄罗斯有线电视、卫星电视和网络电视的受众数量持续增长，各电视台精心打造的诸如脱口秀、真人秀、电影、娱乐节目等大众文化盛宴让俄罗斯人目不暇接。网络文化是数字化时代媒介融合的新的大众文化产品样式。网络文学是其中的一个重要类别。广义的网络文学指的是网络上出现的一切虚构文本；狭义的网络文学指有别于纸质文本的超文本和互动文本。1995年语言学家、文学评论家 Р. Г. 莱博夫（Р. Г. Лейбов）发起创作的《小说》（РОМАН）可以说是俄罗斯最早的网络文学，莱博夫创作了小说的第一章，其余的内容每个人都可以参与创作，可以说创造了一个互动性强的超级大文本。虽然说《小说》创作一年之后由于技术方面的问题被中断了，但它给了人们一种全新的体验。

在多种媒介技术的推动下，俄罗斯媒体的传播渠道与方式呈现出多元化特征。多元化的俄罗斯媒体为当代俄罗斯社会多种思潮和多元文化提供了表达的机会，也为散居的民众提供了全面了解社会文化图景的可能。而作为文化载体的媒体多元化，也必然会导致其所负载的内容，即大众文化呈现多元化。数字技术信息空间的构建，大众文化与诸种媒介文化融为一体，在俄罗斯人的日常生活中，似乎隐而不见，却又无所不在。

（二）多元大众文化需求推动俄罗斯媒体传播模式多元化

俄罗斯大众文化的多元性特质也是俄罗斯媒体多元化的决定因素。苏联时期推行的是一元化的文化模式，报纸、杂志、电视、广播等媒体充当官方意识形态的宣传工具，媒体发布的内容要经过政府机构的严格审查,传导"一种声音",对人民产生一致的影响,从而建构意识形态教化体。电视广播节目比较单一,主要是新闻类节目,剩余的都是社会政治和文化教育类节目。一元文化模式导致媒体运作模式也是一元的,在政府的主导下进行传播活动。这种状况在20世纪80年代末至90年代初发生了改变,特别是1990年《苏联出版与其他大众传媒法》的颁布,取消了新闻审查制度。这一期间传播媒介的数量呈现明显的增长态势,电视广播节目内容也变得多种多样。但由于这一时期西化思潮占据主导,整体而言,媒体呈现的依然是一元传播模式,只不过传播的是西方的文化与思潮。1991年12月27日,俄罗斯联邦通过《大众传媒法》,这为俄罗斯媒体话语的自由表达提供了可能。20世纪90年代中期,俄罗斯步入文化多元发展时期,满足大众的多层次需要的大众文化推动着俄罗斯媒体传播模式走向多元化。当代俄罗斯电视的多频道选择为满足大众的多元化需求提供了可能。

2008年俄罗斯城市家庭可选择的频道仅7个,而到了2018年可选择的频道多达72个,如图4-1所示。可以看出,为满足受众需求,电视播出的频道大量增多,节目也非常丰富,有电视剧、电影、娱乐节目、社会政治节目、信息节目等。广播电台也不局限于传统传播方式,纷纷推出了网络电台,突破了以往靠声音传递信息的局限,还可借助视频、文字、图像等方式予以辅助,介绍节目幕后故事与相关资讯,这极大地丰富了节目内容。俄国广播电台、俄罗斯广播电台、现代人广播电台、莫斯科回声广播电台等都通过互联网播出。"广播电台在互联网播出不仅可以增加自己的听众,还能为其在工作日全天获得必要而及时的资讯提供可能。2000年年初,已有63%的多媒体用户通过互联网收听广播。"①

---

① [俄]扎苏尔斯基主编:《俄罗斯大众传媒》,张俊翔、贾乐蓉译,南京大学出版社2015年版,第302页。

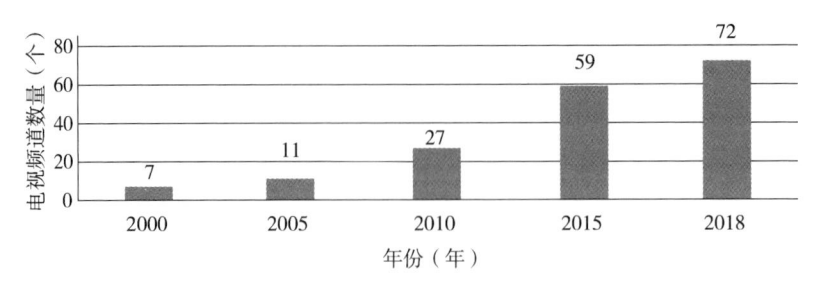

图 4-1　俄罗斯联邦城市家庭的平均电视频道数量①

读者的喜好也影响了俄罗斯传统纸质媒介传播的变化。2018年全俄社会舆论研究中心对读者阅读文艺作品的方式进行了调查，调查结果见表4-4。

表4-4　最常阅读文艺作品的介质形态是哪种？（封闭式问题，一个答案，占所有受访者的百分比）②　　　　　　　　　　单位:%

媒体类型	所有受访者	18—24岁	25—34岁	35—44岁	45—59岁	60岁以上	男性	女性
电子版	27	44	43	38	24	7	34	22
纸质版	56	44	40	45	61	74	43	66
几乎不读	16	11	17	17	15	17	21	11
难以回答	1	1	0	0	0	2	2	1

可以看出，25—34岁的居民中，43%的人经常读电子书籍，其比重超过了阅读纸质书籍的人数比重；而18—24岁的人，对电子书籍与纸质书籍无特别偏好，二者的比例均为44%；而60岁及以上的受访者偏好纸质书籍，其比重为74%。可以看出，日常生活中人们既接受惯常的纸质书籍，也喜欢阅读电子书籍。读者经常使用智能手机、电脑等设备阅读。不仅在书籍方面有这样的情况，报纸、杂志也是如此，专门

---

① Телевидение в России в 2018 году. Состояние, тенденции и перспективы развития, http://www.fapmc.ru/rospechat/activities/reports/2019/teleradio.html.
② Книжный рынок России. Состояние, тенденции и перспективы развития в 2018 году, http://www.fapmc.ru/rospechat/activities/reports/2019/pechat2.html.

建立了网站，在社交网络上创建读者社区，以便掌握即时信息、组织活动、在线销售等。

当代俄罗斯摆脱了一元文化模式，大众文化的多元性促使传统媒介与新媒介融合，将报纸、杂志、书籍、电视、广播等不同形态的传播内容在数字化技术的支持下加以整合，形成跨媒体、跨平台的多元传播模式，实现资源共享。媒体的多元化与大众文化的多元化，互助共生，最大限度地满足了大众的需求。

三 娱乐化：俄罗斯媒体与大众文化的文化面向

"大众文化作为一种中性文化，它消解一切意识形态，又竭力迎合大众，不追求精神的超越性，因而以轻松、快乐、狂欢的姿态赢得各个阶层大众的喜爱。它唯一的约束来自市场规律的支配，因此它没有一贯的立场，随时迎合大众的口味，并随着市场情况的变化，随时来调节自己的文化立场。而最能够迎取大众口味的，惟有欢乐。"[①]娱乐性是大众文化的特质，而市场化的当代俄罗斯媒体也通过多样化的娱乐节目为受众提供愉悦。可以说，娱乐化是当代俄罗斯媒体与大众文化的共同文化面向。

(一) 俄罗斯媒体的娱乐化强化大众文化的娱乐性

苏联解体后，大众对政治的兴趣下降，而忙于个人问题，如职业发展、个人致富、家庭生活和自我实现等。大多数媒体内容在休闲时间被大众消费。在早餐时阅读报纸，在上下班途中收听广播，晚上回家看电视或阅读杂志，尤其是节假日，人们从媒体传播的内容中找到乐趣。媒体正在积极融入现代人的自由时间结构。市场将大众媒体纳入销售商品和服务的系统、制造商的营销策略。大众媒体的定位不仅取决于社会的政治和文化需求，而且取决于广告商所需要掌握的目标受众的消费者需求。以消费者为导向的经济客观上促使媒体走向娱乐化。

[①] 许文郁、朱元忠、许苗苗：《大众文化批评》，首都师范大学出版社2002年版，第53—54页。

俄罗斯报纸、杂志娱乐化特征显著。《俄罗斯期刊市场：现状、趋势和发展前景》行业报告的数据显示，俄罗斯报纸、杂志排在前十位的大多是娱乐性很强的大众文化类。以 2007 年和 2018 年的行业报告为例，2007 年俄罗斯读者中最受欢迎的报纸有以下几种（括号中为该报纸读者在 16 岁以上居民中的占比）：《论据与事实》(14%)、《共青团真理报》(13%)、《电视家庭天线报》(8%)、《我的家人》(6%)、《生活》(6%)、《速度信息》(6%)《莫斯科共青团员报》(5%)、《体育快报》(3%)、《消息报》(2%)、《绝密》(2%)。[①] 其中只有 1 份社会政治报纸——《消息报》，排名第九。2018 年俄罗斯读者中最受欢迎的报纸有以下几种（括号中为该报纸读者在 16 岁以上居民中的占比）：《论据与事实》(7.4%)、《共青团真理报》(4.7%)、《777》(4.3%)、《电视节目报》(3.5%)、《我的家人》(2.0%)、《1000 个秘密》(1.7%)、《MK—地区》(1.6%)、《莫斯科共青团员报》(1.5%)、《神谕》(1.5%)、《汽车评论》(1.2%)。[②] 排在前十位的全部是大众文化类报纸。而最受读者喜欢的杂志基本上是《丽莎》《斯诺博》这样的时尚女性杂志、名人杂志等，这些杂志以有趣的内容、色彩鲜艳的图画等吸引读者，具有较强的娱乐性。2007—2018 年（包括 2007 年和 2018 年）报刊行业报告显示大众文化类报刊最受读者喜爱。

俄罗斯电视的娱乐化特征更是明显。电视连续剧、音乐和娱乐节目，以及故事片仍然是主要类型，娱乐节目优先于信息和教育类节目。2018 年第一频道娱乐节目占总播出时间的 30%，知识娱乐节目占 11%，再加上故事片（占 11%）和电视连续剧（占 7%）等娱乐性较强的节目，[③] 可

---

① Доклад: Российский рынок периодической печати. Состояние, тенденции и перспективы раз вития. 2008 год, http://www.fapmc.ru/rospechat/activities/reports/2008/item102.html.

② Российская периодическая печать. Состояние, тенденции и перспективы развития в 2018 году, http://www.fapmc.ru/rospechat/activities/reports/2019/pechat1.html.

③ Телевидение в России в 2018 году. Состояние, тенденции и перспективы развития, http://www.fapmc.ru/rospechat/activities/reports/2019/teleradio.html.

以看出，娱乐性节目超过了节目总播出时间的一半。俄罗斯大多数电视台的电视节目情况都与之相似，即娱乐性节目播出时间比重较大。而THT、CTC 两个电视台的节目完全是娱乐性的，电影、电视剧、情景喜剧、游戏、真人秀、脱口秀等构成其节目的全部。真人秀节目有《玻璃后面》（TV—6）、《公寓—2》（TNT）、《最后的勇士》（第一频道）等；脱口秀节目有《健康生活》（第一频道）、《12 名邪恶观众》（MTV）、《津津乐道》（第一频道）等。俄罗斯电视尽可能为受众提供更多的精心制作的娱乐性节目，包括有趣的言语、悦目的图像，以及令人振奋的音乐等。互联网更是娱乐中心，在互联网上，人们可以接收在线媒体，看视频，玩游戏，购买音乐，下载和观看电影，在线订购电影，阅读时尚杂志、名人杂志和电子书等。电视娱乐节目丰富，播出时间长，给受众带来愉悦；互联网的娱乐项目丰富，且不受时空的束缚，受众可借助电脑、平板电脑、智能手机等消磨自己的休闲时光，因而二者成为影响大众日常生活的主要方式。

当代俄罗斯报刊、电视、互联网等是大众文化传播的重要载体。媒体通过娱乐性的内容激发受众产生快乐、享受、舒适和放松等情绪，从而尽可能地吸引受众的注意力。媒体传播内容会推动"大众消费"刻板印象的形成，媒体的娱乐化实际上强化了受众对大众文化娱乐特质的刻板印象。

（二）大众文化的娱乐性引导俄罗斯媒体以娱乐功能为中心

苏联时期，媒体主要发挥宣传教育功能；而苏联解体后，俄罗斯大众文化勃兴，大众文化的娱乐性引导了俄罗斯媒体以娱乐功能为中心。诚如美国媒体文化研究者和批评家尼尔·波兹曼所言，"电视把娱乐本身变成了表现一切经历的形式"[①]。在俄罗斯电视节目中，娱乐类节目占据主导地位。据调查，教育类节目在俄罗斯电视节目中的比重呈下降

---

① ［美］尼尔·波兹曼：《娱乐至死》，章艳译，广西师范大学出版社 2011 年版，第 92 页。

趋势，而娱乐类节目呈上升趋势。具体见表4-5。

表4-5　各种类型节目在全国电视频道中的份额（占总播出量的百分比）[①]

单位:%

节目类型	1992年	1996年	2006年
广告类	0.5	0	0
信息类	37.5	36.2	43.2
教育类	12.3	8.6	5.1
艺术娱乐类	33.3	10.0	45.2
游戏类	14.3	11.9	6.1
交流类(对话、公开讨论、演播室讨论、学术辩论)	2.3	2.5	0.5
社会组织类(慈善活动、合作、快闪活动)	0	0.7	0

游戏类与艺术娱乐类都可归为娱乐类节目。1992年娱乐类节目占据47.6%，2006年娱乐类节目占据51.3%；而教育类节目1992年占12.3%，到2006年仅占5.1%。可以看出，电视节目的教育功能退化，娱乐功能加强。

俄罗斯学者С.Н.阿金费耶夫（С.Н. Акинфиев）指出，"娱乐部分日益成为信息分析电视广播的组成部分，娱乐是现代电视发展的主要趋势之一"[②]。由于大众文化娱乐性的影响，大众对媒体的娱乐性要求甚高。既要满足娱乐的需求，又要获取信息，在这种情况下，出现了一类独特的节目，即信息娱乐节目。俄罗斯第一频道的脱口秀节目"夜间乌尔甘特""政治"，以及НТВ的"不久之前"等均属于信息娱乐节目。"夜间乌尔甘特"是主持人И.А.乌尔甘特（И.А. Ургант）主持

[①] Разнообразие и выбор на центральном российском ТВ，https：//ozlib.com/812465/zhurnalistika/raznoobrazie_ vybor_ programm_ tsentralnom_ rossiyskom.

[②] Акинфиев С. Н. , Развлекательное телевидение：определение，классификация，жанры//Вестник Московского Университета. Серия 10. Журналистика. 2008. № 6. С. 110.

的一档晚间真人脱口秀节目。"夜间乌尔甘特"的主题一般来自当天的新闻，主持人乌尔甘特谈论的是新闻中提到的较为正式或严肃的话题，但他用一些笑话来阐释这类严肃话题或给予一些幽默诙谐的解释。这大大激发了观众的兴趣："乌尔甘特今天会说什么?"这也是该档节目能够成为俄罗斯第一频道的王牌节目的一个重要原因。"政治"由 А. Г. 戈登（А. Г. Гордон）和 П. О. 托尔斯泰（П. О. Толстой）主持，是一档社会政治脱口秀节目。针对这档脱口秀节目与其他政治节目有何不同的问题，主持人 П. О. 托尔斯泰是这样回答的："我要进行令人振奋的、愉快的讨论，而不要对其他人的纳税申报单感到忧虑。这是一个能够以健康的幽默感对待政治的节目。当然，这很大程度上取决于参加讨论的嘉宾。"① 外交部发言人 М. В. 扎哈洛娃（М. В. Захарова）、权威政治学家 В. Т. 特列季亚科夫（В. Т. Третьяков）和总统机构成员 В. Н. 舍甫琴科（В. Н. Шевченко）被邀请参加"政治"讨论活动。专业人士对俄罗斯政治脉搏的看法引起了观众的兴趣。但人们不仅仅关注说什么（内容），而更加关注怎么说（娱乐性）。Л. Г. 帕尔费诺夫（Л. Г. Парфенов）主持的"不久之前"也属于信息娱乐节目。该节目涵盖了所有生活领域，从"高层"的新闻到好莱坞明星生活的细节及其他热点报道。这些节目都关涉社会政治生活和其他社会热点问题，受邀参加节目的有记者、政治家、明星等公众人物。信息节目包含娱乐元素，以一种轻松愉悦的方式向受众传递信息。从理论上讲，任何信息都可以放在信息娱乐类型的节目中。节目主持人和嘉宾可以轻松地谈论最新消息，用娱乐元素来缓和严肃话题。

《共青团真理报》《莫斯科共青团员报》等报刊的转型是媒体娱乐功能中心化的又一力证。《共青团真理报》创办于 1925 年，苏联时期是共青团中央委员会主管的主要信息出版物，其发行量达数百万册。苏联

---

① Программы - дискуссии на телевидении，http：//sa. net. ua/programmy - diskyssii - na - televidenii.

解体后，该报被私有化，内容发生了重大改变，但名称依旧保留。20世纪90年代，报纸将注意力从社会和政治主题转向社会秘闻、名人生活和读者娱乐，报纸上的政治评论仍然存在，但所占比重较小。《共青团真理报》的编辑 В. Н. 孙戈尔金（В. Н. Сунгоркин）看到了受众需求的重要性："为了在市场上生存，我们必须经常'讨好'读者。""他们之所以愿意把工作之外的时间花在报纸上，有三个原因。第一，休息、娱乐。第二，获取新知，了解保护自身的措施。比如律师的建议，关于如何省钱、呵护健康、教育孩子等方面的建议。第三，他们想让自己看上去像是有文化的人，了解时事。"[①] 针对读者的需求调整内容，《共青团真理报》转型成功，2008年该出版物在俄罗斯和独联体国家的发行量达3500万份，成为最大的"小报"之一。《莫斯科共青团员报》也实行了转型，怪诞文章与分析材料并行发布。近年来关闭了许多商业和社会政治出版物如《周刊》《新目击者》《俄罗斯焦点》等，这些杂志难以满足大众的娱乐性需求，缺乏市场前景。

市场经济环境下的当代俄罗斯，各类大众文化产品镶嵌于日常生活中，媒体的娱乐化与大众文化的娱乐性互相影响、互相强化。俄罗斯媒体的娱乐化突显大众文化的娱乐性，而大众文化的娱乐性又促成了俄罗斯媒体娱乐功能中心化。媒体的娱乐化能够给大众带来愉悦并使其放松，缓解现实生活的压力，但是过度娱乐化又会对大众产生消极影响。不能片面强调媒体的娱乐功能，须将娱乐功能、信息功能、教育功能三个方面融合在一起。

第三节 俄罗斯媒体文化的认同调查

20世纪电子、广播、电视、互联网等的发展，以及大众印刷产品的发展使人类走入信息时代，形成了一个复杂的大众传播体系。大众媒

---

① Сунгоркин В. Н., Кухня управляемой демократии//Отечественные записки. 2003. № 4, https://magazines.gorky.media/oz/2003/4/kuhnya - upravlyaemoj - demokratii.html.

体，特别是电子媒体的发展已经成为许多社会文化进程的催化剂。从20世纪90年代开始，俄罗斯社会和文化发生了一系列惊人的变化，媒体文化代替精英文化成为社会化的主导力量。电视、电台、电影、报刊等通过图像、音响、话语、宏大场面等主宰人们的日常生活，影响人们的思维与行为方式，为个体或群体建构身份认同提供各式各样的脚本。

媒体文化作为人类文化和历史发展过程中一种复杂的文化现象，打破了文化与传播之间的壁垒。根据美国著名西方马克思主义理论家和媒介理论家道格拉斯·凯尔纳（Douglas Kellner）的解析，媒体文化既是"一种产业文化，是依照大规模生产的模式加以组织的，同时它也遵循惯例性的程序、法则和规定等，分门别类地为大众制作产品"；又是一种"高科技的文化"，"一种将文化和科技以新的形式和结构融为一体的科技—文化，它塑造诸种新型的社会，在这些社会中，媒体与技术成了组织的原则"。①

英语单词"identity"有"身份""个性、特性""同一性、一致性"等含义。中国学者孟樊在《后现代的认同政治》中详细分析了"identity"的中文译法，"认同一词，英文称为identity，国内学者有译为'认同''身份''属性'或者是'正身者'"②，然而从后现代来看"identity"本身变得不确定、多样且流动，"身份"也是来自"认同"，而"identity"原有"同一""同一性"或"同一人（物）"之意，因此译为"认同"。③西格蒙德·弗洛伊德（Sigmund Freud）认为，"认同是用以表述个人与他人、群体或准备模仿的人物在感情、心理上趋同的过程，是个体与他人有情感联系的最早表现形式"④。在社会学家看来，"认同"有个体和社会两个层面的含义，在个体层面，它是指

---

① [美]道格拉斯·凯尔纳:《媒体文化：介于现代与后现代之间的文化研究、认同性与政治》，丁宁译，商务印书馆2013年版，第10页。
② 孟樊:《后现代的认同政治》，(台北)扬智文化事业股份有限公司2001年版，第6页。
③ 孟樊:《后现代的认同政治》，(台北)扬智文化事业股份有限公司2001年版，第17页。
④ [奥地利]弗洛伊德:《弗洛伊德自传：梦、欲望、真相》，顾闻译，国际文化出版公司2013年版，第20页。

"个体依据个人的经历所反思性地理解到的自我"①,即自我认同。在社会层面,它是指社会共同体成员对一定信仰和情感的共有和分享,即爱弥尔·涂尔干(Emile. Durkheim)所说的"集体意识"或"共同意识"。②道格拉斯·凯尔纳认为,"媒体文化为认同提供了强有力的形象与场景,它们有可能直接影响着人们的行为,同时提供行动、时尚和风格的榜样"③。信息革命使媒体成为一个虚拟的"第四"权力分支,其对社会和个人的影响往往比其他社会机构的影响大得多。媒体的力量或多或少地扩展到社会的几乎所有领域,在政治和社会领域,以及精神生活领域中表现得最为明显,甚至一个人的个人生活也不会被媒体忽视。媒体文化在个体自我身份和民族身份认同的形成过程中发挥着重要作用。本节内容既探究俄罗斯媒体如何构建俄罗斯个体身份和民族身份,又考查受众对媒体精心构建的文化空间的认可度。

一 关于媒体拟态环境的认同调查

大众媒体为人们从世界任何地方接收最新新闻,了解世界的情况提供了巨大的机会。人本身无法独立验证获得信息的可靠性。每个人都生活在媒体建构的拟态环境中,"人不得不处于这样的命运之中,即应该通过他人的中介,依存于由他人所规定的(他人所掌握和解释的)环境,来确定自己的环境"④。人们依赖媒体对所发生的事情进行估计和判断,拟态环境是个体身份和民族身份建构的基础。拟态环境是由大众传播媒介营造的一种比较独特的信息环境,是美国著名新闻工作者沃尔特·李普曼(Walter Lippmann)在《舆论学》(*Public Opinion*)

---

① [英]安东尼·吉登斯:《现代性与自我认同》,赵旭东、方文译,生活·读书·新知三联书店1997年版,第275页。
② [法]埃米尔·涂尔干:《社会分工论》,渠东译,生活·读书·新知三联书店2000年版,第42页。
③ [美]道格拉斯·凯尔纳:《媒体文化:介于现代与后现代之间的文化研究、认同性与政治》,丁宁译,商务印书馆2013年版,第184页。
④ [日]滕竹晓:《电视社会学》,蔡林海译,安徽文艺出版社1987年版,第35页。

一书中首次提出的概念，"回过头来看，我们对自己生活于其中的环境的认识是何等的间接。我们看到，报道现实环境的新闻传递给我们的速度时快时慢，但我们把自己认为是真实的东西当作现实环境本身来对待。我们必须特别注意一个共同的要素，即人们和环境之间的插入物——拟态环境"①。中国学者郭庆光认为，"所谓'拟态环境'并不是现实环境的镜子式的再现，而是传播媒介通过对象征性事件或信息进行选择、加工、重新加以结构化之后向人们提示的环境。然而，由于这种加工选择活动是在一般人看不见的地方（媒介内部）进行的，所以，通常人们意识不到这一点，而往往把'拟态环境'作为客观环境本身来看待"②。郭庆光认识到受众对于拟态环境的建构具有重要意义，他在"大众传播时代人与环境的互动关系"模拟图③中清晰地呈现了这一点，如图4-2所示。

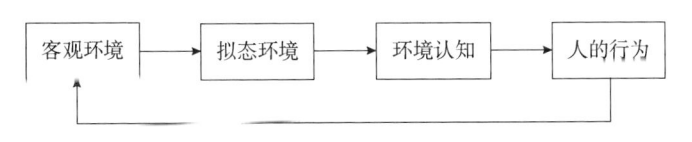

客观环境 → 拟态环境 → 环境认知 → 人的行为

图4-2　大众传播时代人与环境的互动关系

由图4-2可以看出，拟态环境一方面是由媒介传播者主观建构的，另一方面也是由受众主观建构而成的，"由传播者建构的拟态环境需要通过受众的解读才能形成一个完整的传播过程，受众解读由媒介符号建立起的拟态环境，实质上是受众的主体性活动"④。报刊、电视广播、互联网等大众传播媒介已经渗入当代俄罗斯社会各个方面，俄罗斯人在日常生活中主要通过媒体所创造的拟态环境去感知与把握外界的变化，汲取相应的信息以满足自身需求。由于拟态环境的构建是一个复杂动态

---

① ［美］沃尔特·李普曼：《公众舆论》，阎克文、江红译，上海世纪出版社2002年版，第4页。
② 郭庆光：《传播学教程》，中国人民大学出版社1999年版，第113页。
③ 郭庆光：《传播学教程》，中国人民大学出版社1999年版，第112页。
④ 曹劲松：《论拟态环境的主体建构》，《南京社会科学》2009年第2期。

的过程，不仅受到媒介、传播者和受众的影响，同时也会受到政治、经济、历史文化等方面的影响。拟态环境与客观真实环境并非完全一致的，因此，要辩证认识拟态环境对于社会的作用，它既能引导大众公共意识的形成，为社会带来积极影响，也有可能误导大众的认知与行为，给社会带来消极影响。对俄罗斯媒体文化建构拟态环境的认同调查研究，主要从两方面展开。第一，关于媒介传播者的认同调查；第二，关于媒体传播信息的认同调查。

（一）关于媒介传播者的认同调查

俄罗斯民意基金会于2007年、2012年、2014年对俄罗斯民众就当今俄罗斯记者是否受尊敬的问题展开了调查，2018年俄罗斯"锆石"（ЦИРКОН）研究小组也就此问题展开了调查，调查结果见表4-6。

表4-6　　　　　当今俄罗斯记者是否受尊敬调查结果①

问题	答案选项	俄罗斯民意基金会2007年	俄罗斯民意基金会2012年	俄罗斯民意基金会2014年	"锆石"研究小组2018年
您认为记者这个职业在当今俄罗斯是否受尊敬	相当受尊敬	53	45	69	65
	难以回答	20	29	13	20
	相当不受尊敬	27	26	17	16

从表4-6可以看出，认为记者这一职业"相当受尊敬"的比重远远超过"不受尊敬"的比重，在大部分俄罗斯人的心目中，记者这一职业还是令人尊敬的。

2018年11月18日，俄罗斯民意基金会围绕"俄罗斯人对记者职业化水平及其对国家生活影响的看法"问题对18岁及以上的俄罗斯人展开调查。其中一个问题是"您认为俄罗斯记者今天的整体专业水平是高、中还是低"，结果如图4-3所示。②

---

① http：//www.zircon.ru/upload/iblock/b0d/Obraz_ zhurnalistov - 2018_ otchet.pdf.
② https：//fom.ru/SMI - i - internet/14138.

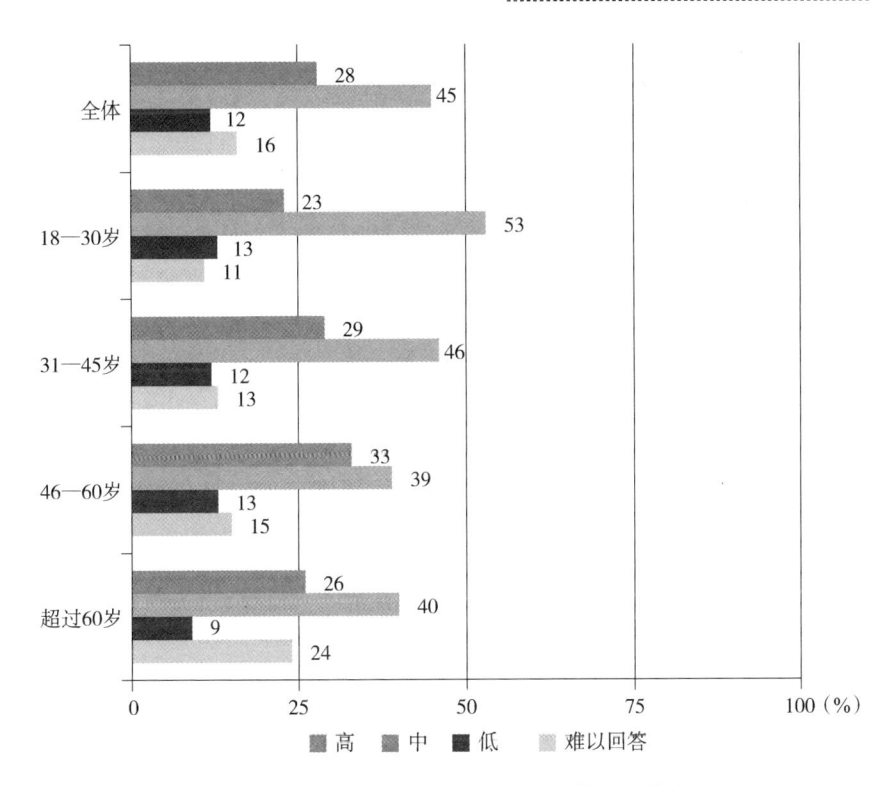

第四章 俄罗斯媒体产业伦理与文化认同

全体: 28 / 45 / 12 / 16
18—30岁: 23 / 53 / 13 / 11
31—45岁: 29 / 46 / 12 / 13
46—60岁: 33 / 39 / 13 / 15
超过60岁: 26 / 40 / 9 / 24

■ 高　■ 中　■ 低　　难以回答

图4-3　不同年龄段受众对俄罗斯记者水平的认知

从调查的结果来看，认为记者水平居中的人数偏多，占总人数的45%；而18—30岁的人群中认为记者水平居中的人数达到了53%，认为记者水平高的人数远远大于认为记者水平低的人数。整体而言，俄罗斯人认为记者的水平中等偏上。

针对"您认为当今记者是否对国家生活产生重大影响？如果产生影响，这种影响是积极的还是消极的"[①] 展开的调查结果见表4-7。从表4-7可以看出，认为记者对国家社会生活产生积极影响的比例达到了41%，而认为产生消极影响的只占12%。可以看出，大部分受众认可记者对国家生活的影响力。

---

① http：//www.zircon.ru/upload/iblock/b0d/Obraz_ zhurnalistov-2018_ otchet.pdf.

表4－7　　　　大众关于记者对国家生活影响的认知　　　　单位:%

您认为当今记者是否对国家生活产生重大影响？如果产生影响,这种影响是积极的还是消极的	所有取样的百分比
积极影响	41
消极影响	12
无重大影响	30
难以回答	17

2001年和2007年民意基金会对俄罗斯民众就"信任记者与否"问题展开了调查，2018年俄罗斯"锆石"研究小组也就此问题展开了调查，调查结果见表4－8。

表4－8　　　　　　　您是否信任记者[①]　　　　　　　单位:%

问题	答案选项	俄罗斯民意基金会,2001年	俄罗斯民意基金会,2007年	"锆石"研究小组,2018年
整体而言,您对俄罗斯记者是信任还是不信任	相当信任	47	44	36
	有些信任,有些不信任	—	—	35
	不信任	40	41	24
	难以回答	13	15	5

2001年，民意基金会关于"信任记者与否"的调查结果显示，相当信任记者的占47%，不信任记者的占40%；2007年的调查结果显示，信任记者的人数占44%，不信任记者的人数占41%。对于信任还是不信任的问题，民众态度鲜明，但比重比较接近。而在2018年调查结果中，信任的人数（占36%）比不信任的人数（占24%）要多，但是出现了一个新的群体"有些信任，有些不信任"（占35%），可以看出民众对此问题的不确定性。

总的来说，俄罗斯民众对记者的看法是比较正面积极的，大约三分之二的受访者认为俄罗斯记者的职业受到尊重。记者作为媒体文化的传

---

① http：//www.zircon.ru/upload/iblock/b0d/Obraz_ zhurnalistov－2018_ otchet.pdf.

播者，对于社会生活具有比较重要的影响。

（二）关于媒体传播信息的认同调查

民意基金会针对"获取信息的渠道"在2011年进行了4次调查，在2012年进行了3次调查，在2013年又进行了4次调查，图4-4为调查结果的总体趋向。①

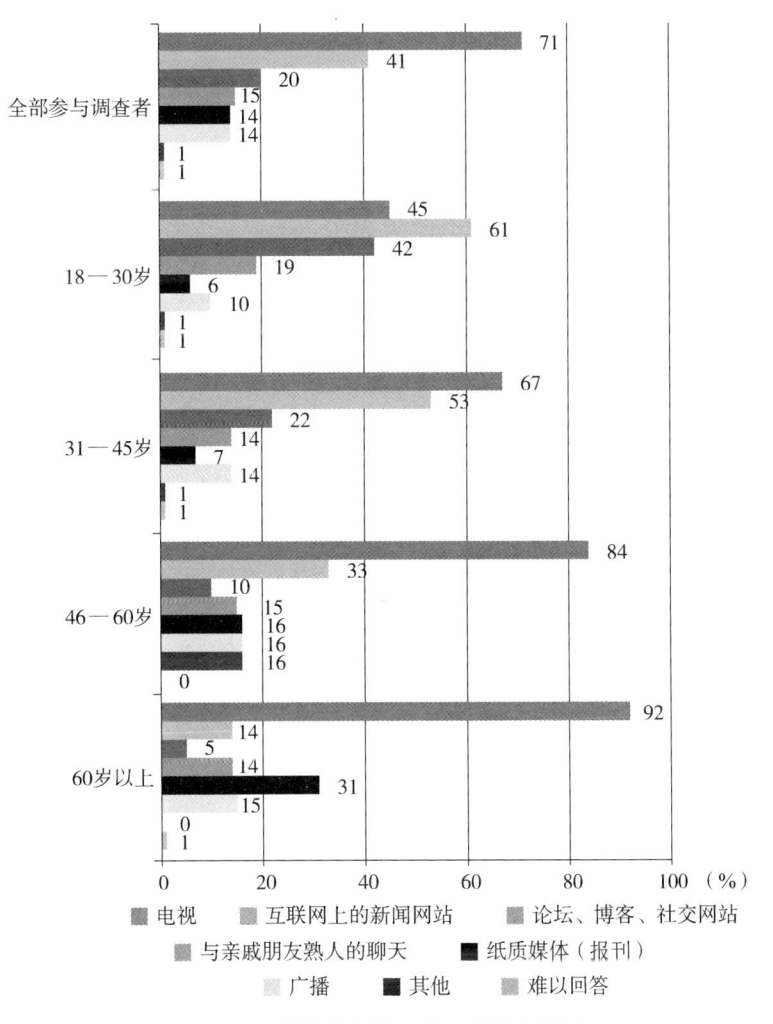

图4-4 媒体传播信息认可度调查结果

---

① https：//fom.ru/SMI-i-internet/14028.

从图 4-4 可以看出，受访者主要通过电视、互联网等新媒体获取信息，而借助报刊、广播等传统媒体获取信息的受众较少，这是因为电视、互联网更直观。而年轻一代（18—30 岁）更愿意使用互联网，通过互联网新闻网站、博客、论坛等渠道获取信息的人数远远超过了借助电视获取信息的人数。

民意基金会针对媒体客观性问题展开调查，2014—2018 年调查的结果如图 4-5 所示。

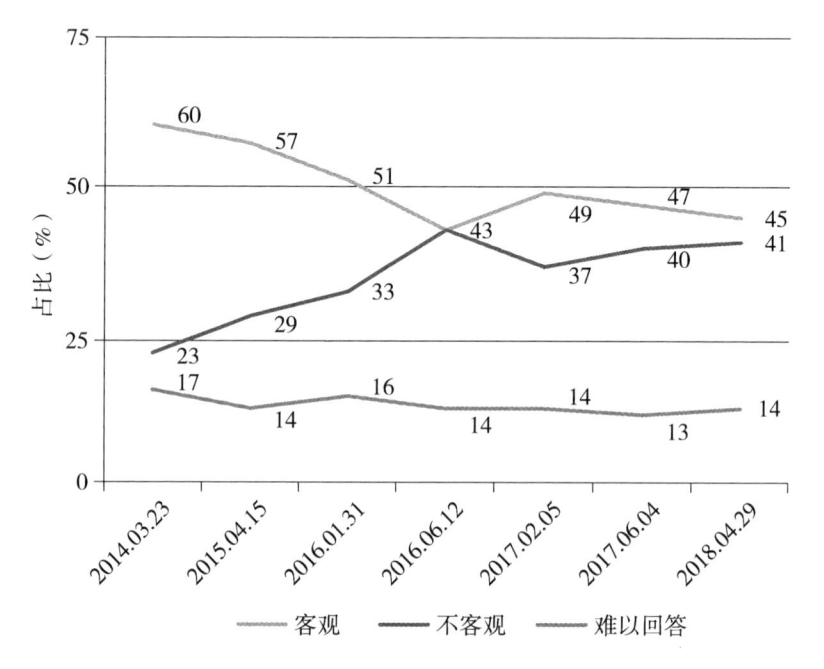

图 4-5　俄罗斯媒体对俄罗斯发生的事件整体呈现客观与否的调查结果①

从图 4-5 可以看出，2014 年民众对媒体客观性的认可度比较高，达到了 60%；2016 年媒体客观性认可度最低，只有 43%；从 2014—2018 年的调查曲线图可以看出，民众对媒体客观性的认可度呈下降趋势。但整体而言，认为媒体客观呈现了整个俄罗斯发生的事件的比例比认为报道不客观的比例要高。

---

① https：//fom.ru/SMI-i-internet/14028.

受访者年龄不同,对媒体客观性的认可度也不同。①

从图4-6可以看出,60岁以上的人群对媒体客观性的认可度最高,达到50%;其次是46—60岁的人群,认可度为49%;而18—30岁的人群对媒体客观性的认可度最低,只有39%。

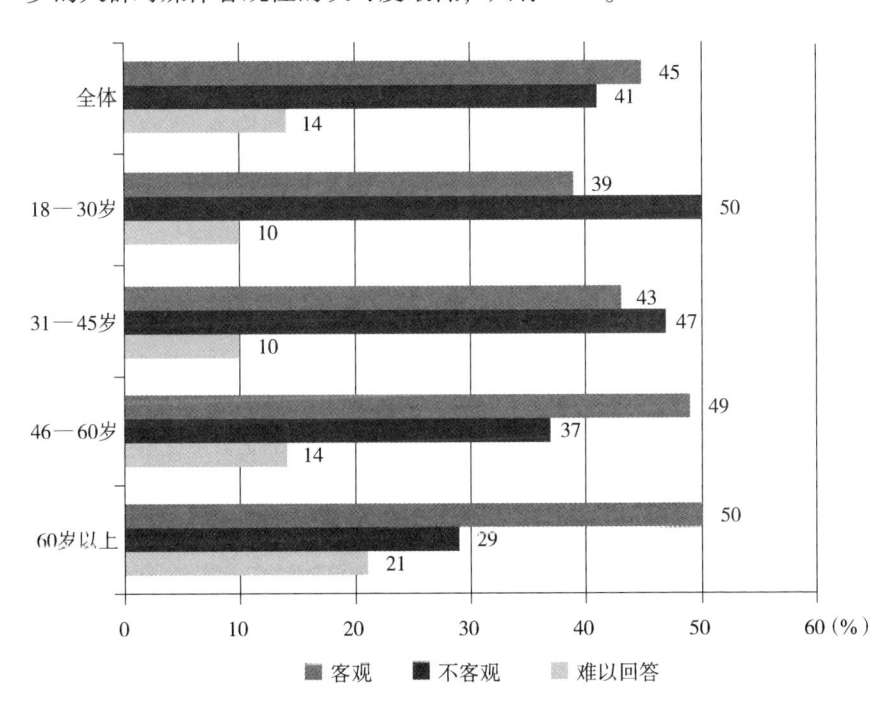

图4-6 各年龄段人群对媒体客观性的认可度

受访者受教育程度不同,对媒体客观性的认识也不一样,如图4-7所示。②

从调查结果可以看出,受过高等教育的群体对媒体不认可的比例高达49%,远远高于中等普通教育及以下受访者不认可的比例(35%)。受教育程度越高,对媒体的认可度反而越低。

媒体构建的拟态环境与记者的职业道德水平、专业水平等息息相

---

① https://fom.ru/SMI-i-internet/14028.
② https://fom.ru/SMI-i-internet/14028.

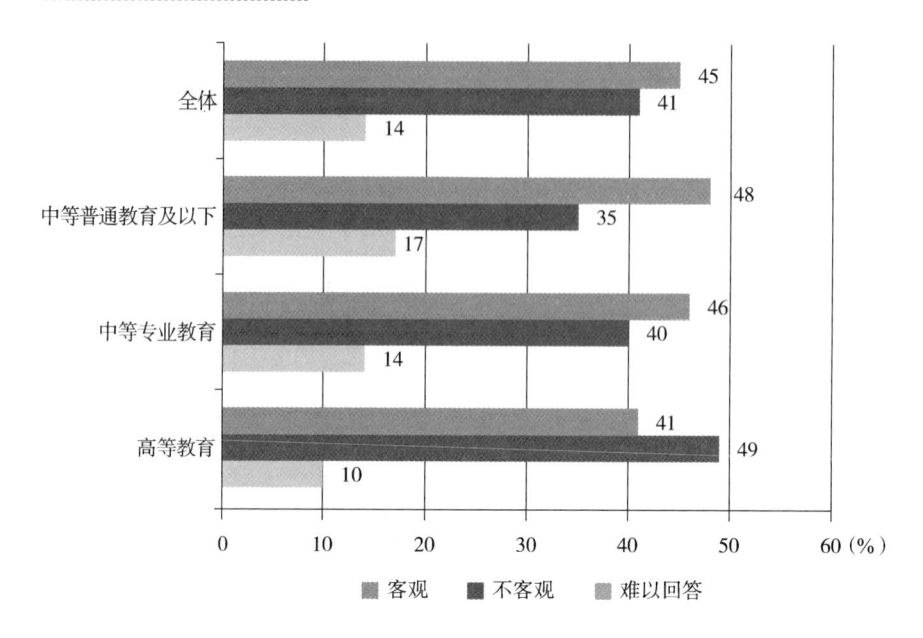

```
全体                         45
                            41
                     14

中等普通教育及以下              48
                        35
                      17

中等专业教育                  46
                         40
                     14

高等教育                      41
                            49
                   10

        0    10   20   30   40   50   60(%)
          ■ 客观    ■ 不客观    ■ 难以回答
```

图 4-7　不同受教育程度的人群对媒体客观性的认可度

关，不同的媒介建构的拟态环境也不一样，电视、互联网等新媒体建构的拟态环境比报刊等传统媒介建构的拟态环境对受众的影响更大。中国学者周灿华认为："人们通过媒介获得的对于社会真实的认识，是受众根据自己既有的社会认知结构对媒介信息有选择地接受和理解而得出的二次加工信息。"① 受众的年龄、受教育程度、性别等差异决定了对拟态环境认可度的差异。

二　媒体文化中个体身份建构的认同调查

苏联解体后，俄罗斯人陷入身份危机，身份危机的本质在很大程度上是个体对自我的拒绝与否定。多元的俄罗斯媒体文化对当代俄罗斯人的人格发展产生了潜在的影响，为其身份认同提供了多元模态。"在现代，依然存在着一种包括社会规定和赋予的角色、规范、习俗和期待等

---

① 周灿华：《拟态环境中虚假新闻对受众心理影响的负面解读》，《理论与现代化》2010年第3期。

在内的交互作用结构。个人在这一结构中必须选择和复制,以便在一种相互再认的复杂过程中获得认同性。"① 俄罗斯媒体文化的复杂性与多元性为俄罗斯人个体身份的建构提供了多种可能。"媒体文化为当代个人所提供的图像包含了合宜的角色榜样、合宜的性别行为以及得体的风格、外表和形象等。因而,媒体文化为认同性及其新的模式提供了资源,其中外表、风格和形象等取代了作为认同性(即身份)的构成因子的行动力与承诺。"② 在当代俄罗斯社会中,真人秀节目中"理想他者"的形塑对俄罗斯人个体身份的建构有着指引性作用。光面杂志中呈现的"休闲与消费形象"成为俄罗斯人个体自我认同的又一构成性经验。

(一)"理想他者"形象对个体自我认同的建构——以电视真人秀为例

美国社会学家欧文·戈夫曼(Erving Goffman)认为:"自我"概念无疑是形象互动理论的中心概念,但绝非凝固的心理学概念,而是社会互动性质和过程的产物。③ 受众的认同感,它具体体现在自我认同的建构过程中。英国社会学家安东尼·吉登斯认为,自我不是由外在影响所决定的被动实体,而是反思性地产生出来的。在此基础上,吉登斯定义了"自我认同"(Self—Identity)的概念,认为"自我认同并不仅仅是被给定的,即作为个体动作系统的连续性的结果,而是在个体的反思活动中被惯例性地创造和维系的某种东西。……自我认同并不是个体所拥有的特质,或一种特质的组合。它是个人依据其经历所形成的,作为反思性理解的自我认同在这里仍设定了超越时空的连续性:自我认同就是这种作为行动者的反思解释的连续性。它包括人的概念的认知成分。成

---

① [美] 道格拉斯·凯尔纳:《媒体文化:介于现代与后现代之间的文化研究、认同性与政治》,丁宁译,商务印书馆2013年版,第441页。
② [美] 道格拉斯·凯尔纳:《媒体文化:介于现代与后现代之间的文化研究、认同性与政治》,丁宁译,商务印书馆2013年版,第394页。
③ [美] 欧文·戈夫曼:《日常生活中的自我呈现》,黄爱华、冯钢译,浙江人民出版社1989年版,第3页。

为一个'人',而不仅仅是一个反思行动者,还必须具有相关个人(如用到自我和他人时)的概念"①。加拿大哲学家查尔斯·泰勒(Charles Taylor)认为:"一个人不能基于他自身而是自我,只有在与某些对话者的关系中,我才是我。一种方式是与那些目前对我获得自我定义有本质作用的谈话伙伴的关系中;另一种是在与那些对我持续领会自我理解的语言具有关键作用的人的关系当中——当然,这些类别也有重叠。因此,某个人的认同的全面定义,通常不仅与他的道德和精神事务的立场有关,而且也与确定的社团有某种关系。"② 可以看出,"自我认同"的建构关涉自我与他人的互动。电视、互联网等大众传播媒介比较注重媒介与受众的互动,在个体自我认同建构中发挥着重要作用。电视是俄罗斯人休闲娱乐的重要工具。当下日益勃兴的真人秀节目针对不同层次的受众制作出"理想他者"形象,有意识地引导俄罗斯民众建构"自我认同"。

俄罗斯电视真人秀节目发展迅速,自 2001 年第一个真人秀节目"玻璃背后"开始,出现了多种类型的真人秀节目,有展开观察的,如 TNT 的《公寓—2》;有浪漫爱情的,如 TNT 的《单身汉》;有生存表演的,如第一频道的《最后的勇士》。不同类型的真人秀节目满足不同受众的需求。2018 年 9 月 17—27 日,针对电视真人秀问题,共有 5358 人接受了在线调查,其中 68% 为女性,32% 为男性。年龄在 18 岁以下的占 3%,18—30 岁的占 30%,31—45 岁的占 47%,46—55 岁的占 14%,55 岁以上的占 6.4%。调查结果显示,绝大多数人看过真人秀节目,占 95%。如图 4-8 所示③。

---

① [英] 安东尼·吉登斯:《现代性与自我认同》,赵旭东、方文译,生活·读书·新知三联书店 1997 年版,第 58 页。
② [加] 查尔斯·泰勒:《自我的根源:现代认同的形成》,韩震等,译林出版社 2001 年版,第 50—51 页。
③ Мнение россиян о реалити - шоу, https://iom.anketolog.ru/2018/09/28/mnenie - rossiyan - o - realiti - shou.

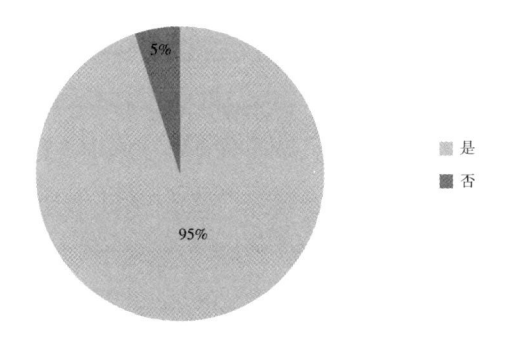

图 4-8 "您是否观看过真人秀节目"的调查结果

针对真人秀主题的调查结果见表 4-9①。

表 4-9　　　　　　　　真人秀节目主题调查结果　　　　　　　　单位：%

您看过或正在看的真人秀节目 有哪些主题	受访者性别占比	
	男	女
建立浪漫关系	27	54
生存	44	35
改变	17	49
名人生活	26	28
教育（发展新职业、技能等）	23	20
比赛、实现目标	35	37
修复	40	40
再教育	13	24

从表 4-9 可以看出，性别对真人秀主题选择有一定影响，女性比较偏爱"建立浪漫关系"主题的真人秀节目，比例高达 54%；男性更倾向于生存挑战类节目。

对于观看真人秀节目的原因，调查结果见表 4-10。②

---

① https：//iom. anketolog. ru/2018/09/28/mnenie – rossiyan – o – realiti – shou.
② https：//iom. anketolog. ru/2018/09/28/mnenie – rossiyan – o – realiti – shou.

表4-10　　　　　　　观看真人秀节目的原因　　　　　　单位:%

您认为人们为什么观看真人秀节目	您是否看过真人秀（哪怕看过一次）	
	是	否
这是一种放松、休息的方式	50	19
看真人的生活很有趣	39	17
真人秀让人体验到现实生活中缺乏的情感	36	31
真人秀让"窥视"他人私生活的愿望得以满足	36	54
真人秀让人学到新东西,掌握某些技巧	27	5
真人秀展示了普通人的生活,无任何装饰	14	5
习惯	16	14
无聊	26	41
人们喜欢看冲突、争吵、打架	42	65

调查结果显示,观看真人秀节目的原因是多种多样的,50%的人认为"这是一种放松、休息的方式",39%的人认为这"很有趣",还有人认为从中可以体验到现实生活中缺乏的情感,"学到新东西",少部分人是因为"习惯""无聊"。这些原因实质上体现着受众个体深层次的心理认同结构。

电视台在制作真人秀节目之初,会针对不同层次受众的心理需求,创设一套比较完整的"框架",让观众能够从中寻找到自己认同的情境来观照自身的现实处境。节目人物的设定类型化且易识别,观众对其言行容易产生共鸣,以其为参照观照自己的生活与命运。比如2013年3月发布的俄罗斯电视真人秀节目《单身汉》。节目创建了这样的叙事框架:年轻的"高富帅"单身汉在26名女孩的陪伴下出发,他想从中选择到他的爱人,只有一名参赛者能进入决赛并获得单身汉的求婚。所有女孩都年轻漂亮,她们的发型、服饰都是精心挑选的,每个女孩都有一个自己的主导性格，或谦虚，或有趣，或自信，或浪漫，或爱嫉妒……参赛的女生是普通百姓，她们出于某种原因决定利用参加电视节目的机会来寻找爱情。对于单身汉来说，他需要选择；对于参与者来说，要参与角逐才能收获爱情。一对多的反常关系让节目充满悬念。这也是该真人秀节目吸引广大受众的一个重要原因。除此以外，受众容易将自己代入情境，与自己的情感生活相比照，从而产生共鸣。节目中第一个"高富帅"单身汉是足球运动员叶夫根尼·列夫琴科（Евгений Левченко）。叶夫根尼·列夫琴科作为一名足球运动员，本身有一定的社会影响力。他魅力十足，多才多艺，纪律严明，行动力强，且具有运动员的强硬精神。叶夫根尼·列夫琴科这类单身汉是节目制造的"理想的他者"形象，他是女人们心目中的理想伴侣，年轻、英俊、多金，且有较高的社会地位。女性受众群体会以他为参照，反思自己的爱人或者想象未来的伴侣；男性受众会以他的行为模式为模仿的对象。正如道格拉斯·凯尔纳所言，媒体文化"构建认同性以及主体性的立场，它吸引个体认同极为特定的人物、图像或立场"①。参与者通过他们的行为获得奖品和礼物，如赢得金钱、汽车、公寓和国外旅行等，一下子成为普通人在正常的社会上升渠道缺失的情况下快速成功的样板，这对有兴趣观看的人来说是一种极大的诱惑。

总而言之，电视真人秀节目的受众，在电视栏目创设的情境中，对人物的个人能力、性格魅力产生认同感，通过反思以及与他人的互动，逐渐形成对自我身份与价值的认同感。这也就是电视真人秀节目有着如此吸引力的一个重要原因。但是，也要注意，电视真人秀节目毕竟是商业化气息浓厚的媒体文化，为了逐利，低俗化、泛娱乐化的事件时有发生，这对处于世界观、价值观形成期的年轻人来说会产生一定的消极影响。因而，媒体职业道德伦理规范是每个有良心的媒体人必须遵从的。

---

① ［美］道格拉斯·凯尔纳：《媒体文化：介于现代与后现代之间的文化研究、认同性与政治》，丁宁译，商务印书馆2013年版，第441页。

（二）时尚消费形象对个体自我认同的建构——以光面杂志为例

伴随着媒体文化的发展，俄罗斯消费主义进一步盛行。消费在人们的日常生活中起着重要作用，商品满足人们生活基本需求这一实际使用功能逐渐弱化，而商品的符号意义和文化价值日益凸显。中国学者葛彬超认为，"在媒介文化的影响下，消费者购买的商品不仅仅以追求其实用性为目的，其购买的意义还蕴含着消费者想要成为某种人，或者是对某种生活方式的向往，其购买行为在某种意义上讲，成了自尊的一种证明，这是一种对符号意义的消费，它成了人们自我表达与社会认同的一种表现形式"①。这意味着对于"好"的衣服来说，温暖和舒适是完全不够的，它已作为文化文本被他人阅读与解释。"消费是一种实践，表达出意义与价值，消费过程中消费者选择性地购买和消费商品意义，不同程度地折射出个人或群体的自我认同和理想延伸。我们的自我建构部分源于消费，消费实践为我们的身份认同提供了各式各样的脚本。"②美国学者弗里德曼认为："在最一般的意义上，消费是创造认同的特定方式，一种在时空的物质重组中的实现方式。"③时尚、消费等介质在个体身份认同性的建构上发挥着重要作用，能够有效地推动新的自我概念与认同的形成。后苏联时期俄罗斯光面杂志（глянцевый журнал）文化的盛行，成为俄罗斯社会现代文化状况整体特征的一个指标，为个体身份认同的建构提供了一个新路径。

"光面杂志"一词在20世纪90年代中期进入了语言词典。但这个概念尚未有十分明确的界定。俄罗斯学者 О. В. 罗马赫（О. В. Ромах）、А. 斯列普佐娃（А. Слепцова）是这样定义这一概念的："光面杂志是一种

---

① 葛彬超：《媒介文化与消费主义》，《东北大学学报》（社会科学版）2009年第1期。
② 刘燕：《媒介认同论：传播科技与社会影响互动研究》，中国传媒大学出版社2010年版，第58页。
③ ［美］弗里德曼：《文化认同与全球性过程》，周宪、许钧编，郭健如译，商务印书馆2003年版，第121页。

专为特定读者设计的杂志,这种杂志重点关注美容和两性沟通等方面的生活内容,这些生活内容是作为成功的标志而得以彰显的,由此看来,这种杂志为读者建构了一种生活方式。"① М. Ю. 古德科夫、И. Д. 拉基波娃(И. Д. Ракипова)指出:"这种杂志的标准是:光面封面,多样化的内容,篇幅在 100 页以上,全彩色印刷,有摄影图片这一'活'时尚的存在,每期发行量不低于 1 万份。当然,制作这种杂志需要大量材料,高品质且昂贵的印刷,以及引用大量专家的数据,所以价格昂贵。"② 从上述学者的界定可以看出,光面杂志,顾名思义,其封面使用的是高品质的光面纸质材料,里面色彩缤纷的图画至少占据杂志的一半,且这些图片并非文字内容的附属品,它们本身就是杂志着重要表现的。光面杂志是一部充满魅力的生活百科全书,其中一系列文章教会人们如何生活,阅读什么,观看什么,如何着装,以及如何为所爱的人付出。光面杂志在 18 世纪末期就已出现,最初主要是作为一种女性杂志,20 世纪在欧美有很大发展,影响力最大的要数美国的《大都会》。苏联时期,由于经济服从于国家和工会组织的行政和官僚监管方式,消费者行为受到严格监管,光面杂志的出版发行量比较有限。苏联解体后,在市场经济大潮中,俄罗斯人获得了经济行为自由的权利,这意味着消费者和生产者都获得了独立和自由的权利。这也促使光面杂志发展非常迅速,成为俄罗斯人阅读的主要杂志。2006 年 12 月,列瓦达中心就年度最有趣的杂志、电影、电视节目等对 1600 名 18 岁及以上的俄罗斯人进行调查,光面杂志《丽莎》占据榜首。具体调查结果见表 4 - 11。③

---

① Ромах О. В., Слепцова А. Содержание и структура глянцевых изданий, Аналитика культурологии, https://cyberleninka.ru/article/n/soderzhanie-i-struktura-glyantsevyh-zhurnalov.

② Гудова М. Ю., Ракипова И. Д. Женские глянцевые журналы: хронотоп воображаемой повседневности. Монография, Екатеринбург. 2010. С. 69.

③ Самые-самые в 2006 году: фильм, журнал, книга, телепередача, https://www.levada.ru/2007/01/09/samye-samye-v-2006-godu-film-zhurnal-kniga-teleperedacha/.

表4-11　"年度最有趣杂志、电影、电视节目调查"中杂志排名情况　单位:%

排名	名称	占比
1	《丽莎》	14
2	《驾驶》	7
3	《环球》	5
4	《故事大篷车》	4
5	《七天》	2
6	《健康》	2
7	《健康生活方式》	2

选择最有趣的杂志对很多人来说并非易事,46%的人不知道该如何回答这个问题,另有12%的受访者公开承认他们根本不阅读杂志。在所有读过杂志的人中,觉得最有趣的是《丽莎》《故事大篷车》《七天》《健康》四本杂志,这些都是俄罗斯最为流行的光面杂志。可以看出,在最有趣的杂志中,光面杂志的比重超过了50%,这说明俄罗斯人对光面杂志的认可度比较高。

光面杂志已成为许多俄罗斯人生活中不可或缺的一部分,有研究显示,有64%的人阅读该类杂志。[1] 俄罗斯媒体正积极拓展光面杂志的领域,不局限于女性目标群体,而是出现了大量男性杂志,不同性别、年龄、社会地位的读者均可找到能够激发其心理认同的杂志。光面杂志讨论各种主题,如政治、经济、文化、体育、健康、教育以及幸福家庭生活的秘密等。可以说,光面杂志已经成为一种日常生活指南。

光面杂志87%的消费者财富高于平均水平,[2] 显然,光面杂志价格

---

[1] Ромах О. В., Слепцова А. Потребительский сектор глянцевого журнала, https://cyberleninka.ru/article/n/potrebitelskiy-sektor-glyantsevogo-zhurnala.

[2] Ромах О. В., Слепцова А. Потребительский сектор глянцевого журнала, https://cyberleninka.ru/article/n/potrebitelskiy-sektor-glyantsevogo-zhurnala.

偏高，是针对这一群体的购买力和需求所设定的。"时尚"也是光面杂志的一个重要标签。2010年列瓦达中心对俄罗斯45个地区的130个居民点的1600名18岁及以上俄罗斯人进行了调查。调查结果显示，光面杂志是人们建构时尚理念的第一渠道。具体结果见表4－12。

表4－12　什么或者谁是时尚的标准，是新手了解时尚的基本来源
（答案按最后一次测量排名）①

时尚的标准/来源	4月7日	7月10日
插图、时尚杂志	12	14
电视时尚秀、时尚节目	9	12
名人、流行歌星和电影明星	9	12
周围的人	13	6
外国电影中的主角、他们的生活	2	2
到过国外的人	2	22
来自大城市的人	2	1
是别人榜样的人	7	5
对时尚不感兴趣	38	38
难以回答	8	8

可以看出，俄罗斯人经常从光面杂志、电影和电视屏幕以及周围的人中了解时尚信息。其中，光面杂志（插图、时尚杂志）是时尚信息的第一来源。"在现代，时尚是一个人的认同性中的重要组成部分，有助于决定人们怎样看待和接受这个人。时尚提供了服装、新潮和形

---

① "Мода：что это и кто на нее ориентируется？"，опрос Левада‐Центра，http：//riamoda.ru/news/news‐794.html.

象等的选择，通过这样的选择，个人得以形成某种独特的认同性。"① 光面杂志中时常会出现一个概念——"魅力"（Гламур），"魅力杂志"（гламурный журнал）、"魅力商店"（Гламурный Магазин）、"魅力生活"（гламурный магазин）等，这些"时尚"的表达嵌入由光面杂志创作的世界的非常具体的画面中，对受众产生很大影响，促进了消费——按照光面杂志提供的范式来消费产品，就容易获取"魅力生活"。这种消费已经不是一种简单的购买行为，而是对商品表征的文化和意义的消费。"时尚为构建认同性提供了榜样和材料。传统社会具有相对稳定的社会角色和限制消费的规范，所以，着装和外表一下就表明了一个人的社会阶层、职业和地位等。"② 通过对光面杂志推荐的特定产品的消费，可以彰显自身的价值与品位。可以说，很多俄罗斯人，特别是年轻人，在光面杂志建构的"时尚消费"形象中找到了自我认同。

可以看出，通过媒体文化，如电视真人秀节目和光面杂志中的休闲消费形象建构的个体自我认同很大程度上是一个人的选择和行动，从表面上看，每个人都可以打造其独特的认同性。需要指出的是，供后苏联时代的俄罗斯人选择的生活状态是多重的，其个人选择又是自由的，这就造成了个体自我认同的不稳定性，这种不稳定性会引发一种新的焦虑。

三 媒体文化视域下民族身份建构的认同调查

随着苏联解体，社会政治和社会经济状况的不确定性，信念与价值观的变化，同时存在的"旧"和"新"的身份使俄罗斯人陷入身份认同危机；加上俄罗斯是一个多民族国家，民族认同问题显得更加严重。俄罗斯民族身份的建构实际上也是其民族文化认同的建构。Г. П. 费多

---

① ［美］道格拉斯·凯尔纳：《媒体文化：介于现代与后现代之间的文化研究、认同性与政治》，丁宁译，商务印书馆2013年版，第449页。
② ［美］道格拉斯·凯尔纳：《媒体文化：介于现代与后现代之间的文化研究、认同性与政治》，丁宁译，商务印书馆2013年版，第448页。

托夫（Г. П. Федотов）认为，"俄罗斯人民的统一可以而且应该不是通过宗教观念来实现，而是通过俄罗斯文化"①。民族文化成为认同的对象，"这不仅取决于经济的稳定，政治制度的稳固和强大，还取决于文化因素，即民族文化自豪感和团结精神"②。在俄罗斯，对所有人来说，俄罗斯文化就是这样一种民族文化。在现代社会中，媒体对人们的思维方式、信仰方式、价值观的形成产生巨大影响，并在民族认同的形成中占据主导地位之一。英国学者戴维·莫里认为，"电子媒介实际上正开始以新方式运作，经常设法满足散居的各民族或其他社会群体的需求，这时候，满足各种　寻求社会群体感、传统感、身份感和归属感的——'怀旧情愫'的重担就日益落在电子媒介的身上"③。电子媒介在构建俄罗斯文化认同方面发挥了巨大作用。

（一）俄罗斯电视构建民族文化的认同调查

如前文所述，电视在俄罗斯人生活中占据很重要的位置。俄罗斯人大部分空闲时间都在看电视，有多个电视频道可供选择。民族文化认同意味着对本民族文化的承认。法国哲学家波德里亚认为"电视带来的'信息'，并非它传送的画面，而是它造成的新的关系和感知模式、家庭和集团传统结构的改变"④。受众对某些电影和连续剧的偏好是民族文化认同过程中的一个指标。在20世纪90年代，俄罗斯的电视中充斥着美国的电影和电视节目。俄罗斯人企图加入新的文明层面，即北美文明的层面。这一过程体现在对电影和电视剧的选择与喜好上。这十年的特点在电视上是外国电影占主导地位。因此，在1997年，在这一系列中占主导地位的是外国人，主要来自美国（41%）和南美（拉丁美洲）

---

① Федотов Г. П. Судьба и грехи России: Избранные статьи по философии, русской истории и культуры/Г. П. Федотов. —СПб.: София. —Т. 1. 1992. С. 182.

② Марков А. П. Русская цивилизация в глобальном мире: вызовы, угрозы, ресурсы преображения/А. П. Марков. —СПб.: СПбГУП. 2017. С. 77.

③ ［英］戴维·莫里、凯文·罗宾斯：《认同的空间——全球媒介、电子世界景观与文化边界》，司艳译，南京大学出版社2001年版，第6页。

④ ［法］波德里亚：《消费社会》，刘成富等译，南京大学出版社2000年版，第132页。

(19%)。这些主要是在世界许多国家流行的美国电视节目(《救护车》《达拉斯》《酷步行者》《圣巴巴拉》等),以及拉丁美洲(主要是巴西、墨西哥、阿根廷、哥伦比亚)的电视剧。当时,俄罗斯国内电视剧主要为苏联时期制作的电视连续剧,占24%。[①]

俄罗斯的电视频道不像苏联时期那样根据意识形态方案运作,而是在商业基础上运作。受众的偏好会影响电视连续剧的制作与播映。20世纪90年代初期,随着苏联身份的丧失与价值体系的崩塌,俄罗斯人陷入身份认同危机,他们意欲重建价值体系与身份认同,这一时期西方文明与文化如潮水般涌入,让俄罗斯人深受影响,这种影响体现为苏联/独联体国家的电视连续剧受众数量减少,外国(拉美国家、美国和加拿大)电视剧受众增加。但到了21世纪,这种情况发生了变化,苏联/独联体国家的电视连续剧受众数量大幅度增加,而外国(拉美国家、美国和加拿大)电视剧的受众显著减少,具体情况见表4-13。

表4-13 俄罗斯1999年、2004年和2009年评出的百部最佳电视剧产地占比[②]

单位:%

产地	1999年	2004年	2009年
苏联/独联体国家	32.1	68.0	100.0
美国和加拿大	8.3	0.0	0.0
拉美国家	51.3	32.0	0.0
欧盟国家	0.0	0.0	0.0
世界其他地区	8.3	0.0	0.0

---

① Телевидение глазами телезрителей. Под ред. И. А. Полуэхтовой. Москва 2012, http://os.x-pdf.ru/20sotsiologiya/317450-10-televidenie-glazami-telezriteley-pod-red-poluehtovoy-moskva-201.php.

② Шариков А. В. Телевизионные предпочтения как индикатор трансформации цивилизационной идентичности в России, Казахстане и Белоруссии, Наука телевидения, 2011. № 8. С. 210.

电视连续剧情况的变化很有意思,1999 年,拉美电视连续剧在前 100 名榜单上的比例为 51.4%,来自苏联/独联体国家的电视连续剧在前 100 名榜单中占比高达 32.1%,来自美国和加拿大的电视剧占比为 8.3%。2004 年,苏联/独联体国家的电视剧占比达到 68%。2009 年,进入前 100 名的电视剧全部是苏联/独联体国家的,已看不到拉丁美洲、北美洲等外国电视剧名单。

苏联/独联体国家的电视连续剧主要由苏联、俄罗斯、乌克兰三类组成。在 1999 年、2004 年与 2009 年,这三类电视连续剧的比重也是变化的,具体情况见表 4-14。①

表 4-14　　1999 年、2004 年、2009 年苏联、俄罗斯、乌克兰电视连续剧占比情况　　单位:%

电视剧产地	1999 年	2004 年	2009 年
苏联	13.8	0.0	0.0
俄罗斯	18.3	68.0	79.4
乌克兰	0.0	0.0	20.6

在 1999 年前 100 名电视连续剧中,苏联电视剧占 13.8%;而在 2004 年、2009 年,没有一集苏联制作的电视连续剧被列入前 100 名榜单。俄罗斯和乌克兰制作的电视剧排名则呈上升趋势。1999 年,俄罗斯电视剧只占 18.3%;2004 年前 100 名榜单中全部是俄罗斯电视剧;2009 年前 100 名榜单中俄罗斯电视剧占 79.4%,乌克兰电视剧占 20.6%,这一时期有很多电视剧是由俄罗斯和乌克兰联合制作的。

---

① Шариков А. В. Телевизионные предпочтения как индикатор трансформации цивилизационной идентичности в России, Казахстане и Белоруссии, Наука телевидения, 2011. № 8. С. 210.

2015年现代媒体研究所（MOMRI）发现，大多数俄罗斯人（65%）更喜欢观看国内电视节目。与此同时，64%的受访者在六个月内没有看过一部外国电视剧。①

十多年来，俄罗斯电视连续剧一直是电视的"旗舰"，几乎是所有电视节目类型中最受欢迎的。为什么在20世纪90年代习惯于外国电视连续剧的俄罗斯观众到了21世纪却爱上了俄罗斯电视连续剧？这是因为外国电视连续剧提供的是迥异于俄罗斯的场景，俄罗斯人厌倦了"不是我们的"生活的场景，尽管它们通常是精心制作的，却没有为俄罗斯人的现实生活问题提供答案，比如如何生活在一个不断变化的社会中，相信什么，教孩子什么，等等。

（二）电影构建民族文化的认同调查

电影"作为一种民族文化形式，一种具备'民族化'功能的公共机构，具有潜在的意识形态效力"②，在俄罗斯人生活中占据非常重要的位置。电影消费结构的变化也呈现了俄罗斯人寻求民族身份的动态过程。20世纪90年代欧美电影牢牢吸引了俄罗斯人的眼球。1991年4月在莫斯科上映的313部影片中，只有22部是苏联影片，其余291部都是国外影片，其中美国影片占了大多数。1993年国产片只占19%，美国片占56%。③ 几年间，西方影片几乎雄踞俄罗斯所有电影院。在上座率和票房成为唯一评判指标的情况下，令观众趋之若鹜的是美国好莱坞的电影。20世纪末至21世纪初，俄罗斯人越来越偏爱俄罗斯或者苏联时期的电影。1999年、2004年、2009年俄罗斯百部最佳影片的产地变化很好地呈现了俄罗斯人的观影偏好，具体见表4-15。

---

① Россияне предпочитают отечественные сериалы, https://www.filmpro.ru/materials/42640.

② Higson A, "The concept of national cinema", Screen, 1989, 30（4）: 43.

③ Акопян К. З., Массовая культура: Учебное пособие. - М.: Альфа - М.: ИНФРА - М.: 2004. С. 219.

表 4-15　　俄罗斯 1999 年、2004 年和 2009 年评出的百部
最佳影片产地占比① 单位:%

地区	1999 年	2004 年	2009 年
苏联/独联体国家	31.1	38.0	90.1
欧盟	23.8	14.0	2.7
美国和加拿大	41.0	45.5	7.2
亚洲	2.5	1.7	0.0
世界其他地区	1.6	0.8	0.0

从表 4-15 可以看出，1999 年美国和加拿大的电影在前 100 名榜单中处于领先地位，比重高达 41.0%，欧盟电影也占 23.8%，苏联和独联体电影只占 31.1%。2004 年，这种形势发生了变化，苏联/独联体地区的电影占比上升至 38.0%；而在 2009 年，情况发生了巨大变化，国产片在前 100 名榜单中占比高达 90.1%。

其中，苏联/独联体国家的电影主要是苏联、俄罗斯和乌克兰制作的，具体比例见表 4-16。②

表 4-16　　1999 年、2004 年、2009 苏联、俄罗斯和乌克兰
制作的电影占比情况 单位:%

电影产地	1999 年	2004 年	2009 年
苏联	18.0	12.4	8.1
俄罗斯	12.3	24.8	66.7
乌克兰	0.8	0.8	15.3

从表 4-16 可以看出，俄罗斯电影的数量占据领先地位，到 2009 年，其比重达到 66.7%。苏联电影只占 8.1%。但是到了 2013 年，俄

---

① Шариков А. В，" Телевизионные предпочтения как индикатор трансформации цивилизационнойидентичности в россии，казахстане и белоруссии"，Наука телевидения，2011. No. 8. C. 209.

② Шариков А. В，" Телевизионные предпочтения как индикатор трансформации цивилизационнойидентичности в россии，казахстане и белоруссии"，Наука телевидения，2011. No. 8. C. 209.

罗斯人的电影偏好又发生了新的变化。

2013年6月23日，民意基金会的调查结果显示，俄罗斯人对电影的兴趣普遍存在，81%的俄罗斯人每周至少一次在电视上看电影。14%的人喜欢外国电影，苏联电影占45%，俄罗斯电影占18%。

从图4-9可以看出，对电影的喜好与年龄有很大关系。喜欢苏联电影的人数最多，60岁以上喜欢苏联电影的人占比高达74%，而18—30岁群体仅占15%。但整体而言，喜欢苏联电影的人（45%）超过喜欢外国电影的人（14%）。关于为什么喜欢苏联电影，理由形形色色，其中居于首位的原因是"善良、真诚，无暴力"（13%），其次是因为"喜欢老电影，它们更有趣，更有吸引力"；有的是因为喜欢电影的"真实、生活化"；有的是因为年轻时看过而喜欢；也有一些是因为电影的启发意义、道德教育意义、爱国主义，等等。对苏联电影的喜爱，可以看出观众力图从苏联电影所呈现的历史事件中获得现实生活的启发。苏联电影承载的是对国家民族的认同。

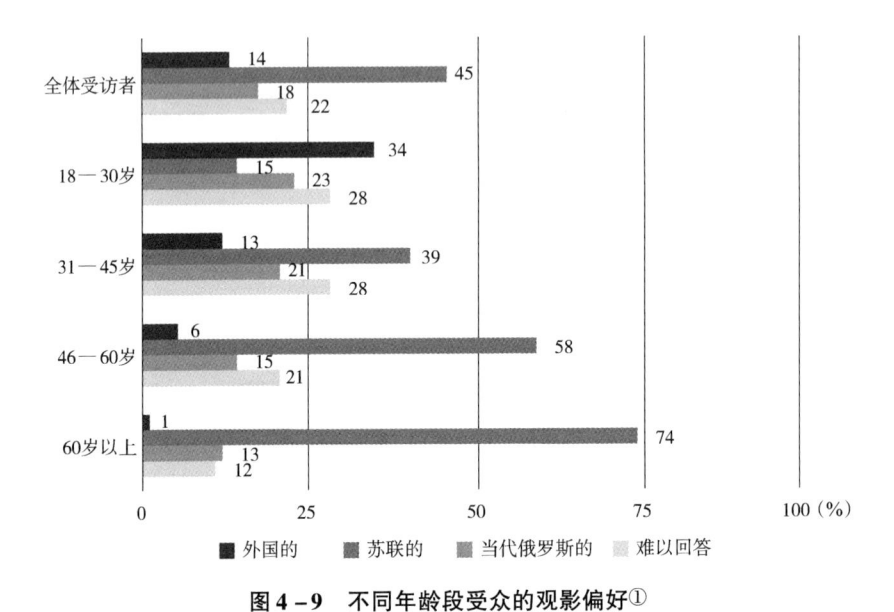

图4-9 不同年龄段受众的观影偏好①

① Кино: что и как смотрят россияне, https://fom.ru/posts/11192.

2018年12月28日，全俄社会舆论研究中心提供的有关俄罗斯人电影喜好的调查结果显示，大多数俄罗斯人喜欢观看战争电影（27%）、童话和卡通电影（26%）、喜剧（25%）。① 而关于俄罗斯最受欢迎的战争电影的调查结果显示，大多数人更喜欢的是苏联时期有关卫国战争的电影，其中，最受俄罗斯人喜爱的五部电影是《老将出马》（26%）、《这里的黎明静悄悄》（20%）、《他们为祖国而战》（15%）、《春天的17个瞬间》（13%）和《T—34坦克》（13%）。② 这五部电影中构建的"祖国"形象，实际上呈现的是对"祖国"的热爱以及民族"团结"精神。俄罗斯人对战争题材电影的偏好，特别是对苏联时期卫国战争电影的偏好，既契合了俄罗斯人的怀旧情感，同时又张扬了一种对历史的反思精神与对祖国的责任感。苏联解体导致俄罗斯人身份认同的连续性被打断。人民对俄罗斯/苏联电影的喜好实际上是对俄罗斯民族历史的肯定，是对俄罗斯民族身份认同的体现。

可以看出，电视电影构建的媒介文化在俄罗斯民族身份认同中发挥着巨大作用。对俄罗斯/苏联本土制作的影视剧的偏爱，彰显出俄罗斯人对待民族文化的态度。影视剧不仅是信息的传播者，也是民族定型的指挥者，其节目风格对观众产生重要影响。反过来，电视观众也是影响影视剧信息和风格的重要因素。当代俄罗斯电视、电影等媒介偏重"我们的"文化传播，形成"俄罗斯民族""俄罗斯人"等民族定型，影响着公共意识的形成。俄罗斯人对民族电视剧、电影的偏爱从侧面印证了电视、电影等媒介建构民族身份认同的重要意义。

后苏联时期，俄罗斯媒体文化呈多元化发展态势，俄罗斯人在媒体构建的多样化拟态环境中不断寻找和构建个体身份认同与民族身份认同，全俄社会舆论研究中心、民意基金会、列瓦达中心等权威机构的调查结果表明这个认同的建构不是固定不变的，而是动态的。媒体话语对公共意识的

---

① Комедии, драмы, триллеры: о зрительских предпочтениях россиян, https://wciom.ru/index.php?id=236&uid=9498.

② Любимые фильмы о войне, https://wciom.ru/index.php?id=236&uid=9683.

形成并不总是积极的,有时也会产生消极影响。"因为我们大多是通过大众传播手段来构成和维持我们的文化,大众传播为我们提供了非凡的机遇和重大的责任。作为文化的主要故事讲述者和供我们讨论文化含义的文化论坛的媒介产业,有义务进行专业性操作和使自身具有职业道德。"①媒体产业伦理规范化有助于引导俄罗斯人建立正面的个体认同和民族文化认同,有助于存在多种宗教信仰和多种民族的俄罗斯的统一与迅速发展。

本章小结

全球化语境下的当代俄罗斯媒体产业,面临着很大的机遇与挑战。苏联解体前的媒体行业的道德规范为当代俄罗斯媒体产业伦理的建构奠定了良好的基础。大众文化的勃兴促使俄罗斯媒体走向大众化。多元化与娱乐化的特质让大众文化与俄罗斯媒体互相影响,共同发展。市场经济下的当代俄罗斯媒体,有时会因为超级商业化而使媒体产业的大众传播过程失衡,建立健全的媒体伦理道德规范体系是现实迫切需要解决的问题。媒体从业者须不断提升自身的职业素养与专业水平,为受众建构良好的拟态环境。媒体文化中的理想"他者"形象与休闲消费形象为个体自我认同的建构提供了样本,民族本土电视剧、电影的流行中蕴含着民族身份认同的深意。当代俄罗斯媒体文化是形形色色的话语、多元意识形态立场、多维叙述策略等构建的复杂文化场域,对受众的影响是多方面的。受众也须不断提升自身的媒介认知能力,才能更好地识别大众媒介传播的文化,有效运用媒体文化文本构建自身的世界观、价值观与行为观。

---

① [美]斯坦利·J. 巴伦:《大众传播概论:媒介认知与文化》,刘弘英译,中国人民大学出版社2005年版。第37页。

第五章 俄罗斯新媒体的基本特点与发展趋势

第一节 新媒体概述

所谓新媒体是相对于传统媒体而言的，是继报刊、广播、电视等传统媒体以后发展起来的新的媒体形态。当今社会，随着科技的迅猛发展，新媒体发展迅速，日渐成为主流媒体，越来越受到人们的关注和重视，成为不可回避的话题。对于新媒体这样一个新的领域，如何界定它，学界暂无定论。学者们从不同角度对新媒体进行了定义，其中基于技术和传播工具的新媒体定义具有较强的代表性。

"新媒体是以数字信息技术为基础，以互动传播为特点、具有创新形态的媒体。"[①] "新媒体是一个宽泛的概念，是利用数字技术、网络技术，通过互联网、宽带局域网、无线通信网、卫星等渠道，以及计算机、手机、数字电视等终端，向客户提供信息和娱乐服务的传播形式。"[②]

联合国教科文组织对新媒体的定义也是基于技术和传播工具，"以数字技术为基础，以网络为载体进行信息传播的媒介"[③]。

总之，"新媒体的本质是媒介的推陈出新，更是依托网络信息技术

---

① 张基温、张展赫：《新媒体导论》，清华大学出版社2017年版，第76页。
② 张基温、张展赫：《新媒体导论》，清华大学出版社2017年版，第76页。
③ 张基温、张展赫：《新媒体导论》，清华大学出版社2017年版，第76页。

实现的传播形态和媒体样貌"①。

新媒体的概念出现于 20 世纪末的媒体空间。三十多年来由于互联网环境中新闻业的发展，该术语所指有所改变，包括了更多的信息。俄罗斯新媒体研究专家 С. Г. 诺索维茨（С. Г. Носовец）也认为，是否与互联网环境互联这一标准仍然是定义新媒体的关键。例如，在互联网上发布的独立电视台（HTB）或频道的网站和在线节目应被视为新媒体，而在普通频道播放的节目则应被视为传统媒体。俄裔美国学者 Л. 马诺维奇（Лев Манович）在《新媒体的语言》一书中写道，新的数字媒体不仅可以包括以电子格式创建的媒体产品，还可以包括那些原本属于传统媒体的产品。例如，可以扫描报纸并将其以 PDF 格式上传到网站，从而成为新媒体产品的一部分。②

解释"新媒体"一词的一个重点是阐述这类媒体与传统媒体之间的差异。除了媒体的数字性质外，重要的是在两种类型的媒体中交流性质的不同。例如，在新的信息时代，信息的接收者成为其发出者。在线上环境中，媒体配置了"快速响应按钮"，读者可以通过该按钮向帖子添加评论，点赞，并与其他用户共享文本。在传统媒体中，第三方平台，例如邮件、电话和会议，用于与受众进行交流；而在新媒体中，交流就在发布新闻材料的地方进行。网络对话是多种形式的互联网交流，它超出了网站上通常的评论选项。例如，在线媒体进行民意调查、投票，要求通过电子邮件发送回复或写信到社交网络，以及即时通信工具的官方账户。

新媒体的另一个重要特征是信息的即时分发和对新闻材料的快速访问。由于数字环境的技术能力，作者可以直接发布内容，而跳过传统媒体中现存的程序。例如，在网页上，无须编辑人员即可编辑文本，无须校对人员对文本进行校对，也无须对事实进行检查。俄罗斯媒体分析师

---

① 张波：《新媒体通论》，山东人民出版社 2015 年版，前言第 1 页。
② Волнухина В. И., Характер и масштабы новых медиа и их роль в современном обществе, https://nauchkor.ru/uploads/documents/5c894a767966e1054891fb59.pdf.

B. 加托夫（Василий Гатов）在其专著《新媒体如何改变新闻业》中写道，"在'高速'新闻业时代，当在线出版物在为率先发布新闻争取机会时，新闻错误的成本下降了。与传统媒体不同，新媒体可以纠正已经发表的材料中的错误等。传统媒体中使用的仔细核查事实，寻找修辞、语法和拼写错误的程序，在新媒体中被内容分发的紧迫性所取代。但是，这种传播信息的方式有其优势。随着信息的快速传播，受众有机会立即获得可以通过移动设备进行阅读的资料。如果说在21世纪初，新媒体主要关注坐在计算机旁的受众的需求，那么现在的媒体制作人会考虑习惯于通过智能手机阅读新闻的受众的特殊性"①。

目前，对于新媒体的内涵与外延众说纷纭，这种边界与范畴模糊不清的状况恰恰反映了新媒体发展的迅速和变化的多样，同时也说明了关于新媒体的研究目前尚不成熟、不系统。学界的一般做法是建议不纠缠于概念、特征、类型等认知，而是聚焦"数字技术、互联网技术、移动通信技术"的技术维度和"双向传播、用户创造内容"的传播维度这两个关键指标，把新媒体限定为"网络媒体"和"移动媒体"两大类型，由此确定新媒体编辑的对象与框架。② 本书遵循上述原则。关于新媒体的研究目前尚不够成熟，也不够完整和系统，而我国关于俄罗斯新媒体的相关研究更是十分薄弱。在本章我们将做一些尝试，以期达到深化对该领域的研究，弥补目前一些不足之处的目的。

一 俄罗斯互联网及网络媒体发展概述

如前所述，网络信息技术是新媒体概念的重要前提，所谓互联网媒体、手机媒体、数字电视、IPTV等，无不依托于数字技术、网络平台，以及移动互联技术来实现。因此，在描述俄罗斯新媒体的基本状况、特

---

① Волнухина В. И., Характер и масштабы новых медиа и их роль в современном обществе, https://nauchkor.ru/uploads/documents/5c894a767966e1054891fb59.pdf.

② https://wenku.baidu.com/view/f4b31367ae1ffc4ffe4733687e21af45b307fec6.html.

点与发展进程之前，有必要对其载体——俄罗斯互联网的发展进行一番梳理。在此，我们以 Е. Л. 瓦尔达诺娃对俄罗斯互联网发展的分期为主要依据对俄罗斯互联网的发展进行概述。

1988年苏联的一批物理学者率先使用互联网，从那时至今互联网在俄罗斯已经走过了三十多个年头。出现于苏联时代后期的互联网最初作为学术和科研院所的网络而被使用，当时只有极少数学者能够接触互联网。Е. Л. 瓦尔达诺娃将互联网在俄罗斯形成的过程分成四个主要阶段，更准确地讲，是五个主要阶段，对此，本书第一章第二节已做了简单的介绍，而在本小节中我们会对这几个阶段做更详细的介绍。①

第一阶段（1988—1993年），这一阶段的主要特点是网络使用者仅限于一些先进科研中心的科研人员，如莫斯科、圣彼得堡和新西伯利亚科学院的科研人员。苏联互联网的历史可以追溯到1988年，其第一批使用者是物理理论实验研究院及科学院物理分院核物理部的科研人员。②当时电脑的运算速度高这一特点并不明显，普及程度低，因此，谈论网络的现实影响似乎为时过早。但在1991年的八月事件中，网络第一次展现了其在信息方面，甚至政治方面的能力。叶利钦在八月事件期间通过电子邮箱发送的信息被物理理论实验研究院的工作人员看到，于是该信息在有传播条件的范围内流传开来。

第二阶段（1994—1996年），其标志是出现了两个具有技术特点的新条件。1994年，俄罗斯商业网络和学术网络完全接入世界互联网，北约组织1994年10月甚至拨款在莫斯科戈里岑诺举办了俄罗斯第一届互联网研讨会。互联网逐渐应用于商业领域，当时主要是在莫斯科和圣彼得堡的商业公司内推广。俄罗斯这两大城市成为主要的移动通信中

---

① Вартанова Е. Л., Постсоветские трансфармации российских СМИ и журналистики. - М.: Изд - воМедиаМир. 2013. С. 80 - 87.

② Интернет в России//Отечественные записки. 2003. № 4 (13) - URL, http://www.strana - oz.ru.

心，为接下来互联网在俄罗斯其他地区的发展提供了特色模式。① 这期间，俄罗斯互联网的使用人数逐渐增加，主要是政府官员、商人、记者和大型传媒企业的工作人员。

第三阶段（1996—2000年年初），在这一阶段，互联网的发展从首都转向大型经济、知识中心，如新西伯利亚、萨马拉、叶卡捷琳堡、下诺夫哥罗德、伊尔库斯克和哈巴罗夫斯克等城市。互联网在俄罗斯的普及晚于美国和其他西方国家，且进程缓慢。但是，在1993—1997年，俄罗斯互联网用户逐年增长。1998年全球经济危机来临，在俄罗斯，偶尔使用互联网的用户数量已达到2800万，大约占全国人口总数的30%，而经常上网的人数，即每日使用互联网的人数，将近1100万。

第四阶段（2000—2010年年初），该时期表现出两大显著特征。其一是用户数量大幅增长，人们积极地将互联网应用于信息交流实践领域；其二是政府在制定政策时对信息交流技术大环境的关注度提高。信息社会、信息安全、电子政府和教育信息化等一系列相关概念应运而生。但在这一阶段，政府或商界都不是互联网发展的主要推动力，推动网络动态发展的是个体用户的兴趣，见表5-1。

表5-1　　　　第四阶段：俄罗斯互联网用户增长率　　　　单位：%

用户类型	2002年	2007年
日用户	2.1	10.7
半年用户	8.7	28.1

资料来源：《互联网在俄罗斯》2007—2008年冬季，第22期，调查问卷数据。（发表于2008年3月20日，http://bd.fom.ru/report/map/int0801）

俄罗斯社会舆论基金会在2002年根据尼尔森互联网媒体和市场研究公司（Nielsen/NetRatings）的理论对用户数量进行统计，得出的数据表明，从统计初期开始，一直可以观察到用户人数的稳定增长。正如俄

---

① Перфильев Ю., Территориальная организация российского интернет-пространства// Под ред. И. Семенова, -М.: Gendalt, 2002.

罗斯社会舆论基金会的社会学家 Е. Б. 加里茨基（Е. Б. Галицкий）强调的那样，"2007 年春季以前观察到的动态几乎呈直线上升。月用户大概以 0.9% 的速度增长，也就是说，每季度增长近 10 万人"[1]。

第五阶段（2010 年至今），在 2010 年互联网用户的自然数量增长储备似乎已耗尽之时，俄罗斯互联网发展的第五个阶段开始了。Е. Б. 加里茨基在 2007 年就指出，对俄罗斯而言，传统的用户增长资源已走向末路，如果将来不发生根本性改变，尤其是在根本上降低费率，或者用其他方式来替代如今妨碍互联网发展的以兆流量计费的方式，那么用户数量的增长速度将会大大放慢，甚至停止增长。[2] 但是这些预言并未成真，俄罗斯全国境内的网络用户数量仍有进一步的增长，只不过增长速度有限。该阶段俄罗斯各区域互联网用户数量见表 5-2。

表 5-2　　第五阶段：俄罗斯各区域互联网用户数量　　单位：百万人

联邦区	2007 年至 2008 年冬季用户数量	2012 年秋季用户数量
中央联邦区（包括莫斯科）	8.1	17.7
西北联邦区	4.6	6.8
伏尔加沿岸联邦区	3.9	11.9
远东联邦区	3.5	2.7
西伯利亚联邦区	3.5	8.0
乌拉尔联邦区	2.9	5.4
南部联邦区及北高加索联邦区	1.6（仅南方地区）	8.7

资料来源：《互联网在俄罗斯》2007—2008 年冬季，第 22 期，调查问卷数据。（发表于 2008 年 3 月 20 日，http://bd.fom.ru/report/map/int0801）

---

[1] 28 миллионов россиян пользуются интернетом, https://www.electroname.com/story/260.
[2] Галицкий Е. Б., Не исключено, что нас ждет пессимистический сценарий развитияинтернета//Интернет - маркетинг. 2007. No 1 (37). C. 10-25.

互联网最初主要在俄罗斯各大城市得到迅速发展。相比其他城市，首都城市的互联网用户数仍然较多，但是首都城市与其他地区城市的差距从一开始的十分明显，经发展已不断缩小。1996年夏季，85%的俄罗斯网络用户为大城市居民，其中75%为莫斯科人。接近2000年时，俄罗斯其他地区开始出现网络用户数量增长的趋势。而到2002年，已经有33.7%的网络用户居住在莫斯科、圣彼得堡这两大城市之外的地方。尽管如此，当年俄罗斯主要的互联网用户还是集中于莫斯科和圣彼得堡两地。

2010年年初，情况有所变化。到2012年，在莫斯科和克拉斯诺亚尔斯克已有共计70%的居民为网络用户，这一数据，在鄂木斯克为69%，在叶卡捷琳堡和顿河罗斯托夫为68%，在圣彼得堡为67%，在新西伯利亚和乌法为66%。可以发现，俄罗斯互联网主要用户群体的增长集中在居民人数少于50万的城市和农村。2011—2012年，这些地区的网络用户数量持续增长。①

各行政区网络发展速率比较见表5-3。

表5-3　　　　各行政区网络发展速率比较（2011—2012年）

联邦区	网络覆盖率(%)	每月网费(卢布)	用户数量(千人)	新闻媒体活跃度(%)	地区资源发展度(%)	商业网络覆盖率(%)	社交网络覆盖率(%)
中央联邦区	38	193	44	8.8	10	48	91.2
西北联邦区	49	365	34	13.5	8	31	92.7
南部联邦区	34	344	24	12	11	40	91.2
伏尔加沿岸联邦区	36	184	27	12	15	46	92.8

---

① TNS Web Index, январь – март 2012.

续表

联邦区	网络覆盖率(%)	每月网费(卢布)	用户数量(千人)	新闻媒体活跃度(%)	地区资源发展度(%)	商业网络覆盖率(%)	社交网络覆盖率(%)
乌拉尔联邦区	39	167	37	18.1	11	51	92.6
西伯利亚联邦区	35	301	30	13.8	7	39	92.2
远东联邦区	37	936	35	16.1	0.5	34	88
各地区平均数	37	356	33	13	10	44	91.9

数据来源：http://company.yandex.ru/researches/reports/internet_regions_2011.xml。

社交网站的发展成为俄罗斯网络发展的新热点，它将个人的人际交流和集体交际、信息寻找和需求相结合，为俄罗斯宽带网络技术和经济领域的发展带来更多的机会，从本质上扩大了上网范围。2010年年初，将近25.5%的俄罗斯人使用宽带上网。俄罗斯互联网的发展一方面依靠其国内流行的社交网站VK、同学网等，另一方面依靠国际普及的社交网站Facebook等。媒体资料显示，2010年年初，俄罗斯互联网用户平均每月在社交网站上花费13小时。他们大量使用Google，本土搜索引擎Yandex和邮箱网站mail.ru。总之，现代网络的运用可以很容易地将俄罗斯国内媒体和国际媒体结合起来。2012年，互联网在俄罗斯广泛普及和发展，每日活跃于互联网的用户约占全国人口总数的40%，即468万，每月用户增长12%，每日用户增加15%。而且至2010年，互联网男女用户构成已均衡，在2000—2010年女性上网比例增大，这给俄罗斯网络带来了不小的变化。

在俄罗斯互联网发展的第五阶段，俄语互联网Runet/Рунет迅猛发展，使得人们能够清晰地看到新媒体发展的一些趋势。趋势之一是用户群体年轻化。特恩斯市场研究公司的资料显示，2012 年，俄罗斯近一半的互联网用户是 25—45 岁的年轻人，与 2008 年相比，这个队伍增长了 90%。趋势之二是有经验的老用户数量增长。2010 年年初，俄罗斯网站的发展很大程度上不依靠新用户，而依靠早期就使用网络，但使用频率不高的老用户。在这段时间增加的用户使用网络的时间一般都不少于 3 年，这一部分用户数量增长明显，且具有其独特的优势。[①] 趋势之三是女性用户增长。在大多数居民点，一般用户仍然是 25—35 岁、受教育程度高、收入高的男性公民、官员、政治家、商人、记者或大学生，但在莫斯科和圣彼得堡两地，特别是在社交网络上，有不少女性用户。俄罗斯领先的市场调研、社会研究公司 MASMI（МАСМИ）的数据显示，2011 年俄罗斯网络女性用户已经达到 49%。[②] 趋势之四是与团体用户相比，个体用户发展迅速。特恩斯市场研究公司的数据显示，2012 年年初，在人口超过 10 万的城市已经有 92% 的家庭用户使用网络，其中超过 70% 的用户已接入宽带。[③]

这一时期，最重要、最明显的特点还有移动电话的发展。可供选择的移动电话在苏联和苏联解体之后发展水平较低，但在进入 21 世纪之后发展迅速。2010 年年初，移动电话的入网渠道的作用得到加强，移动电话在俄罗斯已成为网络迅猛发展的促进因素。俄罗斯国家信息技术局的资料表明，2006 年年初，俄罗斯移动电话使用者约为全国总人口的 90%，而到了 2010 年，俄通社—塔斯社的资料显示，莫斯科每千人约拥有 2427.9 张用户身份识别卡（SIM 卡），在圣彼得堡每千人约拥有 2313.1 张。[④]

由于移动电话成为上网的工具，俄罗斯网络在 2000—2010 年得到快速发展。在这段时间，移动网络使用数量大约增长了两倍。2012 年

---

① Руметрика. URL：http：//rumetrika. rambler. ru/review/0/4678.
② http：//rumetrika. rambler. ru/review/2/4325.
③ http：//company. yandx. ru/researches. reports/internet_ regis_ 2012. xml.
④ Вартанова Е. Л., Постсоветские трансфармации российских СМИ и журналистики. - М. : Изд - во МедиаМир. 2013. С. 86.

1月，在居民超过10万人的城市中约有超过22%的居民使用移动电话上网。并且，运用超过3个途径上网的用户达到了53%，其中用一般手机上网的用户占52%，用智能手机上网的用户占46%，用平板电脑上网的用户占10%。2011年第四季度，俄罗斯最大的移动网络运营商MTC电信移动网络的用户达到了2000万，而俄罗斯电信公司（Rostele-com/Ростелеком）的用户达到1900万，VimpelCom Ltd/ВымпелКом Лтд电信公司的用户将近1700万。①

显然，莫斯科和其他一些拥有超百万人口的大城市成为移动网络普及的领头羊。莫斯科26%的用户网龄超过12年，叶卡捷琳堡该数据为25%，圣彼得堡为22%，乌法、顿河罗斯托夫地区和萨马拉为24%。②俄罗斯69%的移动网络用户使用国内社交网站VK、同学网；67%的用户使用搜索引擎，其中大部分使用Yandex、Google和维基百科。Yandex和邮箱网站mail.ru是俄罗斯两大互联网巨头。③

俄语互联网成为俄罗斯人重要的信息获取渠道和交流途径，并越来越专业化和大众化。网络的迅猛发展主要依靠年轻群体。大学生是俄语互联网的重要用户群体之一，且其数量稳定增长，即便在经济危机时期也是如此。无论是在1988年的全球经济危机中，还是在2000—2010年的全球经济危机中，大学生网络用户不仅没有减少，反而有所增加。

另一位俄罗斯学者A.萨布在论述俄罗斯网络媒体的历史发展时对俄罗斯主要在线媒体的发展进行分期概述。④

第一，计算机网络时代（1990—1993年）。苏联第一批计算机网络出现在20世纪80年代。1991年八一九事件期间，苏联关闭了无线电台，并使电视机实行单频道模式，而完全没有注意到出现了一种新的信

---

① Интернет в России，июнь 2012. - URL：http：//raec.ru./upload/files/internet_ v_ rossil_ 2012.pdf.
② TNS Web Index. январь – март 2012 г.
③ TNS Web Index. январь – март 2012 г.
④ Сапун А.，История развития Интернет - СМИ в России，https：//dni.ru/academ/2016/8/1/347408.html.

息传输方式——互联网。大约到 1993 年，俄罗斯还没有电子出版物，只有一些文档文本，主要是纸质出版物的电子版本，不过当时已经有了创建纯在线杂志的第一次尝试，比如 *Renew* 杂志。

第二，网站开启时代（1994—1997 年）。1990 年苏联刚刚涉足互联网领域。1990 年 9 月 19 日，苏联域名 SU 即 Soviet Union（苏联）正式注册。而现在每年 4 月 7 日是正式庆祝俄罗斯互联网诞生的日子，因为在 1994 年的这一天，俄罗斯国家域名 RU 正式注册。俄罗斯的第一批网站出现在 1993 年。这一时期的特点是具备了在网络上创建出版物的先决条件，例如电子图书馆、专门的文学性项目和第一批网络评论等出现。事实上，俄罗斯所有的联邦主要媒体和地区主要媒体都通过某种资源传播它们的电子版本，大多数是通过 Relcom（Релком）供应商的 Relis 系统，也有不少是通过 Sovam Teleport（Совам Телепорт）供应商的俄罗斯在线网站，特别是订阅者可以使用《消息报》《生意人报》《财富报》《金融消息报》等报纸的电子版。有一段时间，俄罗斯故事（Russian Story）网络很受欢迎，在这里可以阅读《论据与事实报》《莫斯科共青团员报》《真理报》等出版物。大型地区的供应商也发布当地期刊的电子版本。1994—1997 年，只有极少数企业试图开发独家互联网内容，而且这些内容并不会同时出现纸质版。例如，网络上的第一个国家新闻社（NSN）、信息门户网站 infoart. ru 和阿加玛俄罗斯俱乐部，第一个关于互联网和娱乐的杂志 *CrazyWeb*，第一个关于网络文化的杂志 Zhurnal. ru 和第一个社交与政治性杂志《俄罗斯杂志》。截至 1996 年年底，俄罗斯的互联网用户有 40.9 万人，截至 1997 年年底为 67.8 万人。当时，每日互联网用户数仅为 4 万—5 万人，其中约 60% 为莫斯科居民。在 1994—1997 年，第一个在线版本的工作在实践中得到检验。俄罗斯人一般将这一时期称为俄语互联网的形成、犯错和试验期。

第三，网络媒体的起步阶段（1998—2003 年）。1998 年是俄语互联网突破 100 万用户的标志性年份。至此，创建完整的期刊在线出版物市场的时机已经成熟。令人意外的是，这在很大程度上居然是受到经济危机的推动。1998—2001 年，出现了第一批在线出版物，主要是社会政治性出版物，比如 1998 年的 Polit. ru，它最初是作为 Zhurnal. ru 中的一部分存在；1999 年的 rbc. ru、Gazeta. ru、arn. ru、lenta. ru、vesti. ru 和 utro. ru；2000 年的 deadline. ru、strana. ru、dni. ru、ntv. ru 和 graniru. org 等。1999 年俄罗斯国家杜马选举和 2000 年俄罗斯联邦总统选举促使在线出版物成为一种重要的影响机制，使之成为寡头获得政治利益的导体。比如，Gazeta. ru 是尤科斯投入资金而创建和发行的，Grani. ru 和 Postfactum. ru 受别列佐夫斯基的资助，ntv. ru 由古辛斯基资助，Vesti. ru 和 Strana. ru 则得到执政的政治精英们的支持。2000 年年初，各大型纸媒的股东看到在线项目的成功之后也开始认真开发网络资源，其主要原因是在线广告市场的增长。1999—2001 年，《独立报》《生意人报》《消息报》《共青团真理报》《论据与事实报》和其他大型联邦出版物向所有人开放其资源，使其网站成为完整的在线媒体。2002—2003 年，《共青团真理报》和《消息报》网站进入俄语互联网访问量最大的十大信息资源之列。一些新闻机构也开始将其网站转变为在线媒体。lenta. ru 率先开启了纯粹新闻出版物的模式，其他新闻机构纷纷效仿，希望复制其成功模式。与此同时，不论是俄新社等市场老牌机构，还是 1999—2001 年出现的非常年轻的新闻机构，如 Regions. ru（1999 年）、Rosbalt. ru（2001 年）、Mig. News（2001 年）等都参加了这场激烈的竞争。

在 21 世纪初，出现了与新闻相关的另一个有趣的出版物模式，那就是新闻的聚合模式，或称新闻组织模式。其特点是，项目编辑并不制作自己的内容，而只是将其他出版物的材料进行聚合。其中最成功且至今仍然存在的是新闻广播服务项目 Yandex. News。该项目在一个空间为用户提供来自数十个，乃至数百个出版物当天的新闻图片，之后还开始按图片主题进行分组。

1998—2001 年，在俄罗斯出现了互联网投资热潮。受欢迎的互联网项目以数千万美元的价格被购买，在创建门户网站时出现了真正的

"歇斯底里"的场面。门户类资源开发者的策略非常简单，那就是在一个项目的框架内为用户提供尽可能多的机会和服务，以便用户在所创建的圈子里自由交流，从一个子项目到另一个子项目，例如从邮件到交友、从交友到新闻等，不用切换到其他平台。21 世纪初，Rambler 和 Yandex 在访问量方面大大超过了与其类似的 Port.ru，后期出现 Mail.ru 和 InfoArt.ru、KM.ru 等门户网站，并在 2000 年积极推出 mnogo.ru 公司，从而牢牢占据行业领先地位。

1998—2002 年，作者及小型编辑部的资源与专业资源一起得到积极开发，虽然没有大资本的融入，但构成了俄语互联网信息部门的重要组成部分，因为它们填补了此前各种各样的小众空位，包括女性杂志等。比如，出现了美容资源 vumen.ru、旅游资源 travel.ru、娱乐资源 weekend.ru 和时尚资源 afisha.ru、音乐、烹饪资源 kulinar.ru，以及有关互联网的出版物 *Netoscope*、*Web Planet*，医疗资源 doctor.ru，还有汽车、体育、儿童等其他方面的出版物。1998—2002 年，信息类网站的几种模型脱颖而出，包括门户网站、一般性报纸杂志、分析性报纸、新闻提要和新闻聚合等多种类型。

第四，博客、视频内容和社交媒体流行时期（2004—2008 年）。"博客"一词来自英语的"weblog"，可译为"网上日记"。2004—2006 年博客圈的繁荣成为俄罗斯互联网的一种标志性现象。俄罗斯的一些高级用户在 2001 年就开始接触博客，俄罗斯第一个博客平台是 Livejornal.com。2004 年在 Yandex 和 2005 年在 Google 推出的博客搜索可以说是俄罗斯官方对博客圈社会意义的认可和大众对其兴趣形成的标志。其人气高峰出现在 2006 年，当时俄语互联网上每小时平均出现 100 个新博客，相比之下，2005 年每小时平均只有 20 个，可见其发展速度之快。至此，俄罗斯博客圈已经成为俄罗斯国内信息空间的一个重要组成部分，一些知名博主甚至阻碍了中央媒体的传播，而他们的帖子不仅开始影响一些事件的发展，甚至影响了人们的思想。博客平台明显动摇了大众传媒的唯一信息来源的地位。2004—2006 年，博客平台、维基百科,以及类似资源等崭新项目以其鲜活、动态的内容大大丰富了互联网。

随后出现了一种全新的媒体类型,或称体裁,那就是"社交媒体"或称"民间媒体"。随着互联网的出现,它们成为媒体领域发生的革命性变革的重要组成部分。社交媒体对大众传媒产生了极大的影响。后者不仅开始从前者那里获取有关事件的信息和事实,而且还积极处理用户内容,即所谓的用户生成内容 UGC(User Generated Content)。2008 年,俄新社网站推出了一个名为"你是记者"的项目,这实际上是一个多媒体新闻采集器,专门发布用户发送的照片、视频和短信。

2006 年视频内容在互联网中崭露头角。随着 YouTube 服务的推出,视频内容开始在互联网上迅速增多。至此,可以说,"网站即纸质出版物副本"的互联网媒体模式成为过去。2007 年以来,主要的俄语互联网媒体已经不仅以传统文本和照片的格式向受众提供新闻,而且以视频格式向他们提供信息。在这一年,《生意人报》和《消息报》创建了由专业电视人组成的专门视频组,《莫斯科共青团员报》《新报》和《俄罗斯报》也为了制作视频材料而招募普通记者和摄影记者。在随后的几年中,视频内容逐渐获得了发展动力,越来越多的编辑部开始创建自己的视频工作室和视频节目。2004—2008 年,商业媒体市场的竞争明显加剧。随着油价上涨,经济局面开始稳定,媒体市场的竞争得到推动,更加激烈。媒体市场以新的出版物对此做出回应。2003—2007 年推出了一大批项目,包括 2003 年的日常商业互联网报纸 RBC 日报,2004 年的资源 Finance@ Mail. ru,2005 年的《观点报》和商业资源"专家在线",以及 2007 年专注于办公室受众的资源 RB. ru 等。《生意人报》的网站 kommersant. ru 和《公报》的网站 vedomosti. ru 也得到重组,它们实际上变成了远离印刷版克隆模式的独立项目。

第五,危机与市场复苏(2009 年至今)。2008—2009 年年底,全球金融危机来临,俄罗斯媒体受到影响。因金融危机前的广告量、赞助费稳定增长而处于舒适状态的俄罗斯媒体突然变得处境艰难。金融危机导致所有媒体机构大量减员，很多出版物，特别是纸质出版物被迫停止出版，整个媒体市场停滞不前。但在整个金融危机期间，俄罗斯社会对经济信息的兴趣猛增，因此2008—2009年商业出版物利润的增长是完全合乎逻辑的。最引人注目的是该时期启动的三个新项目，它们分别是2008年11月开通的vfm.ru商业门户网站，2008年11月建立的Daily Online，以及2009年11月创办的《福布斯》杂志在线项目。2009年还开启了一个项目，即商业出版物Slon.ru，其创建者有意放弃新闻格式，专注于分析。值得关注的是，在后来的五年中，仍可以观察到人们对此类项目的持续兴趣。显然，市场接收了大量新闻，为智能材料做好了准备，在这些信息中不仅陈述和确定事实，而且给出了分析，从中可以看到反思和结论，因而广受社会欢迎。

2012年俄罗斯公众舆论基金会的一项俄罗斯互联网的调查研究结果表明，互联网受众对地方网站的当地信息保持稳定的兴趣。出版控股公司看准了这一趋势，于是在2012—2013年开始收购各区域新闻门户网站。最终，不少的市场参与者取代了其所有者，Fontanka.ru、E1.ru、Ura.ru等知名品牌就是典型的例子。很多媒体专家也看到了区域在线媒体市场的美好前景。媒体在未来几年将如何发展？虽然当时还很难对此问题给出明确的答案，但是专家们认为，可以肯定的是，媒体行业正在经历大规模的变革，特别值得关注的是，受众正以前所未有的方式成为形成媒体业规律的重要因素。媒体的主要任务是满足受众需求，要在受众方便的时候，用受众方便的载体服务受众。毫无疑问，社交媒体如今对网络媒体产生了巨大影响。近年来，许多领先的在线媒体机构多达一半的访问者来自社交网络。俄罗斯正在创建新媒体，例如，近年来访问量最大的媒体渠道俄罗斯创意广告交流社区Adme.ru等。其内容的主题和组织完全符合大众社交网络受众的需求。互联网结合了提供信息、传递信息的所有方式，在所有因素中，视觉信息，尤其是信息图表，即传达意义的图像，在传递信息时扮演着越来越重要的角色，现在它是在线媒体发布内容的主要趋势之一。今天，大多数主要的在线媒体都有信息图表，专家们断言，它将成为未来几年的主要媒体趋势。①

综上所述，迄今为止，俄罗斯互联网媒体走上了具有自身特色的发展道路。出版商通过反复试验积累了经验，随着新技术的完善，市场变得更加强大，并持续发展。我们今天看到的是具有广泛服务和具有众多功能的高科技多媒体系统。Е. Л. 瓦尔达诺娃和 А. 萨布两位学者的时期划分稍有区别，但无原则上的分歧，Е. Л. 瓦尔达诺娃的分期更注重对互联网在俄罗斯发展各时期的整体描述，而 А. 萨布的分期则更关注互联网发展背景下在线媒体的发展状况。可以说，两位学者的分期互为补充，较完整地展现了俄罗斯互联网及在线媒体发展的历程。

二　互联网环境下俄罗斯媒体市场的转型趋势

互联网环境下俄罗斯媒体市场的转型趋势是俄罗斯新媒体基本特点与发展趋势研究的重要组成部分。互联网时代，数字革命和技术进步带来了媒体大方向的改变，导致其受众的分化。从表面看，它对广告商和媒体间的传统关系产生着负面影响，因为以互联网和手机为主的新媒体在这一过程中有绝对的领导权，所以如今信息的消费者不再只是其消费者，还是其生产者和中间人。在这种情况下，近几十年一直受社会政治转型影响的俄罗斯媒体市场随着科学技术的发展也发生了重大变化。В. Л. 伊万尼茨基认为，至少可以从四个方面考察互联网环境下俄罗斯媒体市场的转型趋势，② 具体如下。

第一，互联网和手机拓展了俄罗斯人的信息访问途径。2008年，俄语互联网的用户数量接近2800万，约占全国总人口的30%，

---

① Сапун А. История развития Интернет – СМИ в России, https：//dni.ru/academ/2016/8/1/347408.html.

② https：//ozlib.com/812450/zhurnalistika/sovremennye_tendentsii_rossiyskoy_industrii Под редакцией Е. Л. Вартановой, СМИ в меняющейся России. М.：Аспект Пресс. 2010. С. 337.

每天上网的经常性用户数量约为1100万。2000年左右,区域间分布不均衡的现象趋于缓解,俄罗斯人使用互联网和手机的地区、年龄和性别结构不平衡现象得到改善。俄语互联网受众中女性用户的比例几乎达到40%。不过,年龄在25—35岁之间,受过高等教育的高收入男性城镇居民、官员、政治家、商人、记者、学生仍占主导地位。互联网发展的另一个方向是,与企业用户相比,个人用户数量明显增加。此外,家庭网络的连接数量仍较少,公寓和办公室的接入比例为35%和65%。①

第一,对现代俄罗斯人而言,互联网已经成为俄罗斯媒体系统中不可缺少的一部分。俄罗斯人购买力的提高无疑有利于新媒体的发展,包括有线电视、卫星电视等付费数字电视,互联网、手机等传播产品,信息、新闻、天气预报和广告等媒介。根据俄罗斯联邦新闻和大众传播机构的数据,与媒体毫无接触的俄罗斯人的比例有所下降,互联网媒体的受众比例有所提高。因此,在2007年,只使用电视和广播这种视听大众媒体的俄罗斯居民人数减少,总体上不超过55%。在此背景下,报刊、电视、广播和互联网的受众人数均有所增加。2006—2007年,这一数字达到了32%。这意味着报刊、电视、广播和互联网是绝大部分俄罗斯人的所谓日常信息"口粮"。② 随着互联网的发展,网络成为俄罗斯人重要的信息获取渠道和交流途径。无论是在信息量和信息多样化方面,还是在受众数量增长速度方面,网络媒体都是俄罗斯传媒体系中发展最快的部分。网络媒体已成为大部分俄罗斯人信息,特别是新闻信息的重要来源。2008年9月,社会舆论基金会的调查数据显示,俄罗斯互联网的普及率在三年内翻了一番。2005年仅10%的俄罗斯人将互联网作为信息来源,2006年这一数字

---

① Современные тенденции в российской индустрии СМИ. Под редакцией Е. Л. Вартановой, СМИ в меняющейся России. – М.: Аспект Пресс. 2010. C. 337, https://ozlib.com/812450/zhurnalistika/sovremennye_tendentsii_rossiyskoy_industrii.

② Развитие Интернета в регионах России, весна 2009//Yandex.

增长到 13%，而 2007 年则达到了 20%。但与其他信息来源相比，此时的互联网尚未占据领先地位。① 2012 年 8 月社会舆论基金会发布的数据表明，虽然联邦电视台仍然是俄罗斯人获取信息的第一来源，中央报纸和杂志位居第二，但互联网已成为俄罗斯人的第三大信息来源。② 一年后的 2013 年，互联网仅次于电视，已成为俄罗斯人的第二大新闻信息来源。③ 与此同时，网民对网络媒体的信任度也逐渐提高。自 2008 年以来，这一数字已从 24% 上升至 35%。④ 俄罗斯新闻社所做的研究报告《俄罗斯新媒体的发展趋势》显示，俄罗斯人对计算机网络中新闻网站的信任度从 2010 年的 4% 上升到 2012 年的 11%，但是仍低于人们对电视的信任度，2010 年其指标为 57%，而到 2012 年增至 71%。2012 年全俄公众舆论研究中心发表的调查结果同样证明，虽然大多数俄罗斯人仍然信任电视，但对互联网信息的信任度在过去四年中显著增长。⑤

第三，互联网作为广告媒体日益普及。这大大巩固和提高了互联网在俄罗斯媒体系统中的地位和作用。随着互联网的普及，俄罗斯在线广告市场发展迅猛。俄罗斯通讯机构协会称，在所有广告市场中，互联网广告市场的增长速度最快，其增速是传统媒体的两倍。以 2008 年为例，俄罗斯互联网广告费用增长到 75 亿卢布（电视广告为 1376 亿卢布），比前一年增长了 32%，超过其他媒体的增长速度，电视广告增幅为 22%，印刷媒体广告增幅为 11%，户外媒体广告增幅为 13%。2009 年上半年，

---

① ВЦИОМ: Популярность интернета в России за три года выросла вдвое, 2008 – 09 – 30, https: //news. novgorod. ru/news/vciom – populyarnost – interneta – v – rossii – za – tri – goda – vyrosla – vdvoe – 37473. html, 2020 – 08 – 07.

② РИА Новости: Все больше россиян верят интернету, показал опрос, 2012 – 08 – 02, https: //ria. ru/20120802/715008378. html, 2020 – 08 – 07.

③ ВЦИОМ: Интернет стал вторым источником новостей для россиян И, 2013 – 08 – 15, https: //www. ferra. ru/news/techlife/wciom – Internet – 15 – 08 – 2013. htm, 2020 – 08 – 07.

④ ВЦИОМ отмечает резкий рост доверия к интернет – СМИ, 2011 – 11 – 03, https: //www. rosbalt. ru/main/2011/11/03/908333. html, 2020 – 08 – 07.

⑤ РИА Новости: Все больше россиян верят интернету, показал опрос, 2012 – 08 – 02, https: //ria. ru/20120802/715008378. html, 2020 – 08 – 07.

在所有其他媒体广告出现负增长的情况下（电视下降22%，印刷媒体下降45%，户外媒体下降39%），网络媒体广告仍然增长了5%。[1] 俄罗斯通信机构协会的数据表明，2012年俄罗斯互联网广告市场增长了35%，为广告市场发展最快的部分，此时的互联网广告金额仅次于电视，排名第二。[2] 与传统媒体相比，互联网技术的优势给网络广告带来了更高的效率。此外，在线视频和社交媒体的发展，对某些商品电视广告禁令的出台，以及大城市户外广告的诸多限制等都有助于互联网广告份额的增长。俄罗斯电子通信机构协会和高等经济学院的研究报告显示，2011年搜索引擎优化市场的规模达85.6亿卢布，社交媒体市场营销额（SMM）达29.8亿卢布，视频广告达8亿卢布。[3] 上述事实说明，互联网作为广告承载者的知名度与日俱增，这无疑增强了它在大众传媒体系中的地位。

第四，技术融合过程有利于大型垄断联合企业，通过创建多媒体新闻室，在其结构中重复使用自己的内容，以此来达到最佳效益。这些例子在俄罗斯大众媒体中虽不常见，但还是可以列举一二，例如，创建俄罗斯商务咨询印刷媒体（RBC/РБК）回收其在线内容，并购专门从事传统媒体的垄断企业职业传媒集团和互联网领域的领先企业漫步者传媒公司等。在线媒体项目逐渐成为媒体市场的真正参与者，通信这一快速发展的行业已经引起了所有参与者的注意。该行业的先驱者有俄新社、俄罗斯商务咨询信息系统、Yandex，以及漫步者传媒公司。随着时间的推移，俄罗斯媒体帝国中出现了专门从事全球计算机网络工作的新机构。在不同媒体和通信渠道相互渗透的背景下，主要媒体公司努力占领其他新兴市场。俄罗斯媒体公司、大众传媒系统

---

[1] Антонов Л. В., Социально-экономические явления и процессы//Специфика развития российского рекламного рынка. 2010. № 3. C. 32–33.

[2] https：//www.forbes.ru/news/233972-rossiiskii-rynok-internet-reklamy-vyros-v-2012-godu-na-35-i-dostig-563-mlrd-rublei.

[3] https：//www.forbes.ru/news/233972-rossiiskii-rynok-internet-reklamy-vyros-v-2012-godu-na-35-i-dostig-563-mlrd-rublei.

公司、雷诺瓦传媒等控股公司纷纷积极开发卫星电视和有线电视，以完成互动多媒体项目。总之，对俄罗斯媒体公司而言，扩大新媒体市场逐渐成为现实。

毫无疑问，俄罗斯数字化进程对新媒体的强化发展产生了特殊影响。俄罗斯联邦政府在2004年5月25日发布了《关于在俄罗斯联邦实施欧洲数字电视广播系统DVB的法令》。根据俄罗斯联邦的计划，该进程应在2015年之前完成。2008年12月俄罗斯联邦政府电视广播发展委员会通过了俄罗斯2009—2015年数字电视推广计划，并将该计划提交联邦政府审议批准。根据这项计划，俄罗斯未来数字电视将具有三个单元的节目，每个单元的节目各有20—24个频道。俄罗斯数字电视的推广将分为两个阶段。第一阶段是2009—2011年。在这期间，主要在人口稀少的偏远地区和边疆地区推广数字电视。同时，要确定和建立数字电视传送系统，研制并发射数字电视转发卫星等，从而为在全国范围实现向数字电视转换创造条件。第二阶段是2011—2015年。在这期间，将实现俄罗斯联邦全国范围的数字电视播出，同时逐渐停止模拟电视的播出。2013—2015年，将利用部分模拟电视停播后"腾出"的电视信号发射输送能力，播出第二单元和第三单元的数字电视节目。2015年，俄罗斯将全面实行数字电视广播。俄罗斯联邦政府通信与大众传播部表示，如果到2015年1月1日尚不能保障95%的居民具备接收数字电视的条件，那么现有的模拟电视将与数字电视并行播出。[①] "俄罗斯电视广播网（PTPC）2018年度报告的统计数据显示，2009—2018年间，俄罗斯国家数字广播电视网络累计建成5040个发射站，数字广播电视覆盖面积超过1712万平方公里，覆盖85个俄罗斯联邦主体，囊括了至少98.4%的人口。"[②] 2019年4月，俄罗斯已开始第二阶段数字电视转

---

① 参见《俄罗斯出台数字电视推广计划》，新华网，2008年12月19日，http：//news.sina.com.cn/o/2008-12-19/185514907311s.shtml。

② 董瑞芳、李学岩：《机遇与挑战：数字化时代的俄罗斯电视》，https://www.fx361.com/page/2020/1207/72ggg63.shtml。

换工作，此次从模拟电视广播信号到数字信号的转换工作涉及莫斯科、莫斯科州、阿穆尔州、伊万诺沃、克麦罗沃、基洛夫、科斯特罗马、库尔干、利佩茨克、诺夫哥罗德、秋明地区、卡巴尔达—巴尔卡尔共和国、卡拉恰伊—切尔克斯共和国、卡尔梅克共和国等20个俄罗斯联邦主体。①

三 网络媒体在俄罗斯的法律地位

什么是网络媒体？网络媒体在俄罗斯具有怎样的法律地位？这是了解俄罗斯新媒体的基本特点与发展趋势时必须思考的问题。

《俄罗斯联邦宪法》第29条第1款和第4款规定，保障每个人的思想和言论自由权利，以任何合法的方式自由寻求、获得、传递、制作和传播信息的权利。《俄罗斯联邦宪法》中保护言论自由及获取信息权的准则是根据其国家立法制定的，这是关于大众传媒的法律。截至2011年11月10日，该法第24条一直是有效的，其中为电子大众传媒制定了相应的规则，规则指出，为广播和电视节目制定的规则适用于通过图文电视系统、视频文本和其他电信网络定期传播大众信息，除非俄罗斯联邦立法另有规定。新版《大众传媒法》第2条引入了"网络媒体"的概念，"网络媒体"指作为大众媒体注册的互联网信息和电信网络中的网站。因此，未注册为大众媒体的网站不是大众媒体。

20世纪90年代以来，网络媒体的定义和其法律地位一直是人们争论的焦点。俄罗斯中央选举委员会主席 A. A. 维什良科夫（А. А. Вешняков）早在1999年12月杜马选举期间就多次表示，整个全球计算机网络都是大众传媒。② 而2000年5月18日在莫斯科举行的"关于在俄罗斯联邦使用互联网的法律规定"的议会听证会上，时任新闻部副部长的 A. 罗曼琴科（Андрей Романченко）对俄罗斯互联网上的网站

---

① 《俄罗斯开始第二阶段数字电视转换工作》，中华人民共和国商务部官网，2019年4月23日，http://www.mofcom.gov.cn/article/i/jyjl/e/201904/20190402855450.shtml。

② https://studbooks.net/730700/zhurnalistika/takoe_ internet_ yuridicheskiy_ status。

作为大众传媒的身份提出质疑。他认为，这些网站从国家许可方面来看应该不是大众传媒。他特别强调，不仅互联网上的所有信息页面，还有电子商务服务器都需要注册为大众媒体。而且，须对网上商店增收注册费，等同于广告出版物。这一进程缓慢而谨慎，在 A. 罗曼琴科发表该讲话一年多后，俄罗斯联邦新闻、广播电视及大众媒体部的任何官方代表都没有回应俄罗斯所有互联网页面作为媒体进行普遍注册的议题，也未做出对网上商店收取注册费的尝试。"当然，不排除将来会做出这样的尝试，但今天俄罗斯官方当局尚未就以下问题表达自己的立场：什么可以算是互联网上的大众传媒，以及此处可能的评估标准是什么？"[1]

1996 年以来，俄罗斯许多在线出版物都在新闻部获得了媒体注册证书。但有一个细节值得注意，直到 2000 年，俄罗斯新闻部颁发的证书表明，这种出版物的类型一直被标为"其他"，意思是它既非报纸，也非广播电台、新闻社和电视频道。随着将互联网出版物登记为大众媒体实践的普及，"其他"一词已从证书中消失，取而代之的是"电子报"这一表述。虽然出现了这一术语，但后来定义互联网媒体的工作并未取得进展。任何法律文件都未说明互联网媒体可以什么形式，以及应该以什么形式将其"发布的东西"存放在立法者指定的储存库中。

2008 年 8 月 25 日《俄罗斯报》的文章指出："根据一般规则，互联网网站不是大众媒体，但与此同时，法律并未禁止或限制互联网网站作为大众媒体自愿注册的可能性。可以根据联合国教科文组织提出的法律意见做出这样的结论。"[2] 事实上，俄罗斯法律在林业、水利、土地和城市发展，以及俄罗斯联邦行政犯罪法中积极使用"网站"一词，

---

[1] Носик А., Интернет для журналиста/Под ред. А. Носика, С. Кузнецова. — М.: Галерия, 2001, http://znakka4estva.ru/dokumenty/zhurnalistika-smi/sredstva-massovoy-informacii-v-seti-internet/.

[2] http://znakka4estva.ru/dokumenty/zhurnalistika-smi/sredstva-massovoy-informacii-v-seti-internet/.

在地区立法层面给出"网站"概念法律定义的唯一规范性法案是2004年3月31日莫斯科市第20号法律文件《关于保证提供有关莫斯科市公共当局活动信息的法律》。在其第2条中指出,"权力机构官方网站汇总了信息资源,这些信息资源根据法律或相关权力机构的决定在互联网上公布的特定地址发布"①。可见,对区域立法者而言,网站汇总了信息资源。毋庸置疑,"信息资源"的概念本身在联邦立法层面就没有完整的法律定义。之前,它被固定在1995年2月20日联邦法律第24号《关于信息、信息化和信息保护》的第2条中,但该法随着2006年7月27日第149号联邦法律《关于信息、信息技术和信息保护》(以下简称《信息法》)的通过而失效,其中仅间接地给出了"信息资源"的定义,并且仅与国家信息资源有关。在《信息法》第14条第9款中指出,"国家信息系统中包含的信息,以及国家机构可获得的其他信息和文件,都是国家信息资源"②。因此,在法律意义上,作为信息资源的互联网站点是包含在不同的特定信息系统中并由信息所有者,即"基于法律或合同授权或限制访问权利的,独立创建或接收信息者持有的信息总汇"(第2条)。但是专家们那时已指出,"在当前条件下,网站应该被更广泛地定义"③。

关于媒体的概念,在1991年12月27日的俄罗斯联邦《大众传媒法》第2条中有详尽的定义:"用于大众传播的印刷、音像材料及其他消息;定期印刷出版物、视听、电影档案资料及其他形式的定期传播的大众新闻。"显然,互联网网站既不是印刷出版物,也不是广播、电视、视频节目和新闻片节目。是否可以将其视为另一种形式的定期发行的媒体呢?回答这个问题需要对《大众传媒法》第23条和第24条进行分析。其他形式定期传播的大众传媒的法律性质在《大众传媒法》的第

---

① http://znakka4estva.ru/dokumenty/zhurnalistika - smi/sredstva - massovoy - informacii - v - seti - internet/.
② http://znakka4estva.ru/dokumenty/zhurnalistika - smi/sredstva - massovoy - informacii - v - seti - internet/.
③ https://www.webkursovik.ru/kartgotrab.asp?id = - 86073.

23 条"新闻机构"和第 24 条"其他媒体"中有所定义。网站是否可以拥有信息机构的法律地位？答案是否定的，因为根据《大众传媒法》第 1 部分第 23 条，新闻机构"同时适用媒体的编辑部、出版商、发行人和法律制度的地位"。显然，编辑部、出版商或发行人的地位只能由法律主体拥有，而不能由法律关系的对象拥有，而法律关系的对象可以进行信息总汇。网站就像任何其他法律关系对象一样，可以附属于信息机构。但是在这种情况下，网站本身不会成为媒体定期传播的另一种形式，所以不会获得媒体的合法地位。

分析《大众传媒法》第 24 条"其他媒体"规定的内容，得出的结论如下。

《大众媒体法》第 1 部分第 24 条规定："本法规定的印刷期刊规则适用于定期发行通过计算机和（或）存储在计算机库和数据库中的一千份或以上的文本，以及其产品以印刷的信息、材料和图像形式传播的其他媒体。"显然，该规则不能适用于互联网网站，因为互联网网站既没有印数，也没有"以印刷的信息、材料、图像形式"传播的产品。构成互联网网站内容的消息和图像没有印刷形式，它们只能在计算机屏幕上显示，因此任何人都可以"随时随地根据自己选择的方式交互访问"。第 2 部分第 24 条的规定也不适用于互联网网站。第 24 条规定："本法规定的广播和电视节目规则适用于通过图文电视、视频文本系统和其他电信网络定期传播的大众媒体，除非俄罗斯联邦立法另有规定。"一方面，互联网网站的运作可以被解释为通过电信网络定期传播大众信息。这种理解得到《信息法》第 2 条第 9 点的支持。其中将"信息传播"的概念定义为旨在"由不定数量的人获取信息或向不定数量的人传递信息"的行为。另一方面，《大众传媒法》第 2 条第 7 款对"大众传媒产品传播"的概念做出了完全不同的定义："大众传媒产品的传播指出售（征订、送达、散发）定期印刷出版物、音像制品、广播电视直播、电影档案资料展示。""当然，网站可以有副本，但它们的数量未必能达到一千份。除了通过其进行互联网传播的互联网网站外，所有

第五章 俄罗斯新媒体的基本特点与发展趋势

其他网站显然不属于上述定义之列。与此同时,《信息法》第 2 部分第 4 条规定,'与媒体组织和活动有关的法律规制是根据俄罗斯联邦大众传媒立法进行的'。因此,'信息传播'的定义应该仅适用于大众传媒领域与《大众传媒法》不相抵触的那一部分。"①

可见,根据上述定义,互联网网站不能被视为"其他媒体",因此,强制性要求网站所有者将其注册为媒体是没有法律依据的,因为《大众传媒法》仅强制性规定大众传媒必须注册。

上述内容并不排除互联网网站根据其所有者的申请自愿注册为大众传媒的可能性。根据《大众传媒法》第 1 部分第 7 条的规定,任何公民、公民协会、企业、机构、组织、国家机关都有权创建大众传媒,以任何不受法律禁止的形式传播大众信息。由于法律不禁止创建互联网网站,因此在这个问题上,每个人都可以自由选择衡量其合法行为的标准。如果互联网网站的创建者希望大众传媒的法律制度在他的信息资源上传播,那么,他必须根据《大众传媒法》第 8 条、第 10 条的规定,向授权的国家机构提交该大众传媒的注册申请。俄罗斯联邦最高法院的法律规定也证实了根据一般规则网站不是大众媒体的结论。2005 年 2 月 24 日,在俄罗斯联邦最高法院第 3 号决议《关于保护公民荣誉和尊严,以及公民和法人实体商业声誉的司法实践》中指出:"传播损害公民荣誉和尊严或者损害公民和法人商业信誉的信息,应当理解为在报刊上发布、在广播和电视上播放、在新闻短片节目和其他媒体上展示;在互联网上,以及使用其他电信手段传播这些信息,在官方性质的、公开的演讲中,在对官员的陈述中,或以某种形式,包括口头形式向至少一人发布这些信息。"在此,"互联网上的传播"与媒体中的信息传播是分开表述的,且互联网上的信息传播不仅可以通过在某一网站实现,而且可以通过电子邮件、ICQ 等形式进行。

此外,2005 年 2 月 24 日俄罗斯联邦最高法院全体会议的决议特别

---

① Петрушин Е. В., Является ли интернет СМИ, https://rg.ru/2008/08/25/internet.html.

提请法院注意这样一个事实，"如果在以法律规定的方式登记为大众媒体的互联网信息资源上发布了不真实的诽谤性信息，那么，在考虑保护公民荣誉、尊严和商业声誉的要求时必须遵守与媒体有关的标准"①。由此可见，网站只是凭借自愿登记而获得大众传媒的身份，而不是凭借其法律性质。同时，俄罗斯学者特别强调，"根据互联网行业对公共生活的影响规模和程度，建立政府与网络媒体之间的关系的前景远远大于其他任何法律事件"②。

第二节　俄罗斯社会生活中的新媒体

在今天的俄罗斯，互联网已不仅仅是一种交流通信手段或新闻报道、传播私人信息的渠道，而是一种生活环境、生活方式，是职业和人际交往的平台。"在这里进行着政治口水战，积累着金融财富，发生着爱情故事……在这里有自己的偶像和英雄，在这里有自己的交流规则和语言规则，在这里有自己的日夜交替。"③ 互联网和社会生活中现代信息交流技术日益增长的重要性使政治家们不仅纷纷开设个人网站，在网站上举办新闻发布会，而且将信息交流技术和信息社会的发展问题列入其活动议程。总之，互联网已成为现代俄罗斯信息交流领域的重要组成部分，成为俄罗斯社会的特殊现象。在这个大背景下，许多俄罗斯人，尤其是年轻的城市居民对"美好未来"的希望与经济和社会生活中迅速发展的现代因素息息相关，这种现代因素就包括了移动通信新型媒体，即互联网和移动电话。这不仅仅是一种经济因素或交流手段，其本身更是在广泛积极运用数字科技时形成的一种生活方式，并在俄罗斯社会和个人实践中产生本质上全新的现象。在本节，我们将从作为俄罗斯

---

① https：//www.webkursovik.ru/kartgotrab.asp? id = -86073.
② https：//www.webkursovik.ru/kartgotrab.asp? id = -86073.
③ Вартанова Е. Л., Постсоветские трансфармации российских СМИ и журналистики. - М.：Изд - во МедиаМир. 2013. С. 79.

大众传媒主要增长点的新媒体、俄罗斯政治交际中的新媒体和俄罗斯闲暇领域的新媒体等几个方面来展现俄罗斯社会生活中的新媒体图景。

一 新媒体——俄罗斯大众传媒的主要增长点

网络在俄罗斯不仅给经济领域提供了很多机会，而且给社交领域带来了翻天覆地的变化。媒体系统的重组使大众媒体和社会交际出现了新的发展趋势。今天，在世界上任何一个国家，网络都是国家传媒体系的一部分。在 20 世纪 80 年代末至 90 年代初，人们还不认为网络能和电视甚至报纸竞争。然而，仅二十多年后，网络不仅向传统媒体发起挑战，而且延续、拓展了传统媒体，此概念由 Г. М. 马克纽曼（Г. М. Маклюэн）提出，他将媒体称为"人的延展"。因此，在任何一个发达国家，甚至发展中国家，都不能将网络置于传媒体系之外，一方面是因为能够使用网络来满足自己对媒体的需求的人群极其庞大，另一方面是由于人们对传统媒体的需求日益减少。

如今网络靠什么成为传媒体系的组成部分？回答这一问题需要考虑诸多因素。第一，大众获取信息的方式增多并且简化，获取新闻的渠道增多，以及各种提供技术支持的平台的增多使新闻受众数量迅速增长。第二，随着独立网站、博客、社交网络的发展，网络促进了讨论和辩论性新闻的复兴。网络在成为传媒体系的一部分之后，自身也出现了大量技术、经济和专业发展方面的问题。依赖于网络平台，新媒体中"记者—信息源""记者—信息存储""记者—受众"这几对经典关系表现出新的特点。熟练的网络使用者向专业的新闻从业人员发起挑战，他们能够轻松且快速地掌握新闻工作的那些传统步骤，比如收集信息，向感兴趣的读者散布信息，对新闻进行评论并组织交换意见等。传统媒体，首先是报纸，其次是广播和电视，以及所有的信息产业为了最高效地为受众传达信息内容，都越来越积极地利用全球网络。俄罗斯的情形也不例外，新媒体成为俄罗斯大众传媒的主要增长点。其增长原因大致可归结于以下几个方面。

第一，对于俄罗斯媒体而言，网络在经济上有利且高效。一些数据指标可以证明这一点。21世纪初，无论是在所提供的信息量和信息种类方面，还是在受众增长量方面，网络都是传媒体系中发展最快的一个部分。2005年左右，俄罗斯互联网的网站达18万个。其中19000个网站属科教类，占总数的11%。此时已有多家网站宣称自己为大众传媒，以大众传媒资质注册的网站达1816家，仅2005年增加的网站就有285个，到2008年传媒网站达到了2018家。[①] 2013年年初，属于大众传媒领域的网站多达5539家，其中，分析评论性网站904家，博客1152家，报刊类1071家，通讯社813家，广播及可以收听线上广播的娱乐性门户网站228家，电视频道及电视节目类594家。[②] 应该说，与大部分传统媒体，如印刷类、广播类的线上媒体相比，网络环境真正成就的是那些没有相应的线下产品的线上媒体。

在新媒体发展早期，俄罗斯学者М. М. 鲁金娜（М. М. Лукина）就提议将网络传媒分为三种类型。第一种"克隆体"，即传统媒体的线上复制版。第二种，"杂交体"，即媒体的线上版本与线下版本的混合版。第三种，"原版"，即无对应线下产品的纯线上媒体。[③] 不同类型的网络传媒给受众提供了多样化的选择。网络用户的咨询需求、兴趣及各种要求也随之不断增长，且越来越多样化。

进入21世纪，网络成为很多俄罗斯人重要的信息源。社会舆论基金会的数据显示，对于俄罗斯成年人而言，网络在电视和报纸之后成为第三大重要的信息源，对于年轻人而言，网络在获取信息方面的作用仅次于电视，位列第二。约63%的俄罗斯人喜欢在互联网上阅读俄罗斯政治新闻，48%的俄罗斯人在互联网上阅读关于自己居住地区的新闻，47%的俄罗斯人在互联网上阅读独联体政治新闻，45%的俄罗斯人在互

---

① Данные Реестра печатных и электронных СМИ России, апрель 2008 г. – URL, http://www.presslist.info.
② http://top100.rambler.ru/navi/?pageCount=50&theme+440.
③ Лукина М. М., Интернет – СМИ: Теория и практика [текст]: учебное пособие/ М. М. Лукина/ – М.: Аспект Пресс, 2010. С. 348.

联网上阅读事故性新闻，24%的俄罗斯人在互联网上阅读娱乐新闻。俄罗斯网民越来越频繁地利用搜索引擎来寻求一些问题的答案。2011年搜索引擎回答的问题数量高达3.5亿个，比2010年多了0.1亿个。[①] 社会学家还注意到一个重要趋势，即网民对网络媒体信任度有所增长。俄罗斯新闻社研究中心所做的研究"俄罗斯新媒体的发展趋势"显示，俄罗斯人对计算机网络中新闻网站的信任度从2010年的4%上升到2012年的11%，虽然这比不上人们对电视信任度的增长率——从57%上升到了71%，但已经超过了其他媒体。同时，地区性新闻网站成为网上新闻部分的主要增长点，地方网络媒体与联邦网络媒体的竞争日趋激烈。[②]

第二，互联网已经成为俄罗斯媒体系统中的一个完整的部分。俄罗斯联邦新闻出版与大众传媒署的资料显示，在2007年，仅接触视听大众媒体电视和广播的观众数量有所减少，约占俄罗斯总人口的55%。同时，电视、广播和报刊等主要媒体的受众数量也呈下降趋势。2007年大约只有10%的俄罗斯人收看电视和阅读报刊，与上一年相比减少了10%。与此同时，可以很明显地看到报刊、广播、电视和互联网四种媒体的受众数量有所增长，2006—2007年的增长率为32%。这是第一次显示出互联网的重要性不断提高，因为35%，即超过三分之一的俄罗斯人每天除了通过大众报刊、电视广播接收信息外，还通过互联网接收信息。[③] 互联网受众的数量及其媒体活跃度持续增长，并且在2011年来临之际出现了颇具标志性的新趋势，在12—34岁的受众中，互联网全天平均覆盖率已经超过了联邦电视节目。其结果是，许多互联网节目受众的规模可以与电视节目相提并论。2012年，特恩斯市场研究公司的调查报告显示，5月，在人口数量过百万的城市中，12—54岁的受众群体对Yandex的日均访问

---

① http://www.46tv.ru/line/russia/004239.
② Тенденции развития новостного сегмента медиаотрасли России. – М.: Центр исследований РИА«Новости», 2013. C. 11, 19.
③ Российский рынок периодической печати. Состояние, тенденции и перспективы развития. – М.: ФАПМК. 2007. – URL, http://www.fapmc.ru.

量已超过"第一频道"。但是,断定互联网打败了电视为时过早,因为在对俄罗斯居民的覆盖率方面,在大众媒体平均使用时间方面,以及在广告市场占有量方面,电视很有可能在很长一段时间内都将保持明显的领先地位。而且,最近几年电视比其他所有媒体带给互联网的影响更大,电视以其专业的高质量的视频新闻、文献片和分析性、娱乐性的节目丰富着互联网。俄罗斯分析学家的综述和特恩斯市场研究公司的数据显示,俄罗斯最近几年电视的发展呈现三个主要趋势。其一,观众老化,25岁以下的年轻观众数量减少。其二,替代性平台发展。其中最主要的是互联网的发展,以及非线性观看和延迟观看的数字播出的发展。其三,观众分化的加深导致大型电视频道份额降低。① 25—45岁的受众更喜欢将时间花费在互联网和电视上,69%的受众运用网络,67%的受众观看电视;12—24岁的年轻群体中绝大多数(86%)更偏爱上网;而55岁以上的老人(77%)则更喜欢观看电视。②

第三,互联网作为广告承载者,其与日俱增的知名度促进了它在大众传媒体系中地位的加强。俄罗斯互联网广告市场的发展在最近几年可谓日新月异。俄罗斯通信机构协会的资料显示,广告市场在这一板块发展最为迅速。21世纪初期,广告在互联网的发展速度比传统的大众传媒快了两倍。虽然俄罗斯互联网广告总体占有量暂时还不高,2006年为58亿卢布,不足总体广告市场的2%,但2006—2007年,其增长速度之快,前所未有,即便是对日新月异的俄罗斯广告市场而言也是相当迅速的,增长率高达92%。③ 俄罗斯通信机构协会的资料显示,2012年俄罗斯互联网广告市场增长了35%,金额达到563亿卢布,占俄罗斯整

---

① Задорожная К. Е., Делегирование функций телеканала его аудитории в условиях постсетевого ТВ//Экономика и менеджмент СМИ. Ежегодник 2001/Под ред. Е. Л. Вартановой – М.: Медиа Мир, 2012. – С. 82 – 83; Телевидение в России. Состояние, тенденции и перспективы развития. – М.: ФАПМК, 2012. – С. 5 – 7. – URL: http://www.fapmc.ru.

② http://www.bisiness-gazeta.ru/article/68442/18/.

③ Объем рекламы в средствах ее распространения в 2007 г. – URL, http://www.akarussia.ru.

个广告市场的18.9%。① 这成为互联网在俄罗斯媒体系统中地位加强的又一有力证据,而电视这一最重要的媒体载体仍占据了广告市场的主要份额,占48.8%;但其增长速度明显放慢,仅为9%。

二 俄罗斯政治交际中的新媒体

美国学者弗雷德里克·S. 西伯特(Fredrik S. Hiebert)曾指出传媒的主要功能,"为政治服务,提供相关公共事务信息、观点和讨论;启发广大民众智慧,提升其自治能力;负责监督政府,保障个人的各种权利;为经济制度服务,利用广告和其他方式来沟通买卖双方;提供休闲娱乐;保持经济独立,不受特殊利益集团的压迫"②。与传统媒体相比,新媒体为政治服务的功能和所要承担的社会责任并未发生很大变化。随着互联网在俄罗斯的迅速普及,其社会作用得以彰显。俄罗斯学者高度评价互联网的社会意义和其在了解俄罗斯媒体系统发展过程方面的意义,Е. Л. 瓦尔达诺娃认为,"俄罗斯网络短暂却鲜明的历史不仅对了解俄罗斯的新型媒体非常重要,对于总体评价社会发展前景也意义非凡"③。

俄罗斯新媒体社会政治价值突显,因此获得了更多的年轻受众。新媒体在媒体文本的创作和传播的各个阶段都表现出新颖性,从而展示出其真正的社会、政治、文化和商业价值。俄罗斯访问量最大的互联网资源主要是搜索引擎Yandex、电子邮件Mail、社交网络VK、同学网,以及其他一些网站,如Google、Rambler、YouTube等。大多数俄罗斯年轻人从YouTube门户网站获取最新信息,YouTube有自己的新闻人员,专门研究政治和经济新闻,以及各种有吸引力的奇闻逸

---

① Объем рынка маркетинговых коммуникаций России по итогам 2012 года. – URL, http://www. akarussia. ru.
② [美]弗雷德里克·S. 西伯特等:《传媒的四种理论》,戴鑫译,中国人民大学出版社2009年版,第62页。
③ Вартанова Е. Л., Постсоветские трансфармации российских СМИ и журналистики. – М.: Изд - во МедиаМир. 2013. C. 80.

事。年轻人认为，YouTube 上的新闻以更加生动和"人性化"的形式呈现，与主流电视频道提供的传统报道形成了鲜明的对比。YouTube 是互动平台，用户可以评论已发布的内容，与新闻人员进行交流，因此，受众与信息提供者之间真正实现了双向沟通，这正是现代年轻人所寻求的。① 俄罗斯公众舆论基金会 2012—2013 年冬季通过个人访谈的方式，在 18 岁以上的俄罗斯居民中进行了调查，共采访了 3 万名受众，其调查结果显示，俄罗斯联邦活跃的网络受众比例为 43%，约 5010 万人，这些人至少每天上网一次。互联网用户的年增长率为 11%。② 俄罗斯联邦电信与大众传媒部的数据表明，到 2011 年，俄罗斯的互联网用户数量占总人口的 49%，位居欧洲第一。这些民意调查的结果非常清楚地反映了互联网活动的高频率和每年互联网受众的稳定增长。但是，俄罗斯专家们对互联网的关注并未止步于此，他们结合社会政治背景，如选举活动等，来了解新媒体对居民影响的程度。俄罗斯公众舆论基金会在 2011 年 9 月和 2012 年 1 月进行的两项调查数据显示，只有 22% 的受访者把互联网作为主要新闻来源。可以假设，使用互联网的其他受众在较小程度上信任互联网新闻门户网站或者将互联网更多地用于社交、在线游戏等其他方面。大多数人的新闻来源仍然是传统媒体，但是，由于传统媒体往往因新闻发布的滞后性而很快使年青一代对其失去兴趣。

"社交媒体"成为近年来俄罗斯新媒体环境中最活跃的现象，为在很大程度上对传统媒体失去信心的受众提供了从根本上说是互动和参与的新机制，这带来了公民新闻发展的新阶段。Web 2.0 时代俄罗斯最活跃的社交媒体包括 MySpace、Facebook、VK 等。③ "社交媒体的革命性

---

① Карякина К. А., Актуальные формы и модели новых медиа: от понимания аудитории к созданию контента//Медиаскоп. 2010. № 1, http://www.mediascope.ru/.

② Интернет в России: динамика проникновения. Зима 2012 – 2013. URL, http://runet.fom.ru/Proniknovenie – interneta/10853（дата обращения: 01.06.2013）.

③ ФРГО. Доклад Выборы по новым правилам: основные итоги и тенденции. 2012. URL, http://civilfund.ru/mat/view/12（дата обращения: 01.06.2013）.

意义在于，它们为互联网用户提供了以自己的名义快速轻松地发布媒体故事的机会。要发布自己的文本，不再需要在报纸或杂志的编辑部工作，不需要拥有专门的知识、特殊的天赋，互联网为年轻作者提供大量的机遇。"① 就本质而言，社交网络是比博客和在线新闻门户更简单的模式。例如，通过在 VK 上注册，用户可以将任何格式和容量（规模）的文本、声音、照片、视频等，发布在自己的页面或其他参与者的页面上，或在论坛、聊天等模式中发布信息，并寻找与任何其他网络用户的联系。社交网络优于博客的特点在于其用户不必花费大量时间通过不断发布帖子和更新内容来维护他们的活跃度，他们不需要具备一定的写作天赋。社交网络的每个成员都与一定数量的受众进行交流。

网络论坛已成为俄罗斯新媒体中最常用的资源。在线论坛不仅作为信息来源，而且在大多数地区成为讨论竞选活动的平台。2012 年 1 月，俄罗斯公民社会发展基金会发布了关于 2011 年 10 月 14 日举行的选举的最终报告"新规则下的选举：主要结果与趋势"。报告中包含了关于俄语互联网覆盖范围内各区域互联网活跃度排名的数据。② 该报告分析了八个地区和四个城市选举前在线活动的支持情况。这八个地区包括五个进行州长选举的地区，以及乌德穆尔特共和国、克拉斯诺达尔地区和举行立法会议的萨拉托夫地区；四个城市为进行市长选举的符拉迪沃斯托克、特维尔、雅罗斯拉夫尔和进行市杜马选举的加里宁格勒。"2011—2012 年政治体制的大规模自由化，包括州长选举的回归，促进了包括在为竞选活动提供互联网支持背景下的政治技术市场的复兴。"③ 排名的数据显示，布良斯克地区是互联网活跃指数

---

① Интернет в России: динамика проникновения. Зима 2012 – 2013, URL, http://runet.fom.ru/Proniknovenie-interneta/10853（дата обращения: 01.06.2013）.

② Доклад Выборы по новым правилам: основные итоги и тенденции, 2012, URL, http://civilfund.ru/mat/view/12（дата обращения: 01.06.2013）.

③ Доклад Выборы по новым правилам: основные итоги и тенденции. 2012. URL, http://civilfund.ru/mat/view/12（дата обращения: 01.06.2013）.

最高的地区，满分 25 分，其得分为 22 分；排名第二的是雅罗斯拉夫尔——20 分；排在第三位的是符拉迪沃斯托克和诺夫哥罗德地区，均为 19 分；最少使用互联网工具，排名最后一位的是别尔哥罗德地区，为 11 分。①

俄罗斯 Livejournal 社区网站（Russian Livejournal Community/Website）和社交网站 VK 成为竞选活动期间所使用的主要平台。前者虽然普及程度不高，但经常被用于竞选活动，作为向选民传达政治材料的有效途径。社交网络经常被用来筹集资金，在专门创建的小组中讨论和安排集会以及其他与竞选有关的活动，这些小组通常是相互对立的。相比之下，社交网站 Facebook 和 Twitter 在选举活动准备阶段的参与程度则不那么高。Facebook 的俄罗斯用户多为 35—40 岁的中产阶级的活跃代表，而 Twitter 的俄罗斯受众大多是 35 岁以下的公民。在线民意调查在俄罗斯被广泛使用，但通常出于操控的目的而使用。虽然从公民社会发展基金会发布的报告中可以看出，"在声称独立的政治资源方面，互联网民意调查很可能成为信息的来源，投票率低和反对票投票率高证明了这一点。'我坚持原则，不会去参加选举'和'反对所有人'这两个选项通常是在选项中被选最多的，多于'反对候选人'的选项"②。区域网络媒体最终成为互联网竞选活动的第三方受益者。在个别情况下，其访问率（流量）增长高达 10%。公民社会发展基金会的分析学家在研究过程中发现了规律。第一，官方代表和 50 岁以上的候选人的代表不大诉诸新媒体，或者拒绝互联网媒体；第二，选举水平与政客在线工作参与度之间存在一定的相关性；第三，在互联网空间，反对"统一俄罗斯"的政治力量明显占主导地位；第四，网络使用的强度和候选人属于何种党派之间并没有什么联系。

---

① Доклад «Выборы по новым правилам: основные итоги и тенденции». 2012. URL, http://civilfund.ru/mat/view/12（дата обращения: 01.06.2013）.
② Доклад «Выборы по новым правилам: основные итоги и тенденции». 2012. URL, http://civilfund.ru/mat/view/12（дата обращения: 01.06.2013）.

新媒体给俄罗斯知识分子带来了众多希望,但他们需要在理想和现实之间找到平衡。俄罗斯不少知识分子在20世纪90年代就已经接受了信息和通信技术革新趋势的理念。当时,美国、西欧和众多亚洲国家制定政策的"科技决定论"思想给俄罗斯知识分子的心理和思维带来了很大的影响。[1] 他们认识到,俄罗斯在社会交际和个体交流中使用互联网可以获得切实的经济、社会和政治利益。俄罗斯社会在信息和通信技术领域的"极大期待"在于,网络可以创造新的经济部门,建立另一种社会现实,替换存在于政治环境中的一切过时的社会和政治结构。随之出现了实现政府与公民间在线联系的理念,这种理念引发了一些表面鼓舞人心,但不切实际的、过于理想化的想法。这种想法认为,俄罗斯也许可以追赶上"文明世界",并且至少在网络领域实现西方的民主模式。[2]

在信息和通信技术不断发展的过程中,俄罗斯出现了新的失衡现象,应该承认,新型媒体的产生直观地体现了现代俄罗斯社会发展潜力与世界趋势的同步。但是实际上,在此发展过程中善于获得现实利益的只有很一小部分俄罗斯人,他们是在职业中最活跃、最具动态性的人。这一小部分俄罗斯人有城市居民,主要是年轻且薪资优厚的专业人士、现代知识分子和政府高级官员,他们成为俄罗斯信息社会的基础,甚至成为俄罗斯信息社会本身。

互联网在俄罗斯的发展带来了众多希望并造就了大量神话,其中包括既具有现实意义,同时又虚无缥缈的关于言论自由和表达思想自由的神话。这种神话使人们认为这种言论自由和表达思想的自由程度比历史上任何时期都要高,也出现了关于网络上存在民主监督的新的可能性的想法。信息和通信技术发展带来的结果便是人们能够轻松快速地获得信

---

[1] Graham G., The Internet: A Philosophical Inquiry. Routledge, London, 1999.

[2] Овчинников Б. В., Виртуальные надежды: состояние и перспективы политического рунета//Polis/Политические исследования. – 2002. – URL, http://www.polisstudies.ru/full-text/2002/1/5.htm.

息，用户可以自由选择所需求的信息，并使社会和个人相互影响，这些都成为社会交际中新颖而鲜明的特征。这些特征使信息与通信技术和互联网减少了原来的大众传媒备受批评的一些不良因素，如操控舆论和报道不实等。

从互联网出现的那一刻起，俄罗斯知识分子就不仅仅把它作为传统媒体的替代品，因为传统媒体至今仍被看作中央集权国家宣传工具最重要的组成部分，而且作为新型社会的一种主要基础设施。互联网具有成为权力机关和普通公民之间相互沟通的政治交际工具的潜力，它能指明将俄罗斯改造成民主社会的可能性。一些分析学家看到了社会改革进程与活跃的互联网社会形成过程之间的联系，指出在俄罗斯出现了一种新型的"专业读者"。他们是互联网的常客，具备独立性与个性，能够高水准地选择网络信息内容。[①] 许多分析学家将这类"专业读者"作为公民社会和新型民众来源的主体，他们预言，信息交互技术在经济和社会生活中将广泛应用，在这种情形下，将促进"上层建筑"进行改革，并将符合社会期待。信息交互技术应用于俄罗斯民众的日常生活，在此基础上形成了一种开放的社会与政权间的在线对话，未来会出现个体和团体参与政治对话的新方式。

俄罗斯的专家们同时指出，这种理想在生活中不一定能够实现，或者说至少不可能完全实现。有诸多方面的原因，例如，无论是国家上层层面，还是百姓日常生活层面，都缺乏对信息交互技术重要性及其在经济发展领域关键性的足够认识；还有，国家政权不愿意或者不善于利用互联网和在线交流来实现社会生活的民主化。一方面，在一定程度上是由于官员及大部分俄罗斯人技术上的无知，他们很难将现实生活中还未理顺的人际关系转移到互动对话环境中。另一方面，政府与大众信息媒体之间已经形成固定关系，这种颇具权威性的传统影

---

① Носик А．，Самиздат и профессиональный читатель//Отечественные записки. 2004. № 4（13）．C．158.

响根深蒂固。

20世纪90年代后半期，在俄罗斯，互联网作为承载旧型媒体许多功能的国际性媒体渠道开始被有效利用，但是互联网在俄罗斯的社会角色不局限于此。在建立平等的团体和个体，以及建立以职业或特定利益为基础的社会群体时，互联网发挥了重要作用。而且，在某些时期，如进行选举或面临政治危机和灾难时，在线交流在俄罗斯社会成为最重要的社会交流和政治管理形式。

在俄罗斯网络发展的第一阶段，政治金融名人，也就是所谓的"寡头"团结在一起，成为信息市场有影响力的管理者，他们通过限制网络受众来获取巨大利益，而坚信国际互联网中言论自由的俄罗斯网民和在线记者则成为网络政治宣传轻松拿下的目标。这些宣传通过信息"遗漏""流失"和"反驳"来伪装自己。

1990—2000年，俄罗斯政治家和政治技术人员将互联网变成选举技术的试验场，为选民提供似乎是最新的，但常常是不完全准确的消息来源，当时经验不足的网民们并未意识到这一点。政治金融名人轻而易举地将自己想要传达的信息灌输到大众信息媒体中，主要以"高效政治基金"呈现的俄罗斯形象宣传者们直接面对记者、党的积极分子等形成社会舆论的人。互联网变成了政治名流和精英知识分子的中介，后者将网络上接收的信息通过传统的大众信息媒体进行更广泛的传播，传播给俄罗斯大众。如此一来，在政治名人和普通民众间建立了一种两步骤交际系统，其结果是传统媒体大范围援引在线网站信息，这保障了网络信息的广泛传播。

与此同时，互联网也应用于政治名流和普通民众的交际中，形成了他们之间交际的现代特征。网络及其用户是一股现实的社会力量，互联网是这样一种空间，人们在这里联合组成共同行动的紧密网络，仅依靠虚拟服务，就可以影响现实世界，具有可以操控现实的政治影响力。今天这一现象本身已经成为俄罗斯社会现实不可分割的一部分。

综上所述，可以得出一个初步结论，新媒体正在成为俄罗斯政治领域更为积极的参与者，但是与传统媒体相比，它们对俄罗斯受众的影响还并不那么显著。互联网仍然不是传统宣传工具的竞争对手。但专家们坚信，作为政治运动工具的网络，其鼎盛时期即将到来。以数字化技术和计算机网络技术为基础的新媒体无疑开辟了新的参政议政渠道，推进了社会民主与社会改革的进程；但与此同时，也给国家与民族主权带来了新的挑战与危机。因此，一方面我们必须承认新媒体对社会政治的积极作用，另一方面我们也不能不看到其对社会政治的消极影响。

三 俄罗斯闲暇领域的新媒体

在社会学中，闲暇问题研究的开展比较晚。闲暇社会学，又称空闲时间社会学，作为社会学的一个分支兴起于半个多世纪前，而近二三十年才出现这方面的主要著作和教科书。但是，早在工业社会形成初期，不少社会思想家就已经开始关注闲暇问题。马克思把闲暇同提高劳动者的智力和体力、满足社会交往的需要、使人的个性得到全面发展联系起来，为闲暇社会学的形成奠定了重要的理论基础。20世纪以来，苏联、美国和欧洲一些国家十分重视对闲暇经验的研究。随着网络时代的到来和新媒体的出现，网络媒体在人们空闲时间的作用，对人们日常行为模式的影响等自然成为人们关注的对象。与传统上运用互联网作为政治宣传的工具不同，在休闲领域互联网构建了另一种新型的个性化行为模式，这是一种极其丰富多彩的行为模式，它对理解后现代网络群体的交际具有重要意义。在人们对政治失望加剧、个体对社会疏离加速的背景下，互联网作用不断增强的原因在于它将人们从老式的大众媒体的发号施令中解放出来，从官方观点的统治中解放出来。俄罗斯社会因此满怀热情、充满期待地接受了互联网。目前，我们对互联网在俄罗斯人私人生活中的地位和作用了解得还不够，在此我们试图做一些初步尝试。

1990—2000 年的调查显示，大部分俄罗斯人使用互联网主要出于消磨时光的目的，与职业活动无关。这或多或少解释了为什么社交网站会受到热情欢迎。大约有 3100 万俄罗斯人在社交网上注册，并在此消耗了许多时间。其他受欢迎的服务器的排序依次为，搜索引擎，其使用人数大概为 2600 万，位列第二；邮箱服务，其用户为 2220 万，位列第三；视频资源，其使用者为 1500 万，位列第四。俄罗斯人比其他国家的人在社交网上花费的时间更多，平均每天为 53 分钟。这远远多于网民在网上进行其他活动的时间。他们在电视服务上平均每天花费将近 17 分钟，在交友网上平均每天花费 15 分钟，获取新闻和天气信息的时间则很少，分别为每天 2—4 分钟。①

俄罗斯人对现代社交网络的兴趣体现了互联网是组织闲暇的重要媒体传播形式，其使用的变化日新月异。非常明显的是，俄罗斯人很乐于将互联网用于休闲。门户网站 Rambler.ru 的资料表明，1990 年年末最受欢迎的俄语网站就是那些网友用来填充自己空闲时间的幽默网站、搜索引擎、电脑和汽车网店、线上媒体、免费邮箱服务，以及税收管理网站等。

第一，大量笑话网站的出现是俄语互联网发展初期的显著特点之一。这一现象表明，对于许多俄罗斯人而言，在过渡时期，幽默给他们并不轻松的生活增添了些许色彩。幽默和讽刺性网站可以看成俄罗斯网上民间创作这种新型亚文化出现的结果。与传统的民间创作相比，网络笑话产生于互动环境，因此，它既充当一种活跃的形式，同时本身又是不断更新的网络内容，为观察者们提供了关于现代俄罗斯现实生活的大量事实。② 俄语互联网中所呈现的亚文化并不局限于流行的笑话和段子，笑话和段子虽然形成了重要的空间，但它们并非俄罗斯人唯一感兴

---

① http://www.business-gazeta.ru/article/68442/18/.

② Вернер Д., "Анекдоты из России" и фольклор интернетовской эпохи. Русскцй жугнач 2003.17 нюнч, http://old.russ.ru/netcult/20030617-verner.html.

趣的领域。第二，随着生活条件的改善，俄语互联网的受众，以及他们对内容的偏好都开始发生变化。民众调查问卷显示，网民对包含 ET、科学、实用经济、汽车、媒体等内容的网站的兴趣有所上升。同时，一些完全针对少数知识分子受众的智力型项目，以及科学和文学杂志等也构成了俄语互联网中十分有趣而独特的部分。人文领域的很多项目在网络杂志《俄罗斯杂志》和《普希金》上得以实施，这些杂志自20世纪90年代中期便开始支持后现代文学的探索。很多在网络上出版的作品还没有相应的纸质版本，称呼它的术语"网络文学"（Сетература）一词应运而生。第三，20世纪90年代下半叶，俄语互联网极富创意的网民们发明了"适时博客"，或称"博客直播"（Веб‐Обозрения）这一体裁。记者或者普通用户，如果在俄语互联网找到了有趣的网站，都会在自己的个人网站中上传这些网页的链接。通常他们会对这些链接附上与该网页的观点有关或无关的个人评论和各种材料，最终产生了"适时博客"这一体裁及相应的网络发表形式，其繁荣时期是20世纪90年代末。在俄罗斯境外，类似于俄罗斯"适时博客"的"网络博客"，或称"网络日志"引起了全世界网民的兴趣，只不过该体裁在俄罗斯发展的过程中出现了另一种方向。俄语互联网的商业化和门户化使得大多数专栏作家分散，他们要么变成新闻网站的专栏作者，因为在这里链接其他网站是不被允许的；要么变成互联网博客网站 livejournal. ru 的拥护者，该网站包含的内容为标准格式的日志，其中写得更多的其实是网络外的生活。① 第四，网络文学是只存在于网络上的特殊的文学作品形式。网上图书馆和生活日记可以称为俄罗斯网络文化中最有价值的知识分子项目之一。互联网所建造的虚拟空间现在已经成为大众文化的现实市场。在成功人士的大力推广下，网络成为大众文化传播的必要途径，同时也是推行大众文化产品的必要途径。20世纪90年代俄罗斯最成功的网络线上与线下一体化方案与受欢迎的商业作家，或者按他们自己的定义就

---

① http：//www. netoscope. ru/siteofday/2002/01/31/4685. html.

是"创造文章的人或文本创造者"的名字联系在一起,其中包括 С. 卢基扬年科（С. Лукьяненко）、С. 米娜耶夫（С. Минаев）、Д. 格鲁霍夫斯基（Д. Глуховский）等。这类作家善于营造个人的名声和对他们感兴趣的读者圈,这给第一批这一类型的"座家"（Афтор,网络行话）,即网络作家的第一批印刷小说带来了惊人的知名度。如今,网络文学已经成为俄罗斯大众文学的一部分。网络是现代市场营销内容的载体,С. 卢基扬年科的几万册小说在短短几天就销售一空,这都归功于广告公司在网络上的成功策划。第五,俄语互联网的用语成为俄罗斯网民文化认同的重要因素。对基里尔字母和拉丁字母,俄语和英语词语进行后现代主义的试验,以及有声和非有声表达形式的一体化构成了新的"网络语言",其词汇反映了新的虚拟现实。从一个网站逛到另一个网站的俄罗斯网络受众创新性地使用俄语,这成为现代交际革新和实质重构的标志性符号。俄语互联网的语言帮助其用户建立起一个有组织、有层级,甚至是封闭的虚拟网络世界。最终,像许多网络研究者指出的那样,对于当代俄罗斯人而言,交际、休闲、信息成为网络最重要的功能。

综上所述,以数字技术和计算机网络技术为基础的新媒体,不仅对社会经济、政治产生了深刻的影响,而且对社会文化也产生了直接而明显的影响。毋庸置疑,一方面,新媒体带来了新媒体文化,包括娱乐、休闲等网络消费文化形态的流行;另一方面,我们同样应该看到,数字化新媒体在积极推进社会文化转型的同时,也给社会文化发展带来了一系列新的问题和矛盾。

四 俄罗斯新媒体的发展方向

2014 年以来,俄罗斯著名媒体分析咨询公司 MediaToolbox 的专家们一直在寻找和描述新媒体的发展趋势。大多数情况下,这些发展趋势会发生变化,组合成更强大的趋势,或者相反,分散为几个独立的方向。MediaToolbox 的专家们以趋势混合形式展现了他们对新媒体发展的愿景。①

第一，社交网络社区工作达到新的水平。未来几年最引人注目的趋势可能是与媒体交际社区的合作。社区中的建设、管理和营销不再是社交媒体营销（SMM）或广告活动的一部分。它将是一项特殊的技巧和掌控能力，可以向其添加新技能，例如，在社区中建立销售网络，因为当今社会已经进入与社交网络合作进化的新阶段。仅仅创建一个分销渠道并用内容去填充它是远远不够的。现代社区必须通过共同的使命、行动或目标联合起来。这是现实的迫切需要，因为当下保持对媒体品牌的忠诚度变得越来越困难，所以需要围绕它建立一个社区。而这不仅涉及内容创建与分发，还包括思想、主题、价值观的塑造，以及呼吁采取共同的行动以加强社区核心内部的联系。同样重要的是使用讲故事的形式进行社区管理和营销，这种将品牌理念包装成叙事、叙述内容的，既传统又新鲜的技能仍然是行业的关键。与以往一样，人们仍然喜欢戏剧性的故事，所以应该有人去给他们讲故事。来讲述故事的不是技术，而是设备和方法，是吸引及保持观众和读者注意力的最有效方式。现在，即使是自由撰稿人也明白，需要巧妙地设计角色，为受众创建故事框架，尽可能地将故事本身变成一个"系列"。讲故事将成为建立和维护社区不可或缺的工具。

第二，出现更多的版权媒体。在 2018 年的增长趋势中，平台为版权而斗争的趋势效应得以增长。许多新媒体都是受版权保护的。平台，即分销渠道都在努力创造适合所有作者的环境，因为这些作者能够制作原创性内容，并以其所创造的内容的本质、意义和价值丰富平台，增加其流量，提升其受欢迎程度，尤其是技术平台，更加努力创造这样的环境。到目前为止，俄罗斯新媒体中最明显的成功例子是 YouTube，但其他参与者，如 Telegram、VK 和 Yandex.Zen 也在培育"未来之星"。而且，这不仅适用于新闻业，在这些"孵化器"中，由受众平台精心培

---

① Макс Корнев 5 направлений в развитии новых медиа, https://jrnlst.ru/5-trends.

育的所有形式和方向的作者和项目，包括导演、音乐家、喜剧演员、评论家、举报者和其他人都在成长。比如，同是在 YouTube 上，记者与版权媒体经理或博客写手互利共存。不论是对于联邦记者，还是地方记者而言，制作自己的版权媒体这种策略越来越有吸引力。"我怎样才能离开编辑部开设自己的博客？"这是近几年在俄罗斯全国各地的各种新闻论坛上听到的次数较多的问题。当然，也可以不离开编辑部去开设自己的博客。许多记者非常成功地将全职工作与在 Telegram 或 Yandex. Zen 中主持个人频道相融合。当他们的网站的广告收入开始赶上或超过他们在公司的收入时，他们会将全部的注意力转移到个人博客上，或者将其卖掉。

第三，传播和推广的算术越来越重要。传统中出版物材料的选择和运用的标准是"编辑风格"，至今仍保持这一标准，但在"智能数据"浪潮的冲击下，它受到了挑战。如今，衡量媒体是否成功最主要的标准变成了受众、受众的注意力，如阅读、浏览、观看等数据和参与度。正如 MediaToolbox 分析专家 M. 科尔涅夫（Макс Корнев）所言："如果内容为'王'，而分配为'后'，那么受众就是'上帝'，是唯一赋予国王权力的人。"① 以前记者用社会意义，提高文化水平，及其他伦理、道德格言掩盖受众知识的不足和他们自己的无能，现在这些都被数据的浪潮和广告商的成熟彻底扫除了。广告商在危机中变得更加明智，不再为无法带来效益转化的对象提供资金。因此仅根据预感或主编的"神圣"知识，即"编辑风格"行事，代价高昂。平台和社交网络如果无人访问、阅读和参与，那么就得跟它们说再见了。如今，编辑部门判断起来更为简便，只需测试一下阅读和观看内容的规模，如果没几个受众，就无须浪费时间。当然，每个平台都有自己的成功标准，这是另一回事，例如，对于 Yandex. Zen 而言，重要的是读者是否会读完一个作者创作的读物；对于 Facebook 而言，重要的是信息是否转发给了朋友

---

① M. Корнев 5 направлений в развитии новых медиа，https：//jrnlst.ru/5 – trends.

并发表评论；而对于 Telegram 而言，重要的是市场最终是否饱和。无论怎样评判，对于编辑部而言，有一点很重要，那就是了解自己、做好内容。但在平台分散和读者分布不均的情况下，还得进行算术工作，并跟踪所有变化。

第四，媒体与品牌互动得到加强。媒体与品牌之间的相互作用得到加强。以引人入胜的故事吸引受众的新闻手段取代了以往内容营销的机械形式，品牌的社会使命越来越强大，更多地朝着伦理道德和生态方向发展。内容的创建只能回答"什么"的问题，分布只回答"在哪里"和"怎样"的问题，而价值衡量可以解释"为什么"的问题。对于俄罗斯社会而言，品牌媒体不再是一种异域的事物，而是一种广受欢迎的策略，它不仅为人们提供信息，还为人们提供具有附加价值的内容。例如，在 2018 年俄罗斯互联网周（RIW 2018）中，就单独开辟了一个名为"品牌媒体：值多少？值吗？"的板块。现在许多出版物的主要资源不是报纸，不是网站，甚至不是社交网络上的页面，但上述资源又都有涉及，在这种情形下，只有品牌才是整个这一领域的聚集点。品牌背后应该可以看到一个好的理念。这也解释了利基媒体发展的趋势，也就是有价值的媒体的趋势。受众对品牌文化的兴趣越高，与其价值观念的契合度越高，忠诚度就越高。如果某种媒体除了信息之外没有任何其他的东西，那么就没有阅读它的必要，该媒体也就不可能从读者那里获得利润，可见打造品牌至关重要。

第五，传统广告模式与社会融资共存。在媒体货币化进程中，当最终由消费者自己决定他将用钱去支持谁的时候，传统的广告模式与社会融资形式便会产生更加紧密的联系。这是订阅、捐赠、众筹甚至 ICO 的模式。要保障这种收入模式的有效运行，媒体必须契合人类重要的价值观，正是这些价值观造就了强势品牌。当然，与此同时，受众本身应该达到公民意识所必需的基本水平，以保证他们能够在丰富的内容中为质量和价值埋单。正如 MediaToolbox 公司所追踪的那样，对高质量媒体的需求越来越大，人们不会为此吝啬金钱。受众受到迅猛发展的技术的冲击,他们怀念新闻的社会使命,希望在特定的社会效应中看到这种社会使命的体现,解决社会问题。品牌媒体为吸引受众的注意力,赢得受众的喜爱,提高受众的忠诚度而努力,有效的办法就是说实话,做独立媒体。不过,诚实并不一定意味着客观。荷兰新型媒体《报道者》(*The Correspondent*)的英文版在收集捐款的同时表明了使命,"我们拒绝接受新闻业客观性的理念,而是准备讲述我们记者世界观中所包含的东西;我们相信,记者观点的透明度比认识到根本不存在更为重要"①。"编辑们一旦打开地图,他们就开始沿着构建社会信任系统的道路前进。而信任,众所周知,是一种新货币。"②

第三节 俄罗斯新媒体受众分析

一般认为,受众是信息接收者的总称,是一个具有多重社会属性的客观存在。如前所述,在网络时代,信息的消费者,即受众,不仅是其消费者,而且往往还是其生产者和中间人。对此,我国学者也指出:"传统媒体时代,受众是指信息的接收者。新媒体时代,受众是具有信息接收者和信息产生者双重身份的人,可以自我产生内容,并将其传递给他人。"③ 受众分析是媒体传播研究中非常重要的部分,随着媒体形式的不断变化,媒体和受众的关系也在发生变化,可见当代俄罗斯新媒体的研究若没有对其受众的了解,则是不完整的。因此俄罗斯新媒体受众群体分析构成了本节的内容。我们拟通过俄罗斯三个具有代表性的调研材料来考察俄罗斯新媒体受众的特征及趋势。一是俄罗斯学者 А. В. 维尔科夫斯基(А. В. Выроковский)和 М. А. 柳比姆采娃(М. А. Любимцева)关于受众对网络媒体提供的多种媒体文本的态度

---

① Макс Корнев 5 направлений в развитии новых медиа, https://jrnlst.ru/5-trends.
② Макс Корнев 5 направлений в развитии новых медиа, https://jrnlst.ru/5-trends.
③ 曾静平、杜振华:《中外新媒体产业》,北京邮电大学出版社2014年版,第27页。

进行的研究。① 二是"稀有品牌"（Редкая МаРка）团队有关俄罗斯社交网络受众状况的研究。三是"品牌分析"（Brand Analytics）团队对俄罗斯社交网络的调查研究。②

一 俄罗斯高质量媒体的互联网受众偏好——以不同类型媒体文本为例

以下分析主要以 А. В. 维尔科夫斯基和 М. А. 柳比姆采娃的研究为依据。近年来，大众媒体领域最大的变化之一是受众角色的重大转变，这种转变对大众媒体的发展影响日益增强。对此，P. 纳波里（P. Napoli）指出，"媒体受众不断变化。受众消费媒体内容也在发生变化，从而为受众提供了更多的控制和选择的机会，选择何时、何地，以及如何消费媒体内容"③。

到目前为止，受众变化的最重要的驱动因素是新技术，这些新技术改变了媒体消费的形式和方式，从而影响了编辑实践。④ P. 纳波里指出了受众变化的两个方向。⑤ 其一是媒体和（或）受众的碎片化。他认为，各种平台上分发的不同类型的内容导致了较大规模的受众群体及其中大量分支的形成，即专注于各种类型内容的小型受众群体的形成。⑥ 其二便是受众自治。这个术语意味着受众对媒体互动过程的更高程度的控制。这两种现象的存在意味着大规模的受众和被动受众的消失，取而

---

① Вырковский А. В., Любимцева М. А., Предпочтения интернет – аудитории российских качественных СМИ в отношении различных видов медиатекстов//Электронный научный журнал *Медиаскоп*, Выпуск No 2. 2015 г, http://www.mediascope.ru/1726.

② https://br – analytics.ru/blog/socseti – v – rossii – osen – 2018/.

③ Napoli P. M., "Audience Evolution and the Future of Audience Research", *International Journal on Media Management*, 2012, 14 (2).

④ Cover R., "Audience Inter/Active: Interactive Media, Narrative Control and Reconceiving Audience History", *New Media & Society*, 2006 (8).

⑤ Napoli P. M., *Audience Evolution: New Technologies and the Transformation of Media Audiences*, Columbia Universty Press, 2011.

⑥ Anderson C., *The Long Tail: Why the Future of Business is Selling Less of More*, Hyperion, 2006.

代之的是非常活跃，但高度分散的受众。与此同时，受众与媒体之间的关系变得比以往任何时候都更加亲密，即便是最小的受众"群集"的最微小的愿望，也会引起媒体编辑部门的关注。① P. 纳波里所说的受众对媒体的控制表现在各种各样的形式中，包括新体裁的出现；材料大小的调整；其他元素的补充，如插图、信息图表等。A. 李（A. Lee）、S. 刘易斯（S. Lewis）和 M. 鲍尔斯（M. Powers）② 的研究表明，受众偏好对编辑内容的影响最明显的表现就是材料在网站中位置的变化。这意味着必须了解受众，了解其偏好、愿望和兴趣。专家们认为，这种了解可以在较短的时间内产生直接经济效益。对此，V. 卡努里（V. Kanuri）、E. 索森（E. Thorson）、M. 曼特拉（M. Mantrala）指出，在许多消费领域，包括大众传媒行业，它们使用特定的分析技术研究一个出版物的受众，并对媒体模式进行适当的改变，有助于提高其发行量。专家们还指出，"内容上发生变化四个月后，报纸的出版商注意到一个重要的细节，那就是尽管报纸的印刷版价格上涨了75%，但其发行量仍保持稳定"③。

大众媒体能否成功主要取决于其内容，对此人们也已经形成共识。在俄罗斯社会媒体发展处境复杂的当下，研究受众隐藏最深的欲望是媒体改善自身处境的绝佳机会。俄罗斯众多学者纷纷开展调研，分析现状，研究对策，其中 A. B. 维尔科夫斯基和 M. A. 柳比姆采娃两位学者的研究颇具代表性。他们为了解俄罗斯媒体受众对网络媒体目前提供的

---

① Boczkowski P. J., *News at Work: Imitation in an Age of Information Abundance*, 2010; Boczkowski P. J., Mitchelstein E., "Is There a Gap Between the News Choices of Journalists and Consumers? A Relational and Dynamic Approach", *International Journal of Press/Politics*, 2010, 15 (4). MacGregor P., "Tracking the Online Audience: Metric Data Start a Subtle Revolution", *Journalism Studies*, 2007, 8 (2). Dick M., "Search Engine Optimisation in UK News Production", *Journalism Practice*, 2011, 5 (4). Lowrey W., "Institutional Roadblocks: Assessing Journalism's Response to Changing Audiences", *Journalism and Citizenship: New Agendas/Ed*, by Z. Papacharissi, 2009.

② Lee A. M., Lewis S. C., Powers M., "Audience Clicks and News Placement: A Study of Time-Lagged Influence in Online Journalism", *Communication Research*, 2014, 41 (4).

③ Kanuri V. K., Thorson E., Mantrala M. K., "Using Reader Preferences to Optimize News Content: A Method and a Case Study", *International Journal on Media Management*, 2014, 16 (2).

多种媒体文本的态度，开展了相应的研究。① 两位学者研究了受众对在线平台上呈现的媒体文本的态度，这使人们可以探讨比使用印刷版本时更广泛的媒体文本类型。两位学者在研究设计时避免了各种类型媒体网站上文本的潜在差异，将最大的商业杂志《福布斯》(Forbes ru)，最大的金融经济日报《导报》(Vedomosti ru) 和无印刷对应版的最大的商业门户网站 Slon. ru. 视为主要在线媒体。其研究工具是一份由封闭式和开放式问题组成的问卷。2014 年 3 月至 2014 年 4 月，126 名受访者填写了该调查问卷。问卷样本特征是受访者为 20—40 岁的莫斯科市和莫斯科地区居民。之所以面向较为年轻的受众，即 20—40 岁的受众，是因为俄罗斯互联网媒体受众特征，即网站读者的平均年龄较低。本次问卷的受访者通过社交网络选定，该调查问卷主要发送给那些在社交网络上订阅了某一个选定调查问卷媒体的人。在填写调查问卷时，要求受访者填写性别、年龄和职业。在 20—40 岁的受访者中确定四组对象，30.2% 为 20—25 岁的样本，30.2% 为 26—30 岁的样本，21.4% 为 31—35 岁的样本，18.3% 为 36—40 岁的样本。研究者们进行这种划分旨在确定不同年龄组的受众对在线媒体文本接受的特征。此外，还根据受访者的主要职业来划分，42.1% 的样本是中等收入专家，15.9% 的是大学生，15.9% 的是小企业的企业家，13.5% 的是高收入的高层管理人员，6.3% 的是正在求职的毕业生，4.8% 的是公务员，1.6% 的是大型企业的企业家。这样划分的目的在于确定不同社会地位人群的偏好。这种分布与金融和经济媒体受众的专业结构大致吻合。受访者的男女占比分别为 50.8% 和 49.2%，这使人们能够确定受众偏好的性别特征。

该研究是对受访者进行的一项调查，受访者需要评估用于分析的所选媒体文本（内容）的类别，总分为 10 分，由低到高计算，1 表示未

---

① Вырковский А. В., Любимцева М. А., Предпочтения интернет - аудитории российских качественных СМИ в отношении различных видов медиатекстов//Электронный научный журнал *Медиаскоп*, Выпуск № 2. 2015 г，http：//www. mediascope. ru/1726.

显示质量，10 表示质量最高。该研究的主要目的是确定受众对高质量俄罗斯媒体中各种媒体文本不同部分偏好的差异。不同类型媒体文本受众的性别特征分布见表 5-4。

表 5-4　　　不同类型媒体文本受众的性别特征分布　　　单位：分

文本类型	男性	女性
新闻	8.53	8.71
文章	8.08	7.93
信息图表	6.09	5.34
特别项目	5.97	6.27
照片	5.69	6.43
排名	5.34	6.59
视频	4.76	4.72
民意调查	4.29	4.75

资料来源：http：//www.mediascope.ru/1726。

表 5-4 的数据显示，男性和女性受众以不同的方式评估各种类型的媒体文本，这证实了 K. 班尼什（K. Benesh）所说的不同性别的受众对媒体消费及某些类型内容偏好不一的结论。[①] 女性对"照片"的兴趣明显较高，女性为 6.43 分，男性为 5.69 分；但女性对"信息图表"的兴趣较低，男性为 6.09 分，女性为 5.34 分；此外，女性更注重"排名"，为 6.59 分，而男性为 5.34 分。女性最不感兴趣的是"视频"，为 4.72 分；男性最不感兴趣的是"民意调查"，为 4.29 分。但是男性和女性对"新闻"和"文章"这两种主要媒体文本的认识很接近。女性

[①] Kanuri V. K., Thorson E., Mantrala M. K., "Using Reader Preferences to Optimize News Content: A Method and a Case Study", *International Journal on Media Management*, 2014, 16 (2).

对"新闻"的评价略高,男性对"文章"的评价略高,但这两项男女间的差异很小。此外,研究者在编制调查问卷时分析了四种年龄段的受众代表对各种媒体文本的态度,其年龄特征分布见表5-5。

表5-5　　　　　不同类型媒体文本受众的年龄特征分布　　　　　单位:分

文本类型	20—25 岁	26—30 岁	31—35 岁	36—40 岁
新闻	9.16	8.37	8.56	8.22
文章	8.08	8.25	7.73	7.81
信息图表	6.82	5.81	5.23	4.21
排名	6.38	5.59	6.00	5.80
特别项目	6.29	6.16	5.50	6.43
照片	6.27	5.57	6.59	6.00
视频	5.89	3.89	5.00	3.76
民意调查	5.28	3.40	5.05	4.53

资料来源:http://www.mediascope.ru/1726。

表5-5的数据显示,在评估各种类型的媒体文本时,不同年龄段的受众的偏好差异不明显。唯一的例外是对"信息图表"类型的偏好,对"信息图表"的兴趣随着年龄的增长而稳定下降。对其他类型媒体文本的兴趣在不同年龄组的代表中表现有所不同。"新闻"和"文章"选项在所有类别中分别排名第一和第二,而占第四位的一直是"排名"这一选项。对于31—40岁的受访者,占第四位的是"视频";而对于20—30岁的受访者,占第四位的是"民意调查"。可以看到,在第一个年龄段,即20—25岁的受访者中,除"照片""文章"和"特别项目"外,对其他几乎所有类型媒体文本的兴趣都更高一些,其中对"新闻"的兴趣最高,达9.16分;该组受访者对"民意调查"和"视频"的兴

趣也比较高，分别为 5.28 分和 5.89 分。

划分受访者的第三个参数是职业。表 5-6 反映了在校大学生和正在求职的毕业生、专家、高层管理人员和企业家这四大群体对不同类型媒体文本的偏好。

表 5-6　　　　不同类型媒体文本受众的职业特征分布　　　　单位：分

文本类型	在校大学生和正在求职的毕业生	专家	高层管理人员	企业家
新闻	9.11	8.67	9.12	7.73
文章	8.48	7.76	8.31	7.59
信息图表	7.38	5.32	3.85	5.35
特别项目	6.96	5.84	5.44	6.05
照片	6.89	5.81	6.00	5.53
排名	6.30	5.50	7.33	5.56
视频	6.11	4.10	3.54	5.12
民意调查	5.52	4.20	4.08	4.00

资料来源：http://www.mediascope.ru/1726。

对所有职业的受众群体而言，最具吸引力的是"新闻"。高层管理人员、在校大学生和正在求职的毕业生对"新闻"最感兴趣，分别为9.12 分和 9.11 分；而在这四个群体中对"新闻"兴趣最低的是企业家，为 7.73 分。所有受众群体第二感兴趣的都是"文章"，其中在校大学生和正在求职的毕业生对其表现出最大的兴趣，为 8.48 分；而企业家对其兴趣最低，为 7.59 分。在校大学生和正在求职的毕业生对所有类型媒体文本的兴趣都高于其他职业组的人群。

可以看出，俄罗斯高质量在线媒体不同性别、不同年龄和不同职业群体受众在评估各种类型的媒体文本方面存在一定差异。

由于新兴受众群体的出现,受众分散和媒体分割趋势的发展,以及受众希望控制所消费内容愿望的增强,关注各种类型媒体文本受众偏好的细节问题变得越来越具有现实意义。A. B. 维尔科夫斯基和 M. A. 柳比姆采娃在调查研究的基础上得出的关于各种受众群体偏好特征的结果见表 5-7。

表 5-7　　　　　　　　不同受众群体的偏好特征

性　别		年　龄(岁)				职　业		
女	男	20—25	26—30	31—35	36—40	在校大学生和正在求职的毕业生	专家、高层管理人员	企业家
对大多数媒体文本兴趣极高;对"照片""排名"兴趣更高;对"视频"兴趣较低	对"信息图表"有很大的兴趣;对"民意调查"的兴趣较低	对大多数媒体文本的兴趣都很高	对"民意调查"和"视频""照片""排名"的兴趣较低;对一般性"文章"的兴趣较高	对"照片""视频""民意调查"的兴趣较高;对"特别项目"兴趣较低	对"视频""信息图表"的兴趣最低;对"特殊项目"的兴趣最高;对"新闻"的兴趣较低	对大多数媒体文本的兴趣较高;对"图表"和"特别项目"的兴趣较高	对"排名"的兴趣较高;对"图表"和"视频"的兴趣最低	对"新闻"和"民意调查"的兴趣最低

资料来源:http://www.mediascope.ru/1726。

A. B. 维尔科夫斯基和 M. A. 柳比姆采娃的调查研究使人们了解到有哪些文本类型吸引俄罗斯高质量在线媒体受众群体,以及吸引哪些受众群体,而根据性别、年龄和职业特征所确定的"群集"中偏好的某些差异为深入研究各种受众群体的偏好打下了良好的基础。诚然，该研究的结果有诸多局限，由于关注的是互联网受众，受访者的平均年龄较低，所以无法从中识别"长期"的年龄趋势。此外，样本数量有限，且受地域的限制，两位学者的研究仅限于莫斯科市和莫斯科地区。但该研究仍不失其代表性和典型性，在未来的研究中可克服类似的局限性。

二 俄罗斯社交网络及媒体分析机构概述

（一）俄罗斯社交网络

在讨论俄罗斯社交网络受众的特点这个话题之前，有必要对俄罗斯社交网络进行简单介绍。我们需要了解俄罗斯这些年来究竟产生了哪些社交网络，它们彼此之间有何区别。

第一，VKontakte（ВКонтакте/接触），简称 VK。VK 创建于 2006 年，总部位于圣彼得堡，其创建者是巴维尔·杜罗夫（Павел Дуров）。巴维尔·杜罗夫创建该网站的目的是给大学生提供一个交流的场所。但是经过一段时间的实践，其名气直线上升，网站迅速普及，已经不再仅针对特定类别的人群。网站每年都根据现代社会发展趋势进行调整和改变。目前，由于订阅模式和各种禁令，免费音乐逐渐消失，但开始出现在线广播、广告，甚至汇款服务。公司的新一轮发展导致了它的创始人巴维尔·杜罗夫的离职。2014 年，该网站的多数股权归 MailGroup 所有。尽管很多人不喜欢它的一些变更，如设计方面的，以及音乐可访问性方面的变更等，但该网站至今仍保持着很高人气。每天访问 VK 的人数超过 8000 万。VK 如今已成为俄罗斯最大的社交媒体网站，在整个欧洲也是排名靠前的。根据最新的分析报告，"VK 已成为全球十大社交网站之一，其用户以俄罗斯年轻人为主，他们的购买能力较强，所以 VK 推广很有发展前途"[①]。其功能包

---

① https://www.netconcepts.cn/detail-30156.html.

括将消息发送给在社交网络上注册的其他联系人;查找朋友和熟人;通过私人消息汇款;领导社会团体和公众,并加入他们的行列;智能供稿;根据用户请求对新闻帖子进行排序;付费的音乐订阅;用户可以将其照片和视频上传到 VK 服务器等。由于 VK 的普及度高,所以网站上有一系列相关文章。

第二,Odnoklassniki(Одноклассники),即同学网,简称 OK。与 VK 相同,OK 也创建于 2006 年。该网站建立之初受到极大的欢迎。当时只有在这里才可以找到在世界各地的老朋友、老同学,因此,它选择了"同学们"这样一个名字作为站点的域名。在 VK 迅速普及之后,同学网开始被认为是老一辈人的社交网络,但实际上,根据统计数据,其大约 56% 的用户在 25—46 岁。每天共有大约 4200 万用户访问该站点。该社交网络在 2008—2010 年实施付费注册。有时用户账户可能被意外删除,那么必须付费才能重新注册。这导致其用户大量外流到 VK 等其他社交网络。2010 年该网站停止了付费注册的做法,实行免费模式。Odnoklassniki 转为采用与 VK 类似的更为简洁的域名——OK。它也归 MailGroup 所有。其网站功能包括用户之间发送消息,添加到联系人列表;创建论坛和小组,并参与其中;汇款;通过某些参数搜索人员;直播;OK 信使消息等。

第三,В кругу друзей,即"朋友圈"。该门户网站的出现远远早于其竞争对手,但它最终未得到普及。迄今为止,其注册人数只有 1800 万。该网站属于基里尔与梅福季(Кирилл и Мефодий)公司,该公司生产多媒体教育产品,如教科书和各种参考书等。自建立以来,它进行了三次域名更改,2003 年为 classmate.km.ru,2007 年改为 odnoklassniki.km.ru,2008 年改为 vkrugudruzei.ru。由于使用了"同学们"(одноклассники)一词,公司所有者不得不与 OK 网站的代表在法院解决这次纠纷。一些用户期望两家合二为一,但是合并并未发生。该网站的定位是提供寻找老朋友和老同学的服务。与其他高人气社交网络相比,它没有任何特殊的功能。

第四，МойМир@Mail.ru，即"我的世界"。该网站由 MailGroup 公司于 2007 年开发。最初指的是将单个界面下的多个 Mail 项目组合在一起的一种服务。但是在短短的几个月内，这项开发便迅速发展成为自己的社交网络。几乎每年它都会向界面添加与发展趋势相对应的新功能，比如听音乐、微博、新闻评论、信息交换等。该公司主要的追赶目标是行业巨头 VK 和 OK。它是在俄罗斯排名第五、在哈萨克斯坦排名第一的热门网站。据统计，它也是唯一一个女性用户超过男性用户的服务网站。

第五，社交网站"世界真小"（Мир тесен）。该项目早在 2006 年就出现于网络开放空间。目前，它在俄罗斯拥有 1600 万用户。这是一个可以与人交流、共享新闻的社交媒体平台。该站点归 Olanola （Оланола）公司所有，该公司拥有其 100% 的股份。其初衷是为寻找老同学和老朋友的人们提供服务。该想法与其他社交网站的想法一致。但是，由于创建者对其发展重视不够，导致该项目未得到很好的普及。2012 年以来，出现了一个新的发展思路，即实施推荐性网络，每个用户都可以在其中创建自己的网站，甚至可以在此赚钱。其功能包括神经元（Neuron）推荐的自学服务；内置网站构建器；推广网站以获利；主题博客的引入等。

第六，社交网站 Photocountry（Фотострана）"照片馆"。它出现于 2008 年社交网络发展的顶峰时期。其定位是社交和娱乐约会网站。目前，每天约有 100 万人访问该站点。由于其定位是约会网站，因此除了社交功能，该网站还提供多种休闲、娱乐、游戏的付费服务。网站重点是上传照片，用户可以创建成套的相片集（相片库），以供查看。这一功能使其吸引了许多用户。照片数量决定排名，人们也可以通过照片赚取游戏币。

第七，社交网站"日记"（Дневник）。该服务于 2007 年开发，于 2008 年首次出现在互联网上。这是一个面向学生、老师和家长的普通社交网络。该服务的目的是发展现代化教育，其重点是教育。在这里可以安排上课时间表，布置家庭作业并监视学生完成情况。老师可以给学生写信，发送学习时间表和作业；学生们可以彼此分享消息，制订自己的学习时间表，完成家庭作业；而父母们可以查看孩子的学习成绩并监督学习进度。目前，50%以上的俄罗斯学校已经加入该项目，并为学生进行了注册。

第八，社交网站 Instagram。Instagram 能提供强大的服务，包含了社交网络的各种成分。它可让用户之间发送和接收照片和视频。最近，还出现了消息交换功能。该智能手机应用程序第一次出现是在 2010 年。稍后，它开通了通过计算机使用的站点。目前，该社交网络上注册的活跃用户数量已超过 2 亿，并且活跃用户数量持续增长。2012 年，在其处于人气浪潮高峰时被 Facebook 收购。Instagram 在俄罗斯的普及度非常高。Instagram 上开始出现旅行者、摄影师，以及普通摄影爱好者的个人博客。知名品牌也开始在此创建自己的资料。其功能包括对照片进行滤镜处理，然后将其添加到个人资料中；录制无声的短视频；用户之间进行消息交换；基于用户兴趣的智能新闻提要；创建故事，即带有过滤器和图片的 10 秒钟小视频等。

第九，社交网站 Twitter（Твиттер），即推特。Twitter 是通过微博进行公共消息传递的一种社交网络。用户可以评论任何具有媒体性质的消息。该服务创建于 2006 年，并很快在世界范围普及。Twitter 在俄罗斯于 2010 年年初被广泛使用。该服务拥有超过 2 亿的注册用户。其用户，尤其是名人，经常使用推文消息来推送个人或社会新闻，经常对这些新闻表达自己的观点和意见。推文限制为 140 个字符，不包括各种引用和参考。用户也可以将链接、照片，甚至视频附加到推文上。最近，Twitter 与另一个流行网站 Periscope（Перископ），即"潜望镜"进行了整合。现在，用户可以将网站的直播附加到推文上。

第十，社交网站 Periscope。它提供一种流服务，创建于 2014 年，用于在用户之间进行实时公共直播。它于 2015 年出现在网络开放空间，但在正式发布前就被 Twitter 公司收购并整合。其注册用户超过 1000 万。Periscope 可以让用户使用计算机或智能手机进行免费直播,并将记录存储在服务器上。用户可以在专门的直播聊天室交换消息。其功能包括直播、现金奖励、保存记录和聊天等。

今天,社交网络在网络的广阔空间中得到更好的发展。最初其功能只是寻找同学和传递消息,发展至今,已经具备了微博、照片和实时直播等多种功能。每个站点都是一种独特的现象,这也正是其吸引用户的原因所在。

(二) 俄罗斯主要媒体分析机构

随着社交网络的迅速发展,俄罗斯社交网络受众也已经逐渐成熟。如果说俄罗斯互联网发展初期在运用方面还略微落后于世界其他一些国家和地区,那么今天完全是一种不一样的景象。根据 2012 年 3 月的数据,5780 万 18 岁以上的俄罗斯人每月至少上网一次。2012 年年初,在俄罗斯城市互联网上网的成人达到了 60%—70%,这与英国和美国的 70%—80% 的比例几乎相当。2015 年,以 VK 为例,其注册用户累计超过 3 亿,日均访问者超过 7500 万[①]。而根据全俄社会舆论研究中心的信息,截至 2019 年 5 月,俄罗斯互联网普及率在 18 岁及以上的俄罗斯公民中已达到 84%。

俄罗斯人已经逐渐通过使用互联网解决日常生活中的重要问题,而不局限于安排一般生活。人是社会的存在,在当今社会,几乎一切行为都是在网络交流的框架内进行的。因此,社交网络用户数量的快速增长完全符合社会发展的规律和趋势。庞大的网络受众群体引起商界的浓厚兴趣。为了更好地利用社交网络慷慨提供的巨大机遇,有必要学习如何正确使用这个新鲜而有效的商业工具。社交媒体营销不仅需要对受众群体有很好的了解,还需要善于与之进行互动。因此,互动营销机构应运而生,俄罗斯的"稀有品牌"就是其

---

① http://world.people.com.cn/n1/2015/1225/c1002-27978488.html.

中之一。像其他类似的机构一样，它提供一系列公开的数据，帮助人们规划最能满足客户需求的广告活动。其研究主要使用来自特恩斯市场研究公司网站索引的数据，Google 广告规划师（AdPlanner）、网图（Netchart）、互联网统计服务 Webomer 的数据则作为其他补充数据来源。①

另一个媒体分析机构是"品牌分析"。它提供一种在线媒体监视和分析服务，是一种用于自动分析和监控社交媒体的工具，旨在最大限度地降低声誉风险，提高产品需求，改善客户服务质量。"品牌分析"软件能实时跟踪引用指标，分析用户的地理坐标，从图像和视图中提取文本信息，更新对客户体验的了解，监视声誉指标，进行深入的数据研究以识别各项数据隐含的相关性，以及对营销活动进行在线监视。"品牌分析"在俄罗斯乃至整个欧洲最佳社交媒体分析系统排名中一直名列前茅：2016 年、2017 年、2018 年、2020 年在 Adindex 质量排名中位居第一；2020 年 G2 社交媒体分析系统在欧洲排名第二。其客户包括俄罗斯的国际银行业巨头、市场研究公司、民意研究中心、民意基金会、行业内的领先公司、新闻社、政府管理机构和部委等，因此，作为用于监控和分析俄罗斯乃至独联体市场社交媒体和大众媒体的一个主导系统，"品牌分析"具有较高的权威性。作为衡量俄罗斯社交网络活跃受众群体工具的"品牌分析"，定期发布研究报告《俄罗斯社交网络——数据与趋势》，同时公布针对现代媒体消费趋势的一系列研究成果和排名。其公共服务"媒体趋势"可以说是整个俄语地区媒体领域和社会兴趣的实时导航器。

各社交媒体和大众媒体为了其发展需要倾听客户的声音，了解受众群体的需求，并通过促进产品现代化和改善服务来迎合受众群体的"声音"。基于现代大数据平台和先进 AI 技术以及计算语言学的"品牌分

---

① https://cmsmagazine.ru/journal/research–audience–research–russian–social–networks/Исследование：Ульяна Зверева，текст：Марта Здановская. Редкая марка（http://www.facebook.com/Remarkable.Ru）.

析"采用专门的技术解决方案，每月可分析 30 亿条消息，得到社会的广泛认可。

俄罗斯社交媒体和大众媒体希望通过使用"品牌分析"，降低声誉风险，建立有效的沟通机制并提高客户忠诚度，因为竞争分析和趋势识别有助于制定未来的营销策略。"品牌分析"是斯科尔科沃（Skolkovo/Сколково）项目的子项目之一。斯科尔科沃创新中心于 2010 年由时任总统梅德韦杰夫倡导建设，是俄罗斯最大的科技园，被称为俄罗斯硅谷，受到俄罗斯政府高度重视。园区有两大亮点：一是提供孵化及投资服务；二是开展国际合作。

综上所述，"稀有品牌"和"品牌分析"具有很高的专业性和权威性，因此，我们希望通过对这两个机构的研究来了解俄罗斯社交网络的受众状况。

三 俄罗斯社交网络受众分析

（一）"稀有品牌"2012 年 3 月俄罗斯社交网络受众分析

俄罗斯人平均在社交网络上花费的时间在逐年增长。例如，在 2010 年是每月 9.8 小时，2011 年已经增长到每月 10.4 小时。2019 年 11 月，在俄罗斯社交媒体上活跃的作者人数达到 4900 万，用户撰写的公共信息，包括帖子、转发和评论多达 13 亿条。社交网站流量已经成为搜索引擎流量的重要竞争对手。根据"稀有品牌"2012 年 3 月的数据，VK 和同学网等社交网站的用户，按每天、每周和每月的平均访问次数排列，它们已经将 Google 和 YouTube 等重要竞争对手甩在其后，最受欢迎的网站的每月受众群体从 1500 万增长到 3000 万[①]，见表 5-8。

[①] Исследование аудитории российских социальных сетей, https://cmsmagazine.ru/journal/research-audience-research-russian-social-networks/Исследование：Ульяна Зверева，текст：Марта Здановская. Редкая марка, http://www.facebook.com/Remarkable.Ru.

表5–8　　　　　　　　社交网站月受众　　　　　　　单位：千人

社交网站名称	月受众数
VK	29143
同学网	25265
YouTube	24318
我的世界	22831
Wikipedia	22023
Livejournal	16136
Facebook	15404
Rutube	15097
Liveinternet	11291
Fotostrana	10413
Я.ру	4895
Twitter	4200
朋友圈	3099
我的圈子	1856
LinkedIn	460

同时还能发现，人们在网站上花费的平均时长波动很大——从花费最多的35分钟（根据大多数VK参数所得），到Facebook访问者花费的4分钟。此外，在访问网络的规律性方面，指标差异也较大：81%的VK访客和77%的同学网访客每周至少访问一次这些资源。VK月受众情况见表5–9。但每周至少访问一次Facebook和Twitter的受众比例仅占用户总数的10%—11%。这再次证明，在俄罗斯，像在世界上任何其他地方一样，本地服务更受欢迎。俄罗斯社交网络市场是未被Facebook占据领先地位的七个全球市场之一。

表 5-9　　　　　　　　　　VK 月受众情况

受众情况	数据
月受众	29143000 人
核心受众	81%
注册用户	57816657 人,其中年龄在 18 岁及以上者占 90%
男女受众比	49:51
用户平均在网上花费的时长	35 分钟

大多数社交网站受众群体的性别构成大致相同，且男性和女性用户的比例基本相等，其受众年龄也已经增长了很多。66% 的 VK 用户，74% 的同学网用户，67% 的 YouTube 用户，68% 的 Livejournal 用户年龄都在 24 岁以上，其他社交网络同样具有这一趋势。

VK 月受众群体的年龄构成为，12—17 岁的占近 11%，18—24 岁的占 23%，25—34 岁的占 31%，35—44 岁的占 21%，45—54 岁的占 15%。

当然，受众最终的选择取决于诸多因素，与具体而独特的任务直接相关。Yandex、Mail、Livejournal 和同学网的服务在品牌及其受众合作方面的机会很少，因此，需要付出相当大的努力来推广这些资源上的产品。与它们互动的最有效方式是使用各种特别项目，包括内容复杂的项目和应用程序等。LinkedIn 和"我的世界"非常适合使用系统管理模式（SMM）解决人力资源问题。VK 作为俄罗斯最受欢迎的社交网络之一，拥有各个年龄段的活跃用户，在各地区都具有很好的代表性。YouTube 是俄罗斯领先的视频托管网站，拥有 3200 万受众群体，在 YouTube 上看到广告的用户中有 60% 会与该品牌进行沟通。YouTube 月受众情况见表 5-10。

表 5 – 10　　　　　　　　YouTube 月受众情况

受众情况	数据
月受众	24318000 人
核心受众	58%
男女受众比	54∶46
用户平均在网上花费的时长	10 分钟

YouTube 月受众群体年龄构成为，12—17 岁的占 11%，18—24 岁的占 23%，25—34 岁的占 31%，35—44 岁的占 21%，45—54 岁的占 15%。

Facebook 用户通过移动设备访问网络的次数是其他用户的两倍，他们具有较高的支付能力，并且比其他人在网店购物的次数更多。Facebook 月受众情况见表 5 – 11。

表 5 – 11　　　　　　　　Facebook 月受众情况

受众情况	数据
月受众	15404000 人
核心受众	11%
注册用户	5876200 人,其中年龄在 18 岁及以上者占 91%
男女受众比	48∶52
用户平均在网上花费的时长	4 分钟

Facebook 月受众群体年龄构成为，12—17 岁的占 15%，18—24 岁的占 16%，25—34 岁的占 39%，35—44 岁的占 21%，45—54 岁的占 9%。

只有 25% 的 Twitter 受众使用网站，75% 的 Twitter 受众使用第三方应用程序。Twitter 最受欢迎的用户主要是一些意见领袖和名人。Twitter 月受众情况见表 5 – 12。

表 5-12　　Twitter 月受众情况

受众情况	数据
月受众	4200000 人
注册用户	3456430 人
男女受众比	66∶34
用户平均在网上花费的时长	4 分钟

Twitter 月受众群体年龄构成为，12—17 岁的占 15%，18—24 岁的占 17%，25—34 岁的占 38%，35—44 岁的占 21%，45—54 岁的占 8%。

选择最佳网站时应注意的另一个重要因素是，许多社交网站的受众群体并不仅仅由注册用户构成。由于 Twitter、Facebook、Livejournal 和 YouTube 等能为访问者提供无须授权查看内容的机会、主要受众的活动以及服务，与外部网站的紧密融合成为它们吸引 "额外" 用户的优势。

（二）"品牌分析" 2018 年 10 月俄罗斯社交网络受众分析

社交网络是当下新媒体中最为活跃的部分，2018 年俄罗斯每月就有 3600 多万人在此公开发表意见，2019 年此数据更是增加到 4900 万。在此，我们借助 "品牌分析" 团队的研究来展现俄罗斯社交媒体的最新状况及未来发展趋势。"品牌分析" 团队根据每个社交网站活跃的作者数量和公共消息（帖子、转发和评论）数量评估网站在俄罗斯用户中的受欢迎程度。以 2018 年 10 月的数据为例[①]：排名第一的社交网站仍然是 VK，无论是公开消息的数量，还是活跃的作者数量，VK 都名列第 。见表 5-13。其有力竞争者是 Instagram，Instagram 上的活跃作者人数每年以三倍的速度增长，略落后于领头羊 VK。

---

① https：//br‑analytics. ru/blog/socseti‑v‑rossii‑osen‑2018/Социальные сети в России：Цифры и тренды，осень 2018.

表 5-13　　　　俄罗斯社交网站月消息数及月作者数　　　　单位：千

社交网站	月消息数	月作者数
VK	1096392	36453
同学网	364000	23740
Instagram	304960	15800
Facebook	122760	2250
Twitter	59635	1959
YouTube	15973	818
我的世界	7216	99
LiveJournal	4617	46

由于研究的对象是作为公共手段的社交网站，重点研究的是其传播和对舆论形成的影响，因此着重关注活跃的受众群体。"品牌分析"的研究提供了有关俄罗斯社交网站受众群体、年龄、性别和作者的区域分布情况，同时也包括了最受欢迎的作者和最受欢迎的社交网站的数据，并对 2018 年社交网络的全球趋势进行了展望。

社交网站中作者的社会结构和人口结构大致如下。Facebook 上女性作者占主导地位，Instagram 上女性的优势也更为明显，女性用户的比例超过 76%。与之完全相反的是，LiveJournal 上 70% 的作者为男性。

VK 中各年龄段的代表性体现得最全面：最活跃的是 25—34 岁的作者，23.3% 的作者是 18—24 岁的用户，另有 20.6% 的用户年龄在 18 岁以下，见表 5-14。在 Facebook 上，25—34 岁和 35—44 岁的作者显示的活跃度大致相同，他们是该网站的核心，见表 5-15。LiveJournal 和"我的世界"的作者年龄较大，35 岁以上的用户占绝大多数，见表 5-16 和表 5-17。

每个社交网站都按性别和年龄显示有关作者和信息数量的数据，以及作者和团组的排名。此外，该研究还提供了 Instagram 和 Twitter

上一些未填写性别信息的作者的数据。对于这些来源,通过对昵称、用户名和姓氏的语言学分析来确定其性别。但有关年龄的数据只能从作者的个人资料中获取。因此 Facebook 上没有 18 岁以下用户的年龄信息,而且社交网站都不公开 18 岁以下用户的个人资料。Instagram 和 Twitter 中也无年龄数据,因为用户个人资料中未显示此类信息,见表 5 - 18、表 5 - 19 和表 5 - 20。

表 5 - 14　　　　　　　　　　VK 的俄罗斯数据

当月至少写过 1 条公开消息的 作者数	消息数	作者男女比例	作者年龄 (41.8% 的作者 注明了年龄)	占比(%)
36453000	1096392000	48.2∶51.8	18 岁以下	20.6
			18—24 岁	23.3
			25—34 岁	33.6
			35—44 岁	13.1
			45—54 岁	4.5
			55 岁及以上	4.9

表 5 - 15　　　　　　　　　　Facebook 的俄罗斯数据

当月至少写过 1 条公开消息的 作者数	消息数	作者男女比例	作者年龄 (2.8% 的作者 注明了年龄)	占比(%)
2250500	122760000	40.7∶59.3	18 岁以下	0.0
			18—24 岁	7.7
			25—34 岁	34.5
			35—44 岁	31.5
			45—54 岁	16.8
			55 岁及以上	9.5

表 5-16　　　　　　　　Livejournal 的俄罗斯数据　　　　　　单位:%

当月至少写过1条公开消息的作者数	消息数	作者男女比例	作者年龄(20.8%的作者标明了年龄)	占比(%)
55900	4615500	70.0:30.0	18 岁以下	0.2
			18—24 岁	1.3
			25—34 岁	20.5
			35—44 岁	42.5
			45—54 岁	22.5
			55 岁及以上	12.9

表 5-17　　　　　　　　"我的世界"的俄罗斯数据

当月至少写过1条公开消息的作者数	消息数	作者男女比例	作者年龄(56.8%的作者标明了年龄)	占比(%)
99100	7216000	43.7:56.3	18 岁以下	3.6
			18—24 岁	4.6
			25—34 岁	12.9
			35—44 岁	23.7
			45—54 岁	23.2
			55 岁及以上	32.0

第五章 俄罗斯新媒体的基本特点与发展趋势

表 5-18　　　　　　　　　　Instagram 的俄罗斯数据

当月至少写过 1 条公开消息的作者数	消息数	作者男女比例	作者年龄
23740600	304960000	23.4∶76.6	Instagram 上无作者年龄的数据

表 5-19　　　　　　　　　　YouTube 的俄罗斯数据

当月至少写过 1 条公开消息的作者数	消息数	作者男女比例	作者年龄
1958600	15973000	54.8∶45.2	YouTube 上无作者年龄数据

表 5-20　　　　　　　　　　Twitter 的俄罗斯数据

当月至少写过 1 条公开信息的作者数	消息数	作者男女比例	作者年龄
818300	59635000	54.7∶45.3	Twitter 上无作者年龄数据

通过分析这些网站上作者的内容和排名，可以看出 Instagram 的受众日趋成熟。在这里，诸如伊莲娜·马雷舍娃（Е. В. Малышева，俄罗斯电视节目主持人、医学博士、心脏病专家、第一频道电视节目"健康"和"健康生活"的导演兼主持人）和马克西姆·加尔金（М. А. Галкин，俄罗斯艺人、脱口秀喜剧演员、电视节目主持人、阿拉·普加乔娃的第五任丈夫）之类的作者越来越受欢迎，一些致力于亲子主题的内容反响率也很高。Twitter 的情况有所不同。根据 Twitter 用户的排名和热门内容的主题，可以看到年轻受众活跃度有所增加，韩国流行音乐表演者在 Twitter 开发套件 MDK 上的受欢迎程度，说唱明星 В. В. 马什诺夫（В. В. Машнов）在 Twitter 上的出现，很好地展示了网站用户的兴趣结构，同时也间接地告诉了人们其作者的年龄特征。社交网站作者性别和年龄比较分别见表 5-21 和表 5-22。

表 5-21　　　　　　　　　　作者性别比例

社交网站	男女比例
LiveJournal	70∶30
Twitter	54.7∶45.3
VK	48.2∶51.8
我的世界	43.7∶56.3
Facebook	40.7∶59.3
Instagram	24.4∶76.6

表 5-22　　　　　　　　作者年龄及占比情况　　　　　　　　单位:%

社交网站	作者年龄					
	18 岁以下占比	18—24 岁占比	25—34 岁占比	35—44 岁占比	45—54 岁占比	55 岁及以上占比
VK	20.6	23.3	33.6	13.1	—	—
Facebook	—	—	34.5	31.5	16.8	—
LiveJournal	—	—	20.5	42.5	22.5	—
我的世界	—	—	12.9	23.7	23.2	32

俄罗斯各地区社交网络覆盖率的数据值得特别关注,在此,近 25% 的人口是 VK 的活跃作者。在圣彼得堡该社交网络的普及率为 65.30%,但在莫斯科仅为 38.23%。Facebook 在各地区的覆盖率未得到体现,50% 以上的内容由莫斯科的作者发布。在 Instagram 上,有 16.20% 的俄罗斯人每月至少发布 1 条公开消息。在该网站上最为活跃的是莫斯科人,占 36.50%;塞瓦斯托波尔和加里宁格勒州的居民紧跟其后,分别占 34.58% 和 30.66%,见表 5-23 至表 5-25。

表 5-23　　　　　　　俄罗斯各地区 VK 作者分布

排序	地　　区	作　者	占人口比例(%)
0	全俄罗斯总计	36453399	24.87
1	圣彼得堡	3412833	65.30
2	摩尔曼斯克州	338203	44.38
3	亚马尔·涅涅茨自治区	232897	43.62
4	卡累利阿共和国	264132	41.92
5	沃洛格达州	497282	41.87
6	加里宁格勒地区	390546	40.00
7	塞瓦斯托波尔	160711	38.61
8	莫斯科	4713600	38.23
9	阿尔汉格尔斯克州	430358	38.08
10	彼尔姆地区	931971	35.37

表 5-24　　　　　　俄罗斯各地区 Instagram 作者分布

排序	地　　区	作　者	占人口比例(%)
0	全俄罗斯总计	23739639	16.20
1	莫斯科	4500461	36.50
2	塞瓦斯托波尔	143930	34.58
3	加里宁格勒州	299408	30.66
4	克拉斯诺达尔地区	1622296	29.42
5	秋明州	402393	27.66
6	圣彼得堡	1396150	26.72
7	滨海边疆区	506210	26.24
8	新西伯利亚区	658381	23.84
9	雅罗斯拉夫尔地区	289597	22.77
10	莫斯科地区	1550679	21.19

表 5 – 25　　　　　　俄罗斯各地区 Facebook 作者分布

排序	地　　区	作者	占人口比例(%)
0	全俄罗斯总计	2249519	1.56
1	莫斯科	1100264	8.92
2	圣彼得堡	194901	3.73
3	雅罗斯拉夫尔地区	44722	3.52
4	加里宁格勒地区	27145	2.78
5	萨哈林州	8985	1.84
6	马加丹州	2524	1.72
7	北奥塞梯—阿拉尼亚共和国	11603	1.65
8	斯维尔德洛夫斯克州	57876	1.34
9	克拉斯诺达尔地区	69278	1.26
10	新西伯利亚地区	34324	1.24

"品牌分析"还对社交网络 VK、Instagram、Facebook、YouTube 和 Twitter 上的俄语作者和群组进行了排名。根据用户参与度，即读者对作者帖子反应指标的高低进行排名。参与度是指作者或团体每月的评论、点赞和转发的总和，作者指每月至少发布一条俄语消息的用户。受众人数以作者写出该月最后一条消息为节点。以下是"品牌分析"2018 年 10 月的数据。

从表 5 – 26 可以看到，VK 上排名前二十的个人作者的特点之一表现在其来源上：主要来自体育界、娱乐圈。比如排名第一的哈比卜·努尔马戈梅多夫（Хабиб Нурмагомедов）是 UFC 轻量级冠军；排名第二的卡嘉·阿杜什金娜（Катя Адушкина）是因电视节目《儿童好声音》而走红的童星；维卡·索洛维约娃（Вика Соловьёва）是模特、歌手；奥尔加·布佐娃（Ольга Бузова）是电视节目主持人、歌手、演员；季玛·

戈尔杰伊（Дима Гордей；其真名为季玛·戈尔杰耶夫，Дима Гордеев）和康斯坦丁·扎鲁茨基（Константин Заруцкий，其昵称为AcademeG）都是著名的汽车博主。作者的特点之二表现为年轻化，甚至低龄化：多为"80后""90后"，前者如奥尔加·布佐娃，后者如李玛·戈尔杰伊、尼古拉·索博列夫；甚至不少是"00后"，比如卡嘉·阿杜什金娜和维卡·索洛维约娃，前者2003年出生，后者2010年出生。此外，进入前二十名的也包括来自其他领域的人士，其VK内容也有所不同，如排名第四的"神圣罗斯"，就是以宗教、慈善为主题；而排名第五的尼古拉·索博列夫（Николай Соболев）在社交网站主要讨论当前社会的现实事件。

表5-26　　　　　　　　VK上排名前二十的作者

排序	作者名	网域	受众	参与度
1	哈比卜·努尔马戈梅多夫	https://vk.com/id145575	187886	883063
2	卡嘉·阿杜什金娜	https://vk.com/id222267609	590778	829052
3	列夏·舍夫佐夫	https://vk.com/id34347140	258943	672280
4	神圣罗斯	https://vk.com/id219301519	133821	496324
5	尼古拉·索博列夫	https://vk.com/id2183360	493083	390214
6	维卡·索洛维约娃	https://vk.com/id350075535	141384	360381
7	季玛·戈尔杰伊	https://vk.com/id6647216	289047	354713
8	叶甫根尼·米尔比	https://vk.com/id209386271	142576	319790
9	康斯坦丁·扎鲁茨基	https://vk.com/id225756388	189429	257787
10	奥尔加·布佐娃	https://vk.com/id32707600	715077	240436
11	尼基塔·兹拉多乌斯特	https://vk.com/id221723746	127851	235270
12	卡琳娜·阿拉科良	https://vk.com/id313130351	103965	230484
13	弗拉德·卡申科	https://vk.com/id29294398	118568	196975

续表

排序	作者名	网域	受众	参与度
14	萨莎·斯皮尔伯格	https://vk.com/id169902419	1373084	169547
15	阿纳托里·沙里	https://vk.com/id26867380	121174	164902
16	阿纳斯塔西亚·科特	https://vk.com/id34892163	173286	163063
17	阿列克谢·纳瓦尔尼	https://vk.com/id129244038	366924	157345
18	拉姆赞·卡德洛夫	https://vk.com/id279938622	617307	156263
19	伊万·鲁德斯科伊	https://vk.com/id426546831	72216	154775
20	亚历山德拉·纳巴契科娃	https://vk.com/id139857147	148228	154259

社交网络中的名人们有着极大的影响力和号召力，比如，哈比卜·努尔马戈梅多夫通过代言品牌、开设大师课程、开办体育俱乐部等获得巨大的商业成就，2019年成为《福布斯》俄罗斯最富有的娱乐和体育明星排行榜上的冠军；2020年普京总统与其通电话，并邀请他到克里姆林宫做客。他提出关于如何在事业上取得成功的三条建议：第一，相信全能者；第二，努力工作；第三，持之以恒。这些建议给俄罗斯人，特别是年轻人极大的鼓舞。奥尔加·布佐娃也是励志的成功典型，这位白手起家的女性，通过努力接受良好的教育，掌握多门外语和多种才艺，涉足电视、广播、时装、电影、音乐甚至出版业，成为全民偶像。

排在VK群组榜首的"燕麦粥，先生"号称以"鲜活的顶级内容"吸引用户；相似的还有紧跟其后的"MDK"，它发布的大多数条目都是有趣的图片，经常制造网络热门话题；位居第五的"4ch"追求为受众群体提供他们最喜欢的内容，打出"订阅我们意味着引领潮流"的口号。属于此类的还有"酷炫的把戏"，其座右铭是"永远好心情""我们会让你的每一天更美好"。正如本章前文所述，在俄语互联网发展初期，幽默和讽刺性网站就大受欢迎，这种偏好也延续到社交网络上，因此"笑到流泪吧""乐趣 笑话""蓝色文件夹""躲猫猫"这些幽默、娱乐性账户在 VK 排名前二十的群组榜上不足为奇，它们以有趣的图片和视频，以及积极幽默的内容吸引受众。

此外，"羞耻""耻辱""偷听"，以及仅限 18 岁以上用户加入的、拥有大量匿名故事的俄互联网社区"6 号病房"之类的账号也有大量追捧者。它们旨在公开来自真实人物的匿名故事。现实生活中并非每个故事都可以与家人和朋友分享，因为一些经历可能会受到谴责和羞辱，而上述社交账户为人们提供了写真实故事并向陌生人倾诉灵魂深处秘密的机会，提供了展示自己状态和心情的空间。这就是多伦多作家兼社会评论家哈尔·涅兹维奇所指的"窥探文化"（Peep Cultre），人们或是受好奇心的驱使，或是渴望获得更多的关注，或是为了宣泄个人欲望而描写和展示自己生活中的一些细节，或以阅读或观看这些东西为乐趣，这种"窥探"者与"被窥探"者成就了相关的社交网络。

还有一些话题具有持续的吸引力，所以能跻身排名前二十的群组，甚至占据前几位，比如美食（以"没有罗宋汤的生活未必可以被称为生活"为口号的"罗宋汤"）、体育（自我定位为"最好的信息和娱乐性足球社区"的"真实足球"）等。游戏、机器人等新潮话题也有较高的热度，"机器人马克西姆""MARVEL/DC""达·芬奇"进入排名前二十的群组就是有力的证明。"机器人马克西姆"的作者是俄罗斯探索（Discovery Russia）、国家地理频道的主持人谢尔盖·科斯特列夫（Сергей Костылев）。"机器人马克西姆"的推出成为 VK 上的一种突破，由于该机器人，同名公众号的访问者大增。交友机器人"达·芬奇"也告诉人们，VK 上的机器人能解决许多问题。它们最初是在操作员不在的情况下作为在线助手创建的，仅提供一套简单的问题和答案。如今，机器人有能力完全保持沟通，这代表了一种潮流和趋势。

最后，作为中小学生地盘的"学校？不，没听说过！"和专注于讨论年轻人关注的热点话题（从音乐到体育，再到政治）的"押韵与打节奏"的上榜再一次反映了网民年轻化的特点，见表 5-27。

表 5-27　　　　　VK 上排名前二十的群组

排序	群组网名	网域	受众	参与度
1	燕麦粥,先生	https://vk.com/club66678575	3811782	21963089
2	MDK	https://vk.com/club57846937	10262345	21331844
3	羞耻	https://vk.com/club71729358	3168953	18484054
4	笑到流泪吧	https://vk.com/club26419239	11089052	14566370
5	4ch	https://vk.com/club45745333	4622606	12919240
6	乐趣　笑话	https://vk.com/club45441631	10777947	12582052
7	真实足球	https://vk.com/club71474813	2497434	12481517
8	罗宋汤	https://vk.com/club460389	6601502	11250026
9	机器人马克西姆	https://vk.com/club135209264	4993773	10683105
10	MARVEL/DC	https://vk.com/club32370614	3288530	10538101
11	酷炫的把戏	https://vk.com/club31836774	8655153	10213119
12	躲猫猫	https://vk.com/club31480508	2641737	10208063
13	耻辱	https://vk.com/club133180305	2476004	9721686
14	偷听	https://vk.com/club34215577	3939377	9683025
15	押韵与打节奏	https://vk.com/club28905875	2796307	9452375
16	信号	https://vk.com/club148059228	2850502	8912859
17	学校？不，没听说过！	https://vk.com/club67136012	4119797	8799517
18	6号病房	https://vk.com/club56106344	8240423	8781976
19	达·芬奇	https://vk.com/club91050183	5848842	8609367
20	蓝色文件夹	https://vk.com/club39566948	1865020	8493624

Instagram 上受欢迎的作者同样以体育、演艺界名人为主，占据榜首的仍然是哈比卜·努尔马戈梅多夫这位全民心目中的英雄，紧跟其后的是全民女神奥尔加·布佐娃；排名靠前的还有代表年轻人喜好，引领年轻人潮流的嘻哈歌手伊戈尔·克里特（Егор Крид），代表了潮流、时尚、魅力的著名模特、健身大师、设计师奥克萨娜·萨莫耶洛娃（Оксана Самойлова），广受公众喜爱的著名电视节目主持人、表演家和词曲作者列基娜·多托连科（Регина Тодоренко），歌手和词曲作者伊莲娜·杰姆尼科娃（Елена Темникова）等；俄罗斯美容领域的引领者 MIXIT、全球大众时尚品牌 H&M，以及俄罗斯唱片业巨头 Black Star 等也在排名前二十的榜单之列，见表 5 – 28。

表 5 – 28　　　　　　　　Instagram 上排名前二十的作者

排序	作者名	网域	受众	参与度
1	哈比卜·努尔马戈梅多夫	http://instagram.com/khabib_nurmagomedov	6048568	97042786
2	奥尔加·布佐娃	http://instagram.com/buzova86	13822983	22913382
3	克谢尼亚·鲍洛金娜	http://instagram.com/borodylia	11727125	19046875
4	安娜·希里凯维奇	http://instagram.com/annakhilkevich	7992996	14029860
5	MIXIT	http://instagram.com/mixit_ru	1999211	10561186
6	伊戈尔·克里特	http://instagram.com/egorkreed	9074827	8823655
7	H&M	http://instagram.com/hm	27206160	8120450
8	奥克萨娜·萨莫耶洛娃	http://instagram.com/samoylovaoxana	7186715	8033752

续表

排序	作者名	网域	受众	参与度
9	Black Star	http://instagram.com/timatiofficia	12804211	7789808
10	列基娜·多托连科	http://instagram.com/reginatodorenko	4990969	7489596
11	伊莲娜·杰姆尼科娃	http://instagram.com/lenatemnikovaofficial	130293	7283657
12	丽塔·达科塔	http://instagram.com/ritadakota	4468319	7050700
13	伊达·加里奇	http://instagram.com/galichida	2476004	9721686
14	美甲师的理念	http://instagram.com/idei_dizaina_nogtey	1383994	6770241
15	Africas Top	http://instagram.com/bellanaijaweddings	3349358	6317001
16	达里娅·克留金娜	http://instagram.com/klyukina_d	2517384	6238127
17	祖拜拉·图胡戈夫	http://instagram.com/zubairatukhugov	1279778	6143130
18	Goar Avetisyan	http://instagram.com/goar_avetisyan	5300381	6062557
19	玛里亚纳罗	http://instagram.com/maryanaro	5565470	5928532
20	伊斯兰·马哈切夫	http://instagram.com/islam_makhachev	1114832	5550995

VK 和 Instagram 上排名前二十的名人，不少都与著名电视节目，特别是真人秀节目有关，如伊戈尔·克里特 2018 年参加了电视真人秀节目"单身汉"，克谢尼亚·鲍洛金娜（Ксения Бородина）是电视真人秀节目《公寓—2》的女主角，奥尔加·布佐娃也参与了电视真人秀节

目《公寓—2》，卡嘉·阿杜什金娜因电视节目《儿童好声音》而成名。这充分体现了不同类型媒体的相互影响和作用。

如本章第二节中所提到的，Facebook 的俄语用户多为 30—40 岁中产阶级的活跃代表，是一群关心社会政治生活的居民，因此，进入 Facebook 前二十的用户主要是政界、知识界和艺术界的名人，这非常符合逻辑。

Facebook 排名第一的是奥列格·波诺玛（Олег Пономарь），他是广受欢迎和尊重的俄语社交网络名人，独立博主，被称为真正专业的、政治事件的客观观察者，曾经广为人知的喜剧演员，制片人和编剧；乌克兰现任总统弗拉基米尔·泽连斯基也是 Facebook 上的活跃者，在前二十排名榜中位居第二；乌克兰记者、政界人士、商人阿纳托利·沙里（Анатолий Шарий）因制作视频批评前总统波罗申科政府，并定期揭发乌克兰媒体的不实报道而拥有大量"粉丝"；现代军事散文体裁奠基人之一的阿尔卡基·巴布琴科（Аркадий Бабченко）也因热衷于批评俄罗斯政府而拥有不少追随者；乌克兰政界、商界名流亚历山大·费尔德曼（Александр Фельдман），以及另一位乌克兰公众人物——总统彼得·波罗申科的顾问、国防部长史蒂芬·波托拉克的助手尤里·比留科夫（Юрий Бирюков）在 Facebook 上受关注度也很高；入围乌克兰《福布斯》排名榜前三十中的商人、投资人叶夫根尼·切尔尼亚克（Евгений Черняк）在 Facebook 上也有着不小的影响力；人民自由党莫斯科分部联席主席米哈伊尔·施耐德（Михаил Шнейдер）也在 Facebook 上受到不少用户的追捧，他是 20 世纪 80 年代末 90 年代初莫斯科一些集会，以及 2011 年莫斯科市中心反普京政府集会的组织者之一；自由派公众人物、著名时政记者维克多·申德罗维奇（Виктор Шендерович），乌克兰政治家、前议员鲍里斯拉夫·别列扎（Борислав Берёза），乌克兰总统的支持者伊莲娜·莫诺娃（Елена Монова）和乌克兰人权人士谢尔盖·纳乌莫维奇（Сергей Наумович）也入围榜单。我们还发现，俄罗斯外交部女发言人玛丽亚·扎哈罗娃（Мария Захарова）也跻身于俄语 Facebook 前二十排行榜之列。

知识界名人有短篇科幻作家吉安娜·乌多维琴科（Диана Удовиченко），其关于动物和人的短篇小说内容丰富，不同寻常；已成为互联网传奇的网络作家维卡·萨姆索诺娃（Вика Самсонова），其创作以非常刺激的"非文学"语言吸引了不少读者。她的自我讽刺，无穷无尽的幽默感和对一切的积极态度广受钦佩，其受热捧的秘密还在于不胡编、不做作，只是写真实的生活，揭示每个现代女性的问题、困惑和经验；侦探科幻小说家、《论据与事实》国外采访部主任格奥尔基·佐托夫（Георгий Зотов）和生理学家、哲学家、科学院院士安娜·瓦莲金诺夫娜·基里亚诺娃（Анна Валентиновна Кирьянова）因与网民分享如何度过生活中的困难时期，如何保持身心健康，如何快乐地生活，以及名人生活趣事、关于爱和善的感人故事而拥有众多"粉丝"。

艺术界名人有苏联和俄罗斯音乐家、歌手、吟游诗人、制片人、电视节目主持人、"时间机器"摇滚乐队主唱安德烈·马卡列维奇（Андрей Макаревич）和著名戏剧导演、现任瓦赫坦戈夫剧院首席导演的尤里·布图索夫（Юрий Бутусов），见表5-29。

表5-29　　　　　Facebook 上排名前二十的作者

排序	作者网名	网域	受众	参与度
1	奥列格·波诺玛	https://www.facebook.com/profile.php?id=100006709539652	168262	333133
2	弗拉基米尔·泽连斯基	https://www.facebook.com/zelenskiy95	174970	291727
3	阿纳托利·沙里	https://www.facebook.com/anatolijsharij	?	168764
4	阿尔卡基·巴布琴科	https://www.facebook.com/babchenkoa	215733	153541

续表

排序	作者网名	网域	受众	参与度
5	亚历山大·费尔德曼	https://www.facebook.com/pochta.feldman	144285	128701
6	尤里·比留科夫	https://www.facebook.com/yuri.biriukov	156360	115546
7	叶夫根尼·切尔尼亚克	https://www.facebook.com/evgenyjchernyak	85309	103536
8	米哈伊尔·施耐德	https://www.facebook.com/profile.php?id=100007952790911	28122	101933
9	维克多·申德罗维奇	https://www.facebook.com/profile.php?id=100001762579664	162813	101028
10	吉安娜·乌多维琴科	https://www.facebook.com/profile.php?id=100007154835395	30119	97784
11	谢尔盖·纳乌莫维奇	https://www.facebook.com/sergonaumovich	71296	91804
12	鲍里斯拉夫·别列扎	https://www.facebook.com/borislav.bereza	157556	87414
13	维卡·萨姆索诺娃	https://www.facebook.com/viketz]	61291	81723
14	安娜·瓦莲金诺夫娜·基里亚诺娃	https://www.facebook.com/profile.php?id=100003261390679]	30602	80473

续表

排序	作者网名	网域	受众	参与度
15	伊莲娜·莫诺娃	https://www.facebook.com/monovaolena	55158	79563
16	赫尔吉·夏普	https://www.facebook.com/profile.php?id=100011830050778	29846	78000
17	安德烈·马卡列维奇	https://www.facebook.com/makarevichav	242432	74175
18	格奥尔基·佐托夫	https://www.facebook.com/george.zotov.5	40681	73638
19	玛丽亚·扎哈罗娃	https://www.facebook.com/maria.zakharova.167	396685	70278
20	尤里·布图索夫	https://www.facebook.com/butusov.yuriy	187960	69333

Facebook 上排名前二十的群组所涉及的领域十分广泛，包括娱乐、美食、智力、旅游、汽车、科普、心理、幽默、休闲、时尚、奇闻逸事等内容。

使生活变得更轻松、更方便、更美好是人类最朴素、最持久的追求。Facebook 排名第一的"说做就做"的宗旨就是"使您周围的世界变得更好"。它旨在帮助人们简化生活，使生活变得更加有趣。紧跟其后的"Just Fun"主要发布一些具有启发意义、宣扬善良的视频故事。排名再后一点的"ReadMe"也声称"是可以使人们放松身心的娱乐门户网站"，关于科学如何使人们的生活变得更美好的页面"我爱科学"、以"美好的情感使您变得更美好"为口号的"为我点赞"（Likni.com），以及包含了七十多个栏目的平台"擦菜板"等都旨在帮助人们实现朴素的追求，它们受欢迎的原因无须更多解释。

俄罗斯知名出口品牌俄罗斯制造的账号"Made in Russia"和"俄罗斯—俄罗斯联邦"受到热捧，从侧面体现了俄罗斯人爱国意识的复苏和民族认同感的增强。"Made in Russia"计划于2017年启动，旨在提高国内品牌和产品在国外的知名度，短短一年内就赢得了民心；"俄罗斯—俄罗斯联邦"旗帜鲜明地声称，本页面"适用于那些尊重和热爱我们国家，热爱我们的文化和历史的人。我们是俄罗斯人，我们为此感到自豪。世界和祖国最有趣的新闻。请加入我们，支持俄罗斯"！

幽默、机智、新奇的内容无疑也是不少群组吸引"粉丝"的法宝，比如，"智力幽默"自我标榜是那些欣赏微妙、高质量幽默的人的最佳社区，旨在通过幽默、讽刺的方式表达对现实的看法；"Comedy Club"（喜剧俱乐部）是俄罗斯THT电视台2005年开创的一个节目，十多年来它改变了人们关于幽默的观念，其意义已经不只是全国最好的喜剧节目；"AdMe. ru"以追求创新创造为宗旨，自我定位是"一个有关人的最佳地方，一个让人能最佳地自我表现的地方"；"Lifter"是"适合那些希望将自己的空闲时间花在互联网上，并以此使自己头脑、内心充实的人的在线媒体"；"Funlet"是"有趣和正面新闻的世界"；"酷视频"主要关注名人奇闻逸事；"Oddlife. ru"以向人们展示令人惊奇的怪异事物和新闻而吸引眼球。

美食主题在Facebook的势力也不容小觑，挤进Facebook前二十榜单的有"品味"和"Appetitno. TV"（意为"开胃电视"），它们每天发布大量最佳食谱和厨房生活技巧，提供实用的视频教程，揭示烹饪技术的秘密，并帮助普通人发现自己的烹饪才华。

在日益纷繁复杂，发展迅猛的现代社会，心理健康、个性发展、个人成长和人际关系越来越重要，在内忧外患严重，经济持续低迷，殃及百姓生活的今日，俄罗斯社会尤其如此。这也许是对该领域的在线"俱乐部杂志"和类似的社交网络"关系心理学"能吸引众多"粉丝"，登上Facebook排行榜前二十的一种合适注解，见表5-30。

表 5-30　　　　　　　　Facebook 上排名前二十的群组

排序	群组网名	网域	受众	参与度
1	说做就做	https://www.facebook.com/delai.club/	18822	1649078
2	Just Fun	https://www.facebook.com/JustFun.su/	130031	075636
3	Appetitno.TV	https://www.facebook.com/appetitno.tv/	2168	764318
4	智力幽默	https://www.facebook.com/in.humour/	9753	661806
5	擦菜板	https://www.facebook.com/rashpill/]	11273	627164
6	ReadMe	https://www.facebook.com/www.readme.group/	14254	532279
7	Made in Russia	https://www.facebook.com/Official.Made.In.Russia/	13581	500102
8	AdMe.ru	https://www.facebook.com/www.adme.ru/	51887	467635
9	Lifter	https://www.facebook.com/liftercomua/	13539	433540
10	为我点赞	https://www.facebook.com/layknicom/	17426	429870
11	品味	https://www.facebook.com/sovkusom.ru/	4320	425883
12	岁月,生命,精华	https://www.facebook.com/XDLife/	11169	423649
13	我爱科学	https://www.facebook.com/lublu.nauku/	8981	423127
14	Funlet	https://www.facebook.com/FunLet/	5564	409806

续表

排序	群组网名	网域	受众	参与度
15	俄罗斯—俄罗斯联邦	https://www.facebook.com/The.Russian.Federation/	22467	393103
16	俱乐部杂志	https://www.facebook.com/cluber.com.ua/	3650	343458
17	Comedy Club	https://www.facebook.com/comedyclub.tnt/	4641	336618
18	酷视频	https://www.facebook.com/klevoe.video/	7437	335245
19	关系心理学	https://www.facebook.com/psixologiya.otnosheniy/	331957	331957
20	Oddlife.ru	https://www.facebook.com/www.oddlife.ru/	8219	330242

YouTube 上排名前二十的群组包括了广泛的主题。

首先是政治方面的，知名度最高的是乌克兰前调查记者，如今的政界人士阿纳托利·沙里。他因先前对感兴趣的话题认真进行新闻调查，发布具有政治和社会意义的文章和视频而受到公众的关注，如前文所述，他在 Facebook 上也有大量"粉丝"。

其次是游戏、汽车、技术方面的群组，如名列第二的"Wylsacom"就是一个谈论技术和小工具的视频号；"我的世界"游戏玩家维亚切斯拉夫·罗钦（Вячеслав Ронжин）主持的"Аид［VyacheslavOO］"频道也进入了前三名；紧跟其后的"Bulkin"也是游戏大玩家，同时还是车迷们的偶像；"Coffi Channel"也是一个专注游戏的频道；"Pozzi"频道主持人阿列克谢是"明星斗牛"和"我的世界"两种游戏的顶级高手；"MrLololoshka"也以发布"我的世界"和 Lettersplay 的相关视频吸引大量"粉丝"；"Mr. Marmok"的作者马林·莫卡努（Марин Мокану）同样是凭借帮助电游玩家找出错误、失败的原因,以及幽默、有趣、插科打诨的评论赢得众多"粉丝"。

知识性、趣味性、排忧减压、积极正面的生活态度是吸引受众群体的一贯元素。马米克斯(Мамикс)的"Its Mamix"视频便是集趣味性和知识性于一体的代表;德米特里·库普林诺夫(Дмитрий Куплинов)的"Kuplinov Play"也因践行"在这里你可以吼叫,缓解压力"的口号而颇具吸引力;"The Brian Maps"的作者布莱恩·马普斯(Брайн Мапс)因极力促进健康的生活方式而大受欢迎;"00后"少女吉安娜·扎伊采娃(Диана Зайцева)的频道"Lady Diana"以集娱乐性和严肃性于一身的学校和青少年主题视频受到青少年的追捧和成年人的喜爱;互联网模因评论员马克西姆·阿法纳西耶夫(Максим Афанасьев)的娱乐频道"Max Maximov"也以使人们振奋精神为宗旨;俄语的乌克兰YouTube频道"SlivkiShow"(奶油秀)也因提供生活技巧,使人们的生活更简单、方便而拥有大量"粉丝"。

影视、体育明星的项目及相关话题仍有一定的热度。"Kamikadze-dead"是演员、制片人、导演、律师德米特里·伊万诺夫(Дмитрий Иванов)的网页;报道现实世界和互联网,尤其是YouTube上的时事新闻的视频项目"SOBOLEV",是由歌手尼古拉·索博列夫(Николай Соболев)主持的;"German*El Classico"是前足球运动员戈尔曼·波普科夫(Герман Попков)运营的频道;"True Gym MMA"是俄语互联网上最受欢迎的拳击和MMA格斗娱乐频道,见表5-31。

表5-31　　　　　　　　YouTube上排名前二十的群组

排序	群组网名	网域	受众	参与度
1	阿纳托利·沙里	http://www.youtube.com/channel/UCVPYbobPRzz0SjinWekjUBw	1607114	2386020
2	Wylsacom	http://www.youtube.com/channel/UCt7sv-NKh44rHAEb-qCCxvA	6275393	2160667

续表

排序	群组网名	网域	受众	参与度
3	Аид[Vyache-slavOO]	http://www.youtube.com/channel/UCPX53dr-NSKoXspKmXanbCw	3932336	1999603
4	Bulkin	http://www.youtube.com/channel/UCtWY35eYO7jI9LnCRJxBGRQ	1915002	1931827
5	Coffi Channel	http://www.youtube.com/channel/UCpDzpaUTbIkdjkCZ9pmfMrA	4593504	1579835
6	kami kadzedead	http://www.youtube.com/channel/UCDbsY8C1eQJ5t6KBv9ds-ag	1418274	1562390
7	German* El Classico	http://www.youtube.com/channel/UCOJRJqAaearydfTvGKriCPQ]	1331375	11532975
8	Its Mamix	http://www.youtube.com/channel/UCSF6ewY9LS8GnbphwvnZpUg	2263419	1529605
9	Kuplinov Play	http://www.youtube.com/channel/UCdKuE7a2QZeHPhDntXVZ91w	5537678	1361347
10	The Brian Maps	http://www.youtube.com/channel/UCyJrhZm9KXrzRub3-wD2zWg	7948061	1240304
11	SlivkiShow	http://www.youtube.com/channel/UCU_yU4xGT9hrVFo6euH8LLw	11616491	1139470
12	SOBOLEV	http://www.youtube.com/channel/UCNb2BkmQu3IfQVcaPExHkvQ	4517982	1114647
13	True Gym MMA	http://www.youtube.com/channel/UCkrbi2bmw7DQuuC8k4TP-QA	1472019	1114290
14	Max Maximov	http://www.youtube.com/channel/UCXUqOvkZol11UZt21vFsvQw	1524855	1112338
15	尤里克	http://www.youtube.com/channel/UC6S1hSjVMFbB9WKv-qZKwuw	1908740	1110224

续表

排序	群组网名	网域	受众	参与度
16	Mr. Marmok	http://www.youtube.com/channel/UCf31Gf5nCU8J6eUlr7QSU0w	6801212	1058082
17	Lady Diana	http://www.youtube.com/channel/UCCB4-saKfwGbUFO2-rRdUqQ	2703242	1048687
18	MrLololoshka	http://www.youtube.com/channel/UCAvrIl6ltV8MdJo3mV4Nl4Q	5845727	1035085
19	Pozzi	http://www.youtube.com/channel/UCuZeiI5pdpgqDojXZujoYgg 4144241961445	4144241	961445
20	俄罗斯24	http://www.youtube.com/channel/UC_IEcnNeHc_bwd92Ber-lew	2229025	922182

《2020地球村韩流现状》报告显示，中国韩流"粉丝"减少约1000万，而俄罗斯以1161万的"粉丝"数量成为"韩流大国"。① 因此韩国人气男团BTS（防弹少年团）的俄语区"粉丝"大本营"BTS RUSSIA"居俄语Twitter之冠完全在情理之中；其他音乐类俄语Twitter账户也有不少忠实的用户，如以"在电视和互联网上谈论现代文化"为目标的MTV俄罗斯官方页面"MTV俄罗斯"；歌手、诗人、作曲家、音乐制作人瓦西里·岗恰洛夫的账户"瓦西里·奥勃罗莫夫"；说唱艺术家埃尔达·扎拉霍夫（Эльдар Джарахов）的账户"杂工扎拉霍夫"等。

Twitter让我们再一次领略"窥探文化"的影响力。"麻风病"（Leprosorium）是一个封闭的集体博客，需要账户和邀请才能加入，凭借其神秘性和私密性吸引订户，占据俄语Twitter排行榜第二的位置。

---

① 《中国韩流粉丝减少1000万，俄罗斯成"韩流大国"》，https://m.k.sohu.com/d/510827784，2021年1月18日。

政治话题的账户在 Twitter 前二十排名榜单中占比较高。"Мид Роисси"由于其反俄罗斯的言论迅速在网络上走红。其讽刺、尖锐的推文被以对俄罗斯腐败进行调查和反普京闻名的反对派领袖阿列克谢·纳瓦尔尼（Алексей Навальный）、著名反对派人士伊廖·雅申（Иля Яшин）等知名人士和普通 Twitter 用户大量传播。属于此类的还有著名政治电视频道"斯大林古拉格"的作者亚历山大·戈尔布诺夫（Александр Горбунов）的同名 Twitter 账户，以有关俄罗斯政治和反对派幽默和讽刺内容的推文为主要内容的"佩斯科夫的小胡子"，以犀利的采访和文章著称的"回声"电台总主编、回声—TV 总裁阿列克谢·维涅季克托夫（Алексей Венедиктов），以及俄罗斯外交部发言人玛丽亚·扎哈罗娃的账号。

休闲、娱乐、文学等主题在 Twitter 上同样有市场，因此我们可以看到下面的账户榜上有名："醉 推特"，其口号是"把每天变成假期，改善血液循环并缓解压力"；"文学"，追求回归对书籍的热爱；米沙·马克西莫夫（Миша Максимов）的视频"МН ВG"是娱乐性视频。

各路名人大腕在各大社交网站上开设账号、吸引受众是一种普遍现象，比如，因善于提供网络模因和制造热门话题，在 VK 上拥有千万以上订阅用户的"MDK"在 Twitter 上同样人气很旺；占据 VK、Instagram 榜首的哈比卜·努尔马戈梅多夫在 Twitter 上的热度也不低；使用粗话、肮脏的笑话和黑色幽默，善于在社会和政治问题上打擦边球的单口喜剧演员丹尼拉·波别列齐内（Данила Поперечный）在 YouTube 和 Twitter 上同时拥有傲人的成绩；伊丽莎白·涅列特因善于自嘲和使用属于男人们所特有的笑话而成为 YouTube 频道的大赢家之一，其 Twitter 账号"利兹卡"（Lizzka）同样具有不小的影响力；"斯大林古拉格"的作者同时也是高人气同名 YouTube 频道和同名 Instagram 账户的作者；以"宣传健康的思想"为愿景的高人气 VK 社区"Lentach"的 Twitter 账户"oldLentach"也跻身 Twitter 排名前二十的榜单；Facebook 前二十榜上有名的俄罗斯外交部发言人玛丽亚·扎哈罗娃同样出现在 Twitter 排名前二十的作者名单中,见表 5-32。

表 5-32　　　　　　　Twitter 上排名前二十的群组

排序	群组网名	网域	受众	参与度
1	BTS RUSSIA	http://twitter.com/bangtan_russia	259712	14966962
2	麻风病	http://twitter.com/leprasorium	1711965	819980
3	MDK	http://twitter.com/mudakoff	218088	595380
4	丹尼拉·波别列齐内	http://twitter.com/Spoontamer	939239	559175
5	醉　推特	http://twitter.com/drunktwi	2802741	528537
6	文学	http://twitter.com/literabook	2266051	489647
7	MH BG	http://twitter.com/MishasBlog	447056	471467
8	Samanta	http://twitter.com/SamantaDarko	1540107	464221
9	阿列克谢·维涅季克托夫	http://twitter.com/aavst	771648	455684
10	Мид Роисси	http://twitter.com/Fake_MIDRF	254434	403144
11	哈比卜·努尔马戈梅多夫	http://twitter.com/TeamKhabib	326671	399788
12	瓦西里·奥勃罗莫夫	http://twitter.com/VS_Oblomov	281959	380172
13	杂工扎拉霍夫	http://twitter.com/DLGreez	1195251	364314
14	MTV 俄罗斯	http://twitter.com/mtvru	365490	297835
15	斯大林古拉格	http://twitter.com/StalinGulag	1172339	273219
16	佩斯科夫的小胡子	http://twitter.com/Sandy_mustache	367047	260796

续表

排序	群组网名	网域	受众	参与度
17	4chan	http://twitter.com/rus4chan	384249	259107
18	oldLentach	http://twitter.com/oldLentach	239367	239367
19	玛丽亚·扎哈罗娃	https://www.facebook.com/maria.zakharova.167	396685	70278
20	利兹卡	http://twitter.com/l1zzka	715099	235929

(三)"品牌分析"2019年10月俄罗斯社交网络受众分析

"品牌分析"列出了VK、Instagram、Facebook和Twitter几个社交网站前二十名作者2019年10月的排名,① 它们的内容是俄语社交媒体上最具吸引力的内容。可以发现,VK和Facebook的作者排名发生了一些变化;在Twitter上,政治和幽默内容中意外地冒出了色情这匹黑马;在Instagram上,名人的地位受到了威胁。只有奥尔加·布佐娃在各社交网站上依旧表现出整体最好的成绩,她一直是Instagram的领头羊,并进入VK前三名。此外,能够在4个社交网站排名中占2个席位的还有阿列克谢·纳瓦尔尼(在VK和Twitter上)和阿纳托利·沙里(在VK和Facebook上)。

网名为Tenderlybae(温柔宝贝)的"00后"阿塞拜疆女孩阿明娜·米尔佐耶娃(Амина Мирзоева)于10月成为俄语VK冠军。入围VK前二十的个人作者还有在短短几个月内迅速走红的"00后"米兰娜·涅克拉索娃(Милана Некрасова)和阿纳斯塔西亚·瓦西娜(Анастасия Васина);因参加俄罗斯《儿童好声音》而一夜成名的"00后"阿琳娜·丹尼洛娃(Арина Данилова);8岁时就开始录制视频,11岁时在YouTube注册的"00后"网红索菲亚·纳巴特奇科娃(Софья

---

① https://br-analytics.ru/blog/top-20-authors-vk-fb-insta-twi-october-2019/.

Набатчикова)。这再次体现了社交网络的年轻化、低龄化趋势，同时也再次证明了迷人的外表、原创的幽默、真诚做自己是赢得用户的秘诀。个人魅力来自超乎想象的努力，这是Diana Di（其真实姓名是吉安娜·科列斯尼科娃，Диана Колесникова）、伊莲娜·莱特曼（Елена Райтман）、娜斯佳·伊芙列耶娃（Настя Ивлеева）等人成功的关键。

可以发现，VK前二十排行榜中出现了一些新的名字，如游戏评论员、批评家廖沙·舍甫佐夫，即阿列克谢·舍甫佐夫（Алексей Шевцов）；以制作诙谐小品而走红的尤里·奥涅什科（Юлий Онешко）；以及以笑话和光速产生模因能力取胜的弗拉基米尔·布拉蒂什金。阿列克谢·纳瓦尔尼、阿纳托利·沙里、神圣罗斯保持了在VK的影响力。见表5-33。

表5-33　　　　　　　　VK上排名前二十的作者

序号	作者名	参与度	受众	评论	点赞	转帖
1	阿明娜·米尔佐耶娃	311630	362241	10083	298837	2710
2	符拉特·布马卡	285577	622103	14472	270791	314
3	奥尔加·布佐娃	279150	1330058	19712	258083	1355
4	阿纳斯塔西亚·瓦西娜	277252	174851	10054	267085	113
5	阿列克谢·纳瓦尔尼	266424	403634	26166	226235	14023
6	伊莲娜·杰姆尼科娃	244457	729154	5437	237680	1340
7	叶甫根尼·米尔比	225858	198281	6478	218951	429
8	Diana Di	211217	222687	45918	164834	465
9	廖沙·舍甫佐夫	200843	327709	6	199949	888
10	神圣罗斯	185904	184603	0	163383	22521

第五章 俄罗斯新媒体的基本特点与发展趋势

续表

序号	作者名	参与度	受众	评论	点赞	转帖
11	尤里·奥涅什科	184161	153111	0	183952	209
12	米兰娜·涅克拉索娃	165718	193166	8885	156758	75
13	康斯坦丁·扎鲁茨基	154458	26050	4843	148914	701
14	戈奥尔基·莫尔恰诺夫	150614	113074	25662	124735	217
15	娜斯佳·伊芙列耶娃	148300	155856	4987	143163	150
16	阿琳娜·丹尼洛娃	126661	238139	4226	122348	87
17	索菲亚·纳巴特奇科娃	124500	185518	2459	121989	52
18	阿纳托利·沙里	120595	132112	12630	105752	2213
19	伊莲娜·莱特曼	120336	380318	0	119853	483
20	弗拉基米尔·布拉蒂什金	111562	211907	9388	101756	418

Instagram 排名最高、最稳定的是奥尔加·布佐娃。第二名是人称战斗机的哈比卜·努尔马戈梅多夫。几乎超过哈比卜·努尔马戈梅多夫的是 Vine 的作者阿巴斯内（Апасный），其真实身份是 25 岁的瓦迪姆·阿尔特莫夫（Вадим Артемов），他因 2018 年年底拍摄 18 岁以上的幽默和粗俗语言的 Vine 而开始积累人气。

美容、时尚、健身是吸引女性的永恒主题，在女性用户人数占优势的 Instagram 上，上述领域的典范——著名的电视节目主持人，"AGENTGIRL" 的作者娜斯佳·伊芙列耶娃，拥有出色品位和时尚感的才华横溢的化妆师高尔·阿维吉相（Гоар Аветисян），选美中脱颖而出的名模阿纳斯塔西娅·列谢托娃（Анастасия Решетова）具有超强的吸引"粉丝"的能力。上述领域中的女神级人物不乏令人羡慕的辣妈们：瓦列利亚·切卡利娜（Валерия Чекалина）是两个孩子的母亲，她打造了自己的化妆品品牌 LETIQUE cosmetics；索菲娅·斯图茹克（София Стужук）向数百万用户展示理想女性的形象，向世人证明，带着三个年幼的孩子，仍然可以保持美丽，穿着整齐，经营生意，自我发展；安娜·西里凯维奇（Анна Хилькевич）也是两个孩子的母亲，是拥有完美家庭和成功事业的非典型理工女。

在年轻化趋势明显的社交网络上爆红的"50 后"大妈的典型代表是西蒙娜·尤努索娃（Симона Юнусова）。她是说唱歌手季马基（Тимати）的母亲，保持着迷人的身材，打扮入时，主要在 Instagram 上晒美食，传授其做法，介绍心爱的孙女，分享与孙辈共处的心得，自称"仅仅是祖母"，就像高尔·阿维吉相一样，认为自己受欢迎的秘密很简单："爱你所做的事便足矣！"

除了美丽的外表，个性、幽默、智慧、内涵是现代俄罗斯社会，特别是女性所追求的品质。个性歌手达利亚·佐杰耶娃（Дарья Зотеева），以幽默感征服大众的演员、模特、歌手卡琳娜·拉扎里扬兹（Карина Лазарьянц）（网名为卡琳娜·克罗斯，Карина Кросс），"快乐与机智者俱乐部"（КВН）电视节目主持人、以过人的才华赢得人心的伊达·加里奇/伊达·巴西耶娃（Ида Галич/Ида Басиева），精通多门外语的乌克兰著名流行歌手、电视节目主持人 NKI 娜斯佳·卡缅斯基赫（NKI Настя Каменских）等跻身 Instagram 前二十名作者行列靠的就是上述品质。

在俄罗斯传统社会文化中始终扮演重要角色的幽默在女性特色凸显的 Instagram 上保住了自己的位置，因此我们还能看到加里克·哈尔拉莫夫（Гарик Харламов）的名字。他是《喜剧俱乐部》电视节目的主持人，曾是"快乐与机智者俱乐部"团队成员和真人秀节目《办公室》、节目《三只猴子》、幽默节目《斗牛犬秀》等多档受欢迎的电视节目、真人秀的主持人。Instagram 上排名前二十的作者见表 5-34。

第五章 俄罗斯新媒体的基本特点与发展趋势

表 5-34　　　　　　　Instagram 上排名前二十的作者

序号	作者名	参与度	受众	评论	点赞
1	奥尔加·布佐娃	17392248	16363761	234235	17158013
2	哈比卜·努尔马戈梅多夫	16861092	17227396	106016	16755076
3	阿巴斯内	16228894	3481826	74513	16154381
4	克谢尼亚·鲍洛金娜	11917428	13322163	90193	11827235
5	AGENTGIRL	11740518	12910167	53481	11687037
6	萨莫耶洛娃·奥克萨娜	10211901	8835353	156519	10055382
7	BlackStar	8696497	14359266	1923169	6773328
8	高尔·阿维古相	8119171	6457452	850900	7268271
9	列基娜·多托连科	7368342	6902320	32290	7336052
10	阿纳斯塔西娅·列谢托娃	7001266	2841382	63491	6937775
11	瓦列利亚·切卡利娜	6982645	3192460	435850	6546795
12	卡琳娜·拉扎里扬兹	6839759	5041634	86083	6753676
13	达利亚·佐杰耶娃	6604759	1836653	81324	6523435
14	安娜·西里凯维奇	6365465	8918799	25113	6340352
15	卡嘉·阿杜什金娜	6250914	3870965	50399	6200515
16	伊达·加里奇/伊达·巴西耶娃	6183683	6049463	19666	6164017
17	西蒙娜·乔尔纳莫尔斯卡雅	5193863	2953434	50954	5142909
18	NKI 娜斯佳·卡缅斯基赫	5177241	4250524	20578	5156663
19	索菲娅·斯图茹克	4954647	1953419	299050	4655597
20	加里克·哈尔拉莫夫	4890687	6400398	126024	4764663

从 Facebook 上的作者排名来看，2019 年 10 月底，占据俄语 Facebook 参与度榜首的是伊琳娜·克列佐维奇（Ирина Клезович），但事实并非如此。她的页面主要发布一些关于善良、幸福、智慧等心灵鸡汤式的语录，谈论其他生活乐趣。不过媒体认为，该博客不是作者个人的，很可能是一个熟练使用各种包装机制的项目。但是，"品牌分析"还是将其保留在排行中，以引起大众对这一有趣现象的关注，因为对于 Facebook 而言，它在形式和内容上都是非典型的。

此次在俄语 Facebook 上排名前二十的作者绝大部分（70%）仍然是公众熟悉的面孔——一群乌克兰博客作者。位居第二的是居住在多伦多的政治观察员奥列格·波诺玛。排在其后的是前文已经提及的鲍里斯拉夫·别列扎，以及乌克兰记者、电视节目主持人、"自由"电台评论员维塔利·波特尼科夫（Виталий Портников）和乌克兰赛车手、汽车和赛车记者、电视节目主持人阿列克塞·莫恰诺夫（Алексей Мочанов）等。见表 5–35。

表 5–35　　Facebook 上排名前二十的作者

序号	作者名	参与度	受众	评论	点赞	转帖
1	伊琳娜·克列佐维奇	636020	44577	2533	169983	463504
2	奥列格·波诺玛	378947	179810	6431	331926	40590
3	鲍里斯拉夫·别列扎	366857	174353	31120	260070	75667
4	伊莲娜·莫诺娃	310537	79105	17161	266155	27221
5	维塔利·波特尼科夫	298733	234901	11474	224010	63249
6	阿尔卡基·巴普琴科	271298	259563	24380	209736	37182
7	尤里·康德拉坚科	256291	36119	1998	41178	213115
8	阿列克塞·阿列斯多维奇	249871	163056	15187	173492	61192

续　表

序号	作者名	参与度	受众	评论	点赞	转帖
9	阿拉托里·沙里	239686	341311	21624	200045	18017
10	伊莲娜·费拉多娃	237875	61669	6657	96865	134353
11	赫尔吉·夏普	215632	53413	7674	170535	37423
12	叶夫根尼·切尔尼亚克	181934	143783	7929	155323	18682
13	安德烈·波尔特诺夫	153601	57415	16039	128037	9525
14	维克多·申杰诺维	142573	179276	1480	128870	12223
15	亚历山大·古京	135424	60330	11143	120083	4198
16	尤里·比留科夫	126835	169323	5742	98974	22119
17	尤里·布图索夫	125949	194631	11298	86308	28343
18	马尔金·波列斯特	114598	56723	7348	91362	15888
19	吉安娜·乌托维琴科	112749	48923	23215	84614	4920
20	阿列克塞·莫恰诺夫	111285	179729	7581	85725	17979

Twitter 上作者的排名保持了其稳定性。10 月俄语 Twitter 前三名几乎没有变化。连续一个月，韩国流行音乐（K - pop）男团防弹少年的俄语粉丝"BTS RUSSIA"一直遥遥领先。第二名是政治家阿列克谢·纳瓦尔尼。第三名是幽默账户"醉　推特"。

在 Twitter 前二十名账户的内容中，包含了生活中的阴暗面，充满了厄运和绝望，伴随着残酷暴力的场面和所谓的"政治笑料"。但是 10 月其排行前列突然冒出一个色情账户——"戴巴拿马帽子的小刺猬"，这在 Twitter 实属少见。见表 5 - 36。

表 5-36　　　　　　　　Twitter 上排名前二十的作者

序号	作者名	参与度	受众	点赞	转帖
1	BTS RUSSIA	2957111	280215	179738	2777373
2	阿列克谢·纳瓦尔尼	719652	2121792	495289	224363
3	醉　推特	604364	2694172	528574	75790
4	MDK	491387	248245	448069	43318
5	Мид Роисси	361145	244184	91214	269931
6	文学	329931	1614848	284134	45797
7	Samanta	317509	1435295	257849	59660
8	丹尼拉·波别列齐内	312615	1158964	173137	139478
9	佩斯科夫的小胡子	261639	444250	209101	52538
10	斯大林古拉格	254247	1100224	221560	32687
11	lentach	217218	811391	192684	24534
12	索博里·抑波芙	206731	176570	124912	81819
13	TJ	205091	808483	158373	46718
14	KashinKashinKashin	201109	189846	8749	192360
15	4chan	197877	383005	180964	16913
16	阿尔杰姆·特列先	197168	170407	182029	15139
17	水母	175193	1222765	145033	30160
18	THOMAS MR4Z	174762	159258	9489	165273
19	俄罗斯新闻台	152323	3167704	120331	31992
20	戴巴拿马帽子的小刺猬	119216	600628	7813	111403

　　以上是我们通过"稀有品牌"2012 年 3 月和"品牌分析"2018 年、2019 年 10 月俄罗斯社交网络的相关数据观察到的俄罗斯社交网络受众的一些基本特点和发展变化。"品牌分析"公司的专家们还以大量数据为基

础分析了俄罗斯社交网络的大致趋势，对此我们也做一简要介绍。

四 俄罗斯社交网络最新状况及发展趋势

"品牌分析"公司的专家们在分析大量数据的同时，指出了2018年俄罗斯社交网络的主要趋势。

一是Instagram化。最明显的是Instagram在俄罗斯用户中的受欢迎程度成倍增长。其作者和内容数量在一年半的时间增长了3倍，并且还在继续增长。根据Instagram和Facebook在俄罗斯的官方经销商AiTarget的说法，到2018年年底，按活跃的Instagram用户数量计算，俄罗斯在全球排名第六，在欧洲排名第一。

二是视频格式的创意复兴。俄罗斯人在Facebook上所发布的五分之一的消息和在同学网上发布的七分之一的消息都包含了视频内容。同学网、VK和Facebook这三大社交网站每天的视频内容数量均超过YouTube和Instagram。像所有时代一样，青年人的创造力都融入亚文化群。Like Video和Tiktok移动社交视频编辑器用户的爆炸性增长是谁都不曾预料到的。现在，在热门视频博客和流量媒体基础上又添加了移动社交视频编辑器。

三是主题化和个性化。用户越来越关注可以在减少信息量的同时提高通信质量的平台。此类平台主要是论坛、主题资源和社交网络上的社区，以及允许人们创建个人媒体的平台。与Reddit项目在全球范围内创纪录的增长情况类似，Yandex.Zen算法式个人新闻提要在俄罗斯迅速发展，其用户在该站点上的评论活跃度非常高，并且在站点外也被广泛引用。一年来，Zen在社交媒体中的引用率超过了俄新社和塔斯社这样的行业老大。

四是社交网站的成熟。成熟是所有社交网站的普遍趋势，Facebook表现得最明显。该网站用户的增长主要是由于45岁以上用户的加入。Twitter和同学网是其中的例外。

五是争取作者的竞争。社交网站的主要目标是提高媒体消费质量并留住用户，它为那些无法处理电视以外的内容分发问题的作者和专业内容提供商提供新的格式和赚钱方式。平台之间这种为争取作者所进行的良性竞争有利于作者、媒体和用户三方共同发展。

六是诚意。今天的社交网络重在表达诚意。现在人们不仅可以在此谈论成就、快乐和喜悦，还可以谈论失败、疾病和忧虑，后面这些话题甚至变成了一种时髦。总之，趋势是做自己，分享经验、体会真实的情感，虚伪不再有市场。我们还可以补充"品牌分析"2019 年秋季关于俄罗斯社交网络的调研报告《2019 年秋季俄罗斯的社交网络：数据与趋势》。该报告于 2019 年 12 月 26 日公布，报告中显示了当年 11 月俄罗斯社交网络活跃受众的调查数据，以及俄语社交媒体的主要发展趋势。[①]

该报告着重分析社交网络上活跃的写作用户，重点关注作为公共交流手段的社交网络及其对舆论的影响。报告中收集了社交网站 VK、Instagram、OK、Facebook、Twitter 和 YouTube 上的数据，包括受众数量和活跃度，以及受众职业、年龄、性别特征和区域分布等信息。

首先，我们来看看活跃用户。2019 年 11 月，俄罗斯社交媒体上活跃的作者人数达到 4900 万，他们撰写了 13 亿条公共信息，包括帖子、转发和评论。可以根据每个社交网站上作者和帖子的数量来评估网站在俄罗斯用户中的受欢迎程度。根据"品牌分析"的报告可以得出以下结论。

VK 仍然是俄罗斯第一大社交网站。2019 年 11 月，3070 万用户在该社交网站上发布了 5.56 亿条公共消息，平均每位作者 18 条。作者性别比例及年龄详情见表 5 – 37。

其中 43.37% 的作者标注了自己的年龄，18 岁以下的作者占 17.2%，18—24 岁的占 20.0%，25—34 岁的占 31.7%，35—44 岁的占 16.3%，45—54 岁的占 6.4%，55 岁以上的占 8.4%，男女比例为 45.3∶54.7。

---

① Нигматуллина К., Пуля В., Корнев М., Тренды новых медиа – 2020, https://jrnlst.ru/trends2020.

表 5-37　　　　　　　　VK 作者性别比例及年龄

男女比例	年龄段	百分比(%)
45.3:54.7	18 岁以下	17.2
	18—24 岁	20.0
	25—34 岁	31.7
	35—44 岁	16.3
	45—54 岁	6.4

Instagram 排名第二,作者数量为 2760 万。Instagram 的用户活跃度较低,每位作者平均发布 6 条公共消息,总数量为 1.7 亿条,落后于 VK 很多。

OK 排名第三,其中的 650 万活跃作者发表了 1.2 亿条消息。OK 用户的活跃度可与 VK 用户媲美,每人每月 18 条消息。

Facebook 上的活跃作者比前三名社交网站的少很多,只有 180 万;就消息数量而言,明显少于 VK。但其作者的活跃度非常高。Facebook 的作者人数约为 170 万,发帖约 5285 万条,平均每位作者发帖约 30 条。只有 4.03% 的作者公开了自己的年龄信息。作者性别比例及年龄详见表 5-38。18 岁以下的作者为零,18—24 岁的占 9.3%,25—34 岁的占 29.3%,35—44 岁的占 30.6%,45—54 岁的占 18.7%,55 岁以上的占 12.1%,作者男女比例为 40.6:59.4。

表 5-38　　　　　　　Facebook 作者性别比例及年龄

男女比例	年龄段	百分比(%)
40.6:59.4	18 岁以下	0
	18—24 岁	9.3
	25—34 岁	29.3
	35—44 岁	30.6
	45—54 岁	18.7

Twitter 的活跃用户只有 65 万，11 月他们发布了 3200 万条消息，平均每位作者发帖 49 条。

YouTube 的活跃用户数量最少，仅有 56.3 万。但是，该网站上的评论数量居然比 Twitter 上的帖子数量还要多，高达 3370 万，令人印象深刻。平均每位作者近 60 条。其用户男女比例为 52.2∶47.8。

其次，我们可以了解到各大社交网站用户性别的特点。"品牌分析"的数据表明，Instagram 中经常"发声"的用户女性占绝大多数，为 74.9%。Facebook 和 VK 的性别比例稍微平衡一些，女性约占 55%，男性约占 45%。只有在 YouTube 和 Twitter 上男性才略占优势，分别为 52.2% 和 58.2%。可见，俄罗斯社交网络的写作用户中的"女性面貌"仍然突出，其中 Instagram 中该特点尤为明显。见表 5-39。

表 5-39　　　　　俄罗斯社交网站男女比例　　　　　单位：%

社交网站	男性	女性
Twitter	58.2	41.8
YouTube	52.2	47.8
ВКонтакте	45.3	54.7
Facebook	40.6	59.4
Instagram	25.1	74.9

最后，我们来了解一下社交网络用户的区域分布特征。区域覆盖率排名第一的是 VK。11 月有 21% 的俄罗斯人在 VK 上至少撰写了一条消息。该社交网站在其发源地圣彼得堡拥有最高的地位，覆盖率为 53.9%；在摩尔曼斯克地区的覆盖率为 37.6%，位居第二；在卡累利阿共和国为 37.6%，位居第三。在莫斯科仅以 31.0% 的覆盖率屈居第 11 位。见表 5-40。

表 5 –40　　　　　　　　　VK 的区域分布率

地区	比例(%)
圣彼得堡	53.9
摩尔曼斯克	37.6
卡累利阿共和国	37.6
莫斯科	31.0

Instagram 的覆盖率稍逊色于 VK，全国排名第二。11 月，8.89% 的俄罗斯人活跃在该社交网络上。排名首位的是圣彼得堡，44.8% 的圣彼得堡人在 Instagram 上发布了内容；紧跟其后的是萨哈林州，占 41.2%；排在第三位的是塞瓦斯托波尔，占 39.5%；莫斯科以 37.2% 排名第五。见表 5 –41 和表 5 –42。

表 5 –41　　　　　　　　Instagram 的区域分布率

地区	比例(%)
圣彼得堡	44.8
萨哈林州	41.2
塞瓦斯托波尔	39.5
莫斯科	37.2

表 5 –42　　　　　Instagram 的作者在俄罗斯各地区的分布

地区	作者	占居民总数百分比(%)
全俄罗斯	27686592	18.89
圣彼得堡	2345480	44.88
萨哈林州	200896	41.23
塞瓦斯托波尔	163807	39.35

续 表

地区	作者	占居民总数百分比(%)
克拉斯拉达尔边区	2081185	37.74
莫斯科	4592728	37.25
雅拉斯拉夫州	414943	32.62
加里林格勒州	305077	31.24
莫斯科州	1931958	26.40
滨海州	466276	24.17
秋明州	306857	21.10

莫斯科人在 Facebook 上比其他城市居民更活跃，覆盖率达到 6.7%。虽然绝对百分比很低，但与 Facebook 在俄罗斯 1.2% 的总覆盖率相比已经是很高的指标了。圣彼得堡居民在使用 Facebook 方面屈居第二，覆盖率为 3%；第三名是加里宁格勒地区，为 2.2%。

Twitter 上最活跃的是莫斯科和圣彼得堡两地居民。在圣彼得堡，其覆盖率为 1.74%，在莫斯科为 1.48%；排在第三位的是萨哈（雅库特）共和国，占 1.48%。

基于 2019 年"品牌分析"进行的研究，我们可以了解俄罗斯社交媒体发展的大致趋势。

"品牌分析"首席执行官娜塔莉亚·索科洛娃（Наталья Соколова）认为，"2019 年是公司和政府认识到社交媒体重要性的分水岭。社交媒体的流行度正成为品牌和媒体个性的新货币"[1]。2019 年，《福布斯》杂志将社交媒体受欢迎程度这一指标纳入其排名。娜塔莉亚·索科洛娃

---

[1] Нигматуллина К., Пуля В., Корнев М., Тренды новых медиа – 2020, https://jrnlst.ru/trends2020.

声称,"许多事例证实,完全可以将社交媒体和社交媒体分析称为'第五产业'"①。

此外,非文本内容已成为主流。故事、视频、图片已成为年青一代,甚至不仅仅是年青一代的新语言。俄语社交媒体上每天都发布2500万张图片,每3篇帖子就包含1张照片,每天发布约240万篇带有视频的帖子。近年来,俄罗斯社交网络上发展最快的格式是"故事"。该格式最初源自Snapchat,随后在Instagram上获得成功,现已扩展到VK和Facebook等其他平台。如今,越来越多的品牌通过播客和有影响力的人物的"故事",以及与时俱进的社交媒体分析,将其预算用于产品促销,以了解这种广告活动在2019年的有效性。

播客是2019年在俄罗斯流行的另一种非文本格式。"品牌分析"的研究项目"2019年的俄罗斯播客"表明,在俄罗斯全国范围内人们对该类型的兴趣显著增长。2018年8月音频播客被提及3.1万次,而在一年后的2019年8月,该指标已经达到12.4万次,也就是说,对这种非文本格式的关注度一年之内提高了四倍。播客可以出现在受众已经熟悉和习惯的消费视频和音频内容的任何地方。受众通常选择的不是专业服务和应用程序,而是他们熟悉的网站,例如YouTube视频托管。随着播客的流行,各平台对播客的兴趣也随之增长。在过去的一年中,Yandex、VK和其他主要参与者已经展示了自己的平台,而Spotify也在为进入俄罗斯社交网络而摩拳擦掌。

有影响力的营销人士吸引了越来越多的广告投资。在此指的是第五产业,更确切地讲,是指播客作者和有影响力的营销人士。2019年俄罗斯这一细分市场的规模已经达到200亿卢布。在此活跃的有很多名人,他们通过大规模的活动吸引人们的注意;还有一些小型和超小型的影响者,受众对其建议的信任度也非常高。如果根据互动程度的

---

① Нигматуллина К., Пуля В., Корнев М., Тренды новых медиа – 2020, https://jrnlst.ru/trends2020.

高低来看前20名使用俄语的YouTube播客作者，那么可以发现，这些人当中并没有著名演员、运动员或政客，在这里有分量的是评论者和挑战者。

每个社交网站上内容最吸引人的作者的排名是影响力营销市场参与者的导航器，因为它是基于用户对作者内容的真实反应。

俄罗斯媒体消费继续向带有推荐内容的创作平台移动。"顶级平台和100种'病毒性'俄语媒体资源"排行榜显示了俄罗斯网民的三大"兴趣圈"。一是全球和联邦新闻，主要是后苏联空间的新闻机构和大型媒体；二是主题和作者渠道，主要是社交媒体摘要，Telegram、Zen、TikTok；三是专门的和本地的资源，从电竞到诗歌，以及各城市和国家的资源。排名前一百中稳居前十位的是第一个"兴趣圈"。对第二个"兴趣圈"有利的是Telegram和Yandex.Zen引用量的持续增长，这也反映在平台排行榜上。之前，基于用户兴趣的社交媒体摘要无法继续满足用户的需求，现在推荐性服务正在努力满足用户的需求。2019年俄罗斯社交媒体市场上的突破性举措之一是作者平台TikTok的进入。第三个"兴趣圈"与前100名中的前10名之外的媒体展开竞争，例如Poetry.ru（Стихи.ру）等，它11月在引用率方面领先于"生意人""水母"（Meduza/Медузу）和其他许多媒体。

2019年，有一种趋势，即所谓的"社交媒体排毒"。人们已经逐渐减少在社交媒体上的公开露面。在社交媒体上的交流变得越来越具有"公务性"，人们根据各自的兴趣"流入"相应的圈子和社区。可以发现，人们越来越不喜欢点赞了，Instagram已经开始隐藏这种功能，并且越来越多地从"社会性"中获得实际利益。社交网络现在越来越多地用于非私人目的。

在谈到2020年新媒体趋势时，俄罗斯媒体研究协会会员卡米拉·尼格玛图琳娜（Камилла Нигматуллина），俄罗斯《透视俄罗斯》杂志主编符谢瓦洛特·普廖（Всеволод Пуля），俄罗斯国立人文大学大众传媒学院电视广播和互联网技术系副教授、MediaToolBox.ru专家马克斯·科尔涅夫指出①：每年都有引人注目的代表性事件。移动视频、平板电脑在 20 世纪末已逐渐消失。在内容创建者和平台之间的友好战争中，平台成为赢家。Pyrrhic 便是有力的证明，Pyrrhic 现在已经发展为州一级网络平台。

首先，2020 年新媒体趋势的显著特点之一是大众交际的 Instagram 化、YouTube 化和 TikTok 化。在所有类型的交际中，包括人与人，比如，政治家与选民、媒体与受众、老师与学生等之间的交际；以及买家与品牌之间的交际中，平台的调解员作用日渐巩固。面向年轻人的在线商店不断涌现，TikTok 账号一个接一个地创建，政界人士如果想提升人气，可以开设一个 YouTube 播客等。2019 年增长最快的三个网站 Instagram、YouTube 和 TikTok 已成为满足现代交际需求的基础。专家们认为，2020 年这种趋势仍将继续。

其次，社交媒体政治化和惩罚算法是新媒体发展趋势的另一个特征。现在的许多大公司曾经都经历过艰苦的创业过程。随着时间的流逝，它们已经成为超级跨国公司，尽管它们不是支配、塑造和任意惩罚对手的"大牛"，但其影响力是不言而喻的。在国家层面，它们掌握着巨大的权力。社交网络和 Messenger（信使）这些媒体平台已完全控制了庞大受众信息议程的形成。它们通过这一议程，控制受众的情绪、决定和动机，有权决定允许谁进入这个受众群体，由谁来限制访问权，以及根据什么规则来限制等。此外，政治各方对 Facebook、Twitter、VK 的指控不计其数。法国的"黄背心"指责 Facebook 故意隐藏信息；而在美国，共和党人表示 Google 和 Twitter 压制了保守派观点。数字平台原本是通过国家或垄断机构控制的渠道来替代中央分发信息的一种工具，但最终被其公司自身或其政治抱负所裹挟。无论如何，有一点很清楚：平台、社交网络、聚合器的中立性幻觉已被彻底摧毁。社交媒

---

① Нигматуллина К., Пуля В., Корнев М., Тренды новых медиа – 2020，https：// jrnlst. ru/trends2020.

体一方面试图挽回失去的声誉，例如，Twitter 禁止任何政治广告，但到目前为止，这一切都是徒劳的。此外，这些媒体平台仍然容易受到那些可以将其用于操纵目的的人的攻击。这些人不是拥有播客的记者，而是政治巨头和其他网络群体。现实世界和数字世界中的一些国家和公司通常在不顾道德和国际法的情况下采取行动。至今，公认的在线规范仍未确立。现在是否能制定出通用的共存的数字规则？人们正在努力寻找答案。

再次，新媒体发展趋势的特征还体现在生态系统和超级应用之战上。在目前形势下，那些没有足够预算和其他机会来建立可以与主要社交网站或流媒体服务竞争的平台或公司会有什么举措呢？它们仍然会做平台，寻找空缺的利基市场或为超级大公司的平台提供自己的替代产品。它们非常清楚，对于用户而言，这些替代产品将成为"第二层"产品，即虽然不是主要产品，却是同样重要的产品。许多积极实施 IT 技术的大公司在 2019 年提出了显性或隐性诉求，以创建自己的生态系统，甚至是超级应用程序。这些生态系统中的重要角色被分配给与消费者交际的内容和格式。此类产品的第一位是消费者本人，其消费有一系列需求和愿望。有意识的交际策略和内容策略的发展是这一领域发挥作用的前提和保障。目前，在此方向上积极努力的不仅有俄罗斯银行业的领导者，如 Tinkoff（Тинькофф）银行、储蓄银行等，也有 Yandex、VK 等技术平台和公司，还有诸如食品连锁店 VkusVill（ВкусВилл）之类的，可能是人们意想不到的参与者。主要发展趋势是创建自己的内容，而且要从长计议，下血本，以大规模的形式创建，例如，创建系列。因此，TNT 电视频道正在开发其 Premier 平台。如果拥有忠实的受众，并且有与之建立联系的接触点和交付渠道，就可以建立一个内容能满足受众需求的生态系统。因此，在未来，可以期望的是最意想不到的品牌提供更多引人注目或令人好奇的内容项目。由于质量竞争更加激烈，价格不断下降，因此用户是生态系统之战中主要的受益者。在现阶段，一个有意思的现象是，流服务不仅开始相互竞争，而且还与诸如睡眠之类的简单人类活动发生竞争，由此将引发下一个趋势，即数字资产化和在线资产媒体的兴起。

对内容和平台对人类的基本生理需求造成的侵略性攻击不能置之不理。社交网络以惊人的方式使人类陷入一种灾难性的无法与自己沟通，无法给自己时间，无法独自度过时间的处境。数字排毒运动并非新鲜事物，但是今天它获得了新的意义。高科技公司总是能把握时代脉搏和风向。越来越多的实用技巧和服务都内置在移动操作系统中，这些操作系统有助于智能关闭社交网络和Messenger，以免受侵扰。虽然媒体一时还跟不上技术潮流，但还是有所行动，如果去读一读有关"慢新闻"的文章便能了解到，电子邮件新闻通讯仍在经历第二春，2020年还将向人们展示可以过滤掉无效信息的其他方法。

最后，可以称为新媒体发展趋势特征的还有从高收益投资项目（HYIP）过渡到新技术的变革，如区块链、VR/AR/XR、订阅模型、社区管理。2019年出现了基于Libra（Facebook）和TON（Telegram）加密货币的新数字生态系统的消息，此消息非常令人期待。但是，以美联储为代表的现有世界金融体系千方百计地阻止了这种新形式的金融和合同关系的出现。不过，这种趋势仍在持续发展，不论是投资者还是普通用户对它们都抱有很大的信心。人们可以抗拒这一点，就像勒德分子数百年前抵抗蒸汽机的出现，阻碍机床和工厂的生产发展一样。但结果是可以预见的：一旦出现，有前途的技术将取代过时的技术。或许人们没有听说过机器人广告技术、RTB或基因编辑，但并不意味着这些技术没有得到突飞猛进的发展。虚拟现实、增强现实和混合现实技术可能会使媒体重生，随着5G网络的广泛普及，将为媒体发展带来巨大动力。它们可以在不到1秒钟的时间内下载在4G标准下需要10分钟才能下载完成的高清电影。大量内容是即时的，几乎没有丝毫延迟。到2022年，在俄罗斯拥有100万人口的所有城市将出现5G网络。至少，这是《数字经济》计划中提出的。不愿放弃特殊服务阻碍了第五代网络的发展。

即将到来的"增强现实"革命的另一个代表是苹果公司的眼镜,据 The - Information 报道,这种眼镜计划于 2022 年发布。显然,世界上最大的科技公司都将这款设备作为新的通信工具和数字生活中心,那么该设备应该会取代发展中的智能手机。人们可能不相信订阅或俱乐部模式,也可能对建立和管理社区(社区营销和管理)的趋势漠不关心。但是,无论人们对这些现象的了解如何,这些现象都现实存在,并且正在发展。例如,订阅模式不仅被媒体公司采用,还被可口可乐公司等传统食品市场的巨头采用,这些都是有力的证明。因此,令人感兴趣的正是那些没有被大肆宣传,甚至没有明显趋势的技术。当下的真实趋势是隐藏的,而非显而易见的,即使人们不了解它们,也仍然会被它影响。自 2014 年以来,俄罗斯分析公司 MediaToolbox 连续 7 年收集新媒体的趋势。在这段时间里,该公司描述的许多新媒体趋势已经改变,一些趋势起伏不定,另一些趋势还没有来得及充分展现出来。从 2014 年开始,在公司的分析中一直谈论机器人记者,而 2015 年以来一直在谈论新闻虚拟现实,从 2016 年起一直在谈论信息发布的智能算法。虽然人们尚未在工作中感受到这些趋势的真实性,但其实际情况,人们将在未来的工作中感受到。无论我们周围的技术如何发展,媒体都会继续影响人类生活的各个领域,并始终处于我们以及我们周围世界发生的变化的中心。

另一种能帮助我们了解俄罗斯新媒体发展趋势的信息是 Sostav 公司收集的材料。该公司是俄罗斯广告、市场营销和公关领域的领先者,它收集了俄罗斯媒体行业 2019 年的主要事件和趋势,并对 2020 年的媒体趋势进行了预测。①

Sostav 公司的材料表明,视频内容制作的繁荣、媒体合并和戈卢诺夫案是 2019 年俄罗斯媒体市场的主要事件。在 2019 年,俄罗斯媒体团

---

① Медиарынок 2019: бум производства видеоконтента, слияние медиа и дело Голунова, https://www.sostav.ru/publication/mediarynok - 2019 - 41012.html.

结起来支持伊凡·戈卢诺夫，另外，市场专家们注意到媒体融合的趋势。同时，视频内容不仅继续吸引其受众，而且还在不断发展，简短而鲜活的视频正在占据社交网络。

禁用模拟电视广播。2019年10月，俄罗斯完成了向数字电视的过渡。俄罗斯人可以使用20个免费的固定电视频道。但是，向数字电视的过渡使地区电视频道处于困境，它们在新的播放时间表中并未占据一席之地。使用模拟广播的区域媒体广告骤减。对此，俄罗斯国家广告联盟（NRA/HPA）的专家指出，电视的数字化转型为电视测量和定位技术的发展提供了强大的动力。"向数字化的转变使全国的观众可以收看20个高质量的必备频道，这本身就有助于扩大电视覆盖面并增加电视观众。我们的广告客户对电视的数字化转型很感兴趣，与此同时，零售业积极地扩展到100个城市（人口不足10万的城市——Sostav注），他们（指广告客户）认为电视是与观众互动的主要工具，是增加销售收入的机会。"①

储蓄银行收购漫步者集团。2019年，储蓄银行成为漫步者集团的共同所有者，拥有46.5%的股份。其他股东的份额分别为46.5%和7%，其他股东分别是投资控股公司A&NN和在线电影院的前所有者Okko Era Capital。通过合作，储蓄银行的生态系统得到漫步者集团的数字产品和服务的补充。两家公司已经实施了多个联合项目，例如，储蓄银行的在线产品可在一定条件下使用Okko内容。

新立法。2019年俄罗斯出现了一系列与媒体有关的重要法案。3月，一项禁止向政府官员分发虚假新闻和侮辱行为的法律生效；12月，普京签署了一项关于承认个人为外国代理人的法律。现在不仅可以将媒体认定为外国代理人，而且可以将传播信息并以此从国外获得资金的播客作者认定为外国代理人。同样在12月，总统签署了一项关于对外国

---

① Медиарынок 2019：бум производства видеоконтента, слияние медиа и дело Голунова, https://www.sostav.ru/publication/mediarynok - 2019 - 41012.html.

媒体代理的惩罚法律。违反操作程序者，将面临最高 500 万卢布的罚款。

伊凡·戈卢诺夫案。2019 年 6 月，俄罗斯三大主要商业媒体《导报》《生意人报》和商业电视频道同时在首页上刊登了"我/我们是伊凡·戈卢诺夫"，以支持《水母》的调查记者伊凡·戈卢诺夫。他于 6 月 6 日涉嫌贩毒未遂被拘留。然而，事实证明该案是虚假的。正如总统弗拉基米尔·普京在年度新闻发布会上所说，已对五名内政部官员提起刑事诉讼，他们在记者伊凡·戈卢诺夫被拘留后也被解雇。

在伊凡·戈卢诺夫接受调查期间，俄罗斯媒体界、演艺界的许多代表对他表示支持，这些社会名人包括摇滚歌星尤里·舍夫丘克，作家、记者、电视节目主持人、导演列昂尼德·巴尔费诺夫，记者、电视节目主持人弗拉基米尔·波兹涅尔，诗人、音乐家、摇滚歌手鲍里斯·格列别希科夫，说唱歌手米隆·费多罗夫，演员丘尔潘·哈马托娃，摇滚音乐人安德烈·马卡列维奇和电视节目主持人季娜·康杰拉基等。

自生产内容。2019 年各大型视频网站都积极地大规模投资自己的视频内容制作。年初，俄罗斯天然气工业股份公司成立了工作室；5 月，Ivi 投资了 10 亿卢布用于制作内容；Megogo 于 9 月成立了自己的工作室；Yandex 也打算生产自己的内容。

2018 年，俄罗斯 OTT 视频市场规模为 1.9 亿美元，根据普华永道预测，到 2023 年，将增至 3.28 亿美元，该细分市场每年将增长 11.5%。根据 Mediascope 的一项调查，以前大多数俄罗斯受众不明白为什么需要为视频服务付费，但是两年来这类受众的数量明显减少了，这表明付费内容消费文化正在发展，并日趋成熟。

提供全方位服务的数字代理公司油桃（Nectarin）专门研究互联网上旨在解决客户业务问题的复杂数字策略。其生产部门主管叶甫根尼·卡尼谢夫认为，网络上视频内容的发展将继续，"现在用静态内容已经很少能吸引用户了。视频内容将继续得到普及，但视频将变得更短、更鲜活，包含小故事和字幕。这样，即使关闭设备上的声音，用户也可以滚动浏览内容，从而捕捉故事，产生兴趣并最终观看完视频"①。

俄罗斯知名媒体公司 AG Deltaplan 的首席执行官斯坦尼斯拉夫·切尔内（Станислав Черный）则指出，迪士尼和苹果推出了流媒体服务，现在市场正在等待亚马逊和 Facebook 的到来。流媒体的竞争将会加剧，并不是每个人都能在这场竞争中幸存。第一个遭殃的可能是内容库薄弱的玩家。与此同时，用户只会获利，因为会有更多的内容，"媒体将越来越多地转向订阅模式，从而为普通读者和观众制定内容，而不是直接用广告内容"，首席执行官如是说。②

俄罗斯广告和媒体行业的专家对俄罗斯媒体市场趋势发表了各自的看法，但有一点是普遍的共识，即各种类型媒体的融合、跨平台和视频的开发是俄罗斯媒体市场发展的主要趋势。

独立媒体 Independent Media 的首席执行官娜塔莉亚·维斯妮娜（Наталья Веснина）认为，视频将继续发展，不论是用户还是广告商的需求都将增长，"我们的预测是每年增幅 15%—20%。发展本可能会更好一些，但是市场上的视频库存相对短缺，因为准备投资视频、制作视频的人不多。就我们而言，早就致力于这一领域的开发，并且正在积极地以各种转换甚至实验形式对该领域进行投资。例如，Cosmo.ru 每月产出多达 90 个视频内容，一个视频的观看次数从 20 万次到 100 多万次不等"。③

数字营销部主任冉娜·霍佳齐赫（Жанна Ходячих）指出，现在是视频的时代，YouTube 已经取代了许多电视节目。今年增长最快的应用是 TikTok。思科全球公司的分析师预测，到 2021 年，视频将占互联网流量的 82%。现在，越来越多的社交网站在采用流技术。根据

---

① Медиарынок 2019: бум производства видеоконтента, слияние медиа и дело Голунова, https://www.sostav.ru/publication/mediarynok - 2019 - 41012.html.
② Медиарынок 2019: бум производства видеоконтента, слияние медиа и дело Голунова https://www.sostav.ru/publication/mediarynok - 2019 - 41012.html.
③ Медиарынок 2019: бум производства видеоконтента, слияние медиа и дело Голунова, https://www.sostav.ru/publication/mediarynok - 2019 - 41012.html.

Facebook 的统计，越来越多的品牌开始转向视频播客，以便在自己的频道上推广自己的品牌。据 Facebook 统计，直播的观看时间是普通视频的三倍，并同时发送大量评论。这为数字营销中广播的发展创造了条件。①

安纳特（AMNET）机构总经理克里斯蒂娜·莫夫谢相（Кристина Мовсесян）也强调了在数字环境中视频内容消费的持续增长，她还指出，观看设备的数量也在增加。例如，根据咨询公司 J'son&Partners 的预测，到 2019 年，智能电视的受众将占俄罗斯全国人口的 31%。内容单元的数量多到无法计算，在 TikTok 上短且毫无价值的视频，以及仅在 YouTube 平台上在线发布的高质量节目，都是针对年轻受众的。实际上，俄罗斯的用户是愿意为高质量和独特的内容埋单的，购买英超联赛的转播权就是很好的例子。在大众内容生成时代，评估每一个特定视频消费渠道、内容质量和投资回报率潜能已成为市场的一种特殊挑战。②

讲到媒体的融合，担任一家销售公司总经理的卡洛琳娜·索科洛娃（Каролина Соколова）认为，媒体细分之间的界限越来越模糊。媒体和数字平台，视频游戏和体育，收费电视和互联网公司正在越过运营商，与发展基于开放互联网的各种视频及数据服务业务的 OTT 融合。科技公司正在由内容创作转向在其网站上开发广告。媒体控股公司投资于非媒体资产，使自己的业务不断扩展，变得多元化。"我认为，电视也正朝着超级电视（Super TV）迈进，它将把许可内容及其在所有环境中的获利结合在一起。当端到端的衡量标准可用于我们的市场时，性能成分将被添加到电视广告所提供的巨大影响力和参与度中。我确信，这将加强电视的作用，并迫使广告商以新的方式审视其在媒体展示中的作

---

① Медиарынок 2019：бум производства видеоконтента, слияние медиа и дело Голунова，https：//www.sostav.ru/publication/mediarynok-2019-41012.html.
② Медиарынок 2019：бум производства видеоконтента, слияние медиа и дело Голунова，https：//www.sostav.ru/publication/mediarynok-2019-41012.html.

用。不论是媒体,还是观众,对交互式电视的发展都很感兴趣,这表明其前景非常乐观。根据俄罗斯零售连锁店销售家用电器和电子产品的 MVideo – Eldorado(МВидео – Эльдорадо)公司的数据,在 2019 年上半年,智能电视的销量占据了市场的 70%。我们与消费者正在相互接近",卡洛琳娜·索科洛娃这样预言。①

广告公司 Main Target Group 的总经理安娜·谢尔盖耶娃(Анна Сергеевна)也看到了媒体融合的趋势:"跨媒体项目的数量有所增加。户外广告与数字广告,广播广告与户外广告紧密结合。如果没有 Synergy/Синергии 的数字组件,无法想象广告公司在电视上这样宣传,并且让客户对此初步了解。数字平台正成为实现品牌目标的日益透明的和便于理解的工具,因此几乎在所有细分市场中都希望扩大其在媒体组合中的使用。"②

在分析媒体趋势和对媒体进行展望时,俄罗斯商业电视频道编辑部副主任伊万·马卡洛夫(Иван Макаров)声称:"当然,2019 年媒体市场上发生的最值得注意的事情是伊万·戈卢诺夫的故事。从技术的角度来看,对我而言,2019 年最有趣的是与 Google 相关的两个领域。第一个是 Google 的方案,它已经开始提供与 Yandex 产品相当的主要媒体流量。第二个是搜索流量的总体作用,这对媒体产生了无形的影响。以前,大多数人只专注于纯新闻消费。现在,媒体都在努力使内容多样化,生产某种'常青'的东西并积累搜索流量。"③他特别强调受众的重要性:"明年,我期待在媒体受众分析方面取得突破。直接流量对每个人来说都在消亡,受众主要是通过大型聚合器来消费媒体,媒体需要寻找新的搜索工具,并留住这一过去的受众。无论是订阅模型还是内容

---

① Медиарынок 2019: бум производства видеоконтента, слияние медиа и дело Голунова, https://www.sostav.ru/publication/mediarynok – 2019 – 41012.html.
② Медиарынок 2019: бум производства видеоконтента, слияние медиа и дело Голунова, https://www.sostav.ru/publication/mediarynok – 2019 – 41012.html.
③ Медиарынок 2019: бум производства видеоконтента, слияние медиа и дело Голунова, https://www.sostav.ru/publication/mediarynok – 2019 – 41012.html.

定制，想要在正确的位置提供正确的应用，了解自己的受众非常重要。"①

Yandex. Zen（Яндекс. Дзен）的故事主管尼基塔·别洛戈洛夫采夫（Никита Белоголовцев）也看到媒体融合的趋势："今年，很明显，任何公司，哪怕是小型企业，也都是家媒体公司。无论什么公司，仅仅依靠新闻发布和社交网络上的官方账户，已经无法使自己与世界和客户进行交流。我们看到内容向新的聚合状态转变：品牌内容不再是一种选择，而是一种责任、义务。"② 可以说，以前制作内容是锦上添花，现在制作内容是不进则退。吸引用户注意力的竞争变得越来越激烈，平台、广告和消费格式越来越多，而用户的空闲时间并没有相应地增长。各品牌不仅开发传统的内容，如内容、本地广告、社交网络等，而且还开发全新的内容，如银行应用程序中的信使内部渠道等。未来，品牌将更加努力地改善其内容性能。内容的生产、上传和发布已经是习以为常的事。人们的关注点已经不再停留在"覆盖率是多少"，而是越来越关注"这对我们的业务有何帮助"。在市场停滞的背景下，人们将更加关注平台的有效性，而不仅仅考虑其美观度或趣味性。内容越来越被视为一种业务工具，帮助人们解决特定的业务问题并根据一定的指标进行评价。

俄罗斯传媒机构 Mediator/Медиатор（调解员）发布了一份报告③，提供了相应的媒体市场数据。媒体内部其实是一个相当封闭的世界，很少有人了解其他出版物的情况。Mediator 机构的报告可以帮助市场了解其中所发生的事情。虽然数据具有很强的说服力，但仅凭数据是不够的，提出"为什么""是什么因素影响相关指标"等问题更为重要。为

---

① Медиарынок 2019：бум производства видеоконтента, слияние медиа и дело Голунова, https：//www. sostav. ru/publication/mediarynok - 2019 - 41012. html.

② Медиарынок 2019：бум производства видеоконтента, слияние медиа и дело Голунова, https：//www. sostav. ru/publication/mediarynok - 2019 - 41012. html.

③ Как читают медиа в России 2017 - 2018, https：//mediator. media/doc/Mediator_ 2018_ How_ People_ Read. pdf.

此，Mediator 机构进行了大量研究，尝试找出答案，力图通过创建正确的分析系统来提高新闻质量，同时使市场更加透明。而"2017—2018年在俄罗斯是如何阅读媒体的"这一报告就是这样一种有益的尝试，是实现这一目标所迈出的第一步。

该报告显示，俄罗斯大约有 25600 个在线媒体。大多数媒体集中在中央联邦区，少部分分布在北高加索地区。媒体的地区分布取决于人口密度。俄罗斯媒体仍然不是移动优先（Obile First），来自台式机设备的流量占 54%。俄罗斯媒体受众中近 60% 是年龄在 20—37 岁之间的千禧一代。相比台式机的用户，移动用户更热爱阅读，他们花在移动设备上的阅读时间更多。主要流量渠道是搜索，占比为 30%；其次是社交媒体，为 28%；转介流量占比为 19%；再次是直接流量，占 18%；其他渠道占 5%。中型平台每月产生 1145 条消息，其中 195 条为长篇的，950 条为短篇的，每条消息的平均浏览次数为 3370 次。

阅读最多的是关于演艺界、政治界和娱乐方面的消息。52% 的俄罗斯媒体的访问量每月不到 100 万人。联邦新闻媒体的最大流量是平均每月 1.09 亿次观看，互联网是绝大多数（72%）的俄罗斯居民新闻和信息的主要来源。58% 的俄罗斯人更喜欢俄罗斯本土的信息资源。从读者性别来看，俄罗斯新闻媒体的读者男性居多，占读者总数的三分之二。从读者年龄上看，俄罗斯新闻出版物的受众比世界平均水平年轻，读者平均年龄为 36 岁。从内容上看，娱乐出版物最具吸引力。就媒体类型而言，俄罗斯最大的媒体出版物类别是主题类，占 48%。此类出版物包括行业性和利基性两大类，以及主题狭窄的出版物，例如供父母阅读的体育或育儿出版物。"病毒性"最弱的是区域主题和娱乐媒体出版物，它们在社交网络（共享）中重新发布材料的数量最少。所谓"病毒性"，是指通过用户的口碑传播，让话题像病毒一样迅速蔓延。

在俄罗斯，至今仍然没有关于媒体数量的统计信息，不管是纸媒数量还是数字媒体数量都是如此。因此，只能通过分析开放源数据，比如，联邦通信、信息技术和大众传媒监督局的数据，Mediascope、Liveinternet、Similarweb 和区域出版物目录等，或者进行调查，在媒体研讨会上与行业专家交谈等，以此来了解俄罗斯媒体的大致图景。

根据联邦通信、信息技术和大众传媒监督局的数据，截至 2018 年年初，俄罗斯注册了 77519 家媒体，其中 25581 家，即 33% 是在线出版物。实际上其数量应该更多，因为不少媒体选择不正式注册或在其他国家注册。对此，Lifehacker 的发行人阿列克谢·波诺马里（Алексей Пономарь）认为，"作为媒体，正式注册不会得到任何权利和优惠，却会受到国家的控制，承担更多的责任"[①]。

从地区分布上看，俄罗斯大多数媒体并不局限于某一特定区域。这是具有广泛议题的出版物：联邦的、娱乐的、主题的，共计 57.7%。13.4% 是用其他语言撰写的出版物，例如，使用西班牙语的 RT Actualidad。媒体的区域分布不均衡，最多的集中在中央联邦区，占 8.9%；最少的是在北高加索联邦区，仅为 0.6%。

各地区的媒体分布取决于其人口密度。根据俄罗斯联邦国家统计局截至 2017 年 7 月 31 日的数据[②]，在各地区同样有以广泛话题为主题的媒体。比如，《生活黑客》（*Lifehacker*）的编辑部位于乌里扬诺夫斯克，专注于艺术创作的 AdMe 的编辑部位于喀山，而联邦新闻出版物 Znak.com 的编辑部在叶卡捷琳堡。这种分布的原因很简单，在这些地区租用办公地点的成本低得多，从而可以降低出版成本，因此只有销售部才会设在莫斯科。

从类别上看，大致可以将俄罗斯媒体分为五类：第一类是联邦新闻

---

① Как читают медиа в России 2017 - 2018, https://mediator.media/doc/Mediator_2018_How_People_Read.pdf.

② Как читают медиа в России 2017 - 2018, https://mediator.media/doc/Mediator_2018_How_People_Read.pdf.

媒体，指报道国家所发生的事情的媒体；第二类是区域新闻媒体，指报道各城市或各地区所发生的事情的媒体；第三类是娱乐性媒体，指具有广泛娱乐主题的出版物；第四类是主题媒体，指行业的、利基市场和狭窄主题的出版物；第五类为区域主题和娱乐媒体，指仅限于一个城市或地区的娱乐和主题的媒体。

从占比方面看，第四类，即主题媒体，占比为48%，这是一些不涉及特定区域的利基项目。接下来依次是第二类，区域新闻，占比30%；第一类，联邦新闻，占比10%；第三类，娱乐主题，占比8%；区域主题和娱乐性主题出版物最少，仅占4%。[①]

从流量方面看，典型的俄罗斯媒体流量很小，每月不到100万次观看量。这类出版物占52%。其原因何在？其中75%的在线出版物是区域新闻和主题媒体。这些出版物的读者仅限于该地区的居民或对主题感兴趣的人。超过2000万观看次数的占所有出版物的17%，这主要是联邦新闻和娱乐媒体。2万—2000万次观看的占31%。达到100万的为5%。100万-500万流量的为17%，500万—1000万的为7%，1000万—2000万的为7%，2000万—5000万的为9%，5000万—1亿的为3%，超过1亿的为5%。

2019年，俄罗斯互联网使用频率持续增长，涨幅为62%；电子书籍阅读量也呈增长趋势，涨幅为27%；而印刷书籍和印刷媒体的阅读量则相应地减少，减幅分别为9%和20%；电视观看量同样减少，减幅为4%。

2019年受访者使用网络游戏的活跃度有所增加，增幅为7%。尽管之前广播听众的人数略有下降，但那些继续收听广播的居民，收听频率在2019年有小幅增长，为2%，这是五年内的第一次增长。在去剧院观剧和听音乐会方面也观察到类似的情况，观众份额有小幅减少，但观众

---

① Как читают媒а в России 2017 – 2018, https：//mediator. media/doc/Mediator_ 2018_ How_ People_ Read. pdf.

观剧和听音乐会的频率增加了2%。

2019年俄罗斯的媒体消费情况。首先看看电视的观看情况。电视媒体浏览指数为4%，连续两年下降。特别是16—24岁的年轻人，以及西北联邦区居民对观看电视的兴趣下降，降幅分别为21%和18%。只在远东联邦区的居民中以及退休年龄的受访者中保持了观看电视的高活跃度，分别增加了16%和12%。

在阅读电子书方面，数据显示，电子书受众覆盖率保持稳定，其使用频率显著提高。电子书阅读的媒体活跃指数增加了27%。其中男性公民和独居的公民使用电子书籍的活跃度高一些，指数分别为31%和35%。该指数在偏远地区工作的居民中和受过中等教育的居民中更高，分别为49%和39%。在16—24岁的年轻人中，尽管受众人数略有减少，但阅读频率大幅增加。

印刷书籍的阅读情况如下：阅读印刷书籍的媒体活跃指数为9%。其中在远东联邦地区的居民，以及45—59岁的居民中活跃度下降最快，分别下降了26%和25%。与之相反，16—29岁的年轻人，以及住在圣彼得堡的受访者，已经开始更多地阅读印刷书籍，其媒体活跃指数分别增长了10%和12%。

在60岁及以上的受访者和收入水平较高的受访者中也能观察到印刷媒体阅读指数急剧下降的趋势，降幅分别为32%和27%。在所有媒体来源中，印刷媒体的媒体活跃指数最低，降幅为20%。小城镇的受访者对印刷媒体的阅读量明显减少，降幅为25%；西北联邦区居民的印刷媒体阅读量也明显下降，幅度为41%。

最后看看互联网的使用。在所有媒体渠道中，互联网的媒体活跃度增长最快，增幅达62%。在16—19岁的年轻人中增长率为77%，并列第二的是65岁以上的俄罗斯受访者和40—44岁的中年人，增幅为71%，高于平均水平。在莫斯科和中等规模城市增幅高于平均水平，分别为68%和65%。远东联邦区增长速度非常快，增幅为75%。

以上就是互联网上各种媒体渠道的观众覆盖率、一天内的媒体活跃度、网络游戏使用的情况、媒体活跃度的情况、媒体消费指标、媒体消费的技术、对待广告的态度、媒体消费数据、信息内容及其消费特征等。

俄罗斯人在工作日和休息日使用互联网的原因基本相同,主要是搜索某些信息,查阅社交网络上的信息和进行朋友间的非正式交流。对于那些查阅社交网络并与朋友们进行交流的人而言,在工作日和休息日做这些事情没有什么区别,这也说明社交网络对日常生活的高渗透率。

有趣的是,即使是在周末,74%—75%的俄罗斯人仍将自己的时间花费在业务和正式交际上,以及在互联网上完成工作任务。一年来,在互联网上下载电影、音乐和书籍的用户明显减少,减幅超过20%。

就性别结构而言,女性用户比男性用户更常使用互联网进行非正式交流,前者高出后者5%;且女性使用互联网时更盲目,没有特定的目标,这方面比男性用户高出6%。男性用户在下载电影、音乐和收听播客方面超过女性用户,超出幅度分别为11%、7%和4%。受访者中上网履行工作职责最多的是30—44岁的居民和高收入水平居民,分别为92%和90%。

一年内,退休年龄的居民网上购物、听音乐和在线广播的比例明显下降,降幅分别为17%和19%。下载电影、视频文件以及音乐和书籍的大城市居民明显减少,减幅分别为27%、31%和28%。

专家们认为,"互联网上视频观看率的增加是当今的主要趋势之一"[①]。Yandex商业总监列昂尼特·萨夫科夫(Леонид Савков)指出,"就每天花费的时间数量来看,用户观看视频的时间已经领先于他们在网络上进行其他操作的时间。这种趋势将会继续加剧,因此,公司的首要

---

① https://www2.deloitte.com/content/dam/Deloitte/ru/Documents/technology-media-telecommunications/russian/media-consumption-russia-2020.pdf Медиапотребление в России-2020 Исследовательский центр компании«Делойт»в СНГ, Москва, октябрь 2020.

任务之一就是开发视频服务，特别是 Yandex. Efira（Яндекс. Эфир）"①。这是 Yandex 最近推出的视频平台，该平台在播客作者和内容制作者中越来越受欢迎。

本章小结

新媒体以其传播与更新速度快、信息量大、内容丰富、全球传播、检索便捷、多媒体传播、超文本、互动性等一系列优势在大众传媒体系中牢固地占据一席之地，符合未来媒体发展的趋势。苏联解体后一直经受着社会政治转型影响的俄罗斯媒体市场在技术发展的影响下发生了重大变化，在互联网环境下，俄罗斯媒体市场转型过程中俄罗斯人的信息访问途径得到拓展，互联网已成为俄罗斯媒体系统中不可缺少的一部分，互联网作为广告媒体日益普及，技术融合过程使大型垄断联合企业成为受益方。

网络媒体在俄罗斯立法中的法律地位成为社会关注的焦点之一，面对互联网的快速发展，俄罗斯权力和立法部门积极应对，签署了一系列具有法律效力的文件，设立了相关的立法机构，例如，在国家杜马信息政策、信息技术和通信委员会成立了互联网和电子民主发展分委会等，对大众传媒，特别是网络媒体传播信息进一步规范，相关法律法规得到有效实施，但正如专家所言，"根据互联网行业对公共生活的影响规模和程度，建立政府与网络媒体之间关系的前景远远大于任何法律事件"②。

目前可以观察到俄罗斯新媒体的几个主要特点：首先，新媒体成为俄罗斯政治领域更加积极的参与者，但在该领域它们仍然不敌传统宣传

---

① https://www2. deloitte. com/content/dam/Deloitte/ru/Documents/technology－media－telecommunications/russian/media－consumption－russia－2020. pdf Медиапотребление в России－2020 Исследовательский центр компании《Делойт》в СНГ，Москва，октябрь 2020.

② Средства массовой информации в сети Интернет，http：//www. e－ng. ru/zhurnalistika/sredstva_ massovoj_ informacii_ v_ seti. html.

工具。然而，作为政治运动工具的网络的鼎盛指日可待。其次，对于俄罗斯人而言，网络最重要的功能是交际、休闲、获取信息。此外，新媒体在社会中的重要性将进一步增强。由于现代新媒体几乎无法控制，也难以监管和调节，因此国家与媒体的关系将变得更加尖锐。各种类型媒体的融合、跨平台和视频的开发是俄罗斯新媒体市场未来一段时间发展的主要趋势。

第六章 当代中俄媒体转型比较及俄罗斯媒体转型对中国的启示

2019年10月2日,在中俄建交70周年之际,中国国家主席习近平同俄罗斯总统普京互致贺电。习近平在贺电中指出,回首70年,中俄关系走过了极不平凡的发展道路。经过双方共同努力,两国关系已成为大国、邻国友好、共赢的典范。普京在贺电中表示,苏联是世界上首个承认中华人民共和国并立即与新中国建立起最密切合作关系的国家。回首两国关系的发展历程,可以肯定地指出,俄中关系成功经受住了时间的检验。①

两国领导人都在贺电中提到中俄是友好邻邦,是互利共赢的典范,同时也提到两国关系走过了极不平凡的发展道路,并成功经受住了时间的检验。苏联曾经是世界上最大的社会主义国家,中国曾以苏联为师,因此,两国在政治、经济、文化上高度相似。20世纪70年代和80年代发生在两国的政治、经济、文化上的转型,使两国走上了不同的发展道路。比较中俄媒体转型,对中国媒体发展具有很好的启示作用。

社会转型是指社会发展过程中发生的一种整体的、全面的结构过渡状态,它是社会形态演进的一种特殊形式,是以社会结构变迁为主要内

---

① http://paper.people.com.cn/rmrbhwb/html/2019-10/08/content_1949179.htm,2019-10-08.

容的、涉及社会各领域的全面改革。①中国媒体转型始于1978年年末中国共产党第十一届三中全会的召开，俄罗斯的媒体转型则始于1985年戈尔巴乔夫提出的"民主化""公开性"改革。

第一节　中俄媒体转型背景

一　中国媒体转型背景

1978年，中国综观世界局势，总结中国和世界发展的经验教训，并结合中国的国情，提出了以经济建设为中心的重大战略转移。中国以经济转型为突破口，开启了中国社会的全面转型，并以一种渐进的方式，在政治体制、经济体制、文化体制等方面进行了全面改革。中国媒体转型始于1978年年末中国共产党第十一届三中全会的召开。

（一）政治背景

1978年，党的第十一届三中全会宣布全党从"以阶级斗争为纲"转移到"以经济建设为中心"，以此吹响了改革开放的号角。但旧体制的弊端和"文革"的影响大大束缚甚至阻碍了社会的发展。1980年邓小平在党的政治局扩大会议上做了题为《党和国家领导制度的改革》的重要讲话，报告列举了党和国家领导制度存在的问题，主要表现为权力过分集中、机构臃肿、人浮于事等。1982年，党的十二大报告明确提出："我们一定要按照民主集中制的原则，继续改革和完善国家政治体制和领导体制，使人民能够更好地行使国家权力，使国家机关能够更有效地领导和组织社会主义建设。"这是"政治体制"一词首次出现在党的报告中。这一时期，主要是以经济体制改革为重点，政治体制与经济体制改革合二为一。号召全党解放思想，一切从实际出发。"一个党，

---

① 罗以澄、吕尚彬：《中国社会转型下的传媒环境与传媒发展》，武汉大学出版社2010年版，第1页。

一个国家，一个民族，如果一切从本本出发，思想僵化，迷信盛行，那它就不能前进，它的生机就停止了，就要亡党亡国。这是毛泽东同志在整风运动中反复讲过的。只有解放思想，坚持实事求是，一切从实际出发，理论联系实际，我们的社会主义现代化建设才能顺利进行，我们党的马列主义、毛泽东思想的理论才能顺利发展。从这个意义上说，关于真理标准问题的争论，的确是个思想路线问题，是个政治问题，是个关系到党和国家的前途和命运的问题。"[1] 20世纪90年代前后，东欧剧变和苏联解体以及中国发生的"政治风波"，极大地考验了中国共产党的执政能力。邓小平指出："政治体制改革方面，最大的目标是取得一个稳定的环境。"[2] 面对国际国内的压力，一方面保持国内稳定，另一方面继续坚持改革开放目标不动摇。1992年召开的党的十四大上，中国共产党及时总结了党的十一届三中全会以来14年的改革实践经验，并确立了邓小平建设中国特色社会主义理论在全党的指导地位。中国共产党在推进政治体制改革的思想、目标和任务上更加明确，政治上也更加成熟。高举中国特色社会主义伟大旗帜，以邓小平理论、"三个代表"重要思想、科学发展观为指导，加强社会主义民主和法制建设，坚定不移地沿着中国特色社会主义道路前进。俞可平在评价30年中国政治发展时，主要总结了六个方面取得的重要成就，"人民代表大会、政治协商、党内民主、基层民主、法制建设和政府改革"[3]。

2017年10月18日，在中国共产党第十九次全国代表大会上习近平总书记首次提出"新时代中国特色社会主义思想"。新时代中国特色社会主义思想是全党全国人民为实现中华民族伟大复兴而奋斗的行动指南。2017年10月24日，中国共产党第十九次全国代表大会通过了关于《中国共产党章程（修正案）》的决议，习近平新时代中国特色社会主义思想被写入党章。2018年3月11日，习近平新时代中国特色社会主

---

[1] 《邓小平文选》第2卷，人民出版社1983年版，第143页。
[2] 《邓小平文选》第3卷，人民出版社1993年版，第313页。
[3] 俞可平：《中国政治发展三十年》，《河北学刊》2008年第5期。

义思想被载入宪法。明确中国特色社会主义最本质的特征是中国共产党领导，中国特色社会主义制度的最大优势是中国共产党领导，党是最高政治领导力量，提出新时代党的建设总要求，突出政治建设在党的建设中的重要地位。

（二）经济背景

改革开放以前，中国一直实行的是计划经济体制，国家垄断所有生产资料及生产、流通与消费等经济资源配置活动。中国改革是以经济改革为切入点，改革大致经历了计划经济为主，市场调节为辅；有计划的商品经济；计划经济与市场调节相结合；国家调节市场，市场引导企业；社会主义市场经济这几个发展阶段。主要体现在四个方面的变革：一是现代产权制度改革。改革原有公有制经济，大力发展非公有制经济，使中国产权制度转变为混合经济体制。二是现代市场经济体制改革。建立包括市场体系、市场机制、市场秩序在内的完善的市场制度。三是现代收入分配体制改革。市场机制开始产生按效率分配的作用，按资本贡献分配收入。四是现代宏观经济体制改革。重点是重塑政府与企业的关系，减少政府对企业的干预，让企业成为市场的主体。① 中国市场经济的改革同社会主义制度结合在一起，建立起来的社会主义市场经济，具有以下基本特征：首先在所有制结构上，以公有制为主体，多种所有制经济共同发展。其次在分配制度上，实行以按劳分配为主体，多种分配方式并存的制度。最后在宏观调控上，把人民的眼前利益与长远利益、局部利益和全局利益结合起来，防止两极分化，逐步实现共同富裕。

（三）文化背景

习近平指出："我们要坚持道路自信、理论自信、制度自信，最根本的还有一个文化自信。"那么，何谓文化自信？文化自信是一个民族、

---

① 罗以澄、吕尚彬：《中国社会转型下的传媒环境与传媒发展》，武汉大学出版社2010年版，第32—33页。

一个国家以及一个政党对自身文化价值的充分肯定和积极践行,并对其文化的生命力持有的坚定信心。① 中国社会主义主流文化价值主要体现为以马克思主义为指导,坚持共产党领导,坚持社会主义发展方向,实行各民族人民文化平等,以培养爱国主义、集体主义、有理想、有道德、有文化、有纪律的社会主义新人。从传统的儒家文化精神来看,中国文化强调博爱厚生、公平正义、诚实守信、文明和谐等观念。

中国文化转型是在坚持主流文化价值的同时,冲破在一定历史条件下形成的革命文化、阶级文化、意识形态文化的束缚,坚持包容开放的心态,吸收人类一切文明成果,将传统文化与现代文化有机地结合起来,倡导富强、民主、文明、和谐、自由、平等、公正、法治、爱国、敬业、诚信、友善的社会主义核心价值观。面向世界,面向未来,建立起民族的、科学的、大众的社会主义文化。

二 俄罗斯媒体转型背景

(一) 政治背景

俄罗斯的媒体转型始于1985年戈尔巴乔夫提出的"民主化""公开性"改革。1985年4月,在苏共四中全会上,戈尔巴乔夫提出"加速社会经济发展的战略"构想,重点是在所有制形式、分配制度、管理制度等方面进行改革。然而改革遇到了前所未有的困难和阻力。1986年,戈尔巴乔夫又提出"公开性",其目的是揭露阻碍改革的一切顽固势力和体制中的弊端,并不是实现新闻自由,而是配合其改革政策的推进而进行有效的宣传。因此,戈尔巴乔夫把"公开性"作为他全面推行改革路线,争取民众"自上而下"的支持,避开党内保守派反对的工具。② 然而事与愿违,俄罗斯媒体开始大量报道攻击社会主义体制和苏共的文章,以所谓的"秘密档案"和"事实真相"为幌子,甚至将

---

① http://www.xinhuanet.com//politics/2016-08/05/c_1119330939.htm,2016-08-05.
② 贾乐蓉:《当代俄罗斯大众传媒研究》,中国广播电视出版社2008年版,第8页。

矛头指向列宁，否定十月革命的合法性和苏共领导的社会主义制度的合理性。"公开性"拉开了苏联政治体制改革的序幕，也加速了苏联解体的步伐。1987年戈尔巴乔夫全面推行"民主化"，1990年苏联修改《宪法》第6条，取消了只有苏共"是苏联社会的领导力量和指导力量，是苏联政治体制以及一切国家机关和社会团体的核心"的原则，苏共作为苏联核心领导的地位开始动摇。多党制开始在苏联复兴。1990年5月，叶利钦当选俄联邦最高苏维埃主席。1990年10月，苏联最大的反对派组织"民主俄罗斯"成立。1991年3月，全民公决赞成俄罗斯建立总统制，俄罗斯通过《俄联邦总统法》和《俄联邦总统选举法》。1991年6月，叶利钦当选俄罗斯首任总统，宣布禁止共产党在俄联邦的一切活动。"八一九"事件后，苏联解体，世界上第一个社会主义国家——苏联，走向了亡党亡国之路。俄罗斯建立起议会民主、多党制和三权分立的西方民主政治体制。

（二）经济背景

苏联经济体制是一个高度集中的计划经济体制。苏联经济模式可概括为"六化"，即资产高度国有化、管理权限集中化、管理方法行政化、资源配置计划化、产品分配无偿化、收入分配平均化。① 赫鲁晓夫执政时，曾尝试进行经济改革，但没有成功。1985年，戈尔巴乔夫推行经济改革，提出"可调节的市场经济"，希望在经济领域承认企业是独立的商品生产者，要求国家主要用经济方法管理经济，打破单一的公有制形式，允许个体经济存在。1988年，戈尔巴乔夫向苏联最高苏维埃提出《稳定国民经济和向市场经济过度的基本方针》的经济改革方案，但遭到否决。1991年苏联经济困难进一步加剧，国民生产总值下降17%，国民收入下降15%，工业品下降7.8%。②

---

① 张养志：《俄罗斯传媒经济改革与发展》，北京艺术与科学电子出版社2010年版，第6页。
② 中国社会科学院东欧中亚所编：《俄罗斯和东欧中亚国家年鉴1992—1993》，世界知识出版社1193年版，第388、404页。

1991年年底，苏联解体，俄罗斯联邦独立。俄罗斯继承了苏联时期高度集中的计划经济体制。俄罗斯首任总统叶利钦采取了激进的改革方案，推行以市场化和私有化为主要内容的"休克疗法"改革政策。激进的改革方案带来剧烈的社会动荡和经济危机。首先是通货膨胀恶性发展，1992年通货膨胀率高达2510%。其次是社会生产大幅度下降，1992年国内生产总值下降14.5%，工业产值下降18%，固定资产投资下降39.7%。再次是对外贸易继续下降，外汇空前短缺，卢布汇率狂跌不止。最后是人民生活急剧恶化。1982年居民实际货币收入下降47.5%，贫困线以下人口占总人口的三分之一。① 到1994年，俄罗斯企业亏损的范围达22.6%，工业品的收益率仅为19.5%，农产品收益率则为－10%，企业欠款达25万亿卢布。② 激进的"休克疗法"改革方案以失败告终。

1995—1999年，俄罗斯进入经济调整期。2000年普京当选俄罗斯总统，俄罗斯再次进入经济转型期。普京在第一个任期主要通过制定民法、税法、劳动法、土地法等市场经济基础性法律，控制战略性行业，加大政府的监管力度，整肃寡头利益集团，审慎推进私有化等；普京在第二个任期主要推进金融体系，进行税收和关税改革，强化国家对能源和原材料等战略性行业的控制，优化经济结构，开展经济特区建设，启动投资基金建设，推动社会保障体系建设等，使俄罗斯经济重新稳定和发展。③

(三) 文化背景

俄罗斯文化融合了东西方文化，具有鲜明的兼容性和中间性，是东方文化与西方文化的结合体，就像它的国土一样，横跨亚欧大陆。"俄罗斯民族不是纯粹的欧洲民族，也不是纯粹的亚洲民族，东方和西方两

---

① 许新：《重塑超级大国——俄罗斯经济改革和发展道路》，江苏人民出版社2004年版，第17页。
② 关海庭：《中俄体制转型模式比较》，北京大学出版社2003年版，第47—53页。
③ 严功军：《当代中俄传媒转型比较研究》，中国传媒大学出版社2011年版，第51页。

第六章 当代中俄媒体转型比较及俄罗斯媒体转型对中国的启示

股世界之流在俄罗斯发生碰撞,俄罗斯处在二者的相互作用中。俄罗斯是世界的一个完整部分,是一个巨大的东—西方。它将两个世界结合在一起,在俄罗斯精神中,东方与西方两种因素永远相互角力。"① 这种角力的结果,就是其在发展过程中不断在东西方文化之间转换,就像俄罗斯国徽上的双头鹰,一头向东一头向西。俄罗斯是东西方文化的一座桥梁,东西方文化在此交汇,有时融合,有时排斥,有时并立。

在苏联时期,其主流文化和价值观就是培养共产主义接班人,造就社会主义新人。以培养爱国主义、集体主义、牺牲精神、爱憎分明,有理想、有道德、有文化、有纪律,勇于为共产主义理想而奋斗的公民为目标。从1985年戈尔巴乔夫提出"民主化""公开性",到苏联解体,俄罗斯主流文化遭遇了毁灭性打击。自由主义、享乐主义、颓废主义、极端个人主义、拜金主义、利己主义等,这些以前被社会主义批判的西方思潮,重新占据俄罗斯文化主流。不管是一元性质的社会主义意识形态主流文化,还是以工人、农民、知识分子为主要社会分层的一元社会,都遭遇了前所未有的挑战和打击,市场经济导致的社会阶层结构的变化和利益分化,使人的思想更加复杂和多元化。东西方文化再次在俄罗斯发生碰撞,解构与重构,转型与重生,俄罗斯文化中具有的融合、排斥、对立的特征在俄罗斯文化转型中淋漓尽致地表现出来。

1999年年末,普京发表了被称为"纲领性"文献的《千年之交的俄罗斯》,首次提到"俄罗斯新思想"。普京总结了苏联社会主义的历史经验和俄罗斯十年改革失败的教训,既植根于俄罗斯的传统文化,又融合了东西方文化精髓。提出了三个"不",即不回到过去,但不否定过去的成就;不搞激进的改革;不照搬西方模式。"不必在东方和西方之间摇摆不定,更无须把自己挂靠在东方文明或者西方文明的属性上,俄罗斯就是自己,就是东方和西方的中介,是东西方文化共同冶炼成的

---

① [俄]别尔嘉耶夫:《俄罗斯思想》,雷永生等译,生活·读书·新知三联书店1995年版,第7页。

'融合体'。"① 2000 年 2 月，普京在《致选民的公开信》中，进一步阐释了"俄罗斯新思想"的内涵，主要包括爱国主义、强国意识、国家作用、社会团结。

第二节 中俄媒体转型比较

中俄媒体转型都有其各自特殊的政治和社会背景，都是在一定历史条件下发生的。中国媒体转型，是"文革"结束后，中国共产党在总结过去经验教训的基础上进行的，以 1978 年党的十一届三中全会宣布全党从"以阶级斗争为纲"转移到"以经济建设为中心"，实行改革开放为起点。中国的转型可以说是主动为之，采取的方法是渐进式的，虽然在转型过程中发生过波折，但一直坚持中国共产党领导，坚持走社会主义道路不动摇。俄罗斯的媒体转型则始于 1985 年戈尔巴乔夫提出的"民主化""公开性"改革。由于没有统一党内思想，改革准备也不足，当改革遇到阻力、经济出现下滑和各种非马克思主义思潮出现的时候，苏共并没有及时批判和纠偏，而是进一步提出"民主化"口号。1990 年更是修改了苏联《宪法》第 6 条，取消了只有苏共"是苏联社会的领导力量和指导力量，是苏联政治体制以及一切国家机关和社会团体的核心"的原则，苏共作为苏联核心领导的地位开始动摇，多党制开始在苏联复兴。苏共失去了在苏联的核心领导地位，之后发生的苏联亡党亡国也就不足为奇了。俄罗斯联邦独立后，在政治上实行的是西方政治体制，在经济上实行的是自由市场经济。俄罗斯就这样一夜完成国家全面转身，然而这样的转身并不华丽。俄罗斯仍在探索的道路上前行，并且道阻且长。

一 中国媒体转型

中华人民共和国成立后，面对一穷二白、百废待兴的困难局面，走

---

① 汪宁：《用新思想占领意识形态的真空》，《探索与争鸣》2002 年第 2 期。

的是以苏联为师的道路，在政治体制、经济体制和文化体制上基本是照搬苏联模式。在政治上，表现为一个高度集权的行政命令体制；在经济上，表现为一个高度集中的计划经济体制；在文化上，表现为一元化的意识形态管理体制。中国媒体作为计划经济体制下的一个行政单位，怎样转型为市场经济体制下的自负盈亏的企业，并将其作为一个产业来发展，这是中国媒体转型首先需要考虑的问题。中国媒体转型路径，大致经历了从宏观层面的传媒行业管理到微观层面的媒体企业制度与组织结构的调整，从"分类改革"到"转企改制"再到组建"新型传媒集团"，基本围绕着如何重塑传媒市场主体与充分发挥市场机制作用而展开。

党的十一届三中全会的召开，是中国重大的历史转折。中国共产党首先拨乱反正，然后解放思想——中国媒体的转型也始于思想解放。1978年5月11日《光明日报》发表特约评论员文章《实践是检验真理的唯一标准》，文章阐明了检验真理的标准只能是社会实践，理论与实践的统一是马克思主义的一个最基本的原则，这就从理论上否定了"两个凡是"。中国传媒界也参加了这次大讨论，发挥了媒体的积极作用。在这次思想大解放讨论中，传媒界也对党性与人民性、新闻的定义、新闻与信息的关系、新闻价值、新闻事业的性质等问题进行了反思。[①] 同时，新闻机构就媒体体制改革发出了呼声。《人民日报》等八家媒体单位要求施行"事业单位，企业化管理"的报告，得到中央的重视。1978年财政部转批《人民日报》等首都8家报社要求实行企业化改革的报告。同年12月，国家新闻出版局同意报社实行企业化经营。从党报（台）体制向"事业单位，企业化管理"转型，是中国媒体体制转型和改革迈出的第一步。事业单位是指由国家行政机关举办，受国家行政机关领导，没有生产收入，所需经费由公共财政支出，不实行经济核算，主要提供教育、科技、文化、卫生等非物质生产活动和劳务服务的

---

① 严功军：《当代中俄传媒转型比较研究》，中国传媒大学出版社2011年版，第82页。

社会公共组织，事业单位接受政府领导，其表现形式为组织或机构的法人实体。事业单位是以政府职能、公益服务为主要宗旨的一些公益性单位、非公益性职能部门等。它参与社会事务管理，履行管理和服务职能，宗旨是为社会服务，主要从事教育、科技、文化、卫生等活动。新闻单位保持事业单位性质，但又允许媒体从事经营活动，实行企业化管理，这可以说是中国媒体转型探索的突破口。"'事业单位，企业化管理'的批复实行在实践层面改变了党和国家包揽传媒单位一切事务的做法，将部分权力下放给传媒单位，特别是在经营层面允许传媒单位提取一定比例的经济收入用于增加员工收入和福利，以及改善自身的条件以弥补政府财政补贴的不足。由此，传媒体制改革从新闻业务到经营逐渐展开，不仅新闻报道强调以事实说话、追求'新、短、多、广'、批评报道得以恢复，广告经营、自办发行甚至多种经营也纷纷出现。可以说，'企业化管理'的提出和落实是传媒单位经济自主意识萌生时的最初体现与反映。"① 1979 年 1 月 4 日，《天津日报》刊登了天津牙膏厂的"蓝天"牙膏广告，成为中华人民共和国成立后大陆地区第一个报纸广告。1 月 28 日，上海电视台播出"参桂养荣酒"广告，这是中国大陆地区最早的电视广告。1983 年，国家财政部对中央实行利改税政策，税后利润全部留给报社支配。同年，中国第一个电视节目市场——全国省级电视台节目交流网成立。② 1988 年 2 月，文化部、国家工商行政管理局联合发布《关于加强文化市场管理工作的通知》，明确使用了"文化市场"的概念；同年 3 月 16 日，国家新闻出版署和国家工商行政管理局出台了《关于报社、期刊社、出版社开展有偿服务和经营活动的暂行办法》，正式规定报社等出版实体可以兼营广告，可以利用经济、科技、文化、教育、法律、卫生、生活等方面的信息，为社会提供有偿服

---

① 殷琦：《1978 年以来中国传媒体制改革观念演进的过程与机制》，《新闻与传播研究》2017 年第 2 期。
② 严功军：《当代中俄传媒转型比较研究》，中国传媒大学出版社 2011 年版，第 83 页。

务,进一步扩大报业经营范围和经营自主权等。①

在"事业单位,企业化管理"政策指引下,中国媒体实现了初步转型,同时也极大地调动了新闻工作者的积极性,传媒产业进一步壮大,传媒集团化改革被提上了议事日程,并被视为深化传媒体制改革和转型的重要一步。1992年邓小平的"南方谈话"发表,使人们的思想获得空前解放。从1992年4月起,由地方政府批准陆续成立了山东出版(集团)总社、四川出版集团、江西出版集团等。1996年1月,新闻出版署正式批准广州日报报业集团成立。从此,以中央政府为主导,以资产为纽带的地区性、行业性试点出版集团陆续出现。此后5年内,中宣部、新闻出版署先后批准成立了三十余家出版、发行、报业集团。2004年8月,广东省人民政府做出了《关于省出版集团整体转制为企业并授权经营国有资产等问题的批复》,批准广东出版集团整体转制为国有独资的出版集团有限公司。② 中国传媒开始走向产业化发展的道路,这也是中国经济体制由计划经济向社会主义市场经济体制转型后,中国媒体由计划经济向市场经济体制进行的必然转变。2009年4月,新闻出版总署出台了《关于进一步推进新闻出版体制改革的指导意见》(以下简称《指导意见》,进一步明确了新闻出版体制改革的目标任务。在《指导意见》政策指引下,媒体逐步破除了制约传媒业发展的体制机制障碍,一大批新闻出版单位转换了体制机制,一大批新型市场主体脱颖而出,传媒生产力和创造力进一步解放,传播力、影响力明显增强。"十一五"期间,全国528家经营性图书出版社基本完成转企改制工作;三千多家国有新华书店完成转制。同时稳步推进非时政类报刊出版单位转企改制,批准了市场报社、现代快报社等35家中央非时政类报刊出版单位转企改制实施方案,涉及报刊171种。目前全国已有1069家报刊出版单位转制或登记为企业法人单位,49家党报党刊集团剥离

---

① 《传媒改革30年大事记》,《传媒》2008年第11期。
② 李小曼、张金海:《中国十五大传媒集团产业发展报告(1996—2010)》,人民出版社2014年版,第340—342页。

了印刷、广告、发行、三产等经营性资产,组建了报业经营公司。全国共有5家报业集团,报刊社的经营部分已经在境外上市。① 同时,新崛起的数字技术与新媒体也对传统媒体提出新的挑战。2014年8月,中央出台了《关于推动传统媒体和新兴媒体融合发展的指导意见》,坚持传统媒体和新兴媒体优势互补、一体发展,坚持以先进技术为支撑,以内容建设为根本,推动传统媒体和新兴媒体在内容、渠道、平台、经营、管理等方面的深度融合,加快建设形态多样、手段先进、具有强大传播力和竞争力的新型传媒集团,努力达到世界一流水平。2018年3月,根据《深化党和国家机构改革方案》,整合中央电视台(中国国际电视台)、中央人民广播电台、中国国际广播电台,组建中央广播电视总台。其目的是提高新闻舆论传播力、引导力、影响力、公信力,增强广播电视媒体整体实力和竞争力,推动广播电视媒体、新兴媒体融合发展,加快国际传播能力建设。其主要职责是宣传党的理论和路线方针政策,统筹组织重大宣传报道,组织广播电视创作生产,制作和播出广播电视精品,引导社会热点,加强和改进舆论监督,推动多媒体融合发展,加强国际传播能力建设,讲好中国故事等。同时撤销中央电视台(中国国际电视台)、中央人民广播电台、中国国际广播电台的建制。对内保留原呼号,对外统一呼号为"中国之声"。②

二 俄罗斯媒体转型

俄罗斯媒体转型始于1985年戈尔巴乔夫提出的"民主化""公开性"改革。戈尔巴乔夫提出"民主化""公开性",原本针对的是苏联日益僵化的政治体制,其目的是推行经济改革。然而戈尔巴乔夫的"民主化"既没有使政治体制机制出现创新,也没有让经济焕发活力。其结果是,在政治上失去了苏共领导的核心作用,在经济上陷入了衰退和停

---

① 郝振省主编:《中国传媒创新启示录》,中国书籍出版社2011年版,第3页。
② http://dy.163.com/v2/article/detail/EHJCCI8A05148MKI.html,2019 - 06 - 13.

滞。1990年3月，苏共修改了苏联《宪法》第6条，取消了"只有苏共是苏联社会的领导力量和指导力量，是苏联政治体制以及一切国家机关和社会团体的核心"的原则，苏共作为苏联核心领导的地位开始动摇。多党制开始在苏维埃复兴。苏共对媒体的控制也随之丧失。

1990年6月，苏联颁布了第一部《新闻法》，这标志着苏联新闻体制和性质发生了根本的转变。《新闻法》废除了新闻审查制度，赋予了建立新闻出版机构和其他大众传媒的广泛的权利，注册新闻出版机构体现了民主社会新闻业建设的新原则。戈尔巴乔夫提出的"民主化""公开性"使苏联媒体从以前的行政命令模式的经济管理体制转向市场，从极权制度转向法治，从优先阶级意识形态的价值向民主制度过渡。媒体开始把自己视为"第四种权利"。新闻业把自身与国家对立起来，争取获得相对于国家的独立性。[1] 尽管"公开性"最初被作为推进民主化和政治改革等的工具使用，并且，按照戈尔巴乔夫的设想，它应当成为巩固苏联社会主义制度的手段；但是，随着时间的推移，由"公开性"和"民主化"所营造的社会氛围使党对报刊的监督变得越来越艰难。到了1990年年初，苏共对苏联政治生活和新闻媒体的控制基本不存在了。[2] 1991年12月25日，戈尔巴乔夫宣布辞去苏联总统职务；12月26日，苏联解体，俄罗斯联邦成为苏联的唯一继承者。苏联解体后，俄罗斯在政治上奉行西方民主政治体制，在经济上实行自由市场经济。1991年12月27日，俄罗斯联邦颁布《大众传媒法》（此法历经多次修改）。《大众传媒法》规定禁止报刊检查，将新闻自由视为找寻、获取、生产和传播大众新闻的活动，还允许私营大众媒体的存在。这为俄罗斯大众传媒新体系的建立提供了保障。大量旧出版物的关闭或转型和成百上千的新出版物的涌现，调整了俄罗斯大众媒体的结构，深刻地改变了俄罗斯大众媒体的性质。当代俄罗斯媒体走向了市场化的道路。

---

[1] ［俄］扎苏尔斯基主编：《俄罗斯大众传媒》，张俊翔、贾乐容译，南京大学出版社2015年版，第4—5页。

[2] 贾乐蓉：《当代俄罗斯大众传媒研究》，中国广播电视出版社2008年版，第172页。

在新的政治体制下，俄罗斯媒体经历了自由的"黄金时期"。所谓的"黄金时期"就是苏联解体后，媒体摆脱了政府的控制，获得了相对自由的一个时期。苏联时期实行的金字塔式的垂直管理体系已不复存在。然而，俄罗斯媒体在获得"独立自由"并迎来百花齐放的同时，也失去了政府的财政支持。本来就没有经济基础的媒体，在俄罗斯激进的经济改革浪潮下，强行被推向市场。坚持新闻自由又没有独立的经济基础，俄罗斯大众传媒的"黄金时期"很快终结。俄罗斯媒体从国家所有和国家财政拨款，变成市场经济条件下自负盈亏、自给自足的企业，在经济危机的状况下，一定程度上消减了法律赋予它们的新闻自由的保障。俄罗斯对大众传媒实行大规模的私有化和非国有化改革，其目的是将媒体由国家所有转为由私人、企业和新闻工作者所有，使媒体能够经济上独立、思想上自由，摆脱国家控制，不再成为党的工具。然而俄罗斯媒体没有独立的经济基础，当它摆脱国家的控制，不再是党的工具，必然要沦为寡头、财阀、集团等新主人的工具。2000年普京当选俄罗斯总统后一针见血地指出："传媒应该是自由的，但只有当它有了自己的经济基础，自由才是可能的。"①

从1994年起，俄罗斯商业集团开始涉足媒体，这一过程被称为"圈地运动"，俄罗斯传媒开始向集团化和产业化方向发展。1995年，俄罗斯大多数印刷传媒落入工业或金融财团手中。到1997年，俄罗斯媒体基本被寡头瓜分完毕。1996年和2000年，俄罗斯媒体更是沦为政治选举的工具，所谓的新闻自由，完全被寡头所控制。

2000年，俄罗斯迎来了新总统普京。在政治上，普京加强了总统权力和国家集权，对新闻业提出了"可控的民主"。普京上任后第一件事就是打击寡头。普京当选总统前，俄罗斯70%的传媒掌握在别列佐夫斯基和古辛斯基两大传媒巨头手中。②普京上任后第三天就开始了对

---

① 转引自李玮《转型时期的俄罗斯大众传媒》，上海外语教育出版社2005年版，第66页。

② 程曼丽：《转型期俄罗斯新闻业透视》，《国际新闻界》2002年第1期。

传媒寡头的整顿。2002 年,属于别列佐夫斯基的莫斯科电视六台的播映权被取消。整顿后,古辛斯基的桥媒介集团和其所属的独立电视台,别列佐夫斯基控制下的俄罗斯公共电视台,以及他们旗下的大量报纸期刊实际上归入国家控制之下,别列佐夫斯基和古辛斯基也流亡海外。全俄国家电视广播公司、俄罗斯公共电视台和俄罗斯广播电视台完全控制在国家手中,俄罗斯大众传媒"去寡头化"任务基本完成。俄罗斯媒体结构再一次发生改变。据统计,目前俄罗斯 70% 的电子传媒,20% 的全国报刊传媒,以及 80% 的地方报刊传媒属于国家所有。政府控制传媒的政治属性和舆论导向,但不再插手传媒企业的经营管理活动。普京认为,媒体只要不触动政治安全和国家安全这个敏感的琴弦,在追逐经济利益的同时为国家提供服务,充当好社会舆论的引导者,基本上就是自由的。当代俄罗斯大众传媒和新闻业是从苏联媒体系统继承而来的。在俄罗斯建立起来的世界上第一个社会主义国家苏联,曾经建立起具有鲜明特色的社会主义媒体体系,取得过辉煌的成就,在国际上产生过重大影响。苏联解体,让俄罗斯进入了一个新的媒体秩序,其政治结构、经济结构、法律基础等方面都发生了根本性的改变。

第三节　俄罗斯媒体转型对中国的启示

1917 年苏维埃共产党建立起世界上第一个社会主义国家,70 年后,苏联走上了亡党亡国之路;1949 年中国共产党成立了社会主义新中国,70 年后,中国走入习近平中国特色社会主义新时代。2019 年习近平总书记在中华人民共和国成立 70 周年讲话中指出,"70 年砥砺奋进,我们的国家发生了天翻地覆的变化,中华民族迎来了从站起来、富起来到强起来的伟大飞跃。无论是在中华民族历史上,还是在世界历史上,这都是一部感天动地的奋斗史诗"[①]。

---

① http://opinion.people.com.cn/n1/2019/0925/c1003-31371053.html,2019-09-25.

俄罗斯媒体转型是在苏联解体后国家政治制度发生根本改变之后的被动转型，从新闻自由的"黄金时期"，到工业金融寡头控制传媒；从传媒沦为选举工具，到普京的"可控的民主"，俄罗斯传媒从开放、民主、自由，又回到70%传媒重新控制在国家手中。俄罗斯媒体转型之路，可谓教训深刻，经验值得总结。

一 坚持中国共产党领导

70年的辉煌成就，说明了领导我们事业的核心力量是中国共产党。坚持中国共产党的领导是办好中国一切事情的根本前提，是做好党和国家各项工作的根本保证，是战胜一切困难的"定海神针"。没有共产党就没有新中国，没有共产党就没有中国特色社会主义。我们必须时刻牢记坚持中国共产党领导是中国特色社会主义的最本质特征，坚持中国共产党领导是中国特色社会主义的最大优势。坚持中国共产党领导是党和国家的根本所在和命脉所在，是全国各族人民的利益所在和幸福所在。[①] 习近平总书记指出："我们要坚持中国共产党领导，坚持人民主体地位，坚持中国特色社会主义道路，全面贯彻执行党的基本理论、基本路线、基本方略，不断满足人民对美好生活的向往，不断创造新的历史伟业。"[②] 中国新闻传媒必须坚持党的领导，坚持正确的政治方向，坚持正确的舆论导向，站稳政治立场，维护中央权威，加强舆论阵地掌控，充分认识并准确把握主流媒体和社会媒体、传统媒体以及新兴媒体的不同属性特征，加强针对指导和分类管理。强化理想信念教育，做积极践行社会主义核心价值体系的表率。习近平总书记在全国宣传思想工作会议上强调："要把握正确舆论导向，提高新闻舆论传播力、引导力、影响力、公信力，巩固壮大主流思想舆论。要加强传播手段和话语方式创新，让党的创新理论'飞入

---

① 林祖华：《从新中国70年历史中汲取力量》，《中国社会科学报》2019年10月17日第1版。
② http://www.chinanews.com/gn/2019/10-01/8970196.shtml，2019-10-01。

寻常百姓家'。"①

二 坚持社会主义制度

习近平总书记指出："一个国家实行什么样的主义，关键要看这个主义能否解决这个国家面临的历史性课题。""'鞋子合不合脚，自己穿了才知道'。一个国家的发展道路合不合适，只有这个国家的人民才最有发言权。"70年来，中国共产党团结带领全国人民在各个领域取得了巨大成就，其中最根本的成就是创立、坚持和发展了中国特色社会主义。中国特色社会主义是在改革开放新时期开创的，也是建立在我们党长期奋斗基础上的，是由我们党的几代中央领导集体团结带领全党全国各族人民历尽千辛万苦、付出各种代价、接力探索取得的。中华人民共和国成立后，以毛泽东同志为主要代表的中国共产党人团结带领全党全国各族人民，进行了社会主义革命和建设，确立了社会主义基本制度，成功实现了中国历史上最深刻最伟大的社会变革，为当代中国的发展进步奠定了根本政治前提和制度基础。在探索过程中，虽然经历了严重曲折，但党在社会主义革命和建设中取得的独创性理论成果和巨大成就，为在新的历史时期开创中国特色社会主义提供了宝贵经验、理论准备和物质基础。党的十一届三中全会以后，以邓小平同志为主要代表的中国共产党人团结带领全党全国各族人民，深刻总结我国社会主义建设正反两方面经验，借鉴世界社会主义历史经验，创立邓小平理论，做出把党和国家工作重心转移到经济建设上来、实行改革开放的历史性决策，科学回答了建设中国特色社会主义的一系列基本问题，成功开创了中国特色社会主义。党的十三届四中全会以后，以江泽民同志为主要代表的中国共产党人团结带领全党全国各族人民，坚持党的基本理论、基本路线，形成了"三个代表"重要思想。在国内外形势十分复杂、世界社

---

① 《习近平在全国宣传思想工作会议上强调举旗帜聚民心育新人兴文化展形象更好完成新形势下宣传思想工作使命任务》，《人民日报》2018年8月23日第1版。

会主义出现严重曲折的严峻考验面前，捍卫了中国特色社会主义，开创了全面改革开放新局面，成功把中国特色社会主义推向 21 世纪。党的十六大以后，以胡锦涛同志为主要代表的中国共产党人团结带领全党全国各族人民，坚持以邓小平理论和"三个代表"重要思想为指导，根据新的发展要求，形成了科学发展观，抓住重要战略机遇期，在全面建成小康社会进程中推进实践创新、理论创新、制度创新，成功在新的历史起点上坚持和发展了中国特色社会主义。党的十八大以来，以习近平同志为核心的党中央团结带领全党全国各族人民，全面审视国际国内新的形势，通过总结经验、展望未来，深刻回答了新时代坚持和发展什么样的中国特色社会主义、怎样坚持和发展中国特色社会主义这个重大时代课题，形成了习近平新时代中国特色社会主义思想，坚持统筹推进"五位一体"总体布局、协调推进"四个全面"战略布局，坚持稳中求进工作总基调，对党和国家各方面工作提出一系列新理念新思想新战略，推动党和国家事业取得历史性成就、发生历史性变革，中国特色社会主义进入新时代。2020 年 10 月 29 日，中国共产党第十九届中央委员会第五次全体会议通过了《中共中央关于制定国民经济和社会发展第十四个五年规划和二〇三五年远景目标的建议》，这标志着我国在全面建成小康社会后，将开启全面建设社会主义现代化国家新征程、迈入第二个百年奋斗目标的新发展阶段。

三 坚持和深化媒体体制改革

在坚持共产党领导和坚持社会主义制度不动摇的前提下，要进一步深化媒体体制改革。面对全球化和互联网的普及，传统媒体和新兴媒体如何进一步融合？中国媒体如何在产业化道路上走得更好？这都是中国媒体正在面对的课题。推动传统媒体和新兴媒体融合发展，要遵循新闻传播规律和新兴媒体发展规律，强化互联网思维，坚持传统媒体和新兴媒体优势互补、一体发展，坚持以先进技术为支撑，以内容建设为根本，推动传统媒体和新兴媒体在内容、渠道、平台、经营、管理等方面的深度融合，着力打造一批形态多样、手段先进、具有竞争力的新型主流媒体，建成几家拥有强大实力和传播力、公信力、影响力的新型媒体集团，形成立体多样、融合发展的现代传播体系。要一手抓融合，一手抓管理，确保融合发展沿着正确的方向推进。要不断总结经验，在理念思路、体制机制、方式方法上继续探索。近年来，从中央到地方，传统媒体主动挺进新媒体战场，努力探索适合自身的媒体融合发展路径。当前，我国媒体融合正处于从"相加"向"相融"加速奔跑的关键阶段。媒体融合越向前推进，越需要加大改革力度，越需要理顺机制、持续创新。主动顺应潮流，强化目标导向，以坚持一体化发展方向、坚持移动优先策略、处理好传统媒体和新兴媒体关系、加强新媒体管理为引领，着力构建一套更科学、更有效的体制机制。牢记使命任务，坚持守正创新，破除体制机制障碍，驰而不息地深化改革，推进深度融合，并能牢牢掌握舆论主动权和主导权，让党的声音传得更广、更深。

本章小结

作为世界上第一个社会主义国家以及曾经最大的社会主义国家，苏联曾经是中国学习的榜样，因此，两国在政治、经济、文化上曾经高度相似。但在经历了政治、经济、文化上的转型后，两国走上了不同的发展道路。比较中俄媒体转型，总结该过程中的经验和教训，有助于中国媒体的良性健康发展。本章在简要分析中俄媒体转型的政治背景、经济背景和文化背景的基础上指出，中俄媒体转型有其各自特殊的环境和背景，是在各自特定的历史条件下发生的。中国媒体转型，是结束"文革"后，中国共产党在总结过去经验教训的基础上进行的。中国的媒体转型体现了主动性，具有渐进的特点，在转型过程中始终坚持中国共产党领导，坚持社会主义道路不动摇。俄罗斯的媒体转型一开始就没有统一党内思想，改革准备不充分。俄罗斯联邦独立后，在政治上实行西方体制，在经济上实行自由市场经济。俄罗斯似乎就这样一夜之间完成了国家全面转身。其媒体转型是在苏联解体后国家政治制度发生根本改变之后的被动转型，在30年的时间内体会过新闻自由的"黄金时期"，接受过工业金融寡头的控制，也曾沦为选举的工具，目前重新控制在国家手中。从俄罗斯媒体的转型之路可以总结其对中国的启示，即必须坚持中国共产党领导，坚持社会主义制度，坚持和深化媒体体制改革。

主要参考书目

［美］道格拉斯·凯尔纳：《媒体文化》，丁宁译，商务印书馆2013年版。

贾乐蓉：《当代俄罗斯大众传媒研究》，中国广播电视出版社2008年版。

李玮：《转型时期的俄罗斯大众传媒》，上海外语教育出版社2005年版。

罗以澄、吕尚彬：《中国社会转型下的传媒环境与传媒发展》，武汉大学出版社2010年版。

［美］韦尔伯·施拉姆：《报刊的四种理论》，新华出版社1980年版。

严功军：《当代中俄传媒转型比较研究》，中国传媒大学出版社2011年版。

［俄］扎苏尔斯基主编：《俄罗斯大众传媒》，张俊翔、贾乐蓉译，南京大学出版社2015年版。

Вартанова, Е. Л., СМИ в меняющейся России: Коллективная монография/Под ред. проф. Е. Л. Вартановой – М.: Аспект Пресс, 2010.

Вартанова, Е. Л., Постсоветские трансформации российских СМИ и журналистики, – М.: МедиаМир, 2013.

Иваницкий В. Л., Модернизация журналистики: методологический этюд. – М.: Изд – во МГУ, 2010.

Овсепян Р. П. , История новейшей отечественной журналистики （февраль 1917 – начало 90 – х годов）. – М. : Изд – во МГУ, 1999.

Сапун А. , История развития Интернет – СМИ в России, https: // dni. ru/acadeм/2016/8/1/347408. html.

Третьяков В. Т. , Как стать знаменитым журналистом. Курс лекций по теории и практике современной русской жунралистики. – М. : Ладомир, 2004.